A interpretação dos sonhos

volume 2

COLABORADORES DESTA EDIÇÃO:

RENATO ZWICK é bacharel em filosofia pela Unijuí e mestrando em letras (língua e literatura alemã) pela USP. É tradutor de Nietzsche (*O anticristo*, L&PM, 2008; *Crepúsculo dos ídolos*, L&PM, 2009; e *Além do bem e do mal*, L&PM, 2008), de Rilke (*Os cadernos de Malte Laurids Brigge*, L&PM, 2009), de Freud (*O futuro de uma ilusão*, L&PM, 2010; *O mal-estar na cultura*, L&PM, 2010) e de Karl Kraus (*Aforismos*, Arquipélago, 2010), e cotradutor de Thomas Mann (*Ouvintes alemães!: discursos contra Hitler (1940-1945)*, Jorge Zahar, 2009).

TANIA RIVERA é psicanalista, ensaísta e professora da Universidade Federal Fluminense. Pesquisadora do CNPq e autora de *Cinema, imagem e psicanálise* (2008), *Guimarães Rosa e a psicanálise – Ensaios entre imagem e escrita* (2005) e *Arte e psicanálise* (2002), todos pela editora Jorge Zahar. Dirigiu os vídeo-ensaios *Ensaio sobre o sujeito na arte contemporânea brasileira* (2010), *Imagem se faz com imagens* (2010) e *Who Drives ou o Olhar outro* (2008).

PAULO ENDO é psicanalista e professor do Instituto de Psicologia da USP, com mestrado pela PUC-SP, doutorado pela USP e pós-doutorado pelo Centro Brasileiro de Análise e Planejamento/CAPES. É pesquisador-colaborador do Laboratório de Pesquisa em Psicanálise, Arte e Política da UFRGS e do Laboratório Interdisciplinar de Pesquisa e Intervenção Social da PUC-Rio. É autor de *A violência no coração da cidade* (Escuta/Fapesp, 2005; prêmio Jabuti 2006) e *Sigmund Freud* (com Edson Sousa; L&PM, 2009), e organizador de *Novas contribuições metapsicológicas à clínica psicanalítica* (Cabral Editora, 2003).

EDSON SOUSA é psicanalista, membro da Associação Psicanalítica de Porto Alegre. É formado em psicologia pela PUC-RS, com mestrado e doutorado pela Universidade de Paris VII, e pós-doutorado pela Universidade de Paris VII e pela École des Hautes Études en Sciences Sociales de Paris. Pesquisador do CNPq, leciona nas pós-graduações em Psicologia Social e em Artes Visuais da UFRGS, onde coordena, com Maria Cristina Poli, o Laboratório de Pesquisa em Psicanálise, Arte e Política. É autor de *Freud* (Abril, 2005), *Uma invenção da utopia* (Lumme, 2007) e *Sigmund Freud* (com Paulo Endo; L&PM, 2009), além de organizador de *Psicanálise e colonização* (Artes e Ofícios, 1999) e *A invenção da vida* (com Elida Tessler e Abrão Slavutzky; Artes e Ofícios, 2001).

SIGMUND FREUD

A interpretação dos sonhos
volume 2

Tradução do alemão de Renato Zwick

Revisão técnica e prefácio de Tania Rivera

Ensaio biobibliográfico de Paulo Endo *e* Edson Sousa

www.lpm.com.br

L&PM POCKET

Coleção **L&PM** POCKET, vol. 1061

Texto de acordo com a nova ortografia.

Título original: *Die Traumdeutung*

GOETHE INSTITUT — A tradução desta obra foi apoiada por um subsídio concedido pelo Goethe-Institut, financiado pelo Ministério das Relações Exteriores alemão.

Primeira edição na Coleção **L&PM** POCKET: agosto de 2012
Esta reimpressão: janeiro de 2024

Tradução: Renato Zwick
Tradução baseada no vol. 2 da *Freud-Studienausgabe*, 11. ed., Frankfurt am Main, Fischer, 2001
Revisão técnica e prefácio: Tania Rivera
Ensaio biobibliográfico: Paulo Endo e Edson Sousa
Preparação: Caroline Chang
Revisão: Patrícia Yurgel e Lia Cremonese
Capa: Ivan Pinheiro Machado. *Foto*: Sigmund Freud (1921). Akg-Images/Latinstock

CIP-Brasil. Catalogação na fonte
Sindicato Nacional dos Editores de livros, RJ

F942i
v. 2

Freud, Sigmund, 1856-1939
A interpretação dos sonhos, volume 2 / Sigmund Freud; tradução do alemão de Renato Zwick, revisão técnica e prefácio de Tania Rivera, ensaio biobibliográfico de Paulo Endo e Edson Sousa. – Porto Alegre, RS: L&PM, 2024.
352p. (Coleção L&PM POCKET; v. 1061)

Tradução de: *Die Traumdeutung*
Inclui bibliografia e índice
ISBN 978-85-254-2633-8

1. Sonhos. 2. Psicanálise. I. Título. II. Série.

12-1761.	CDD: 150.1952
	CDU: 159.964.2

© da tradução, ensaios e notas, L&PM Editores, 2012.

Todos os direitos desta edição reservados a L&PM Editores
Rua Comendador Coruja, 314, loja 9 – Floresta – 90.220-180
Porto Alegre – RS – Brasil / Fone: 51.3225.5777

PEDIDOS & DEPTO. COMERCIAL: vendas@lpm.com.br
FALE CONOSCO: info@lpm.com.br
www.lpm.com.br

Impresso no Brasil
Verão de 2024

Sumário

SEGUNDO VOLUME:

A INTERPRETAÇÃO DOS SONHOS *(continuação)*

VI – O TRABALHO DO SONHO *(continuação)* 363
   D – A consideração pela figurabilidade 363
   E – A figuração por meio de símbolos no sonho –
       Outros sonhos típicos 374
   F – Exemplos – Cálculos e falas no sonho 431
   G – Sonhos absurdos – As produções intelectuais
       no sonho 451
   H – Os afetos no sonho 485
   I – A elaboração secundária 514

VII – SOBRE A PSICOLOGIA DOS PROCESSOS ONÍRICOS 535
   A – O esquecimento dos sonhos 539
   B – A regressão 561
   C – Sobre a realização de desejo 578
   D – O despertar pelo sonho – A função do sonho –
       O sonho de angústia 601
   E – Os processos primário e secundário –
       O recalcamento 616
   F – O inconsciente e a consciência – A realidade 637

BIBLIOGRAFIA 649
A. Obras citadas 649
B. Obras sobre o sonho publicadas antes de 1900 674

ÍNDICE DE SONHOS 682
A. Sonhos do próprio Freud 682
B. Sonhos de outras pessoas 684

ÍNDICE DE SÍMBOLOS 692
A. Símbolos 692
B. O simbolizado 694

ÍNDICE DE NOMES 697

D

A CONSIDERAÇÃO PELA FIGURABILIDADE

Até agora nos ocupamos em investigar como o sonho figura as relações entre os pensamentos oníricos, porém durante essa investigação voltamos várias vezes ao tema mais amplo das modificações experimentadas pelo material onírico em geral para os fins da formação dos sonhos. Agora sabemos que o material onírico, desprovido em grande medida de suas relações, é submetido a uma compressão, enquanto deslocamentos de intensidade entre seus elementos forçam a uma revaloração psíquica desse material. Os deslocamentos que consideramos se mostram como substituições de uma determinada representação por outra que, de algum modo, lhe seja próxima na associação, sendo que tais deslocamentos são utilizados pela condensação, pois, dessa maneira, em vez de dois elementos entra no sonho um só elemento intermediário com características comuns a ambos. Ainda não mencionamos outro tipo de deslocamento. As análises nos ensinam, porém, que ele existe e que se manifesta por uma *troca* da *expressão linguística* dos pensamentos em questão. Nos dois casos, se trata de um deslocamento ao longo de uma cadeia de associações, porém o mesmo processo ocorre em diferentes esferas psíquicas, e o resultado desse deslocamento é, no primeiro caso, a substituição de um elemento por outro, enquanto no segundo caso um elemento troca suas *palavras* por outras.

Essa segunda espécie de deslocamento que ocorre na formação do sonho não só tem grande interesse teórico como também é especialmente apropriada para esclarecer a aparência de absurdo fantástico com que o sonho se disfarça. Em geral, o deslocamento ocorre no sentido de que uma expressão incolor e abstrata do pensamento onírico seja trocada por uma expressão imagética e concreta. A vantagem e, assim, o propósito dessa substituição saltam aos olhos. O imagético é *figurável* pelo sonho, admite ser inserido numa situação em que a expressão abstrata ofereceria à figuração onírica dificuldades semelhantes àquelas que o editorial político de um jornal, por exemplo, ofereceria à sua ilustração. Mas não é só a figurabilidade que se beneficia com essa troca; os interesses da condensação e da censura também podem sair ganhando. Se o pensamento onírico, inútil em sua expressão abstrata, for convertido em uma linguagem imagética, fica mais fácil do que antes estabelecer entre essa nova expressão e o material onírico restante os contatos e as identidades de que o trabalho do sonho necessita e que cria quando não existem, pois em todas as línguas, em virtude de sua evolução, os termos concretos são mais ricos em conexões do que os abstratos. Podemos imaginar que durante a formação do sonho uma boa parte do trabalho intermediário, que procura reduzir os pensamentos oníricos individuais a uma expressão que seja a mais concisa e uniforme possível, aconteça dessa maneira, ou seja, pela conversão linguística apropriada de cada pensamento. Um pensamento cuja expressão talvez tenha sido estabelecida por outras razões atuará de maneira distributiva e seletiva sobre as possibilidades expressivas de outro, e isso talvez de antemão, de modo semelhante ao que ocorre no trabalho do poeta. Quando se trata de escrever um poema rimado, o segundo verso depende de duas condições: ele deve exprimir o sentido que lhe cabe e sua expressão precisa encontrar a consonância com o primeiro verso. Os melhores poemas certamente são aqueles em que não se percebe a intenção de encontrar a rima, mas nos quais os dois pensamentos selecionaram de antemão, por indução mútua, a expressão linguística que, com ligeira elaboração posterior, permita o surgimento da consonância.

Em alguns casos, a troca de expressão serve à condensação onírica por um caminho ainda mais curto, permitindo encontrar uma combinação de palavras que, sendo ambígua, possibilita a expressão de vários pensamentos oníricos. Dessa forma, todo o âmbito do jogo de palavras é colocado a serviço do trabalho do sonho. Não devemos nos admirar acerca do papel que cabe à palavra na formação dos sonhos. Como ponto nodal de múltiplas representações, a palavra é uma multivocidade predestinada, por assim dizer, e as neuroses (ideias obsessivas, fobias) aproveitam as vantagens que a palavra assim oferece à condensação e ao disfarce com uma ousadia não menor que a do sonho.[1] É fácil mostrar que a distorção onírica também lucra com o deslocamento da expressão. Afinal, é enganador quando uma palavra equívoca é colocada no lugar de duas palavras unívocas, e a substituição de uma expressão banalmente sóbria por uma pictórica impede nossa compreensão, em especial porque o sonho nunca diz se os seus elementos devem ser interpretados no sentido literal ou no figurado, se devem ser relacionados com o material onírico de maneira direta ou pela mediação de expressões intercaladas. Na interpretação de cada elemento onírico, de maneira geral ficamos em dúvida se:

a) ele deve ser tomado em sentido positivo ou negativo (relação de oposição);

b) ele deve ser interpretado historicamente (como reminiscência);

c) simbolicamente, ou se

d) sua utilização deve partir do texto literal.

Apesar desse aspecto multifacetado, é lícito afirmar que a figuração efetuada pelo trabalho do sonho, que, *afinal, não pretende ser compreendida*, não coloca ao tradutor dificuldades maiores do que, por exemplo, os antigos escritores de hieróglifos colocavam aos seus leitores. [1914]

Já citei vários exemplos de figurações no sonho que apenas se mantêm unidas graças à ambiguidade da expressão ("a boca se abre bem", no sonho da injeção; "acabo não podendo ir", no último sonho, p. 360 etc.). Agora comunicarei um sonho em cuja análise a transformação do pensamento abstrato em imagens representa um papel maior. A diferença de tal interpretação de sonhos em relação à interpretação por meio do simbolismo ainda pode ser determinada com precisão; na

---

1. *O chiste e sua relação com o inconsciente*, 1905 c, e as "pontes de palavras" na solução de sintomas neuróticos. [Nota acrescentada em 1909.]

interpretação simbólica dos sonhos, a chave da simbolização é escolhida de modo arbitrário pelo intérprete; nos nossos casos de disfarce linguístico, essas chaves são de conhecimento geral e são dadas por usos linguísticos estabelecidos. Se dispusermos da ideia certa no momento adequado, podemos interpretar sonhos desse tipo integral ou parcialmente mesmo sem os pormenores fornecidos pelo sonhador.

Uma senhora que é minha amiga sonhou o seguinte: *Ela se encontra na ópera. Trata-se de uma obra de Wagner cuja apresentação foi até as quinze para as oito da manhã. Na plateia há mesas às quais as pessoas comem e bebem. Seu primo, que voltou recentemente da viagem de lua de mel, está sentado a uma dessas mesas com sua jovem esposa; junto com eles, um aristocrata. Dizem sobre ele que a jovem esposa o trouxe consigo da viagem de lua de mel, de maneira inteiramente pública, mais ou menos como se traz um chapéu. No meio da plateia há uma torre alta com uma plataforma na parte de cima, cercada por uma grade de ferro. Lá no alto está o maestro, que tem os traços de Hans Richter; ele corre sem cessar de um lado para o outro atrás da sua grade, transpira terrivelmente e desse posto dirige a orquestra enfileirada abaixo, em volta da base da torre. A sonhadora está sentada com uma amiga* (minha conhecida) *num camarote. Da plateia, sua irmã mais nova quer lhe entregar um grande pedaço de carvão, dando como motivo que não sabia que demoraria tanto e que agora elas deveriam estar passando muito frio. (Mais ou menos como se os camarotes precisassem ser aquecidos durante a longa apresentação.)*

O sonho é bastante absurdo, embora bem concentrado em uma situação. Absurda é a torre no meio da plateia, da qual o maestro dirige a orquestra, porém mais absurdo ainda é o pedaço de carvão que a irmã da sonhadora lhe entrega! De propósito, não pedi qualquer análise desse sonho; conhecendo um pouco as relações pessoais da sonhadora consegui interpretar partes dele por conta própria. Eu sabia que ela teve grande simpatia por um músico cuja carreira fora interrompida de modo prematuro por uma doença mental. Portanto, decidi tomar a torre na plateia *literalmente*. O resultado foi que o homem que ela desejaria ter visto no lugar de Hans Richter é *muito superior* [*turmhoch*, "alto como uma torre"] aos demais membros da orquestra. Essa torre pode ser designada como uma *formação mista composta por aposição*; sua parte inferior figura a grandeza do homem, enquanto a grade no alto, atrás da qual ele corre de um lado para o outro como um prisioneiro ou um animal na jaula (uma alusão ao nome do infeliz)[2], figura o seu destino posterior. "Torre de hospício" talvez fosse a expressão em que os dois pensamentos pudessem se encontrar.

Depois que o modo de figuração do sonho foi revelado dessa forma, tentamos resolver com a mesma chave o segundo absurdo aparente, o do pedaço de carvão que sua irmã lhe alcança. "Carvão" devia significar "amor secreto".

> Nada queima tanto,
> *Carvão aceso* ou *chama*,
> Quanto o *amor secreto*
> Que no peito se inflama.

Ela própria e sua amiga tinham *ficado sentadas*[3]; a irmã mais nova, que ainda tem perspectiva de se casar, lhe entrega o carvão "porque não sabia *que demoraria tanto*". Não é dito no sonho o que demoraria tanto; numa narrativa, completaríamos: a apresentação; no sonho, estamos autorizados a considerar a frase por si mesma, declarar que é ambígua e acrescentar "até ela se casar". A interpretação "amor secreto" é apoiada pela menção ao primo, sentado na plateia com sua mulher, e pelo *caso público* atribuído a ela. As oposições entre o amor secreto e o amor público, entre o fogo dela e a frieza da jovem mulher, dominam o sonho. Aliás, tanto num caso quanto no outro há um *homem de alta posição* na qualidade de expressão intermediária entre o aristocrata e o músico em quem se tinha depositado grandes esperanças.

---

2. Hugo Wolf. [*Wolf* = lobo. (N.T.)] [Nota acrescentada em 1925.]
3. Expressão que equivale à nossa "ficar para tia". (N.T.)

Com as explicações anteriores descobrimos finalmente um terceiro fator cuja participação na transformação dos pensamentos oníricos em conteúdo onírico não devemos subestimar: *a consideração pela figurabilidade no material psíquico peculiar do qual o sonho se serve*, ou seja, na maioria dos casos, a figurabilidade em imagens visuais. Entre as diferentes conexões secundárias com os pensamentos oníricos essenciais, será escolhida aquela que permitir uma figuração visual, e o trabalho do sonho não teme o esforço de primeiro transvasar o pensamento esquivo em outra forma linguística, por mais incomum que seja, desde que possibilite a figuração e dessa maneira dê um fim às dificuldades psicológicas da limitada atividade do pensamento. Porém, esse transvasamento do conteúdo de um pensamento em outra forma pode ao mesmo tempo se colocar a serviço do trabalho de condensação e criar relações com outro pensamento que de outra maneira não existiriam. E esse outro pensamento pode inclusive ter modificado anteriormente sua expressão original com a finalidade de ir ao encontro do primeiro.

Herbert Silberer (1909) apontou um bom caminho para observar de maneira direta a transformação dos pensamentos em imagens que ocorre na formação dos sonhos e, assim, estudar isoladamente esse fator do trabalho do sonho. Quando ele se impunha um esforço de pensamento durante um estado de cansaço e sonolência, muitas vezes ocorria que o pensamento lhe escapasse, aparecendo em seu lugar uma imagem na qual podia reconhecer o substituto desse pensamento. De uma maneira não inteiramente apropriada, Silberer chama esse substituto de "autossimbólico". Reproduzo aqui alguns exemplos do trabalho de Silberer, aos quais ainda retornarei em outra parte em razão de certas propriedades dos fenômenos observados.

"*Exemplo nº 1*. Penso que pretendo melhorar um trecho desigual de um ensaio.

Símbolo: vejo-me aplainando um pedaço de madeira."

"*Exemplo nº 5*. Procuro me recordar da finalidade de certos estudos metafísicos que pretendo fazer. Essa finalidade consiste, assim penso, em avançar trabalhosamente, na busca pelas razões da existência, a formas de consciência ou a camadas da existência sempre mais altas.

Símbolo: introduzo uma longa faca debaixo de uma torta, como se fosse pegar uma fatia.

Interpretação: meu movimento com a faca significa o 'avanço trabalhoso' em questão (...). A explicação da razão desse símbolo é a seguinte: cabe a mim, vez por outra, cortar e servir uma torta à mesa, uma atividade que executo com uma faca longa e flexível, o que exige algum cuidado. Em especial, há certas dificuldades em tirar devidamente as fatias cortadas; a faca precisa ser introduzida com cuidado *debaixo* de cada fatia (o lento 'avanço trabalhoso' para chegar às razões). Mas ainda há mais simbolismo na imagem. É que a torta do símbolo era uma *Dobos-Torte*, ou seja, uma torta em que a faca precisa atravessar várias *camadas* (as camadas da consciência e do pensamento)."

"*Exemplo nº 9*. Perco o fio de um pensamento. Esforço-me por reencontrá-lo, mas preciso reconhecer que o ponto de partida me escapou inteiramente.

Símbolo: uma parte de uma composição tipográfica, cujas últimas linhas caíram." [1914]

Em vista do papel representado por ditos chistosos, citações, canções e ditados na vida intelectual das pessoas instruídas, seria perfeitamente justificado esperar que disfarces desse tipo fossem empregados com muita frequência para a figuração dos pensamentos oníricos. O que significam no sonho, por exemplo, carroças repletas cada uma delas com um legume diferente? Trata-se da antítese de desejo a "folhas e nabos", ou seja, à "mistura", o que significa, portanto, "desordem". Fiquei surpreso com o fato de esse sonho me ter sido relatado apenas uma única vez.[4] Apenas para poucos temas se desenvolveu

---

4. Realmente não encontrei mais essa figuração, de modo que fiquei incerto quanto ao direito dessa interpretação. ["Folhas e nabos" é uma referência à expressão idiomática "misturados como folhas e nabos", que significa grande confusão. Antes do preparo, os nabos são separados de suas folhas; se isso não acontecesse, não poderiam ser consumidos. (N.T.)] [Nota acrescentada em 1925.]

um simbolismo onírico universal, baseado em substituições de palavras e em alusões conhecidas por todo mundo. Aliás, o sonho compartilha uma boa parte desse simbolismo com as psiconeuroses, as lendas e os costumes populares.

Quando se observa com mais atenção, é preciso reconhecer que com essa espécie de substituição o trabalho do sonho não faz absolutamente nada de original. Para alcançar seus fins – nesse caso, a figurabilidade livre de censura –, ele apenas trilha os caminhos que já encontra abertos no pensamento inconsciente, preferindo aquelas transformações do material recalcado que também têm autorização para se tornar conscientes sob a forma de chiste e de alusão, e das quais todas as fantasias do neurótico estão repletas. Neste ponto se abre subitamente uma compreensão para a interpretação scherneriana dos sonhos, cujo núcleo correto defendi em outro trecho. O fato de a fantasia se ocupar do corpo da pessoa de forma alguma é próprio apenas do sonho ou característico dele. Minhas análises me mostraram que esse fato é uma ocorrência normal no pensamento inconsciente do neurótico e que pode ser atribuído à curiosidade sexual do jovem ou da jovem em desenvolvimento pelos genitais do sexo oposto, mas também do próprio. Porém, como destacam Scherner e Volkelt de modo inteiramente acertado, a casa não é o único grupo de representações usado para simbolizar a corporeidade – o que vale tanto para o sonho quanto para o fantasiar inconsciente da neurose. Não obstante, conheço pacientes que mantiveram o simbolismo arquitetônico do corpo e dos genitais (embora o interesse sexual ultrapasse muito o âmbito dos genitais externos), e para os quais pilares e colunas significam pernas (como nos *Cantares de Salomão*), portas lembram uma das aberturas corporais ("buraco"), encanamentos de água lembram o aparelho urinário etc. No entanto, escolhe-se com a mesma predileção o grupo de representações da cozinha ou da vida das plantas como esconderijo de imagens sexuais[5]; no segundo caso, o uso da língua – o precipitado de comparações da fantasia oriundo das épocas mais antigas

---

5. Ver abundante documentação sobre isso nos três volumes suplementares de E. Fuchs (1909-1912). [Nota acrescentada em 1914.]

– preparou devidamente o caminho (a "vinha" do Senhor, a "semente", o "jardim" da donzela nos *Cantares de Salomão*). Os detalhes mais obscenos e mais íntimos da vida sexual podem ser pensados e sonhados em alusões aparentemente inocentes aos afazeres da cozinha, e a interpretação dos sintomas da histeria se torna realmente impossível quando se esquece que o simbolismo sexual pode achar o seu melhor esconderijo por trás daquilo que é cotidiano e que não chama atenção. Há um sentido sexual justificado quando crianças neuróticas não querem ver sangue nem carne crua, quando vomitam ao ver ovos e macarrão ou quando o medo natural que o homem sente de cobras sofre uma extraordinária intensificação no neurótico, e em todos os casos em que a neurose se serve de tais disfarces, percorre os caminhos que outrora, em antigos períodos da cultura, toda a humanidade trilhou, e de cuja existência, debaixo de um ligeiro encobrimento, ainda dão testemunho atualmente o uso da língua, a superstição e os costumes.

Introduzo aqui o sonho com flores de uma de minhas pacientes que anunciei anteriormente, destacando nele tudo aquilo que deve ser interpretado num sentido sexual. Depois da interpretação, o belo sonho não agradou mais nem um pouco à sonhadora.

a) Sonho preliminar: *Ela vai à cozinha e censura as duas empregadas por não ficarem prontas "com o bocadinho de comida", e nisso vê um grande número de utensílios de cozinha emborcados para escorrer, empilhados em montes.* Acréscimo posterior: *As duas empregadas saem para buscar água e para isso precisam entrar numa espécie de rio, que chega até a casa ou até o pátio.*[6]

b) Sonho principal[7]: *Ela desce de um lugar alto*[8] *passando por cima de corrimões ou cercas de formato peculiar, unidos em grandes quadrados e consistindo de pequenos quadrados*

---

6. A propósito da interpretação desse sonho preliminar, que cabe considerar como "causal", ver p. 337-339.

7. A história de vida da sonhadora.

8. Alta linhagem, antítese de desejo ao sonho preliminar.

*entrelaçados.*⁹ *Essa estrutura não é exatamente adequada para subir; ela se preocupa constantemente em achar um lugar para colocar o pé, ficando contente por seu vestido não ficar preso em nada, por ela se conservar tão decente ao caminhar.*¹⁰ *Nisso ela segura um* grande galho¹¹, *que na verdade é como uma árvore, apinhado de* flores vermelhas, *ramificado e desenvolvido.*¹² *Mesclada aí se encontra a ideia de* flores de cereja, *mas elas também se parecem com* camélias *dobradas, que, no entanto, não crescem em árvores. Enquanto desce, ela segura de início um* galho, *depois subitamente dois, mais tarde um outra vez.*¹³ *Quando chega embaixo, as* flores *inferiores já estão um tanto* caídas. *Depois ela vê um empregado que penteia, por assim dizer, uma árvore da mesma espécie, isto é, arranca com um pedaço de madeira espessas mechas de cabelo que pendem dela como musgo. Outros trabalhadores cortaram tais galhos de um jardim e os jogaram na rua, onde ficaram atirados, de modo que muitas pessoas podem pegá--los. Mas ela pergunta se isso está certo, se também pode pegar um deles.*¹⁴ *No jardim há um* jovem (uma personalidade que ela conhece, um estrangeiro), *a quem ela se dirige para perguntar como poderia transplantar esses* galhos *para o seu próprio jardim.*¹⁵ *Ele a abraça, ela resiste e lhe pergunta se*

---

9. Formação mista que reúne dois lugares, o sótão da casa paterna, no qual brincava com o irmão, objeto de suas fantasias posteriores, e a propriedade de um tio malvado que costumava gracejar com ela.

10. Antítese de desejo a uma recordação real da propriedade do tio, a saber, que ela costumava se despir durante o sono.

11. Da mesma forma que o anjo segura um ramo de lírio na Anunciação de Maria.

12. Ver a explicação dessa formação mista na p. 342: inocência, menstruação, *A dama das camélias*.

13. Alusão às várias pessoas que serviam à sua fantasia.

14. Se também pode arrancar um deles, isto é, se masturbar. [Em alemão, "arrancar" é *herunterreissen*, parte da expressão *sich einen herunterreissen*, "masturbar-se". (N.T.)]

15. O galho assumiu há muito o lugar do genital masculino, contendo, aliás, uma alusão bastante clara ao sobrenome da paciente.

ele achava que era permitido abraçá-la daquela maneira. Ele diz que não há nada errado nisso, que é permitido.[16] *Então ele se declara disposto a ir com ela ao outro jardim para lhe mostrar o transplante, dizendo-lhe uma coisa que ela não entende direito: "Além disso, me faltam três metros"* (depois ela diz: *metros quadrados*) *"ou três braças de terreno". É como se ele, pela sua boa vontade, fosse exigir algo dela, como se tivesse a intenção de obter uma* compensação no jardim dela *ou como se quisesse* burlar *alguma lei, tirando uma vantagem disso sem prejudicá-la. Ela não sabe se ele realmente lhe mostrou alguma coisa.*

Esse sonho, que se destaca em razão de seus elementos simbólicos, pode ser chamado de "biográfico". Tais sonhos ocorrem com frequência durante as psicanálises, mas talvez apenas raramente fora delas.[17] [1925]

Como é natural, tenho precisamente esse tipo de material em abundância, porém sua comunicação levaria longe demais na discussão das condições neuróticas. Tudo conduz à mesma conclusão de que não é preciso supor nenhuma atividade simbolizadora especial da psique durante o trabalho do sonho, mas que o sonho se serve dessas simbolizações, que já se encontram prontas no pensamento inconsciente, porque satisfazem melhor as exigências da formação do sonho em razão de sua figurabilidade e porque na maioria dos casos também não estão submetidas à censura.

---

16. Isso se refere, como o que segue, a precauções matrimoniais.

17. Um sonho "biográfico" análogo é o terceiro exemplo de simbolismo onírico comunicado na próxima seção; além disso, há o "Sonho que interpreta a si mesmo", comunicado em detalhes por Rank; outro, que deve ser lido "às avessas", pode ser encontrado em Stekel (1909, p. 486). [Nota acrescentada em 1911.]

E

A FIGURAÇÃO POR MEIO DE SÍMBOLOS NO SONHO
OUTROS SONHOS TÍPICOS

A análise do último sonho biográfico é uma prova de que reconheci o simbolismo no sonho desde o início. No entanto, cheguei à inteira apreciação de seu alcance e de seu significado apenas de maneira gradativa mediante o aumento de minha experiência e sob a influência dos trabalhos de W. Stekel (1911), sobre os quais é oportuno fazer uma observação aqui.

Esse autor, que talvez tenha prejudicado a psicanálise tanto quanto a beneficiou, apresentou um grande número de traduções simbólicas insuspeitadas, que de início não mereceram crédito, porém mais tarde foram em sua maioria confirmadas e precisaram ser aceitas. O mérito de Stekel não é diminuído pela observação de que a reserva cética de outros autores não era injustificada. Pois os exemplos sobre os quais apoiou suas interpretações muitas vezes não eram convincentes, e ele se serviu de um método que cabe rejeitar como cientificamente duvidoso. Stekel chegou a suas interpretações simbólicas pela via da intuição, graças a uma faculdade, que lhe é própria, de compreender os símbolos de imediato. Porém não se pode pressupor a existência universal dessa arte, sua eficiência escapa a toda crítica e, por isso, seus resultados não têm qualquer direito à credibilidade. É aproximadamente o mesmo que pretender fundamentar o diagnóstico de doenças infecciosas sobre as impressões olfativas recebidas junto ao leito do doente, embora sem dúvida tenha havido médicos para os quais o olfato, atrofiado na maioria, fez mais do que para outras pessoas, e que eram realmente capazes de diagnosticar uma febre tifoide pelo cheiro.

A experiência crescente da psicanálise nos permitiu encontrar pacientes que revelaram de maneira surpreendente essa compreensão imediata do simbolismo onírico. Muitas vezes, eram pessoas que sofriam de *dementia praecox*, de modo que por algum tempo persistiu a tendência de suspeitar que todos os sonhadores com tal compreensão de símbolos padecessem dessa afecção. Só que isso não é exato; essa compreensão é um talento ou uma peculiaridade pessoal sem significação patológica visível. [1925]

Depois de nos familiarizarmos com a abundante aplicação do simbolismo na figuração de material sexual no sonho, é preciso perguntar se muitos desses símbolos, tais como as abreviações da estenografia, não se apresentam com uma significação fixada de uma vez por todas, e ficamos tentados a esboçar um novo livro de sonhos segundo o método da codificação. A propósito disso, cabe observar que esse simbolismo não é próprio do sonho, mas do representar inconsciente, especialmente do povo, podendo ser encontrado no folclore, nos mitos, nas lendas, nos ditos, nos provérbios e nos chistes correntes de um povo de maneira mais completa do que no sonho. [1909]

Precisaríamos, portanto, ir muito além da tarefa de interpretar sonhos se quiséssemos fazer justiça à significação do símbolo e discutir os numerosos problemas, em sua maioria ainda não resolvidos, que se relacionam com o conceito de símbolo.[18] Queremos nos limitar a dizer aqui que a figuração por meio de um símbolo se encontra entre as figurações indiretas, mas que somos advertidos por toda espécie de indícios a não misturar indiscriminadamente a figuração por símbolos com as outras espécies de figuração indireta sem ainda sermos capazes de apreender essas características distintivas com clareza conceitual. Numa série de casos, o elemento comum entre o símbolo e aquilo que ele substitui é evidente, em outros é oculto; a escolha do símbolo parece, então, enigmática.

---

18. Ver os trabalhos de Bleuler e de seus discípulos de Zurique – Maeder, Abraham e outros – sobre o simbolismo, bem como os autores não médicos aos quais eles se referem (Kleinpaul, entre outros). [Nota acrescentada em 1911.] O que de mais exato foi escrito sobre esse assunto se acha no livro de O. Rank e de H. Sachs (1913, cap. I). [Acréscimo de 1914.] Além disso, em E. Jones (1916). [Acréscimo de 1925.]

Precisamente esses casos devem ser capazes de lançar luz sobre o sentido último da relação simbólica; eles indicam que essa relação é de natureza genética. Aquilo que hoje se encontra ligado de modo simbólico provavelmente estava unido por identidade conceitual e linguística nos tempos primitivos.[19] A relação simbólica parece ser um resto e um sinal de uma identidade passada. Em alguns casos, podemos observar que as relações simbólicas se estendem além das relações linguísticas, como Schubert (1814) já afirmou.[20] Alguns símbolos são tão antigos quanto a formação da linguagem em geral, porém outros continuam sendo criados no presente (por exemplo, o dirigível, o zepelim). [1914]

O sonho se serve, pois, desse simbolismo para a figuração disfarçada de seus pensamentos latentes. Entre os símbolos assim empregados, há sem dúvida muitos que, em geral ou quase geralmente, significam o mesmo. Só não podemos nos esquecer da singular plasticidade do material psíquico. Com bastante frequência, um símbolo no conteúdo onírico pode ser interpretado não de maneira simbólica, mas em seu sentido próprio; outras vezes, um sonhador pode se outorgar o direito, a partir de material mnêmico especial, de empregar como símbolo sexual tudo o que for possível e que em geral não é empregado assim. [1909] Quando houver vários símbolos à sua escolha para figurar um conteúdo, ele se decidirá por aquele símbolo que também apresentar relações objetivas

---

19. Essa concepção encontraria um apoio extraordinário em uma teoria apresentada pelo dr. Hans Sperber (1912). Ele afirma que todas as palavras primitivas designavam coisas sexuais, perdendo esse significado sexual quando passaram a outras coisas e atividades que eram comparadas às sexuais. [Nota acrescentada em 1925.]

20. [O último trecho da frase foi acrescentado em 1919.] Assim, por exemplo, o barco [*Schiff*] a navegar surge nos sonhos urinários de sonhadores húngaros, embora essa língua desconheça a palavra *schiffen* [mijar] como sinônimo de *urinieren* (Ferenczi; ver também p. 391-392). Nos sonhos dos franceses e de outros povos latinos, o quarto [*Zimmer*] serve à figuração simbólica da mulher, embora esses povos não conheçam nada análogo à palavra alemã *Frauenzimmer* [literalmente, "quarto das mulheres"; a partir do séc. XVII passou a designar as próprias mulheres e atualmente significa "mulher de vida ordinária", "prostituta". (N.T.)] [Nota acrescentada em 1914.].

com o restante de seu material de pensamentos, ou seja, que permitir uma motivação individual além da motivação tipicamente válida.

Se as mais recentes investigações sobre o sonho, feitas depois de Scherner, tornaram imperioso o reconhecimento do simbolismo onírico – mesmo H. Ellis admite não haver dúvidas de que nossos sonhos estão repletos de simbolismo –, cabe reconhecer, no entanto, que a tarefa de interpretar sonhos não é apenas facilitada pela existência dos símbolos no sonho, mas também dificultada. A técnica de interpretação que se baseia nas ideias que ocorrem livremente ao sonhador falha na maioria das vezes quando se trata de interpretar os elementos simbólicos do conteúdo onírico; por razões de crítica científica, porém, está fora de questão o retorno ao arbítrio do intérprete, tal como era praticado na Antiguidade e tal como parece reviver nas interpretações selvagens de Stekel. Assim, os elementos existentes no conteúdo onírico que devem ser compreendidos simbolicamente nos obrigam a adotar uma técnica combinada que, por um lado, se apoia nas associações do sonhador e, por outro lado, completa aquilo que falta com a compreensão do intérprete acerca dos símbolos. A cautela crítica na decifração dos símbolos e o estudo cuidadoso deles em exemplos de sonhos especialmente transparentes precisam se associar para enfraquecer a crítica de arbitrariedade na interpretação dos sonhos. As incertezas ainda ligadas à nossa atividade de intérprete de sonhos provêm em parte de nossos conhecimentos incompletos, que podem ser aperfeiçoados de maneira gradual por um maior aprofundamento, e em parte dependem justamente de certas qualidades dos símbolos oníricos. Esses símbolos muitas vezes são multívocos e plurívocos, de modo que, tal como na escrita chinesa, apenas o contexto possibilita a compreensão correta em cada caso. A essa multivocidade dos símbolos se soma a aptidão do sonho para admitir superinterpretações, para figurar num só conteúdo diversas formações de pensamento e moções de desejo, muitas vezes de natureza muito diferente. [1914]

Depois dessas restrições e objeções, alguns exemplos. Na maior parte das vezes, o imperador e a imperatriz (o rei e a rainha) figuram de fato os pais do sonhador; o príncipe (ou a princesa) é ele próprio. [1909] Porém, essa mesma autoridade elevada atribuída ao imperador também é outorgada a grandes homens; por isso, Goethe, por exemplo, aparece em muitos sonhos como símbolo do pai (Hitschmann). [1919] – Todos os objetos longos, como bastões, troncos e guarda-chuvas (que lembram a ereção por poderem ser abertos!) [1909], todas as armas compridas e afiadas, como facas, punhais e lanças [1911], substituem o membro masculino [1909]. Um símbolo frequente desse membro, não muito fácil de compreender, é a lixa de unhas (por causa do esfregar e do raspar?). – Latas, caixas, caixotes, armários e fogões correspondem ao ventre feminino, mas também cavernas, navios e toda espécie de recipientes [1919]. – Quartos [*Zimmer*] que aparecem no sonho são em sua maioria mulheres [*Frauenzimmer*]; a descrição de suas diversas entradas e saídas não deixa dúvidas quanto a essa interpretação [1909].[21] O interesse em saber se o quarto está "aberto" ou "fechado" é facilmente compreensível nesse contexto. (Ver o sonho de Dora no "Fragmento de uma análise de histeria".) Não é preciso dizer expressamente qual a chave que abre o quarto; o simbolismo da chave e da fechadura serviu a Uhland para as mais graciosas obscenidades na canção do "Conde Eberstein". [1911] – O sonho de atravessar uma série de quartos é o sonho com um bordel ou com um harém [1909].

---

21. "Um paciente que morava numa pensão sonhou que *encontrava uma empregada e lhe perguntava qual o seu número; para sua surpresa, ela respondeu: catorze*. Ele tinha, de fato, travado relações com a moça em questão, tendo se encontrado com ela várias vezes no quarto dele. Como é compreensível, ela temia que a dona da pensão suspeitasse, e no dia anterior ao sonho lhe fez a proposta de se encontrar com ela num dos quartos vazios. Na verdade, esse quarto tinha o número catorze, enquanto no sonho esse é o número da mulher. É difícil imaginar uma prova mais clara da identificação entre a mulher e o quarto." (Ernest Jones, 1914) (Ver *O simbolismo dos sonhos*, de Artemidoro, tradução de F.S. Krauss, Viena, 1881, p. 110: "Assim, por exemplo, o dormitório significa a esposa, caso haja uma na casa".) [Nota acrescentada em 1919.]

No entanto, conforme H. Sachs mostrou com belos exemplos, ele é utilizado para figurar o casamento (oposição) [1914]. – Uma interessante relação com as investigações sexuais infantis surge quando a pessoa sonha com dois quartos que antes eram um só, ou quando vê o quarto conhecido de uma casa dividido em dois no sonho, ou vice-versa. Na infância se tomava o genital feminino (o traseiro) por um espaço único (a teoria cloacal infantil), e apenas mais tarde se ficava sabendo que essa região corporal abrangia duas cavidades e duas aberturas separadas [1919]. – As escadarias e as escadas de mão, ou, antes, o subir e o descer por elas, são figurações simbólicas do ato sexual.[22] – Paredes lisas pelas quais se sobe, fachadas de casas pelas quais – muitas vezes com grande medo – alguém se deixa escorregar correspondem a corpos humanos em pé, o que provavelmente é uma repetição no sonho das lembranças de quando a criança pequena subia pelo corpo dos pais ou das babás. As paredes "lisas" são homens; no medo que se sente no sonho, não é raro que alguém se segure nas "saliências" das casas [1911]. – Da mesma forma, mesas, mesas postas e tábuas são mulheres, provavelmente em razão da oposição, que nesse caso suprime as curvas do corpo [1909]. A "madeira",

---

22. A propósito disso, repito o que escrevi em outro texto ("As chances futuras da terapia psicanalítica", 1910 *d*): "Soube algum tempo atrás que um psicólogo sem relações conosco se dirigiu a um de nós com a observação de que sem dúvida superestimamos o significado sexual oculto dos sonhos. Seu sonho mais frequente era o de subir uma escada, e por trás disso, segundo ele, não havia certamente nada de sexual. Essa objeção chamou nossa atenção, de modo que passamos a observar o aparecimento de escadarias e de escadas de mão no sonho, logo constatando que a escada (e aquilo que lhe é análogo) figura um símbolo indubitável do coito. Não é difícil encontrar a base dessa comparação; a intervalos rítmicos, sob arquejos crescentes, se chega a uma elevação, podendo descer outra vez com alguns saltos rápidos. É assim que o ritmo do coito pode ser encontrado no ato de subir escadas. Não nos esqueçamos de consultar o uso da língua. Ele mostra que 'trepar' [*steigen*] é utilizado como indicação substitutiva da atividade sexual. Costumamos dizer que o indivíduo é um *Steiger* [mulherengo] ou usar a palavra *nachsteigen* [andar atrás de uma mulher]. Em francês, o degrau da escada é chamado de *la marche: un vieux marcheur* coincide inteiramente com o nosso *ein alter Steiger* [um velho mulherengo]." [Nota acrescentada em 1911.]

sobretudo por suas relações linguísticas, parece ser um substituto da substância (matéria) feminina. O nome da ilha da *Madeira* significa "madeira" em português [1911].[23] Visto que "cama e mesa" constituem o casamento, a última muitas vezes é colocada no lugar da primeira nos sonhos e, na medida do possível, o complexo das representações sexuais é transposto para o complexo alimentar [1909]. – Entre as peças do vestuário, o chapéu feminino pode muitas vezes ser interpretado de maneira segura como órgão genital, e mais exatamente, masculino. Da mesma forma o sobretudo, ficando em aberto qual a participação que cabe nesse uso simbólico à semelhança entre as palavras.[24] Nos sonhos de homens, encontramos com frequência a gravata como símbolo do pênis, provavelmente não apenas por ela ser longa, pendente e característica do homem, mas também pelo fato de poder ser escolhida à vontade, uma liberdade proibida pela natureza quando se trata do objeto figurado por esse símbolo.[25] Pessoas que usam tal símbolo no sonho muitas vezes gastam fortunas em gravatas na vida de vigília, possuindo verdadeiras coleções delas [1911]. – Todos os maquinários e aparelhos complicados do sonho são com grande probabilidade genitais – geralmente masculinos [1919] –, em cuja descrição o simbolismo onírico se mostra tão incansável quanto o trabalho do chiste [1909]. Também é bem evidente que todas as armas e ferramentas são usadas como símbolos do membro masculino: o arado, o martelo,

---

23. No original: *Der Name der Insel* Madeira *bedeutet im Portugiesischen: Holz.* As relações linguísticas de que Freud fala são de natureza etimológica: a palavra "madeira" provém do latim *materia*, que por sua vez se deriva de *mater*, "mãe". (N.T.)

24. Em alemão, naturalmente: *Mantel* (sobretudo) / *Mann* (homem). (N.T.)

25. Ver no *Zentralblatt für Psychoanalyse*, vol. 2, p. 675, o desenho de um paciente maníaco de dezenove anos: um homem usando uma cobra como *gravata*, a qual se vira na direção de uma garota. Além disso, a história "O homem envergonhado" (*Anthropophyteia*, vol. 6, p. 334): Uma senhora entra em um banheiro onde se encontra um homem que tinha acabado de vestir a camisa; ele fica bastante envergonhado e cobre imediatamente o pescoço com a parte dianteira da camisa, dizendo: "Desculpe, estou sem *gravata*". [Nota acrescentada em 1914.]

a espingarda, o revólver, o punhal, o sabre etc. [1919] – Da mesma forma, muitas paisagens dos sonhos, especialmente aquelas com pontes ou montanhas arborizadas, podem ser reconhecidas sem dificuldade como descrições dos genitais. [1911] Marcinowski reuniu uma série de exemplos nos quais os sonhadores ilustraram seus sonhos por meio de desenhos que tinham o propósito de representar as paisagens e os lugares que apareciam neles. Esses desenhos tornam bastante visível a distinção entre significado manifesto e latente no sonho. Vistos ingenuamente, parecem mostrar plantas, mapas etc., porém a uma observação mais penetrante se revelam como figurações do corpo humano, dos genitais etc., e apenas depois de vistos dessa maneira permitem a compreensão do sonho. (Ver, a propósito, os trabalhos de Pfister sobre criptografia e quadros enigmáticos.) [1914] Nos casos de neologismos incompreensíveis, também é lícito pensar em composições a partir de elementos com significado sexual. [1911] – Muitas vezes, crianças no sonho também não significam outra coisa senão genitais, da mesma forma que homens e mulheres, afinal, costumam chamar carinhosamente seus genitais por diminutivos. [1909] Stekel acertadamente reconheceu o "irmãozinho" como sendo o pênis. [1925] Brincar com uma criança pequena, espancá-la etc., são muitas vezes figurações oníricas do onanismo. [1911] – A calvície, o corte dos cabelos, a queda dos dentes e a decapitação servem ao trabalho do sonho para a figuração simbólica da castração. Quando um dos símbolos usuais do pênis aparece no sonho duplicado ou multiplicado, cabe compreender isso como um protesto contra a castração. O aparecimento da lagartixa no sonho – um animal cuja cauda [*Schwanz*, também "pênis"], quando arrancada, volta a crescer – tem o mesmo significado. (Ver acima, nas p. 25-27, o sonho das lagartixas.) – Entre os animais utilizados na mitologia e no folclore como símbolos genitais, muitos também representam esse papel no sonho: o peixe, a lesma, o gato, o camundongo (por causa dos pelos pubianos), porém sobretudo o símbolo mais significativo do membro masculino, a cobra. Pequenos animais e insetos são os substitutos de crianças pequenas; por exemplo, de irmãos indesejados. Estar coberto de insetos pode muitas vezes ser comparado à gravidez. [1919] – Um símbolo onírico bem recente do genital masculino é o dirigível, que justifica tal uso tanto por sua relação com o voo quanto, ocasionalmente, por sua forma.

Stekel indicou e provou com exemplos uma série de outros símbolos, em parte ainda não verificados de modo satisfatório. [1911] Seus textos, em especial o livro *A linguagem do sonho* (1911), contêm a mais rica coleção de soluções de símbolos, parte delas encontradas com perspicácia e que a verificação mostrou estarem corretas – por exemplo, na seção sobre o simbolismo da morte. No entanto, a falta de crítica do autor e sua inclinação pelas generalizações a qualquer preço tornam duvidosas ou inutilizáveis outras de suas interpretações, de modo que cabe aconselhar muita cautela no uso desses trabalhos. Limito-me, por isso, a destacar alguns poucos exemplos. [1914]

Segundo Stekel, *direita e esquerda* devem ser entendidos no sonho eticamente. "O caminho direito sempre significa o caminho do correto; o esquerdo, o da transgressão. Assim, o caminho esquerdo pode significar homossexualismo, incesto ou perversão; o direito, casamento, relações com uma prostituta etc. Isso sempre avaliado do ponto de vista moral individual do sonhador" (Stekel, 1909, p. 466 e segs.). Quanto aos *parentes* em geral, desempenham no sonho quase sempre o papel de genitais (*ibid.*, p. 473). Com essa significação, posso confirmar apenas o filho, a filha ou a irmã mais nova, ou seja, até onde alcança o âmbito de aplicação dos *diminutivos*. Em compensação, em exemplos confirmados se reconhece as *irmãs* como símbolos dos seios e os *irmãos* como símbolos dos grandes hemisférios. *Não alcançar um veículo* é decifrado por Stekel como sendo o lamento por uma diferença de idade que não pode ser alcançada (*ibid.*, p. 479). A *bagagem* com que alguém viaja seria o fardo de pecados que o oprime (*loc. cit.*). [1911] No entanto, justamente a bagagem se mostra muitas vezes como símbolo inequívoco dos próprios genitais.

[1914] Stekel também atribuiu um significado simbólico fixo aos números que aparecem com frequência nos sonhos, mas essas soluções não parecem satisfatoriamente asseguradas nem universalmente válidas, embora nos casos individuais a interpretação possa ser reconhecida como provável na maioria das vezes. [1911] O número três, aliás, é um símbolo confirmado, sob vários aspectos, do genital masculino. Uma das generalizações estabelecidas por Stekel se refere ao significado ambíguo dos símbolos genitais. [1914] "Qual seria o símbolo que – sempre que a fantasia o permita em alguma medida – não poderia ser utilizado ao mesmo tempo de maneira masculina e feminina?!" A oração intercalada sem dúvida tira muito da certeza dessa tese, pois a fantasia justamente não o permite sempre. Não julgo supérfluo declarar que, segundo minha experiência, a tese geral de Stekel precisa dar lugar ao reconhecimento de uma maior diversidade. Além de símbolos que substituem com a mesma frequência tanto os genitais masculinos quanto os femininos, há aqueles que designam predominante ou quase exclusivamente um dos sexos, e outros ainda dos quais se conhece apenas o significado masculino ou apenas o feminino. A fantasia não permite o uso de armas e de objetos longos e rígidos como símbolos dos genitais femininos ou de objetos ocos (caixas, latas etc.) como símbolos dos genitais masculinos. [1911]

É verdade que a tendência do sonho e das fantasias inconscientes para empregar os símbolos sexuais de maneira bissexual revela um traço arcaico, pois a diferença entre os genitais é desconhecida na infância, e os mesmos genitais são atribuídos a ambos os sexos. [1911] Contudo, também podemos ser levados a supor erroneamente um símbolo sexual bissexual se esquecermos que em certos sonhos ocorre uma inversão sexual geral, de modo que o masculino é figurado pelo feminino e vice-versa. Tais sonhos expressam, por exemplo, o desejo de uma mulher de ser homem. [1925]

Os genitais também podem ser substituídos no sonho por outras partes do corpo: o membro masculino pela mão ou pelo pé, a abertura genital feminina pela boca, o ouvido ou mesmo o olho. As secreções do corpo humano – muco, lágrimas, urina, esperma etc. – podem ser substituídas no sonho umas pelas outras. Por meio das observações de R. Reitler (1913), essa afirmação de Stekel, em geral verdadeira, sofreu uma restrição crítica justificada. No essencial, trata-se da substituição de secreções importantes como o esperma por uma secreção indiferente. [1919]

Essas indicações altamente incompletas talvez sejam suficientes para estimular outros investigadores a fazer um trabalho de coleta mais minucioso.[26] [1909] Tentei apresentar uma exposição bem mais detalhada do simbolismo onírico em minhas *Conferências de introdução à psicanálise* (1916-1917). [1919]

Acrescentarei agora alguns exemplos da aplicação desses símbolos nos sonhos, exemplos que devem mostrar o quanto se torna impossível chegar à interpretação do sonho quando nos fechamos ao simbolismo onírico e de que maneira imperiosa este também se impõe em muitos casos. [1911] No entanto, também gostaria de advertir expressamente que não se supervalorize a importância dos símbolos para a interpretação dos sonhos, restringindo o trabalho de tradução de sonhos à tradução de símbolos e renunciando à técnica de utilizar as ideias que ocorrem ao sonhador. As duas técnicas de interpretação de sonhos devem se completar; tanto prática quanto teoricamente, porém, permanece a primazia do primeiro procedimento descrito, que atribui a importância decisiva às palavras do sonhador, enquanto a tradução de símbolos que fazemos vem se somar como um auxílio. [1909]

---

26. Apesar da grande diferença entre a concepção scherneriana do simbolismo onírico e aquela aqui desenvolvida, preciso destacar que Scherner deveria ser reconhecido como o verdadeiro descobridor do simbolismo no sonho, e que seu livro, publicado há tantos anos (1861) e considerado fantasioso, foi honrado *a posteriori* pelas experiências da psicanálise. [Nota acrescentada em 1911.]

1

O CHAPÉU COMO SÍMBOLO DO HOMEM
(DOS GENITAIS MASCULINOS)

(Fragmento do sonho de uma mulher jovem,
agorafóbica devido ao medo de tentações)

Saio para passear na rua durante o verão usando um chapéu de palha de formato estranho, cuja parte central está dobrada para cima, as abas pendentes (descrição hesitante neste ponto), *e de tal maneira que uma está mais baixa do que a outra. Estou contente e me sinto segura, e, quando passo por um grupo de jovens oficiais, penso: "Vocês todos não podem fazer nada contra mim".*

Visto que ela não consegue produzir nenhuma ideia sobre o chapéu do sonho, digo-lhe que o chapéu provavelmente seja um genital masculino com sua parte central levantada e as duas partes laterais pendentes. O fato de o chapéu ser um homem talvez seja estranho, só que afinal também dizemos: "Ir parar debaixo da touca".[27] De propósito, deixo de interpretar aquele detalhe das abas que pendem de maneira desigual, embora, em sua determinação, precisamente tais pormenores devam indicar o caminho da interpretação. Prossigo: se ela tem um marido com genitais tão vistosos, não precisa ter medo dos oficiais, quer dizer, não precisa desejar nada deles, visto que são essencialmente suas fantasias de tentação que a impedem de caminhar sem proteção e sem companhia. Repetidas vezes, apoiado em outro material, eu já conseguira lhe dar essa explicação para seu medo.

O comportamento da sonhadora depois dessa interpretação é bastante notável. Ela volta atrás na descrição do chapéu e diz que não falou nada de abas pendentes. Estou por demais seguro do que ouvi para me deixar confundir, e insisto. Ela se cala por um momento e então encontra a coragem de perguntar

---

27. Casar-se. Sendo a touca um acessório feminino, a expressão – que remonta ao século XVIII – era usada inicialmente apenas pelos homens. (N.T.)

o que significa o fato de um dos testículos de seu marido ser mais baixo do que o outro, e se isso é assim em todos os homens. O estranho detalhe do chapéu estava assim explicado, e ela aceitou a interpretação na íntegra.

Quando a paciente me comunicou esse sonho, eu já conhecia o símbolo do chapéu há muito tempo. Outros casos, porém menos transparentes, me levaram a pensar que o chapéu também pode substituir os genitais femininos.[28] [1911]

2

A CRIANÇA É O ÓRGÃO GENITAL – SER ATROPELADA É UM SÍMBOLO DA RELAÇÃO SEXUAL

(Outro sonho da mesma paciente agorafóbica)

Sua mãe manda sua filha pequena embora para que ela tenha de ir sozinha. Depois a paciente anda de trem com a mãe e vê sua pequena caminhando diretamente para os trilhos, de modo que é atropelada. Ouve-se os ossos estalando (ela tem uma sensação de mal-estar, mas nenhum horror propriamente dito). Então ela se vira e, pela janela do vagão, tenta ver os pedaços atrás. Depois censura sua mãe por ter mandado a pequena ir sozinha.

ANÁLISE: não é fácil dar aqui a interpretação completa desse sonho. Ele faz parte de um ciclo de sonhos e apenas pode ser entendido por inteiro quando relacionado com ele. Não é fácil obter de forma suficientemente isolada o material necessário para a demonstração do simbolismo. – De início, a paciente achou que a viagem de trem devia ser interpretada de modo histórico, como alusão a uma viagem que a afastara de um sanatório para doentes nervosos por cujo diretor ela naturalmente se apaixonara. A mãe foi buscá-la, e o médico

---

28. Confira um desses exemplos na comunicação de Kirchgraber (1912). Stekel comunicou um sonho (1909, p. 475) no qual o chapéu com uma pena torta no meio simboliza o homem (impotente). [Nota acrescentada em 1911.]

apareceu na estação e lhe deu um buquê de flores por ocasião da despedida; foi desagradável para ela que a mãe tivesse de ser testemunha dessa homenagem. Aqui, portanto, a mãe aparece como perturbadora de seus anseios amorosos, papel que a severa mulher realmente desempenhara durante os anos de juventude da paciente. – A ideia seguinte que lhe ocorre se refere à frase "ela se vira e tenta ver os pedaços atrás". Na fachada do sonho, naturalmente teríamos de pensar nos pedaços da filhinha atropelada e esmagada. No entanto, a ideia que lhe ocorre aponta numa direção inteiramente diferente. Ela lembra que certa vez viu o pai nu no banheiro, de costas, e começa a falar das diferenças sexuais, destacando que no homem é possível ver os genitais mesmo de costas, mas na mulher não. Nesse contexto, ela própria interpreta que a filhinha são os órgãos genitais, que sua filhinha (ela tem uma menina de quatro anos) são seus próprios genitais. Ela censura a mãe pelo fato de exigir que ela viva como se não tivesse órgãos genitais, voltando a encontrar essa censura na frase introdutória do sonho: a mãe manda sua filha pequena embora para que ela tenha de ir sozinha. Na fantasia dela, andar sozinha na rua significa não ter marido, não ter relação sexual ([*coito* provém de] *coire* = andar junto), e ela não gosta disso. Conforme todas as suas indicações, ela realmente sofreu quando menina com o ciúme da mãe por ser a predileta do pai.

A interpretação mais profunda desse sonho se deriva de outro sonho dessa mesma noite, no qual ela se identifica com o irmão. Ela de fato havia sido uma menina com jeito de menino, e teve de ouvir com frequência que bem poderia ter sido um garoto. Nessa identificação com o irmão fica especialmente claro que a "filhinha" significa os genitais. A mãe o (a) ameaça com a castração, que não pode ser outra coisa senão o castigo por brincar com o membro, e assim a identificação mostra que ela própria se masturbou quando criança, algo de que até então ela se lembrava apenas em relação ao irmão. Segundo as indicações desse segundo sonho, ela deve ter adquirido um conhecimento precoce dos genitais masculinos, esquecido mais tarde. Além disso, o segundo sonho aponta para a teoria sexual infantil de que as meninas surgem da castração dos meninos. Depois que lhe apresentei essa opinião infantil, ela encontrou imediatamente uma confirmação dela dizendo que conhecia a anedota em que o menino pergunta à menina: "Cortado?", e a menina responde: "Não, sempre foi assim".

Portanto, mandar a filhinha – os genitais – embora no primeiro sonho também se refere à ameaça de castração. Por fim, está ressentida com a mãe por não tê-la dado à luz como menino.

O fato de "ser atropelada" simbolizar a relação sexual não se tornaria evidente a partir desse sonho se não fosse um conhecimento seguro obtido de inúmeras outras fontes. [1911]

3

A FIGURAÇÃO DO ÓRGÃO GENITAL POR MEIO DE EDIFÍCIOS, ESCADARIAS E POÇOS

(Sonho de um jovem inibido pelo seu complexo paterno)

Ele vai passear com seu pai num lugar que certamente é o Prater, pois se vê a rotunda, *diante dela um pequeno* alpendre *no qual está fixado um* balão cativo, *que parece um tanto* murcho. *Seu pai lhe pergunta para que serve tudo isso; ele fica surpreso, mas lhe dá a explicação. Então eles entram num* pátio *em que há uma grande chapa de lata jogada no chão. Seu pai quer* pegar um grande pedaço dela, *mas antes olha em volta para ver se ninguém está vendo. Ele diz ao pai que basta falar com o guarda e poderá pegar um pedaço sem problemas. Desse pátio, uma* escada *leva a um* poço, *cujas paredes são maciamente acolchoadas, mais ou menos como uma poltrona de couro. No fim desse poço há uma plataforma longa, e aí começa outro poço* [...].

ANÁLISE: esse sonhador pertence a um tipo de paciente pouco propício à terapia, que não opõe resistência alguma até certo ponto da análise e a partir daí se mostra quase inacessível. Ele interpretou esse sonho quase por conta própria. "A rotunda", disse ele, "são meus genitais; o balão cativo diante dela é meu pênis, de cuja flacidez tenho queixas." Portanto, numa tradução mais exata, é lícito afirmar que a rotunda é o traseiro – a criança geralmente o inclui entre os genitais – e que o pequeno alpendre é o saco escrotal. No sonho o pai lhe pergunta o que é tudo isso, quer dizer, qual a finalidade e qual a função dos genitais. É natural inverter essa situação, colocando o sonhador no lugar de quem fez a pergunta. Visto que tal pergunta nunca foi feita pelo pai na realidade, devemos entender esse pensamento onírico como desejo ou talvez considerá-lo de maneira condicional: "Se tivesse pedido esclarecimento sexual a meu pai". Logo encontraremos a continuação desse pensamento em outro trecho.

O pátio no qual se encontra a chapa de lata não deve, antes de mais nada, ser entendido simbolicamente, mas provém do negócio do pai. Por razões de discrição, substituí o material com o qual o pai negocia pela "lata", sem fazer outras modificações no texto do sonho. O sonhador entrou no negócio do pai e ficou profundamente chocado com as práticas incorretas das quais o lucro em parte depende. Por isso, a continuação do pensamento onírico antes mencionado poderia ser: "(Se tivesse lhe perguntado), ele teria me enganado como engana seus clientes". Para o *pegar*, que serve à figuração da desonestidade nos negócios, o próprio sonhador dá a segunda explicação; segundo ele, significa onanismo. Não só conhecemos essa explicação há muito tempo (ver acima, p. 372, nota 14), como também se harmoniza muito bem com ela que o segredo do onanismo seja expresso pelo seu oposto (é permitido fazê-lo abertamente). O fato de a prática onanística ser atribuída ao pai, tal como a pergunta na primeira cena onírica, corresponde então a todas as expectativas. Referindo-se ao acolchoamento macio das paredes, ele interpreta o poço de imediato como sendo a vagina. O fato de descer por uma escada, como aliás o de subir por ela, ser uma descrição do coito vaginal é algo que insiro aqui com base em outra fonte (ver minha observação reproduzida na nota 22, na p. 379).

O próprio sonhador explicou biograficamente o detalhe de o primeiro poço ser seguido por uma plataforma longa e esta por outro poço. Ele manteve relações sexuais por algum tempo, depois desistiu delas por causa de inibições e agora espera poder retomá-las com a ajuda do tratamento. No entanto, o sonho se torna menos claro ao se aproximar do final, devendo parecer plausível ao conhecedor que já na segunda cena onírica se faz sentir a influência de outro tema, para o qual apontam o negócio do pai, suas práticas fraudulentas e a primeira vagina figurada como poço, de modo que se pode supor uma referência à mãe. [1911]

4

O ÓRGÃO GENITAL MASCULINO SIMBOLIZADO POR PESSOAS; O FEMININO, POR UMA PAISAGEM

(Sonho de uma mulher do povo cujo marido é policial, comunicado por B. Dattner)

... Então alguém arrombou a casa e, cheia de medo, ela gritou por um policial. Este, porém, entrou pacificamente com dois vagabundos em uma igreja[29], à qual se chegava subindo por vários degraus[30]; atrás da igreja havia um monte[31] e, no alto dele, um bosque denso.[32] O policial usava elmo, gorjeira e capa.[33] Ele tinha uma barba castanha cerrada. Os dois vagabundos que o acompanhavam pacificamente tinham aventais em forma de saco amarrados em volta da cintura.[34] Em frente à igreja, um caminho levava ao monte. Esse caminho estava coberto de ambos os lados com grama e mato, que ficavam sempre mais densos e no alto do monte se transformavam num verdadeiro bosque. [1911]

---

29. Ou capela = vagina.

30. Símbolo do coito.

31. *Mons veneris* ["monte de Vênus" (N.T.)].

32. *Crines pubis* ["pelos pubianos" (N.T.)].

33. Segundo o esclarecimento de um especialista, demônios usando capas e capuzes são de natureza fálica.

34. As duas metades do saco escrotal.

5

SONHOS DE CASTRAÇÃO SONHADOS POR CRIANÇAS

a) Um menino de três anos e cinco meses, para quem é visivelmente inoportuno que o pai tenha regressado do campo de batalha, acorda perturbado e agitado certa manhã, repetindo sem cessar a pergunta: *Por que papai carregou sua cabeça num prato? Essa noite papai carregou sua cabeça num prato.*

b) Um estudante que hoje sofre de uma grave neurose obsessiva recorda que aos seis anos de idade teve repetidamente o seguinte sonho: *Ele vai ao barbeiro para cortar o cabelo. Então se aproxima uma mulher grande de feições severas e lhe corta a cabeça. Ele reconhece a mulher como sendo sua mãe.* [1919]

6

SOBRE O SIMBOLISMO URINÁRIO

Os desenhos reproduzidos abaixo fazem parte de uma série de imagens que Ferenczi encontrou num jornal humorístico húngaro (*Fidibusz*), reconhecendo sua utilidade para ilustrar a teoria dos sonhos. Com o título de "O sonho da babá francesa", esses desenhos já foram utilizados por O. Rank em seu trabalho sobre a estratificação simbólica no sonho de despertar (1912, p. 99).

Apenas a última imagem, que contém o despertar da babá em consequência dos gritos da criança, nos mostra que as sete imagens anteriores figuram as fases de um sonho. A primeira imagem reconhece o estímulo que devia levar ao despertar. O menino manifestou uma necessidade e exige a assistência correspondente. No entanto, o sonho troca a situação no quarto pela de um passeio. Na segunda imagem, ela já colocou o menino numa esquina, ele urina, e – ela pode continuar dormindo. Mas o estímulo despertador prossegue, e inclusive se torna mais intenso; o menino, negligenciado, chora cada vez mais

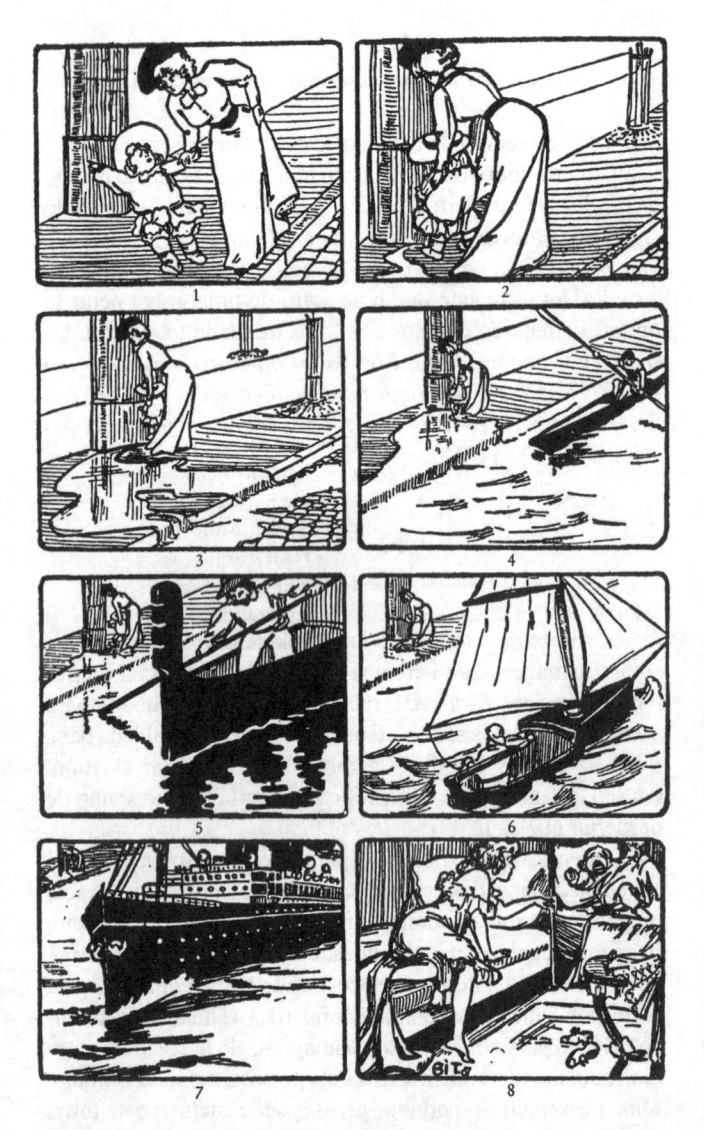

O sonho da babá francesa

forte. Quanto maior a insistência com que exige o despertar e a ajuda de sua babá, tanto mais o sonho intensifica a certeza dela de que tudo está em ordem e de que ela não precisa acordar. Ao mesmo tempo, o sonho traduz o estímulo despertador para as dimensões do símbolo. A corrente de água produzida pela criança que urina se torna sempre mais forte. Na quarta imagem ela já permite a navegação de uma canoa, depois de uma gôndola, de um veleiro e por fim de um grande navio a vapor! Com esses desenhos, um artista brincalhão ilustrou de maneira engenhosa a luta entre a necessidade obstinada de dormir e o incansável estímulo despertador. [1914]

7

UM SONHO COM ESCADAS

(Comunicado e interpretado por Otto Rank)

"Ao mesmo colega que me comunicou o sonho de estímulo dental[35] devo o seguinte sonho de polução, de transparência parecida:

"Na escadaria, persigo escadas abaixo uma garotinha que me fez alguma coisa; a finalidade dessa perseguição é puni-la. Ao pé da escada, alguém (uma pessoa adulta do sexo feminino?) segura a criança para mim; agarro-a, mas não sei se a espanquei, pois de súbito me encontro no meio da escada, onde (no ar, por assim dizer) copulo com a menina. Não foi bem um coito, mas apenas esfreguei meus genitais nos genitais externos dela, que eu via de modo extremamente nítido, da mesma forma que sua cabeça inclinada para o lado. Durante o ato sexual, vi à esquerda, acima de mim (também como que no ar), dois pequenos quadros, paisagens, que mostravam uma casa no campo. Na parte de baixo de um deles, o menor, encontrava-se meu próprio nome no lugar da assinatura do pintor, como se o quadro estivesse destinado a ser um presente de aniversário para mim. Além disso, havia um cartaz

---

35. Citado adiante, p. 413 e segs.

pendurado diante dos dois quadros, no qual constava que também havia quadros mais baratos à disposição; (depois, de modo extremamente impreciso, me vejo como se estivesse no patamar da escada, deitado na cama) e acordo com a sensação de umidade causada pela poluição que ocorrera.

"Interpretação: na tardinha do dia do sonho, o sonhador esteve numa livraria onde, enquanto esperava, examinou alguns dos quadros expostos, que representavam temas semelhantes aos das imagens oníricas. Aproximou-se de um quadro pequeno, que lhe agradara em especial, e procurou o nome do pintor, mas este lhe era inteiramente desconhecido.

"Mais tarde, nesse mesmo dia, ouviu falar de uma empregada da Boêmia que se gabava de que seu filho ilegítimo 'tinha sido feito na escada'. O sonhador pediu detalhes desse acontecimento pouco comum e ficou sabendo que a empregada tinha ido com o seu admirador para a casa dos pais, onde não houvera oportunidade para relações sexuais, e que o homem excitado consumara o coito na escada. Acerca disso, e numa alusão engraçada à maliciosa expressão usada para a falsificação de vinho, o sonhador dissera que a criança realmente 'cresceu nas escadas da adega'.[36]

"Essas são as ligações diurnas, representadas no conteúdo onírico de maneira um tanto chamativa e reproduzidas sem dificuldade pelo sonhador. Porém, com a mesma facilidade ele reproduz um velho fragmento de lembrança infantil que também encontrou utilização no sonho. A escadaria pertence à casa na qual ele passou a maior parte de seus anos de infância, e onde, em especial, travou o primeiro conhecimento consciente com os problemas sexuais. Ele brincava com frequência nessa escadaria; entre outras brincadeiras, montava no corrimão e descia escorregando por ele, algo que o fazia sentir excitação sexual. No sonho ele também desce as escadas incomumente rápido, tão rápido que, conforme sua própria e inequívoca declaração, nem chega a tocar os degraus, mas, como se costuma

---

36. A expressão em questão é *da ist dem Wirt etwas über die Kellerstiege geflossen*, "deve ter escorrido alguma coisa pelas escadas da adega do taberneiro". (N.T.)

dizer, 'desce *voando*' ou escorregando por eles. Relacionado com a experiência infantil, esse começo de sonho parece figurar o fator da excitação sexual. – Porém, nessa escadaria e no apartamento correspondente o sonhador também praticou muitas vezes brincadeiras sexuais agressivas com as crianças da vizinhança, brincadeiras em que se satisfazia de maneira semelhante à que ocorre no sonho.

"O sonho se torna inteiramente transparente se considerarmos o que nos foi ensinado pelas investigações de Freud sobre o simbolismo sexual (1910 *d*), a saber, que escadas e subir escadas no sonho quase sempre simbolizam o coito. A força impulsora do sonho, como também mostra seu efeito, a polução, é de natureza puramente libidinosa. A excitação sexual (figurada no sonho pelo correr – escorregar – escadas abaixo) desperta no estado de sono, e seu aspecto sádico, baseado nas brincadeiras agressivas, é indicado pela perseguição e sujeição da menina. A excitação libidinosa se intensifica e impele à ação sexual (figurada no sonho pelo ato de agarrar a menina e levá-la até o meio da escada). Considerado até esse ponto, esse seria um sonho de puro simbolismo sexual, completamente obscuro para o intérprete pouco exercitado. Mas essa satisfação simbólica, que teria garantido a tranquilidade do sono, não basta à intensa excitação libidinosa. Esta leva ao orgasmo, e assim todo o simbolismo das escadas é desmascarado como substituto do coito. – Se considerarmos que Freud destaca que um dos motivos para a utilização sexual do símbolo da escada é o caráter rítmico das duas ações, então esse sonho parece concordar de maneira especialmente clara com isso, pois, segundo declaração expressa do sonhador, o elemento pronunciado com mais nitidez em todo sonho foi o ritmo de seu ato sexual, o esfregar para cima e para baixo.

"Uma observação ainda sobre os dois quadros [*Bilder*], que, não levando em conta seu significado real, também têm valor simbólico de mulheres [*Weibsbilder*], o que já se deduz do fato de se tratar de um quadro grande e de um pequeno, da mesma forma que no conteúdo onírico aparecem uma mulher grande (adulta) e uma menina. O fato de também haver quadros mais baratos à disposição leva ao complexo das prostitutas, assim como, por outro lado, o nome do sonhador no quadro pequeno e o pensamento de que se destinava ao seu aniversário apontam para o complexo parental (concebido nas escadas = gerado no coito). A cena final indistinta, na qual o sonhador vê a si próprio deitado numa cama no patamar da escada e sente a umidade, parece ir além do onanismo infantil e apontar para um período ainda mais remoto da infância, tendo supostamente como modelo cenas prazerosas de molhar a cama." [1911]

8

Um sonho com escadas modificado

Observo a um de meus pacientes, um abstinente gravemente doente cuja fantasia está fixada na mãe e que sonhou repetidas vezes que subia escadas na companhia dela, que a masturbação moderada provavelmente lhe seria menos prejudicial do que sua continência forçada. Tal influência provocou o seguinte sonho:

Seu professor de piano o censura por negligenciar os exercícios, por não praticar os "Estudos" de Moscheles nem o "Gradus ad Parnassum" de Clementi.

Ele observa acerca disso que *Gradus*, afinal, também é uma escada, e que o próprio teclado é uma escada por conter uma escala.

É lícito afirmar que não há grupo de representações que se recuse à figuração de fatos e desejos sexuais. [1911]

9

Sensação de realidade e figuração da repetição

Um homem que agora está com 35 anos conta um sonho do qual se lembra bem e que afirma ter sonhado aos quatro anos de idade: *O notário responsável pelo testamento do pai –*

ele perdeu o pai quando tinha três anos – *trouxe duas grandes peras, das quais recebeu uma para comer. A outra ficou no peitoril da janela da sala de estar.* Ele acordou convencido da realidade do que sonhara e exigiu insistentemente da mãe a segunda pera; ela estava no peitoril, ora. Sua mãe riu disso.

ANÁLISE: o notário era um senhor velho e jovial que, conforme o sonhador julgava recordar, de fato trouxera peras certa vez. O peitoril da janela era tal como o viu no sonho. Não lhe ocorrem outras ideias a respeito; exceto talvez que recentemente a mãe tinha lhe contado um sonho. Havia dois pássaros pousados na sua cabeça; ela se perguntou quando voariam, mas eles não o fizeram: um deles voou até a sua boca e a sugou.

A falta de ideias do sonhador nos dá o direito de tentar a interpretação por meio da substituição simbólica. As duas peras – *pommes ou poires*[37] – são os seios da mãe, que o alimentou; o peitoril da janela é a saliência do peito, análoga às varandas dos sonhos com casas (ver p. 379). Sua sensação de realidade depois do despertar tem razão de ser, pois a mãe realmente o amamentou, inclusive muito além do tempo normal, e o peito materno ainda estaria disponível. O sonho pode ser traduzido assim: "Mãe, me dá (me mostra) outra vez o peito em que um dia mamei". O "um dia" é figurado pelo ato de comer uma das peras; o "outra vez", pelo ato de exigir a outra. A *repetição temporal* de um ato em geral se transforma no sonho em *multiplicação numérica* de um objeto.

Naturalmente, chama muito a atenção que o simbolismo já represente um papel no sonho de uma criança de quatro anos, mas isso não é exceção e sim regra. É lícito dizer que o sonhador dispõe do simbolismo *desde o começo*.

A precocidade com que o ser humano se serve da figuração simbólica, também fora da vida onírica, pode ser ilustrada pela seguinte lembrança, não influenciada, de uma senhora que agora tem 27 anos: *Ela tem entre três e quatro anos. A babá a leva ao banheiro junto com seu irmão onze meses mais novo e*

---
37. Maçãs ou peras. Em francês no original. (N.T.)

uma prima com idade intermediária entre os dois para que lá façam suas pequenas necessidades antes do passeio. Sendo a mais velha, ela usa o vaso sanitário, enquanto os outros dois usam penicos. Ela pergunta à prima: "Você também tem um porta-moedas? O Walter tem uma salsichinha, eu tenho um porta-moedas". Resposta da prima: "Sim, eu também tenho um porta-moedas". A babá ouviu isso dando risada e contou a conversa à mãe, que reagiu com uma censura áspera. [1919]

Neste ponto, insiro um sonho cujo belo simbolismo permitiu uma interpretação com ajuda mínima da sonhadora:

10

SOBRE A QUESTÃO DO SIMBOLISMO NOS SONHOS DE PESSOAS SADIAS[38]

"Uma das objeções apresentadas com frequência pelos adversários da psicanálise – recentemente também por Havelock Ellis (1911, p. 168) – é a de que o simbolismo onírico talvez seja um produto da psique neurótica, sem qualquer validade para a psique normal. Enquanto a investigação psicanalítica absolutamente não conhece diferenças fundamentais entre a vida psíquica normal e a neurótica, mas apenas diferenças quantitativas, a análise dos sonhos, nos quais os complexos recalcados atuam da mesma maneira em pessoas sadias e doentes, mostra a completa identidade dos mecanismos bem como do simbolismo. Os sonhos ingênuos de pessoas sadias muitas vezes contêm um simbolismo muito mais simples, mais transparente e mais característico do que os sonhos de pessoas neuróticas, nos quais esse simbolismo, em consequência da ação mais intensa da censura e da maior distorção onírica daí resultante, muitas vezes é atormentado, obscuro e difícil de interpretar. O sonho comunicado abaixo serve para ilustrar

---
38. Alfred Robitsek (1912).

esse fato. Ele provém de uma jovem não neurótica, de natureza antes pudica e reservada; no decorrer da conversa, fico sabendo que ela é noiva, mas que há obstáculos ao casamento capazes de adiá-lo. Ela me contou espontaneamente o seguinte sonho:

"*I arrange the centre of a table with flowers for a birthday*. (Arrumo o centro de uma mesa com flores para um aniversário.) Perguntada, ela diz que no sonho era como se estivesse em casa (que nesse momento ela não tem) e que teve um *sentimento de felicidade*.

"O simbolismo 'popular' me permitiu traduzir o sonho sozinho. Ele é a expressão de seus desejos de noiva: a mesa com as flores no centro simboliza ela própria e seus genitais; ela figura seus desejos de futuro realizados, pois já pensa no nascimento de um filho; portanto, o casamento já aconteceu há muito tempo.

"Chamo sua atenção para o fato de *the* centre *of a table* ser uma expressão incomum, o que ela admite, porém obviamente não posso continuar fazendo perguntas diretas quanto a esse ponto. Evito com cuidado lhe sugerir o significado dos símbolos, e apenas pergunto o que lhe vem à mente a propósito de cada parte do sonho. No decorrer da análise, sua reserva deu lugar a um interesse inequívoco pela interpretação e a uma franqueza possibilitada pela seriedade da conversa. – Quando lhe perguntei de que flores se tratava, ela respondeu de início: *expensive flowers; one has to pay for them* (flores caras, pelas quais se precisa pagar), e, depois, que eram *lilies of the valley, violets and pinks or carnations* (lírios-do-vale, violetas e cravos). Supus que a palavra *lírio* aparecia nesse sonho em seu sentido popular de símbolo da castidade; ela confirmou a suposição, pois a propósito de *lírio* lhe ocorreu *purity* (pureza). *Valley*, o vale, é um símbolo onírico feminino frequente; assim, o encontro casual dos dois símbolos no nome inglês é usado no simbolismo onírico, na acentuação de sua preciosa virgindade – *expensive flowers, one has to pay for them* – e na expressão da expectativa de que o marido saiba apreciar o seu valor. A observação *expensive flowers* etc., como veremos, tem um significado diferente em cada um dos três símbolos florais.

"Procurei explicar – com ousadia, segundo achei – o sentido oculto das aparentemente assexuais *violets* mediante uma relação inconsciente com o francês *viol*. Para minha surpresa, a sonhadora produziu a associação com *violate*, a palavra inglesa para estuprar. A grande e casual semelhança entre as palavras *violet* e *violate* – na pronúncia inglesa elas apenas se distinguem por uma diferença de acento na última sílaba – é aproveitada pelo sonho para exprimir 'por floreios' os pensamentos na violência da defloração (essa palavra também utiliza o simbolismo floral), quem sabe também um traço masoquista da jovem. Um belo exemplo das pontes de palavras pelas quais passam os caminhos que levam ao inconsciente. O *one has to pay for them* significa nesse caso a vida com a qual ela precisa pagar o fato de se tornar mulher e mãe.

"Acerca de *pinks*, que depois ela chama de *carnations*, chama minha atenção a relação dessa palavra com 'carnal'. Mas a ideia que lhe ocorre a propósito é *colour* (cor). Ela acrescentou que *carnations* são as flores com que seu noivo a presenteia *com frequência e em grandes quantidades*. No fim da conversa, ela confessa de súbito espontaneamente que não me dissera a verdade: a palavra que lhe viera à mente não era *colour*, e sim *incarnation* (encarnação), a palavra que eu tinha esperado; aliás, a ideia de *colour* não está longe, mas é determinada pelo significado de *carnation* – cor de carne, ou seja, é determinada pelo complexo. Essa falta de sinceridade mostra que nesse ponto a resistência atingiu sua intensidade máxima, correspondendo à circunstância de que aqui o simbolismo é extremamente transparente e de que a luta entre libido e recalcamento foi violentíssima no que diz respeito a esse tema fálico. A observação de que essas flores eram um presente frequente do noivo é mais um indício, ao lado do duplo significado de *carnation*, de seu sentido fálico no sonho. A causa diurna do sonho – presentear flores – é utilizada para expressar o pensamento de um presente sexual e sua retribuição: ela dá sua virgindade de presente e espera em troca uma rica vida amorosa. Também nesse ponto a expressão *expensive flowers, one has to pay for them* poderia ter um significado – provavelmente real, financeiro. – O simbolismo floral do sonho contém portanto o símbolo virginalmente feminino, o símbolo masculino e a referência à defloração violenta. Cabe indicar que o simbolismo sexual das flores, aliás muito difundido, simboliza os órgãos sexuais humanos por meio das flores, os órgãos sexuais das plantas; o fato de os amantes se presentearem com flores talvez tenha sobretudo esse significado inconsciente.

"As arrumações para o aniversário[39] no sonho devem significar o nascimento de uma criança. Ela se identifica com o noivo, figura o modo de ele arrumá-la para um nascimento, ou seja, praticar o coito com ela. O pensamento latente poderia ser o seguinte: se eu fosse ele não esperaria, mas defloraria a noiva sem perguntar-lhe, faria uso da força; *violate*, afinal, também aponta para isso. Dessa forma, o componente sádico da libido também ganha expressão.

"Numa camada mais profunda do sonho, o *I arrange* etc. poderia ter um significado autoerótico, portanto infantil.

"Ela também tem um conhecimento, apenas possível no sonho, de suas deficiências corporais; ela se vê lisa como uma mesa; tanto mais é destacada a preciosidade do *centre* (noutra ocasião ela o chama de *a centre piece of flowers*), sua virgindade. A posição horizontal da mesa também poderia colaborar com um elemento para o símbolo. – É notável a concentração do sonho; nada é supérfluo, cada palavra é um símbolo.

"Posteriormente, ela faz um acréscimo ao sonho: *I decorate the flowers with green crinkled paper*. (Eu decoro as flores com papel crepom verde.) Ela acrescenta que se trata de *fancy paper* (papel de fantasia), usado para revestir os vasos comuns de flores. Ela prossegue: *to hide untidy things, whatever was to be seen, which was not pretty to the eye; there is a gap, a little space in the flowers*. Ou seja: para esconder coisas sujas que não são bonitas de se ver; há uma fenda, um pequeno espaço

---

39. Em alemão *Geburtstag*; em inglês, *birthday*: em tradução literal, nos dois casos, "dia do nascimento". (N.T.)

vazio nas flores. *The paper looks like velvet or moss* (o papel se parece com veludo ou musgo). Com *decorate* ela associa *decorum*, conforme eu tinha esperado. A cor predominante seria o verde; a isso ela associa *hope* (esperança), outra relação com a gravidez. – Nessa parte do sonho não domina a identificação com o homem, mas se destacam pensamentos de pudor e de franqueza. Ela se enfeita para ele, admite defeitos físicos dos quais se envergonha e que procura corrigir. As palavras "veludo" e "musgo" são uma indicação clara de que se trata dos *crines pubis*.

"O sonho é uma expressão de pensamentos que o pensar de vigília da jovem mal conhece; pensamentos que se ocupam do amor sensual e de seus órgãos; ela é 'arrumada para um aniversário', isto é, mantém relações sexuais; o medo da defloração, talvez também o sofrimento prazeroso, ganha expressão; ela admite suas deficiências físicas e as supercompensa por meio do valor exagerado que atribui à sua virgindade. A sensualidade que se mostra é desculpada pelo seu pudor com o fato de sua meta, afinal, ser o filho. Considerações materiais, estranhas aos amantes, também ganham expressão. O afeto desse sonho simples – o sentimento de felicidade – indica que fortes complexos de sentimentos encontraram sua satisfação nesse caso." [1914]

Ferenczi (1917) chamou atenção com razão para a facilidade com que precisamente os "sonhos de pessoas ingênuas" permitem descobrir o sentido dos símbolos e o significado dos sonhos.

Insiro aqui a seguinte análise do sonho de uma personalidade histórica de nossos dias, pois nele aparece um objeto que, normalmente apropriado para substituir o membro masculino, é caracterizado da maneira mais clara como símbolo fálico pelo acréscimo de um complemento. O "alongamento interminável" de uma vara de montar dificilmente pode significar outra coisa senão a ereção. Além disso, esse sonho dá um belo exemplo de como pensamentos sérios e distantes do âmbito sexual são figurados por meio de material sexual infantil. [1919]

11

Um sonho de Bismarck

(Comunicado pelo dr. Hanns Sachs)

"Em seus *Pensamentos e memórias* (vol. 2 da edição popular, p. 222), Bismarck comunica uma carta que escreveu em 18 de dezembro de 1881 ao imperador Wilhelm. Essa carta contém a seguinte passagem: 'O comunicado de Vossa Majestade me encoraja a narrar um sonho que tive na primavera de 1863, naqueles dificílimos dias de conflito, dos quais um olho humano não enxergava qualquer saída viável. Tive um sonho – e pela manhã o contei imediatamente à minha mulher e a outras testemunhas – em que cavalgava por uma estreita trilha alpina, o abismo à direita, os rochedos à esquerda; a trilha ficava mais estreita, de maneira que o cavalo se negou a prosseguir, e era impossível voltar ou desmontar, por falta de espaço; então, com minha vara na mão esquerda, bati no rochedo liso e clamei por Deus; a vara se alongou interminavelmente, o rochedo caiu como um cenário de teatro e abriu um caminho largo com vista para colinas e bosques como os da Boêmia e para tropas prussianas com bandeiras, despertando em mim, ainda em sonho, o pensamento de como poderia comunicar isso rapidamente a Vossa Majestade. Esse sonho se realizou, e acordei dele alegre e fortalecido (...)'.

"A ação do sonho se divide em duas partes: na primeira o sonhador se encontra em dificuldades das quais se livra de maneira milagrosa na segunda. A situação difícil em que cavalo e cavaleiro se encontram é uma figuração onírica facilmente reconhecível da situação crítica do estadista, situação que ele deve ter sentido de maneira especialmente amarga ao refletir sobre os problemas de sua política na noite anterior ao sonho. Usando a expressão metafórica que entrou na figuração onírica, o próprio Bismarck descreve no trecho da correspondência acima reproduzido o desespero da posição em que se encontrava; tal expressão, portanto, era perfeitamente familiar e natural para ele. Além disso, também temos diante de nós um belo exemplo do 'fenômeno funcional' de Silberer. Os processos no espírito do sonhador, que em cada uma das soluções buscadas pelos seus pensamentos topa com obstáculos intransponíveis, mas que apesar disso não pode e não deve deixar de se ocupar dos problemas, são figurados de maneira bastante adequada pelo cavaleiro que não pode avançar nem retroceder. O orgulho que lhe proíbe de pensar em desistir ou recuar ganha expressão no sonho por meio das palavras 'impossível voltar ou desmontar'. Em sua qualidade de homem de ação sempre esforçado, que se esfalfa pelo bem alheio, era natural para Bismarck comparar-se a um cavalo, e ele também o fez em diversas ocasiões; por exemplo, em sua conhecida sentença: 'Um cavalo valente morre com seus arreios'. Interpretadas dessa maneira, as palavras 'o cavalo se negou a prosseguir' não significam outra coisa senão que o homem exausto sente a necessidade de se afastar das preocupações do presente ou, dito de outra maneira, de que está prestes a se libertar das cadeias do princípio da realidade por meio do sono e do sonho. A realização de desejo, que depois se expressa com tanta intensidade na segunda parte, também já é preludiada aqui pelas palavras 'trilha alpina'. É possível que naquela ocasião Bismarck já soubesse que passaria suas próximas férias nos Alpes (mais exatamente em Gastein); o sonho, que o transportou para lá, libertou-o assim de um só golpe de todos os fatigantes negócios de Estado.

"Na segunda parte, os desejos do sonhador são figurados – de maneira franca e evidente, além disso simbólica – como duplamente realizados. De maneira simbólica pelo desaparecimento do rochedo obstruidor em cujo lugar aparece um caminho largo – ou seja, a saída buscada, e sob a forma mais cômoda –; de maneira franca, pela visão das tropas prussianas que avançam. Não precisamos de forma alguma imaginar relações místicas para explicar essa visão profética; a teoria freudiana da realização de desejo é inteiramente suficiente. Já naquela época, Bismarck ansiava por uma guerra vitoriosa com a Áustria como a melhor saída para os conflitos internos da Prússia. Quando ele vê as tropas prussianas com suas bandeiras na Boêmia, ou seja, em território inimigo, o sonho figura a realização desse desejo, tal como Freud postula. Apenas é particularmente significativo que o sonhador do qual aqui nos ocupamos não tenha se contentado com a realização no sonho, mas que também tenha conseguido obtê-la na realidade. Um detalhe que deve chamar a atenção de todo conhecedor da técnica interpretativa psicanalítica é a vara de montar que 'se alonga interminavelmente'. Varas, bastões, lanças e afins nos são familiares como símbolos fálicos; se essa vara ainda tem a mais notável das propriedades do falo, a capacidade de dilatação, dificilmente restará alguma dúvida. O exagero do fenômeno pelo alongamento 'interminável' parece apontar para o sobreinvestimento infantil. O ato de pegar a vara é uma alusão clara à masturbação, o que naturalmente não faz pensar na situação atual do sonhador, mas em prazeres infantis muito remotos. Bastante valiosa nesse caso é a interpretação encontrada pelo dr. Stekel, segundo a qual a *esquerda* no sonho significa o incorreto, o proibido e o pecado, o que seria perfeitamente aplicável à masturbação infantil praticada apesar de uma proibição. Entre essa camada mais profunda, infantil, e a camada mais superficial que se ocupa dos planos diurnos do estadista, é possível indicar ainda uma camada intermediária relacionada com ambas. Toda a cena da libertação milagrosa de uma dificuldade pelo ato de bater na pedra, acompanhado da invocação do auxílio divino, lembra de maneira notável uma cena bíblica, a saber, aquela em que Moisés faz jorrar água de um rochedo para os filhos sedentos de Israel. É lícito supor que Bismarck, oriundo de uma família protestante e crente na Bíblia, conhecesse bem essa passagem. Na época dos conflitos, não era difícil para Bismarck se comparar com o líder Moisés, a quem o povo, que ele queria libertar, recompensa com rebeldia, ódio e ingratidão. Isso nos forneceria, portanto, o apoio nos desejos atuais. Por outro lado, a passagem bíblica contém algumas peculiaridades que são perfeitamente utilizáveis pela fantasia masturbatória. Moisés pegou a vara contrariando o mandamento divino, e o senhor o castiga por essa transgressão anunciando-lhe que morrerá sem pisar na Terra Prometida. O ato proibido de pegar a vara – inequivocamente fálica no sonho –, a produção de líquido ao batê-la e a ameaça de morte: temos aí, reunidos, todos os principais elementos da masturbação infantil. Interessante é a elaboração que, pela mediação da passagem bíblica, soldou essas duas imagens heterogêneas, uma delas proveniente da psique do estadista genial e a outra das moções da psique infantil primitiva, conseguindo assim eliminar todos os elementos embaraçosos. O fato de pegar a vara ser uma ação proibida, de rebelião, ainda é simbolicamente indicado pela mão esquerda que a pratica. Porém, no conteúdo onírico manifesto, invoca-se Deus ao mesmo tempo, como que para rejeitar de maneira ostentativa qualquer ideia de proibição ou segredo. Das duas promessas de Deus a Moisés – que veria a Terra Prometida, mas que não a pisaria –, uma delas é figurada de maneira bem clara como realizada ('vista para colinas e bosques'); a outra, bastante penosa, sequer é mencionada. A água provavelmente foi sacrificada à elaboração secundária, que se esforçou com êxito por unificar essa cena com a anterior; em vez disso, é o próprio rochedo que cai.

"Seria de esperar que, no fim de uma fantasia masturbatória infantil na qual o tema da proibição se encontra representado, a criança desejasse que as pessoas com autoridade ao seu redor nada soubessem do acontecido. No sonho esse desejo é substituído pelo oposto, o desejo de comunicar o ocorrido de imediato ao rei. No entanto, essa inversão se associa de maneira notável e inteiramente despercebida à fantasia de vitória contida na camada mais superficial dos pensamentos oníricos e numa parte do conteúdo onírico manifesto. Tal sonho de vitória e de conquista é com frequência o encobrimento de um desejo de conquista erótica; alguns traços do sonho – por exemplo, o fato de se oferecer uma resistência àquele que penetra, surgindo um caminho largo depois da utilização da vara que se alonga – poderiam apontar para isso, porém não são suficientes para fundamentar uma direção determinada para os desejos e pensamentos que perpassam o sonho. Vemos aqui um exemplo modelar de distorção onírica inteiramente bem-sucedida. O indecoroso foi reelaborado de tal maneira que em ponto algum se sobressai do tecido estendido sobre ele como uma cobertura protetora. A consequência disso é que qualquer liberação de angústia pôde ser impedida. Trata-se de um caso ideal de realização de desejo bem-sucedida sem violação da censura, de tal maneira que podemos compreender que o sonhador acorde de tal sonho 'alegre e fortalecido'." [1919]

Finalizo com:

12

O sonho de um químico

Trata-se do sonho de um jovem que se esforçava por abandonar seus hábitos onanistas e substituí-los por relações com mulheres.

Informação preliminar: no dia anterior ao sonho, ele dera explicações a um estudante sobre a reação de Grignard, na qual o magnésio se transforma em éter absolutamente puro pela ação catalítica do iodo. Dois dias antes ocorrera uma explosão durante a mesma reação, queimando a mão de um trabalhador.

Sonho: I) *Ele deve produzir brometo de fenil-magnésio; vê a aparelhagem com especial nitidez, mas substituiu o magnésio por si próprio. Ele se encontra numa disposição singularmente hesitante; diz a si mesmo sem cessar: "É o correto, vai funcionar, meus pés já estão se dissolvendo, meus joelhos amolecem". Depois estende as mãos, toca seus pés e, nesse meio tempo (ele não sabe como), tira suas pernas da retorta e diz outra vez a si mesmo: "Não pode ser. Só que foi feito da maneira certa". Nisso ele acorda parcialmente e repete o sonho para si mesmo, pois quer contá-lo para mim. Ele chega a ter medo de que o sonho se dissolva, se encontra bastante agitado durante esse semissono e repete sem cessar a si mesmo: "Fenil, fenil".*

II) *Ele está com toda a sua família em ***ing, precisa estar às onze e meia no Schottentor para um encontro com certa mulher, porém é apenas nessa hora que acorda. Diz a si mesmo: "Agora é muito tarde; até você chegar lá será meio-dia e trinta". No momento seguinte ele vê a família inteira reunida em volta da mesa, de maneira especialmente nítida a mãe e a empregada com a sopeira. Então diz a si mesmo: "Bem, se já estamos almoçando então não posso mais ir".*

ANÁLISE: ele está seguro de que já o primeiro sonho tem uma relação com a mulher do seu encontro (ele teve o sonho na noite anterior ao esperado encontro). O estudante a quem ele deu a explicação era um sujeito bastante desagradável; ele disse ao estudante: "Isso não é o certo", pois o magnésio ainda estava totalmente intacto, e o estudante respondeu, como se isso nada tivesse a ver com ele: "Isso simplesmente não é o certo". Esse estudante deve ser ele próprio – ele é tão indiferente em relação à sua *análise* quanto aquele por sua *síntese* –, e aquele que realiza a operação no sonho devo ser eu. Quão desagradável ele deve me parecer por sua indiferença em relação ao êxito!

Por outro lado, ele é aquilo com o que a análise (a síntese) é feita. O que está em questão é o êxito do tratamento. As pernas no sonho lembram uma impressão do dia anterior. Na aula de dança ele encontrou uma mulher que quer conquistar; ele a segurou com tanta força junto a si que ela deu um grito. Quando parou de fazer pressão contra as pernas dela, passou a sentir a pressão contrária contra as suas pernas até acima do joelho, nas partes mencionadas no sonho. Nessa situação, portanto, a mulher é o magnésio na retorta, uma pessoa com quem as coisas finalmente funcionam. Ele é feminino em relação a mim, tal como é viril em relação à mulher. Se as coisas funcionam com a mulher, também funcionam no tratamento. O ato de se tocar e as sensações nos joelhos apontam para o onanismo e correspondem ao seu cansaço do dia anterior. – O encontro realmente fora marcado para as onze e meia. Seu desejo de perder a hora e ficar com os objetos sexuais domésticos (ou seja, com o onanismo) corresponde à sua resistência.

Sobre a repetição de *fenil*, ele diz que todos esses radicais terminados em *il* sempre o agradaram muito, são muito cômodos de usar: benzil, acetil etc. Isso não explica nada, mas quando lhe sugiro o radical *Schlehmihl* [azarado] ele ri muito e conta que durante o verão leu um livro de Prévost, e neste, no capítulo "Os excluídos do amor", se falava de fato dos *Schlemiliés*, a propósito de cuja descrição ele disse a si mesmo: "Esse é o meu caso". – Também teria sido uma atitude típica de *Schlehmihl* se tivesse perdido o encontro. [1909]

Parece que o simbolismo onírico sexual já encontrou uma confirmação experimental direta. Em 1912, o doutor em filosofia K. Schrötter, por estímulo de H. Swoboda, produziu sonhos em pessoas profundamente hipnotizadas por meio de uma ordem sugestiva que determinou grande parte do conteúdo onírico. Quando a sugestão ordenava sonhar com relações sexuais normais ou anormais, o sonho cumpria essas ordens substituindo o material sexual pelos símbolos conhecidos da interpretação psicanalítica de sonhos. Assim, por exemplo, depois que uma mulher recebeu a sugestão de sonhar com uma relação homossexual com uma amiga, esta apareceu no sonho segurando uma surrada *mala de viagem* na qual estava colada uma etiqueta com as seguintes palavras impressas: "Apenas para senhoras". A sonhadora supostamente nunca fora informada sobre o simbolismo onírico e a interpretação dos sonhos. É lamentável que a apreciação dessa importante investigação tenha sido prejudicada pela circunstância infeliz de que o dr. Schrötter se suicidou pouco depois. Seus experimentos oníricos são relatados apenas por uma comunicação preliminar no *Zentralblatt für Psychoanalyse* (Schrötter, 1912). [1914]

G. Roffenstein publicou resultados semelhantes em 1923. Especialmente interessantes, porém, parecem ser as experiências realizadas por Betlheim e Hartmann, pois excluíam a hipnose. Esses autores ("Sobre reações incorretas na psicose de Korsakoff", 1924) contaram histórias de conteúdo sexual grosseiro a pacientes que sofriam dessa patologia e observaram as distorções que surgiram na reprodução do que fora narrado. Descobriu-se que apareciam os símbolos conhecidos da interpretação dos sonhos (subir escadas, estocadas e tiros como símbolos do coito, facas e cigarros como símbolos do pênis). Um valor especial é atribuído à aparição do símbolo da escada, pois, conforme os autores observam com razão, "semelhante simbolização seria inatingível para um desejo consciente de distorção". [1925]

Somente depois de apreciarmos o simbolismo no sonho podemos prosseguir a exposição dos *sonhos típicos* interrompida na p. 298. [1914] Considero justificado dividir esses sonhos, grosso modo, em duas classes: aqueles que realmente sempre têm o mesmo sentido e aqueles que, apesar do conteúdo idêntico ou parecido, precisam ser submetidos às mais diversas interpretações. Entre os sonhos típicos da primeira classe, já tratei em pormenores do sonho com exames. [1909]

Pela semelhança da impressão afetiva, os sonhos em que não se alcança um trem merecem ser colocados na mesma categoria dos sonhos com exames. Sua explicação justifica essa aproximação. São sonhos que oferecem consolo para outra sensação de medo percebida no sonho, o medo de morrer. "Partir" é um dos símbolos da morte mais frequentes e mais bem fundamentados. O sonho diz o seguinte, consolador: "Acalme-se, você não vai morrer (partir)", assim como o sonho com exames tranquiliza: "Não tenha medo; desta vez também não te acontecerá nada". A dificuldade de compreensão dos dois tipos de sonhos provém do fato de a sensação de medo estar ligada justamente à expressão do consolo. [1911]

O sentido dos *sonhos de estímulo dental*, que precisei analisar com bastante frequência em meus pacientes, me escapou por longo tempo, pois, para minha surpresa, resistências grandes demais geralmente se opunham à interpretação.

Por fim, evidências fortíssimas não deixaram dúvida de que no caso de homens a força impulsora desses sonhos não é outra coisa senão o desejo onanista do período da puberdade.

Quero analisar dois desses sonhos, um dos quais é simultaneamente um "sonho de voar". Os dois são da mesma pessoa, um jovem de homossexualidade pronunciada, porém inibida em sua vida:

Ele se encontra na plateia da ópera assistindo a uma apresentação do Fidélio *ao lado de L., uma personalidade que lhe é simpática e cuja amizade muito gostaria de conquistar. De súbito, sai voando obliquamente sobre a plateia, até o fim, coloca a mão na boca e extrai dois dentes.*

Ele próprio descreve o voo dizendo que foi como se tivesse sido "lançado" no ar. Visto que se trata de uma apresentação do *Fidélio*, é natural pensar neste verso:

Quem conquistou uma graciosa mulher (...)

Mas a conquista de uma mulher, por mais graciosa que seja, não está entre os desejos do sonhador. Dois outros versos se harmonizam melhor com eles:

A quem coube o *grande lance*
de ser amigo de um amigo (...)

O sonho contém esse "grande lance", mas ele não é apenas uma realização de desejo. Atrás dele também se oculta a reflexão penosa de que muitas vezes ele já foi infeliz com seus pedidos de amizade, de que foi "lançado fora", bem como o medo de que esse destino possa se repetir no caso do jovem ao lado de quem aprecia a apresentação do *Fidélio*. Acrescenta-se a isso a confissão, vergonhosa para o sensível sonhador, de que certa vez, depois de uma rejeição da parte de um amigo, ansiando por ele, se masturbou duas vezes seguidas tomado de excitação sensual.

Eis o outro sonho: *Dois professores universitários, conhecidos seus, tratam-no em meu lugar. Um deles faz alguma coisa com seu membro; ele tem medo de uma operação. O outro bate em sua boca com uma barra de ferro, de modo que ele perde um ou dois dentes. Ele está amarrado com quatro lenços de seda.*

O sentido sexual desse sonho é indubitável. Os lenços de seda correspondem a uma identificação com um homossexual que ele conhece. O sonhador, que jamais praticou o coito, e também jamais procurou manter relações sexuais com homens na realidade, imagina a relação sexual segundo o modelo do onanismo da puberdade com que estava familiarizado.

Penso que as frequentes modificações do sonho típico de estímulo dental – por exemplo, que outra pessoa extraia o dente do sonhador e coisas assim – também possam ser compreendidas pela mesma explicação.[40] Porém, pode parecer enigmático como o "estímulo dental" é capaz de assumir esse significado. Neste ponto, chamo atenção para a mudança de baixo para cima, tão frequente, que está a serviço do recalcamento sexual, e graças à qual, na histeria, todo tipo de sensação e de intenção que deveria se passar nos órgãos genitais pode ao menos encontrar realização em outras partes do corpo em que não há nada a censurar. Outro caso de mudança desse tipo ocorre quando os órgãos genitais são substituídos pelo rosto no simbolismo do pensamento inconsciente. O uso linguístico dá a sua contribuição para isso ao reconhecer as "nádegas" [*Hinterbacken*, literalmente "bochechas de trás"] como homólogas das bochechas e ao mencionar os "pequenos lábios" além dos lábios que delimitam a cavidade oral. O nariz é equiparado ao pênis em inúmeras alusões, e nos dois casos os pelos completam a semelhança. Apenas uma estrutura se encontra fora de toda possibilidade de comparação, os dentes, e justamente essa combinação de identidade e diferença torna os dentes apropriados para os fins da figuração sob a pressão do recalcamento sexual.

---

40. A extração de um dente por outra pessoa deve ser interpretada na maioria dos casos como castração (assim como o corte dos cabelos pelo barbeiro, segundo Stekel). Cabe distinguir entre sonhos de estímulo dental e sonhos com dentistas em geral, como aqueles comunicados por Coriat, por exemplo (1913). [Nota acrescentada em 1914.]

Não quero afirmar que a interpretação do sonho de estímulo dental como sonho de onanismo, de cuja justificação não posso duvidar, tenha se tornado inteiramente transparente.[41] Contribuí o quanto pude para explicá-lo, e preciso deixar um resto sem solução. No entanto, também preciso indicar outro nexo contido na expressão linguística. Em nosso país há uma expressão grosseira para o ato masturbatório: *sich einen ausreissen* ou *sich einen herunterreissen*[42] ["arrancar um" ou "puxar um para baixo"]. Não sei dizer qual a origem dessas expressões, qual a imagem em que se baseiam, mas no caso da primeira o "dente" se encaixaria muito bem. [1909]

Visto que a crença popular interpreta os sonhos com a extração ou a queda de dentes como anúncio da morte de um familiar, mas que a psicanálise pode lhes atribuir esse significado quando muito no sentido parodístico acima aludido, insiro aqui um "sonho de estímulo dental" disponibilizado por Otto Rank:

"A propósito do tema dos sonhos de estímulo dental, um colega que há algum tempo começou a se interessar mais vivamente pelos problemas da interpretação dos sonhos me mandou o seguinte relato:

'Não faz muito tempo sonhei que estava no dentista e que ele perfurava com a broca um dente posterior de meu maxilar inferior. Ele lida por tanto tempo até que o dente se torna inutilizável. Depois o segura com o alicate e o extrai com uma facilidade que me deixa espantado. Diz que não devo me importar com isso, pois esse absolutamente não era o dente que de fato estava sendo tratado, e o coloca sobre a mesa, onde o dente (um incisivo superior, como agora me parece) se desintegra em várias camadas. Levanto-me da

---

41. Segundo uma comunicação de C.G. Jung, os sonhos de estímulo dental em mulheres têm o significado de sonhos de nascimento. [Nota acrescentada em 1909.] E. Jones apresentou uma boa confirmação disso. O que há em comum entre essa interpretação e aquela defendida acima consiste em que nos dois casos (castração – nascimento) se trata de uma parte que é separada da totalidade do corpo. [Acréscimo de 1919.]

42. Ver a propósito o sonho "biográfico" das p. 372-373. [Nota acrescentada em 1911.]

cadeira de operação, aproximo-me com curiosidade e faço, interessado, uma pergunta médica. Enquanto separa as partes do dente, estranhamente branco, e as tritura (pulveriza) com um instrumento, ele me explica que isso está ligado à puberdade e que apenas antes dela os dentes saem com tamanha facilidade; no caso das mulheres, o momento decisivo para isso é o nascimento de um filho.

'Então noto (em estado de semissono, segundo creio) que esse sonho foi acompanhado de uma polução, que, no entanto, não sou capaz de associar a uma parte determinada do sonho; parece-me mais provável que tenha ocorrido durante a extração do dente.

'Prossigo sonhando com um acontecimento de que não me lembro mais, e que acabava da seguinte forma: *deixo o chapéu e o casaco em algum lugar (provavelmente no vestiário do dentista) na esperança de que me sejam trazidos depois e, vestido apenas com o sobretudo, me apresso em alcançar um trem que parte. No último instante, consigo saltar para o vagão de trás, onde já havia alguém. No entanto, não pude chegar ao interior do vagão, mas tive de fazer a viagem numa posição desconfortável da qual tentei me livrar até enfim conseguir. Passamos por um grande túnel, no qual dois trens vindos da direção oposta de alguma forma passam por dentro do nosso como se ele fosse o túnel. Olho para dentro, como se estivesse de fora, por uma janela do vagão.*

'O material para a interpretação desse sonho são os seguintes pensamentos e experiências da véspera:

'I. Faz pouco tempo, estou de fato em tratamento odontológico e, no momento do sonho, tenho dores contínuas no dente do maxilar inferior que é perfurado com a broca no sonho e no qual o dentista realmente já lida há mais tempo do que eu gostaria. Na manhã do dia do sonho fui outra vez ao dentista por causa das dores; ele me sugeriu a extração de outro dente do mesmo maxilar e que provavelmente era a causa da dor. Tratava-se de um "dente do siso" que estava nascendo bem naquele período. Na ocasião, também fiz uma pergunta relacionada à sua consciência médica.

'II. Na tarde do mesmo dia, fui obrigado a falar das dores de dentes a uma senhora para desculpar o meu mau humor, o que a levou a me contar que tinha medo de mandar extrair uma raiz cuja coroa já estava quase toda destruída. Ela achava que a extração seria especialmente dolorosa e perigosa no caso dos caninos superiores, embora, por outro lado, uma conhecida tivesse lhe dito que as coisas eram mais fáceis com os dentes do maxilar superior (tratava-se de um desses no caso dela). Essa conhecida também lhe contara que uma vez tinham lhe extraído o dente errado enquanto estava anestesiada, uma informação que só fez aumentar o seu receio da necessária operação. Então me perguntou se por *Augenzähne* [caninos superiores] se devia entender *Backenzähne* [molares] ou *Eckzähne* [caninos] e o que se sabia sobre eles. Chamei sua atenção, por um lado, para o elemento supersticioso em todas essas opiniões, embora sem deixar de acentuar o núcleo correto de muitas ideias populares. Acerca disso, ela me falou de uma crença popular que, segundo sua experiência, era muito antiga e difundida: *Se uma grávida tem dores de dente, ganhará um menino.*

'III. Esse provérbio me interessou em vista do significado típico dos sonhos de estímulo dental como substitutos do onanismo, comunicado por Freud em *A interpretação dos sonhos* (2. ed., p. 193-194), pois também no dito popular o dente e o genital masculino (menino) são relacionados de alguma forma. Portanto, na tardinha do mesmo dia reli o trecho correspondente de *A interpretação dos sonhos* e nele encontrei, entre outras coisas, as explicações que reproduzo abaixo, e cuja influência sobre meu sonho é tão fácil de reconhecer quanto a das duas experiências antes citadas. Acerca dos sonhos de estímulo dental, Freud escreve que "no caso de homens a força impulsora desses sonhos não é outra coisa senão o desejo onanista do *período da puberdade*". Mais adiante: "Penso que as frequentes modificações do sonho típico de estímulo dental – por exemplo, que outra pessoa extraia o dente do sonhador e coisas assim – também possam ser compreendidas pela mesma explicação. Porém, pode parecer enigmático como o 'estímulo dental' é capaz de assumir esse significado. Neste ponto, chamo atenção para a *mudança de baixo para cima*" (que, no presente sonho, também é uma mudança do maxilar inferior para o superior), "tão frequente, que está a serviço do recalcamento sexual, e graças à qual, na histeria, todo tipo de sensações e intenções que deveria se passar nos órgãos genitais pode ao menos encontrar realização em outras partes do corpo em que não há nada a censurar". "No entanto, também preciso indicar outro nexo contido na expressão linguística. Em nosso país há uma expressão grosseira para o ato masturbatório: *sich einen ausreissen* ou *sich einen herunterreissen*." Desde muito cedo eu conhecia essa expressão para designar o onanismo, e partindo daí o intérprete de sonhos experimentado encontrará facilmente o acesso ao material infantil que pode estar na base desse sonho. Apenas menciono ainda que a facilidade com que o dente é extraído no sonho, dente que após a extração se transforma em um incisivo superior, me faz lembrar um acontecimento de minha infância, quando *eu próprio arranquei* facilmente e sem dor um *incisivo superior* que estava frouxo. Esse acontecimento, de que ainda hoje me lembro com clareza em todos os detalhes, ocorreu na mesma época precoce das primeiras tentativas onanísticas conscientes (lembrança encobridora).

'A referência de Freud a uma comunicação de C.G. Jung segundo a qual os sonhos de estímulo dental em mulheres têm o significado de *sonhos de nascimento* (*A interpretação dos sonhos*, 2. ed., p. 194, nota de rodapé) bem como a crença popular do significado das dores de dente nas mulheres grávidas produziram a contraposição do significado feminino ao masculino (puberdade) no sonho. Lembro-me a propósito disso de um sonho anterior: logo depois de terminar um tratamento com um dentista, sonhei que as coroas de ouro que acabavam de ser colocadas caíam, fato que me incomodou muito no sonho por causa dos gastos consideráveis com que na época ainda não tinha me resignado inteiramente. Agora, considerando certa experiência, compreendo esse sonho como um elogio das vantagens materiais da masturbação comparada ao amor objetal, que sob qualquer forma é mais desvantajoso economicamente (coroas de ouro), e acredito que as palavras daquela senhora sobre o significado das dores de dente nas mulheres grávidas despertaram outra vez em mim essas cadeias de ideias.'

"Até aqui a interpretação do colega, facilmente inteligível e, segundo acredito, também impecável, à qual nada tenho a acrescentar a não ser talvez a indicação do provável sentido da segunda parte do sonho, que, passando pelas pontes verbais *Zahn-(ziehen-Zug; reissen-reisen)* [dente-(extrair-trem; arrancar-viajar)], figura a passagem, aparentemente difícil para o sonhador, da masturbação às relações sexuais (o túnel, pelo qual os trens entram e saem em diferentes direções), bem como os perigos destas (gravidez; sobretudo [*Überzieher*, também "preservativo"]).

"Por outro lado, o caso me parece teoricamente interessante em dois sentidos. Em primeiro lugar, fornece uma prova a favor do nexo descoberto por Freud de que a ejaculação no sonho ocorre no ato de extrair o dente. Somos obrigados a considerar a polução, seja qual for a forma sob a qual se manifeste, como uma satisfação masturbatória que se realiza sem o auxílio de estímulos mecânicos. Acrescenta-se a isso que nesse caso a satisfação polucional não ocorre, como de hábito, relacionada com um objeto, mesmo que apenas imaginado, mas acontece sem objeto, se é que podemos dizer assim, sendo puramente autoerótica e no máximo deixando reconhecer um ligeiro elemento homossexual (dentista).

"O segundo ponto que me parece importante ressaltar é o seguinte: seria razoável objetar que aqui se busca demonstrar a concepção freudiana de modo inteiramente supérfluo, visto que apenas as experiências da véspera já bastam perfeitamente para tornar compreensível para nós o conteúdo do sonho. A visita ao dentista, a conversa com a senhora e a leitura de *A interpretação dos sonhos* explicariam de modo suficiente que a pessoa, também perturbada durante a noite por dores de dente, produzisse esse sonho; inclusive, caso se queira, que o produziu para eliminar a dor que perturbava o sono (por meio da representação da extração do dente dolorido e da simultânea sobreposição de libido à temida sensação de dor). No entanto, mesmo fazendo as maiores concessões nesse sentido, ninguém defenderia seriamente a tese de que a leitura das explicações de Freud produziu no sonhador o nexo entre a extração do dente e o ato masturbatório, ou que apenas possa ter ativado esse nexo, se este, conforme o próprio sonhador reconheceu (*sich einen ausreissen* [arrancar um]), já não tivesse sido formado há muito tempo. O que pode ter servido, isso sim, para ativar esse nexo – além da conversa com a senhora – é indicado pela comunicação posterior do sonhador de que ao ler *A interpretação dos sonhos* ele não quis acreditar, por razões compreensíveis, nesse significado típico dos sonhos de estímulo dental, alimentando o desejo de saber se isso valia para todos os sonhos desse tipo. O sonho confirma isso pelo menos para sua própria pessoa, e assim lhe mostra o motivo de suas dúvidas. Portanto, também nesse aspecto o sonho é a realização de um desejo, a saber, o de se convencer do alcance e da defensabilidade dessa concepção freudiana." [1911]

Ao segundo grupo de sonhos típicos pertencem aqueles em que voamos ou flutuamos, caímos, nadamos etc. O que significam esses sonhos? Não é possível dar uma resposta geral. Conforme veremos, eles significam algo diferente em cada caso, apenas o material de sensações que contêm se origina sempre da mesma fonte. [1909]

Das informações obtidas por meio das psicanálises é preciso concluir que esses sonhos também repetem impressões da infância, ou seja, que se referem às brincadeiras de movimento que tanto atraem as crianças. Não há tio que não tenha feito o sobrinho voar correndo com ele pela sala com os braços estendidos, ou não tenha brincado de cair com ele enquanto o balançava sobre os joelhos e esticava a perna de súbito, ou não o tenha levantado no ar fazendo repentinamente de conta que quisesse tirar seu apoio. As crianças dão gritos de alegria e não se cansam de pedir pela repetição, em especial quando um pouco de susto e de vertigem se mesclam na brincadeira; anos depois, buscam essa repetição no sonho, só que nele deixam de fora as mãos que as seguravam, de modo que agora flutuam e caem livremente. É conhecida a predileção de todas as crianças pequenas por essas brincadeiras, assim como por brinquedos como o balanço e a gangorra; quando depois veem acrobacias no circo, a lembrança é renovada. Em muitos meninos, o ataque histérico consiste apenas na reprodução dessas acrobacias, que praticam com grande habilidade. Não é raro que nessas brincadeiras de movimento, em si inocentes, também tenham sido despertadas sensações sexuais. Para dizê-lo com uma palavra usual entre nós, que abrange todos esses fatos: esses sonhos de voar, cair, sentir vertigens etc. repetem as "correrias" da infância, cujos sentimentos de prazer agora se transformaram em medo. E como toda mãe sabe, a correria das crianças na realidade terminou muitas vezes em briga e choradeira.

Tenho portanto boas razões para recusar a explicação de que o estado de nossa sensibilidade cutânea durante o sono, as sensações de movimento de nossos pulmões etc. produzem os sonhos de voar e de cair. Vejo que essas sensações mesmas são reproduzidas a partir da lembrança com a qual o sonho se relaciona – que elas são, portanto, conteúdo onírico, e não fontes do sonho.[43]

Esse material de sensações de movimento, homogêneo e oriundo da mesma fonte, é empregado para figurar os mais diferentes pensamentos oníricos. Os sonhos de voar ou de flutuar, na sua maioria prazerosos, exigem as mais diferentes interpretações, bem especiais no caso de algumas pessoas, de natureza típica no caso de outras. Uma de minhas pacientes costumava sonhar com muita frequência que flutuava a certa altura sobre a rua, sem tocar o solo. Ela era de estatura muito baixa e temia toda contaminação que o contato com as pessoas traz consigo. Seu sonho de flutuar realizava seus dois desejos,

---

43. Esses dois últimos parágrafos sobre os sonhos de movimento são repetidos aqui por uma questão de contextualização. Ver. p. 294-295. [Nota acrescentada em 1930.]

pois elevava seus pés do solo e fazia sua cabeça se erguer até regiões mais altas. Em outras sonhadoras, o sonho de voar tinha o significado de anseio: "Como eu queria ser um passarinho!"; outras se transformavam em anjos durante a noite, pois sentiam falta de serem chamadas assim durante o dia. A estreita ligação do voo com a representação do pássaro torna compreensível que no caso dos homens o sonho de voar tenha quase sempre um significado grosseiramente sensual.[44] Também não ficaremos admirados de ouvir que este ou aquele sonhador sempre fica muito orgulhoso de sua capacidade de voar. [1909]

O dr. Paul Federn (Viena) apresentou a hipótese sedutora de que uma boa parte desses sonhos de voar são sonhos de ereção, pois esse fenômeno singular, que ocupa a fantasia humana continuamente, deve impressionar como uma anulação da gravidade. (Considerar a propósito disso os falos alados da Antiguidade.) [1911]

É digno de nota que Mourly Vold, sóbrio investigador experimental dos sonhos avesso a toda interpretação, também defenda a interpretação erótica dos sonhos de voar e de flutuar (1910-1912, vol. 2, p. 791). Ele afirma que o erotismo é "o motivo mais importante do sonho de flutuar", apoiando-se na intensa sensação de vibração do corpo que acompanha esses sonhos e na sua frequente ligação com ereções ou poluções. [1914]

Os sonhos com *quedas* apresentam com mais frequência um caráter fóbico. No caso de mulheres, sua interpretação não é sujeita a nenhuma dificuldade, visto que elas quase sempre aceitam o uso simbólico da queda, que parafraseia a atitude de ceder a uma tentação erótica. Ainda não esgotamos as fontes infantis dos sonhos com quedas; quase todas as crianças caíram uma vez ou outra e então foram levantadas e afagadas; ou, quando caíram da caminha durante a noite, foram levadas pela babá para a sua cama.

Pessoas que sonham com frequência que estão *nadando*, que cortam as ondas com grande contentamento etc., em geral urinavam na cama, e agora repetem no sonho um prazer ao

---

44. Em alemão "pássaro" é *Vogel*, enquanto o derivado *vögeln* significa "foder". (N.T.)

qual aprenderam a renunciar há muito tempo. Logo veremos, em um ou outro exemplo, a que figuração os sonhos de natação facilmente se oferecem. [1909]

A interpretação dos sonhos com *fogo* dá razão à proibição feita às crianças de não brincar com fogo para não molhar a cama durante a noite. É que também no caso desses sonhos, sua base é a reminiscência da *enuresis nocturna* dos anos de infância. No "Fragmento de uma análise de histeria" (1905 *e*) apresentei a análise e a síntese completas de um desses sonhos com fogo em relação com o histórico clínico da sonhadora, bem como indiquei as moções da idade adulta em cuja figuração esse material infantil é utilizado. [1911]

Poderíamos mencionar ainda um grande número de sonhos "típicos", se por essa designação entendermos o fato do retorno frequente do mesmo conteúdo onírico manifesto em sonhadores diferentes; por exemplo: os sonhos de caminhar por ruas estreitas, de passar por uma série de quartos, os sonhos com um ladrão noturno (ao qual também se referem as medidas preventivas dos neuróticos antes de ir dormir), os sonhos de perseguição por animais selvagens (touros, cavalos) ou de ameaça com facas, punhais ou lanças (esses dois últimos são característicos do conteúdo onírico manifesto de pessoas fóbicas) etc. Uma investigação que se ocupasse especialmente desse material seria muito louvável. Em lugar dela, tenho a oferecer duas[45] observações, que no entanto não se referem exclusivamente aos sonhos típicos.

Quanto mais nos ocupamos da análise dos sonhos, tanto mais precisamos estar dispostos a reconhecer que a maioria dos sonhos das pessoas adultas trata de material sexual e expressa desejos eróticos. Apenas quem realmente analisa sonhos, isto é, avança do conteúdo manifesto dos mesmos aos pensamentos oníricos latentes, pode formar um juízo acerca

---

45. Segundo informam os editores da *Freud-Studienausgabe*, esse "duas" é um resíduo das edições de 1909 e 1911; não se aplica às edições posteriores, portanto. (N.T.)

disso; jamais quem se contenta em registrar o conteúdo manifesto (como Näcke, por exemplo, em seus trabalhos sobre sonhos sexuais). Declaremos de imediato que esse fato não traz nada de surpreendente para nós, mas que se encontra em completa harmonia com nossos princípios da explicação dos sonhos. Nenhum outro impulso [*Trieb*] precisou experimentar desde a infância tanta repressão quanto o impulso sexual [*Sexualtrieb*] em seus inúmeros componentes[46]; nenhum outro deixa tantos e tão fortes desejos inconscientes, que agora agem no estado de sono produzindo sonhos. Ao interpretar sonhos, jamais devemos esquecer a importância dos complexos sexuais, como naturalmente também não devemos exagerá-la até a exclusividade. [1909]

Numa interpretação pormenorizada, poderemos constatar que muitos sonhos devem inclusive ser entendidos num sentido bissexual, pois permitem uma superinterpretação inegável segundo a qual realizam moções homossexuais, isto é, opostas à atividade sexual normal da pessoa que sonha. Porém, que todos os sonhos devam ser interpretados bissexualmente, como afirmam W. Stekel[47] e A. Adler[48], parece-me uma generalização tão indemonstrável quanto inverossímil, que eu não gostaria de defender. Sobretudo, eu não saberia como eliminar a percepção de que há inúmeros sonhos que satisfazem outras necessidades além das eróticas no sentido mais amplo do termo; é o caso dos sonhos de fome e de sede, dos sonhos de comodidade etc. Afirmações semelhantes, como a de que "por trás de cada sonho pode ser encontrada a cláusula da morte" (Stekel) e de que todo sonho revela um "progresso que vai da linha feminina à masculina" (Adler), também me parecem ultrapassar muito a medida do que é admissível na interpretação de sonhos. [1911] – A afirmação de que *todos os sonhos exigem uma interpretação sexual*, contra a qual se

---

46. Ver os *Três ensaios de teoria sexual*, 1905 *d*.

47. *A linguagem dos sonhos*, 1911.

48. "O hermafroditismo psíquico na vida e na neurose" (1910) e trabalhos posteriores no *Zentralblatt für Psychoanalyse*, vol. 1, 1910-1911.

polemiza incansavelmente na literatura, é estranha à minha *Interpretação dos sonhos*. Ela não pode ser encontrada nas sete edições deste livro e está em contradição evidente com outros pontos de seu conteúdo. [1919]

Já afirmamos em outro trecho que os sonhos chamativamente *inocentes* corporificam sem exceção desejos eróticos grosseiros, e poderíamos confirmar isso por meio de inúmeros exemplos novos. No entanto, também muitos sonhos que parecem indiferentes, nos quais em nenhum sentido notaríamos algo de especial, são explicados, depois da análise, por moções de desejo indubitavelmente sexuais, de natureza muitas vezes inesperada. Quem, por exemplo, imaginaria um desejo sexual no seguinte sonho antes do trabalho de interpretação? O sonhador conta: *Entre dois imponentes palácios, um tanto afastada, há uma casinha cujas portas estão chaveadas. Minha mulher me conduz pelo trecho de rua que leva até a casinha, arromba a porta, e então me enfio rápida e facilmente num pátio que sobe oblíquo.*

Quem tiver alguma prática na tradução de sonhos, no entanto logo será lembrado que a entrada em lugares estreitos e a abertura de portas trancadas pertencem ao simbolismo sexual mais comum, encontrando facilmente nesse sonho a figuração de uma tentativa de coito por trás (entre as duas imponentes nádegas do corpo feminino). O corredor estreito, que sobe obliquamente, é sem dúvida a vagina; a ajuda atribuída à mulher do sonhador obriga à interpretação de que na realidade apenas a consideração pela esposa impede tal tentativa, e fazendo algumas perguntas fui informado de que no dia do sonho passou a trabalhar na casa do sonhador uma jovem que lhe agradou e lhe deu a impressão de que não oporia muita resistência a uma aproximação desse tipo. A casinha entre os dois palácios foi tirada de uma reminiscência do Hradschin, em Praga, apontando assim para a mesma jovem, natural dessa cidade.

Quando insisto com meus pacientes na frequência do sonho edipiano de manter relações sexuais com a própria mãe, recebo como resposta: "Não consigo me lembrar de tal sonho". Porém, logo depois emerge a lembrança de outro sonho, irreconhecível e indiferente, que se repetiu muitas vezes para a pessoa em questão, e a análise mostra que esse é um sonho com o mesmo conteúdo, a saber, que também é um sonho edipiano. Posso garantir que, entre os sonhos de manter relações sexuais com a mãe, os disfarçados são muito mais frequentes do que os diretos.[49]

---

49. No primeiro número do *Zentralblatt für Psychoanalyse* publiquei um exemplo típico de um desses sonhos edipianos disfarçados; outro exemplo, com interpretação pormenorizada, foi publicado por O. Rank (1911). [Nota acrescentada em 1911.] – A propósito de outros sonhos edipianos disfarçados, nos quais se destaca o simbolismo do olho, ver Rank (1913). Na mesma revista também há trabalhos de Eder, Ferenczi e Reitler sobre "sonhos oculares" e simbolismo ocular. O cegamento na lenda de Édipo, como em outros contextos, é um substituto da castração. [Acréscimo de 1914.] – Aliás, os antigos também não desconheciam a interpretação simbólica dos sonhos edipianos não disfarçados. Ver O. Rank, 1910, p. 534: "Assim, nos foi legado um sonho de relações sexuais com a mãe sonhado por Júlio César que os intérpretes de sonhos consideraram como um bom agouro para a conquista da terra (*mãe – terra*). Igualmente conhecido é o oráculo dado aos tarquínios de que o domínio de Roma caberia ao primeiro que *beijasse a mãe* (*osculum matri tulerit*), o que Brutus compreendeu como uma alusão à *Mãe-Terra* (*terram osculo contigit, scilicet quod ea communis mater omnium mortalium esset*, Lívio, I, LVI). [Acréscimo de 1911.] – Ver a propósito o sonho de Hípias em Heródoto, VI, 107: "Porém Hípias conduziu os bárbaros até Maratona, depois de ter tido a seguinte visão na noite anterior: pareceu a Hípias que dormia com sua própria mãe. Desse sonho ele concluiu que voltaria a Atenas e recuperaria seu domínio, morrendo na pátria em seus dias de velhice". [Acréscimo de 1914.] Esses mitos e interpretações apontam para um conhecimento psicológico acertado. Descobri que as pessoas que se sabem preferidas ou favorecidas pela mãe manifestam em suas vidas aquela confiança especial em si mesmas, aquele otimismo inabalável, que não raro parecem heroicos e conquistam o verdadeiro sucesso. [Acréscimo de 1911.]

Exemplo típico de um sonho edipiano disfarçado

Um homem sonha: *Ele tem uma relação secreta com uma mulher com quem outro quer se casar. Ele está preocupado com a possibilidade de que esse outro possa descobrir a relação, de modo que o casamento acabe não se realizando, e por isso se comporta de maneira bastante terna em relação ao homem; achega-se a ele e o beija.* – Os fatos da vida do sonhador tocam o conteúdo do sonho apenas em um ponto. Ele tem uma relação secreta com uma mulher casada e uma expressão ambígua de seu marido, (continua)

Há sonhos com paisagens ou com lugares em que ainda no sonho se destaca a certeza: "Já estive aí uma vez". [1909] Porém, esse *déjà vu* tem um significado especial no sonho. [1914] Esse lugar é sempre o genital da mãe; e, de fato, não há outro lugar do qual possamos afirmar com tal certeza que "já estivemos lá uma vez". [1909] Uma única vez um neurótico obsessivo me deixou confuso ao comunicar um sonho em que visitava uma casa na qual já havia estado *duas vezes*. Porém, justamente esse paciente havia me contado muito tempo antes um acontecimento de seu sexto ano de vida, quando certa vez partilhou a cama da mãe e abusou da ocasião para colocar o dedo no genital da mulher que dormia. [1914]

Um grande número de sonhos muitas vezes angustiosos, cujo conteúdo frequentemente é a passagem por lugares estreitos ou a permanência na água, tem sua origem em fantasias acerca da vida intrauterina, da permanência no ventre da mãe e do ato do nascimento. Na sequência, reproduzo o sonho de um jovem que, na sua fantasia, já aproveitou a ocasião intrauterina para espreitar o coito entre os pais.

Ele se encontra num poço fundo, no qual há uma janela como no túnel de Semmering. Por ela, vê de início uma paisagem vazia; então compõe uma imagem que se materializa de imediato e preenche o vazio. A imagem representa um campo que é profundamente revolvido por um instrumento, e a bela

---

(cont.) de quem ele é amigo, despertou nele a suspeita de que o mesmo possa ter percebido alguma coisa. Mas na verdade ainda há outra coisa envolvida, cuja menção é evitada no sonho e que, só ela, dá a chave para a sua compreensão. A vida do marido está ameaçada por uma doença orgânica. Sua mulher está preparada para a possibilidade de sua morte súbita, e nosso sonhador se ocupa conscientemente do propósito de tomar a jovem viúva por esposa após o falecimento do marido. Por meio dessa situação externa, o sonhador é transportado para a constelação do sonho edipiano; seu desejo pode matar o marido para obter a esposa por mulher; seu sonho dá expressão a esse desejo numa distorção hipócrita. O fato de ela estar casada com outro é substituído pelo fato de outro querer se casar com ela, o que corresponde à sua própria intenção secreta, e os desejos hostis contra o marido se escondem por trás de demonstrações de ternura que provêm da lembrança de sua relação infantil com o pai. [Acréscimo de 1925.]

atmosfera, a ideia do trabalho sério, que se acha presente, e os torrões negro-azulados dão uma bela impressão. Então ele segue em frente, vê um livro de pedagogia aberto (...) e fica admirado que nele se dê tanta atenção aos sentimentos sexuais (da criança), o que o leva a pensar em mim.

Eis o belo sonho aquático de uma paciente, que recebeu uma aplicação especial no tratamento:

Em suas férias de verão no lago de ***, ela se joga na água escura, lá onde a lua pálida se reflete na água.

Sonhos desse tipo são sonhos de nascimento; chegamos à sua interpretação quando invertemos o fato comunicado no sonho manifesto, ou seja, quando substituímos "jogar-se na água" por "sair da água", quer dizer: nascer.[50] Reconhecemos o lugar do qual nascemos ao pensarmos no sentido malicioso do francês *la lune*. A lua pálida, então, é o traseiro branco do qual a criança logo descobre ter saído. Porém, o que deve significar o desejo da paciente de "nascer" em suas férias de verão? Interrogo a sonhadora acerca disso, que responde sem hesitar: "Não é como se eu *renascesse* por meio do tratamento?". Assim, esse sonho se transforma num convite para prosseguir o tratamento naquele lugar de veraneio, isto é, para visitá-la lá; talvez ele também contenha uma alusão bem tímida ao desejo de se tornar mãe.[51] [1909]

De um trabalho de Ernest Jones, tomo outro sonho de nascimento, acompanhado de sua interpretação: "*Ela estava na praia e vigiava um garotinho que parecia ser seu enquanto ele caminhava pela água. Ele foi tão longe que a água o cobriu, de maneira que ela podia ver apenas como sua cabeça*

---

50. Sobre o significado mitológico do nascimento aquático, ver Rank (1909). [Nota acrescentada em 1914.]

51. Apenas tardiamente aprendi a avaliar o significado das fantasias e dos pensamentos inconscientes acerca da vida no ventre materno. Eles contêm não só a explicação para o medo singular que muitas pessoas sentem de serem enterradas vivas, como também a motivação inconsciente mais profunda para a crença numa continuação da vida após a morte, crença que apenas figura a projeção no futuro dessa vida inquietante antes do nascimento. Aliás, *o ato do nascimento é a primeira experiência de angústia e, assim, a fonte e o modelo para esse afeto.* [Nota acrescentada em 1909.]

se movia para cima e para baixo junto à superfície. Então a cena se transformou no saguão lotado de um hotel. Seu marido a abandonou e ela começou a conversar com um estranho.

"A segunda metade do sonho se revelou facilmente na análise como a figuração de sua fuga do marido e do estabelecimento de relações íntimas com uma terceira pessoa. A primeira parte do sonho era uma fantasia de nascimento manifesta. Tanto nos sonhos quanto na mitologia, o parto de uma criança, que sai do líquido amniótico, é figurado habitualmente por inversão como a entrada da criança na água; entre muitos outros, os nascimentos de Adônis, Osíris, Moisés e Baco oferecem exemplos bem conhecidos disso. A emersão e a submersão da cabeça na água lembram de imediato à paciente a sensação dos movimentos da criança que ela experimentou durante sua única gravidez. O pensamento do menino entrando na água despertou um devaneio em que viu a si própria tirando-o da água, levando-o ao quarto das crianças, dando-lhe um banho, vestindo-o e por fim levando-o para a casa dela.

"A segunda metade do sonho, portanto, figura pensamentos referentes à fuga, e esta se relaciona com a primeira metade dos pensamentos oníricos ocultos; a primeira metade do sonho corresponde ao conteúdo latente da segunda metade, à fantasia de nascimento. Além da inversão antes mencionada, ocorrem outras inversões em cada uma das metades do sonho. Na primeira metade, a criança *entra na água* e então sua cabeça balança; nos pensamentos oníricos subjacentes, aparecem primeiro os movimentos da criança e depois a criança *sai* da água (uma dupla inversão). Na segunda metade, seu marido a abandona; nos pensamentos oníricos, ela abandona o marido." (Traduzido por Otto Rank.) [1914]

Outro sonho de nascimento, relatado por Abraham, é o de uma jovem que espera seu primeiro parto. De um lugar no assoalho do quarto, um canal subterrâneo conduz diretamente à água (canal genital – líquido amniótico). Ela levanta um alçapão no assoalho e logo aparece uma criatura vestindo uma pele castanha e parecida com uma foca. Essa criatura se revela como o irmão mais novo da sonhadora, com quem ela desde sempre manteve uma relação maternal. [1911]

Rank mostrou em uma série de sonhos que os sonhos de nascimento se servem do mesmo simbolismo que os sonhos de estímulo urinário. O estímulo erótico é figurado neles como estímulo urinário; a estratificação de significado nesses sonhos corresponde a uma mudança de significado do símbolo desde a infância. [1914]

Podemos retornar aqui a um tema que interrompemos: o papel dos estímulos orgânicos, perturbadores do sono, na formação dos sonhos. Os sonhos produzidos sob essas influências não apenas nos mostram bem abertamente a tendência de realização de desejo e o caráter de comodidade, mas também com muita frequência um simbolismo inteiramente transparente, pois não é raro que o despertar seja provocado por um estímulo *cuja satisfação sob um disfarce simbólico já tenha sido tentada em vão no sonho*. Isso vale para os sonhos polucionais, assim como para aqueles desencadeados pelas necessidades de urinar e de defecar. "O caráter peculiar dos sonhos polucionais nos permite não apenas desmascarar diretamente certos símbolos sexuais, já reconhecidos como típicos, embora contestados com energia, mas também pode nos convencer de que muitas situações oníricas de aparência inocente são apenas o prelúdio simbólico de uma cena sexual grosseira, que na maioria dos casos, contudo, alcança uma figuração direta apenas nos sonhos polucionais, relativamente raros, enquanto com bastante frequência se transforma num sonho de angústia, que também leva ao despertar."

O simbolismo dos *sonhos de estímulo urinário* é especialmente transparente e conhecido há muito tempo. Hipócrates já defendia a ideia de que sonhar com fontes e poços significa um distúrbio da bexiga (H. Ellis). Scherner estudou a variedade do simbolismo do estímulo urinário e também já afirmou que "o estímulo urinário mais intenso sempre se transforma na estimulação da esfera sexual e de suas formações simbólicas

(...). Muitas vezes, o sonho de estímulo urinário é ao mesmo tempo o representante do sonho sexual".

Otto Rank, cujas explicações contidas em seu trabalho sobre "A estratificação simbólica no sonho de despertar" eu segui aqui, tornou bastante provável a tese de que um grande número de "sonhos de estímulo urinário" seja na verdade causado por um estímulo sexual que primeiro procura se satisfazer pela via da regressão sob a forma infantil do erotismo uretral. Especialmente instrutivos são aqueles casos em que o estímulo urinário assim produzido leva ao despertar e ao esvaziamento da bexiga, depois do que, apesar disso, o sonho prossegue e manifesta sua necessidade em imagens eróticas explícitas.[52]

De maneira completamente análoga, os *sonhos de estímulo intestinal* revelam o simbolismo correspondente e confirmam o nexo entre *ouro* e *excrementos*[53], também ricamente atestado de um ponto de vista etnopsicológico. "Assim, por exemplo, quando estava em tratamento médico por causa de um *distúrbio intestinal*, uma mulher sonhou com um caçador de tesouros que enterrava um *tesouro* nas proximidades de uma casinha de madeira que se parecia com uma *latrina* rural. Uma segunda parte do sonho tinha por conteúdo que ela *limpava o traseiro* de sua menininha, que havia se *sujado*" (Rank, 1912, p. 55). [1919]

Aos *sonhos de nascimento* juntam-se os sonhos com *salvamentos*. Salvar, em especial salvar da água, é o equivalente a dar à luz quando sonhado por uma mulher, mas tem outro sentido quando o sonhador é um homem. (Ver um sonho desse tipo em Pfister, 1909.) – Acerca do símbolo do "salvamento",

---

52. "As mesmas figurações simbólicas que, num sentido infantil, estão na base do sonho vesical, aparecem em sentido 'recente' com significado extravagantemente sexual: água = urina = esperma = líquido amniótico; navio [*Schiff*] = mijar [*schiffen*] = útero (caixa); ficar molhado = enurese = coito = gravidez; nadar = bexiga cheia = permanência do feto; chuva = urinar = símbolo da fecundação; viajar (andar [*fahren*] = desembarcar) = levantar da cama = manter relações sexuais ("meter" [*"fahren"*], viagem de núpcias); urinar = alívio sexual (polução)." (Rank, 1912, p. 95.) [Nota acrescentada em 1919.]

53. Ver Freud (1908 *b*); Rank (1912); Dattner (1913); Reik (1915).

ver minha conferência "As chances futuras da terapia psicanalítica" (1910 *d*), bem como "Contribuições à psicologia da vida amorosa, I. Sobre um tipo especial de escolha de objeto feita pelo homem" (1910 *h*).[54] [1911]

Ladrões, assaltantes noturnos e fantasmas, dos quais se tem medo antes de ir dormir e que ocasionalmente também atormentam a pessoa que dorme, provêm de uma única reminiscência infantil. Eles são os visitantes noturnos que acordaram a criança do seu sono a fim de sentá-la sobre o penico para que não molhasse a cama, ou que levantaram a coberta para verificar com cuidado onde ela mantinha as mãos enquanto dormia. Analisando alguns desses sonhos de angústia, consegui inclusive identificar a pessoa do visitante noturno. O ladrão era sempre o pai; os fantasmas provavelmente corresponderão a pessoas do sexo feminino vestindo camisolões brancos. [1909]

---

54. Além disso, Rank (1911); Reik (1911); [Nota acrescentada em 1914.] Rank (1914). [Acréscimo de 1919.]

F

Exemplos – Cálculos e falas no sonho

Antes de colocar em seu devido lugar o quarto fator que comanda a formação do sonho, quero citar alguns exemplos de minha coleção de sonhos que em parte ilustram a cooperação dos três fatores que conhecemos e em parte podem acrescentar provas para teses apresentadas livremente ou expor conclusões irrecusáveis delas. Na exposição anterior sobre o trabalho do sonho, tornou-se bastante difícil provar meus resultados com exemplos. Os exemplos para cada uma das teses só têm força probatória no contexto da interpretação de um sonho; arrancados do contexto, perdem sua beleza, e uma interpretação, ainda que pouco profunda, logo se torna tão longa que faz perder o fio da discussão para cuja ilustração devia servir. Esse motivo técnico poderá desculpar o fato de eu agora reunir todo tipo de coisas que apenas se mantêm coesas pela relação com o texto da seção anterior.

Em primeiro lugar, alguns exemplos de modos de figuração especialmente peculiares ou incomuns no sonho. Eis o sonho de uma senhora: *Uma empregada está em pé sobre uma escada como se fosse limpar as janelas e tem junto consigo um chimpanzé e um gato gorila* (corrigido depois: *gato angorá*). *Ela joga os animais sobre a sonhadora; o chimpanzé se agarra a ela, e isso é bastante nojento.* Esse sonho alcançou seu objetivo por meio de um recurso extremamente simples, pois tomou uma expressão de modo literal e a figurou de acordo com suas palavras. "Macaco" e nomes de animais em geral são xingamentos, e a situação onírica não diz outra coisa senão "soltar os bichos". Essa mesma coleção logo apresentará mais exemplos da utilização desse artifício simples no trabalho do sonho.

De maneira inteiramente semelhante procede outro sonho: *Uma mulher com uma criança que tem um crânio surpreendentemente deformado; ela ouviu dizer que a criança ficou assim devido à sua posição no ventre materno. Segundo o médico, a forma do crânio poderia ser corrigida por compressão, só que isso prejudicaria o cérebro. Visto que é um menino, ela pensa, os danos seriam menores.* – Esse sonho contém a figuração plástica do conceito abstrato *impressões infantis*, que a sonhadora ouviu nas explicações sobre o tratamento.

No exemplo seguinte, o trabalho do sonho tomou um caminho um tanto diferente. O sonho contém a lembrança de uma excursão ao Hilmteich, próximo a Graz: *Lá fora faz um tempo terrível; o hotel é miserável, a água pinga das paredes, as camas estão úmidas*. (A última parte do conteúdo é menos direta no sonho do que apresento aqui.) O sonho significa "supérfluo" [*überflüssig*]. O elemento abstrato que se encontra nos pensamentos oníricos é em primeiro lugar transformado em algo extremamente equívoco, talvez substituído por "transbordante" [*überfliessend*] ou por "fluido e supérfluo" [*flüssig und überflüssig*], e depois figurado por uma acumulação de impressões do mesmo tipo. Água fora, água dentro pingando das paredes, água sob a forma de umidade nas camas, tudo é fluido e *supér*-fluo [*flüssig und* über-*flüssig*]. O fato de para os fins da figuração no sonho a ortografia ficar muito atrás da pronúncia não nos causará propriamente admiração se considerarmos que a rima, por exemplo, pode se permitir liberdades semelhantes. Num longo sonho de uma jovem, comunicado por Rank e analisado de maneira muito detalhada, conta-se que ela passeia pelos campos e corta belas *espigas* [*Ähren*] de cereais. Um amigo de juventude vem ao seu encontro e ela quer evitar encontrá-lo. A análise mostra que se trata de um *beijo respeitoso* [*Kuss in Ehren*]. As espigas, que não devem ser arrancadas mas cortadas, servem nesse sonho como tais e em sua condensação com *respeito* e *homenagens* [*Ehre, Ehrungen*] para a figuração de toda uma série de outros pensamentos. [1911]

Em outros casos, em compensação, a linguagem facilitou muito para o sonho a figuração de seus pensamentos, visto que dispõe de toda uma série de palavras que originalmente tinham um sentido pictórico e concreto, hoje utilizadas em sentido atenuado, abstrato. O sonho apenas precisa devolver a essas palavras a sua significação plena anterior ou retroceder um pouco na sua mudança de significado. Alguém sonha, por exemplo, que seu irmão está metido numa *caixa*; no trabalho de interpretação, a caixa é substituída por um *armário* [*Schrank*; *Schranke* = barreira, restrição], resultando o pensamento onírico de que esse irmão devia se restringir [*einschränken*; literalmente, "meter-se num armário"], e não o próprio sonhador. [1909] Outro sonhador escala uma montanha da qual tem uma *vista* extraordinariamente ampla. Ele se identifica com um irmão que edita uma *revista* que se ocupa das relações com o *Extremo* Oriente. [1911]

Num sonho de *Henrique, o verde*[55], um cavalo indócil se rola na mais bela aveia, da qual cada grão era na verdade "uma amêndoa doce, uma passa de uva e um fênigue novo enrolados em seda vermelha e amarrados com um pedacinho de cerda de porco". O autor (ou o sonhador) nos dá logo a interpretação dessa figuração onírica, pois o cavalo se sente agradavelmente espicaçado, de maneira que exclama: "A aveia está me picando!".[56]

As antigas sagas nórdicas (segundo Henzen) fazem um uso especialmente abundante de sonhos com expressões idiomáticas e chistes; é difícil encontrar nelas um exemplo de sonho sem duplo sentido ou sem jogo de palavras. [1914]

Seria um trabalho à parte reunir esses modos de figuração e classificá-los segundo os princípios que os fundamentam. Muitas dessas figurações quase podem ser chamadas de chistosas. Ficamos com a impressão de que jamais as descobriríamos por conta própria se o sonhador não as comunicasse:

---

55. Romance do escritor suíço Gottfried Keller (1819-1890). (N.T.)

56. A expressão idiomática "a aveia está lhe picando" tem o sentido de "a fortuna lhe subiu à cabeça", "ele se tornou arrogante, petulante". Quando um cavalo recebe mais aveia do que o necessário, a aveia não digerida o pica durante a excreção e ele se torna indócil – petulante. (N.T.)

1) Um homem sonha *que lhe perguntam por um nome do qual não é capaz de se lembrar*. Ele próprio explica o significado: "Isso não me ocorre nem em sonhos".

2) Uma paciente conta um sonho em que *todas as pessoas eram especialmente grandes*. "Isso quer dizer", ela acrescenta, "que deve se tratar de um acontecimento de minha primeira infância, pois então, naturalmente, todos os adultos me pareciam muito grandes." Sua própria pessoa não aparecia nesse conteúdo onírico.

A transposição para a infância também é expressa de maneira diferente em outros sonhos, pela tradução de tempo em espaço. Vemos as pessoas e cenas em questão como se estivessem a uma grande distância no final de um longo caminho ou como se as observássemos por um binóculo invertido.

3) Um homem inclinado a se expressar de maneira abstrata e imprecisa na vida de vigília, embora dotado de muito espírito, sonha em certo contexto que *vai a uma estação no momento exato em que está chegando um trem. Só que é a plataforma que se aproxima do trem parado*, ou seja, uma inversão absurda do que acontece na realidade. Esse detalhe não é outra coisa senão um indicador a lembrar que alguma outra coisa deve ser invertida no conteúdo onírico. A análise do mesmo sonho leva a lembranças de livros ilustrados em que apareciam homens de pernas para o ar andando sobre as mãos.

4) Noutra ocasião, o mesmo sonhador relatou um sonho breve que quase lembra a técnica de um rébus. *Seu tio lhe dá um beijo no automóvel*. Ele acrescenta logo a interpretação, que eu nunca teria encontrado: *autoerotismo*. Uma piada feita durante a vigília poderia ter sido exatamente assim. [1911]

5) O sonhador *tira uma mulher de trás da cama* [*zieht... hervor*]. Isso significa: ele lhe dá *preferência* [*Vorzug*].

6) O sonhador, *na condição de oficial, está sentado a uma mesa em frente ao imperador*: ele *faz frente* ao pai.

7) O sonhador *trata de outra pessoa em razão da fratura de um osso* [*Knochenbruch*]. A análise mostra essa fratura como figuração de um *adultério* [*Ehebruch*] etc.

8) Com muita frequência, as horas do dia representam no conteúdo onírico os períodos da vida infantil. Assim, no caso de um sonhador, cinco e quinze da manhã significava a idade de cinco anos e três meses, o momento significativo do nascimento de um irmãozinho.

9) Outra figuração dos *períodos da vida* no sonho: *uma mulher caminha com duas menininhas, cuja diferença de idade é de um ano e três meses*. – A sonhadora não encontra nenhuma família de seu círculo de relações para a qual isso seja verdadeiro. Ela própria interpreta que as duas crianças figuram sua própria pessoa e que o sonho a lembra que os dois acontecimentos traumáticos de sua infância estão separados por esse tempo. (Três anos e meio, quatro anos e nove meses). [1914]

10) Não é de admirar que pessoas que estejam em tratamento psicanalítico sonhem frequentemente com ele e precisem expressar no sonho todos os pensamentos e expectativas que ele desperta. Em geral, a imagem escolhida para o tratamento é a de uma viagem, na maioria dos casos de *automóvel*, um veículo novo e complicado; a zombaria do paciente pode então se satisfazer na alusão à sua velocidade. Caso o *inconsciente*, como elemento do pensamento de vigília, deva ser figurado no sonho, ele é substituído de maneira bastante adequada por lugares *subterrâneos*, que em outros casos, sem qualquer relação com o tratamento analítico, teriam significado o corpo feminino ou o ventre materno. No sonho, *embaixo* se refere com muita frequência aos genitais; o oposto *em cima*, ao rosto, à boca ou ao peito. Com *animais*

selvagens, o trabalho do sonho simboliza em geral os impulsos [*Triebe*] passionais, tanto os do sonhador quanto os de outras pessoas das quais o sonhador tem medo e, portanto, com um deslocamento bem pequeno, as próprias pessoas que são as portadoras dessas paixões. Deste ponto, não é grande a distância que vai até a figuração do *pai* temido por meio de animais ferozes, cães ou cavalos selvagens, o que lembra o totemismo. Poderíamos dizer que os animais selvagens servem para a figuração da libido temida pelo eu, combatida mediante recalcamento. Também a própria neurose, a "pessoa doente", é com frequência separada do sonhador e mostrada no sonho como pessoa independente. [1919]

11) (H. Sachs, 1911.) "Sabemos por *A interpretação dos sonhos* que o trabalho do sonho conhece diversos caminhos para figurar uma palavra ou uma expressão de maneira sensível-expressiva. Ele pode, por exemplo, se aproveitar da circunstância de que a expressão a ser figurada é ambígua e, utilizando o duplo sentido como passagem, admitir o segundo sentido no conteúdo onírico manifesto em vez do primeiro sentido existente nos pensamentos oníricos.

"Isso aconteceu no pequeno sonho comunicado abaixo, e mais exatamente com o uso habilidoso das impressões diurnas recentes, aproveitáveis para tanto, como material figurativo.

"No dia do sonho eu sofrera com um resfriado, e por isso, quando fui dormir, decidi que na medida do possível não deixaria a cama durante a noite. Aparentemente, o sonho apenas me fez prosseguir o trabalho diurno; eu estivera ocupado em colar recortes de jornal num caderno, esforçando-me por encontrar o lugar adequado para cada um deles. O sonho é o seguinte:

"Esforço-me por colar um recorte no caderno, só que ele não cabe na página [*er geht aber nicht auf der Seite*], *o que me provoca uma grande dor.*

"Acordei e tive de constatar que a dor do sonho prosseguia como dor abdominal real, obrigando-me a ser infiel à minha intenção. Como 'guardião do sono', o sonho simulou a realização de meu desejo de ficar na cama pela figuração das palavras *er geht aber nicht auf der Seite* ['só que ele não vai fazer suas necessidades']." [1914]

Podemos realmente afirmar que o trabalho do sonho se serve de todos os meios acessíveis para a figuração visual dos pensamentos oníricos, sem se importar se parecem lícitos ou ilícitos à crítica de vigília, expondo-se assim à dúvida e à zombaria de todos aqueles que apenas ouviram falar de interpretação de sonhos sem nunca tê-la praticado. Especialmente o livro de Stekel, *A linguagem do sonho* (1911), é rico em tais exemplos, porém evito tomar provas dele, pois a falta de crítica e a arbitrariedade técnica do autor deixam inseguro mesmo aquele que não estiver enredado em preconceitos. [1919]

12) De um trabalho de V. Tausk, "Roupas e cores a serviço da figuração onírica" (1914):

a) A. sonha que *vê sua antiga governanta num vestido preto de* lustrina [*Lüsterkleid*], *bem apertado nas nádegas.* – Isso significa que considera essa mulher *lasciva* [*lüstern*].

b) C. vê em sonho, *na estrada secundária de X, uma garota envolvida por luz* branca [*weiss*] *e vestida com uma blusa da mesma cor.*

Naquela estrada secundária, o sonhador trocou as primeiras intimidades com uma senhorita chamada *Weiss*.

c) A senhora D. sonha que vê *o velho* Blasel *(um ator vienense octogenário) deitado no divã, de* armadura [*Rüstung*] *completa. Depois ele salta por cima das mesas e cadeiras, puxa sua espada, olha-se no espelho e brande a espada pelo ar como se lutasse com um inimigo imaginário.*

Interpretação: a sonhadora tem uma *velha doença na bexiga* [*Blase*]. Durante a análise ela se deita no divã, e quando se vê no espelho ainda se julga em segredo *bastante vigorosa* [*sehr rüstig*], apesar de sua idade e de sua doença. [1914]

13) O "grande feito" no sonho

Um sonhador se vê *deitado na cama sob a forma de mulher grávida. A situação se torna bastante difícil para ele, que exclama: "Eu preferia..."* (depois de se lembrar de uma babá, ele completa na análise: *"... quebrar pedras"*). *Atrás de sua cama pende um mapa, cuja borda inferior se mantém estendida por meio de uma ripa de madeira. Ele arranca essa ripa puxando-a pelas duas extremidades, só que ela não se quebra ao meio, mas se parte em duas metades no sentido do comprimento. Com isso ele se aliviou e também acelerou o nascimento.*

Sem ajuda, ele interpreta o ato de arrancar a *ripa* [*Leiste*] como um grande *feito* [*Leistung*] por meio do qual se liberta de sua situação desagradável (no tratamento) ao se arrancar de sua atitude feminina. O detalhe absurdo de a ripa de madeira não se quebrar meramente, mas se partir no sentido do comprimento, encontra sua explicação quando o sonhador recorda que a duplicação associada à destruição contém uma referência à castração. Com muita frequência, numa obstinada antítese de desejo, o sonho figura a castração pela existência de dois símbolos do pênis. Além disso, a *virilha* [*Leiste*] é uma região do corpo próxima aos genitais. O sonhador acrescenta a interpretação de que supera a ameaça de castração que o colocou na atitude feminina.

14) Numa análise que realizei em francês, há um sonho a interpretar no qual apareço sob a forma de elefante. Naturalmente, preciso perguntar por que fui figurado dessa maneira. "*Vous me trompez*" [O senhor me enganou], respondeu o sonhador (*trompe* = tromba). [1919]

Muitas vezes, o trabalho do sonho também consegue figurar material muito difícil, como nomes próprios, pelo uso forçado de relações bastante insólitas. Num de meus sonhos, *o velho Brücke me encarregou de uma tarefa. Faço um preparado e tiro dele algo que se parece com papel prateado amassado*. (Voltarei a tratar desse sonho mais adiante.)

A ideia referente a isso, difícil de encontrar, foi "papel de estanho", e agora sei que o nome a que me refiro é *Stannius*, autor de uma dissertação sobre o sistema nervoso dos peixes que considerei com respeito em meus anos de juventude. A primeira tarefa científica de que meu professor me encarregou se relacionava de fato com o sistema nervoso de um peixe, o *Ammocoetes*. É evidente que esse nome de forma alguma poderia ser utilizado no rébus.

Não quero me privar de inserir neste ponto um sonho de conteúdo singular, que também é notável como sonho infantil e pode ser explicado com muita facilidade pela análise. Uma senhora conta: "Posso me lembrar que quando criança sonhava repetidamente que *o bom Deus tinha um chapéu pontiagudo de papel na cabeça*. É que costumavam me colocar um chapéu desses com frequência à mesa, para que não pudesse ver nos pratos das outras crianças o quanto de comida tinham recebido. Como ouvi dizer que Deus sabia de tudo, o sonho significa que também sei de tudo apesar do chapéu na cabeça". [1910]

No que consiste o trabalho do sonho e de que maneira ele lida com seu material, os pensamentos oníricos, é algo que pode ser mostrado de maneira instrutiva no caso de números e cálculos que aparecem nos sonhos. Além disso, a superstição considera os números sonhados especialmente auspiciosos. Selecionarei, portanto, alguns exemplos desse tipo de minha coleção.

I

Eis um trecho do sonho de uma senhora, que ela teve pouco antes do término de seu tratamento:

Ela quer pagar alguma coisa; sua filha tira-lhe três florins e 65 cruzados da bolsa; ela diz: "O que você está fazendo? Custa só 21 cruzados". Considerando a situação da sonhadora, pude compreender esse pequeno fragmento de sonho sem maiores explicações de sua parte. A mulher era uma estrangeira que tinha colocado a filha num instituto de educação vienense e poderia continuar o tratamento comigo enquanto sua filha permanecesse em Viena. Em três semanas o ano escolar estaria encerrado, e com ele também terminaria o tratamento. No dia anterior ao sonho, a diretora do instituto lhe sugeriu que deixasse a filha por mais um ano no estabelecimento. Ela evidentemente considerou que nesse caso também poderia prolongar o tratamento por um ano. É a isso que se refere o sonho, pois um ano equivale a 365 dias, e as três semanas até o encerramento do ano escolar e do tratamento podem ser substituídas por 21 dias (ainda que as horas de tratamento não fossem tantas). Os números, que nos pensamentos oníricos indicam tempo, no sonho se transformam em valores em dinheiro, não sem dar expressão a um sentido mais profundo, pois *time is money*. Trezentos e sessenta e cinco cruzados são, de fato, três florins e 65 cruzados. O pequeno valor das somas que aparecem no sonho é uma evidente realização de desejo; o desejo reduziu os custos do tratamento e do ano de estudos no instituto.

II

Em outro sonho, os números levam a relações mais complexas. Uma mulher jovem, porém já casada há uma série de anos, fica sabendo que uma conhecida, Elise L., que tem quase a mesma idade, acabou de noivar. Depois disso, sonha o seguinte: *Ela está sentada com seu marido no teatro, e uma parte da plateia está completamente desocupada. Seu marido lhe conta que Elise L. e seu noivo também quiseram vir, mas conseguiram apenas lugares ruins, três por um florim e cinquenta cruzados, e esses eles não puderam aceitar. Ela acha que não teria sido nenhuma desgraça se tivessem aceitado.*

Qual a origem do valor de um florim e cinquenta cruzados? Ele provém de um acontecimento da véspera, em si mesmo indiferente. Sua cunhada recebera 150 florins de presente do marido, apressando-se em se livrar deles ao comprar uma joia nesse valor. Note-se que 150 florins é *cem vezes* mais do que um florim e cinquenta cruzados. E qual a origem do três, referente ao número de lugares no teatro? A propósito disso, há apenas a ligação de que a noiva é exatamente tantos meses – *três* – mais nova que ela. Chegamos à solução do sonho ao indagar qual poderia ser o significado do detalhe onírico de que uma parte da plateia permanece vazia. O mesmo é uma alusão não modificada a um pequeno acontecimento que deu ao seu marido bons motivos para gracejos. Ela se propusera assistir a uma das peças anunciadas para a semana, e foi tão precavida que comprou ingressos vários dias antes, pelos quais teve de pagar uma taxa de compra antecipada. Quando chegaram ao teatro, viram que uma parte da casa estava quase vazia; ela *não precisaria ter se apressado tanto*.

Agora substituirei o sonho pelos pensamentos oníricos: "Foi um *absurdo* casar tão cedo, eu *não precisaria ter me apressado tanto*. Pelo exemplo de Elise L., vejo que ainda teria conseguido um marido. E um *cem vezes* melhor (marido, tesouro), bastaria ter *esperado* (oposição à *pressa* da cunhada). Com o dinheiro (o dote), poderia ter comprado *três* maridos desses!". Chama nossa atenção que nesse sonho os números modificaram seu significado e suas relações num grau muito maior do que no sonho tratado anteriormente. O trabalho de transformação e de distorção do sonho foi mais profundo nesse caso, o que interpretamos no sentido de que esses pensamentos oníricos tiveram de superar uma medida especialmente alta de resistência intrapsíquica até alcançarem sua figuração. Também não negligenciemos que nesse sonho há um elemento absurdo, a saber, *duas* pessoas que devem ocupar *três* lugares. Iremos nos adiantar na interpretação do absurdo no sonho se mencionarmos que esse detalhe absurdo do conteúdo onírico deve figurar o mais acentuado dos pensamentos oníricos: "Foi um *absurdo* casar tão cedo". O número três, contido numa relação inteiramente secundária entre as duas pessoas comparadas (três meses de diferença de idade), foi usado com habilidade na produção do absurdo exigido pelo sonho. A redução dos 150 florins da realidade para um florim e cinquenta cruzados corresponde ao *menosprezo* pelo marido (ou tesouro) nos pensamentos reprimidos da sonhadora.

III

Outro exemplo nos apresenta a aritmética do sonho, a qual tanto desdém lhe rendeu. Um homem sonha: *Ele está sentado na casa da família B.* (seus antigos conhecidos) *e diz: "Foi um absurdo que vocês não tenham me dado a Mali". Depois pergunta à garota: "Que idade você tem, afinal?". Resposta: "Eu nasci em 1882". "Ah, então você tem 28 anos".*

Como o sonho aconteceu em 1898, há um erro evidente de cálculo, e a debilidade aritmética do sonhador pode ser comparada à do paralítico caso não puder ser explicada de outro modo. Meu paciente era uma daquelas pessoas cujos pensamentos não são capazes de deixar em paz nenhuma mulher que vejam. Durante alguns meses, de maneira regular, a pessoa que atendi em meu consultório depois dele foi uma jovem, que ele encontrava ao sair, sobre quem pedia informações com frequência e com quem era extremamente gentil. Era essa a mulher cuja idade estimava em 28 anos. É o que basta para a explicação do resultado do cálculo aparente. E 1882 foi o ano em que se casou. Ele também não pôde deixar de travar conversa com as duas outras pessoas do sexo feminino que encontrava na minha casa – as duas empregadas, de forma alguma jovens, que, ora uma, ora outra, costumavam lhe abrir a porta –, e, quando viu que lhe davam pouca confiança, explicou isso dizendo a si mesmo que deviam considerá-lo um senhor *assentado* de mais idade.

IV

Devo ao senhor B. Dattner outro sonho com números, acompanhado de sua interpretação, que se destaca pela determinação – ou antes, sobredeterminação – transparente:

"Meu senhorio, guarda municipal, sonha que está de serviço na rua, o que é uma realização de desejo. *Aproxima-se dele um inspetor que tem no colarinho os números 22 e 62 (ou 26). Em todo caso, havia vários dois.*

"Já a divisão do número 2262 na reprodução do sonho permite concluir que os componentes têm significados separados. Ocorre ao sonhador que no dia anterior, no trabalho, tinham falado sobre seus anos de serviço. O motivo foi um inspetor que se aposentou aos 62 anos. O sonhador tem apenas 22 anos de serviço e ainda precisa de dois anos e dois meses para conseguir uma aposentadoria de 90%. O sonho simula em primeiro lugar a realização de um desejo acalentado há muito tempo, o posto de inspetor. O superior com o número 2262 no colarinho é ele próprio; ele cumpre seu serviço na rua, o que também é um desejo, completou seus dois anos e dois meses e agora pode se aposentar com aposentadoria integral como o inspetor de 62 anos."[57] [1911]

Quando comparamos esses e outros exemplos parecidos (a serem apresentados adiante), podemos afirmar que o trabalho do sonho absolutamente não faz cálculos, nem corretos nem incorretos; ele apenas reúne, sob a forma de um cálculo, números que aparecem nos pensamentos oníricos e que podem servir como alusões a material não figurável. Ao proceder assim, trata os números como material para exprimir suas intenções da mesmíssima maneira que trata todas as outras representações, também os nomes e as falas reconhecíveis como representações de palavra.

Pois o trabalho do sonho também não pode criar novas falas. Por mais falas e respostas que possam aparecer no sonho, e que, consideradas em si mesmas, podem ser sensatas ou absurdas, a análise sempre nos mostra que o sonho apenas tomou dos pensamentos oníricos fragmentos de falas realmente ditas ou ouvidas, procedendo com eles de maneira extremamente arbitrária. Não só os arrancou de seus contextos e os despedaçou, incorporando um fragmento e rejeitando outro, mas com frequência também os juntou de uma maneira nova, de modo que a fala onírica aparentemente coerente se

---

57. Ver análises de outros sonhos com números em Jung, Marcinowski e outros. Muitas vezes, tais sonhos pressupõem complexas operações numéricas, que, no entanto, são executadas pelo sonhador com uma segurança surpreendente. Ver também Jones (1912). [Nota acrescentada em 1914.]

desintegra em três ou quatro pedaços durante a análise. Nesse novo uso, o sonho com frequência deixou de lado o sentido que as palavras tinham nos pensamentos oníricos e lhes deu um sentido completamente novo.[58] Num exame mais atento, distinguimos nas falas oníricas elementos compactos, mais nítidos, de outros que servem como aglutinantes e que provavelmente foram acrescentados da mesma forma que durante a leitura acrescentamos letras e sílabas que faltam. Assim, a fala onírica tem a estrutura de uma brecha, na qual pedaços maiores de diferentes materiais se mantêm unidos por uma massa intermediária endurecida.

---

58. A neurose procede da mesma maneira que o sonho. Conheço uma paciente que ouve (alucina) canções ou trechos delas involuntária e relutantemente, sem poder compreender seu significado para sua vida psíquica. Aliás, ela certamente não é paranoica. A análise mostra que, mediante certas licenças, ela usou a letra dessas canções de maneira abusiva. O verso *Leise, leise, fromme Weise* ["Baixinho, baixinho, piedosa melodia"] significa *fromme Waise* ["piedosa órfã"] para seu inconsciente, e essa órfã é ela própria. *O du selige, o du fröhliche* ["Ó bem-aventurada, ó feliz"] é o início de uma canção natalina; ao não prosseguir o verso até "época natalina", faz dela uma canção nupcial etc. – Aliás, o mesmo mecanismo de distorção pode se impor sem alucinação, na mera ocorrência de uma ideia. Por que um de meus pacientes é importunado pela lembrança de um poema que teve de aprender quando jovem:

Nächtlich am Busento lispeln (...) [À noite sussurram em Busento...]?

Porque sua fantasia se satisfaz com uma parte dessa citação:

Nächtlich am Busen [À noite, junto aos seios].

É sabido que o chiste parodístico não renunciou a esse bocadinho de técnica. A revista *Fliegende Blätter* trouxe certa vez entre suas ilustrações de "clássicos" alemães uma a propósito do poema "A festa da vitória", de Schiller, cuja citação correspondente era interrompida pela metade.

          Und des frisch erkämpften Weibes
          Freut sich der Atrid und strickt.
          [Pela mulher recém-conquistada
          Alegra-se o Átrida e faz tricô.]

Continuação: *Um den Reiz des schönen Leibes*
          Seine Arme hochbeglückt.
          [Seus braços, no auge da felicidade,
          Em torno dos encantos do belo corpo.]

[O chiste se aproveita do duplo sentido de *strickt*: sem o complemento, significa simplesmente "faz tricô"; no contexto da estrofe, porém, significa "estende". (N.T.)] [Nota acrescentada em 1909.]

Porém, essa descrição apenas é correta em sentido estrito para aquelas falas oníricas que têm algo do caráter sensível da fala e que são descritas como "falas". As demais, que, por assim dizer, não são percebidas como ouvidas ou ditas (não são acompanhadas no sonho por uma ênfase acústica ou motora), são simplesmente pensamentos, tal como ocorrem em nossa atividade pensante de vigília, e que entram inalterados em muitos sonhos. Para o material de falas do sonho considerado indiferente, a leitura também parece oferecer uma fonte rica e difícil de investigar. Porém, tudo aquilo que de alguma maneira se destaca no sonho como fala é passível de ser explicado por falas reais, pronunciadas pela própria pessoa ou ouvidas.

Na análise de sonhos que foram comunicados para outros fins já encontramos exemplos da derivação de tais falas oníricas. É o que ocorre no "inocente sonho do mercado" das p. 204-205, em que a fala "Isso não está mais disponível" serve para me identificar com o açougueiro, enquanto um trecho da outra fala, "Não conheço isso e não vou levá-lo", cumpre precisamente a tarefa de tornar o sonho inocente. É que no dia anterior a sonhadora desaprovara uma impertinência qualquer de sua cozinheira com as seguintes palavras: "Não conheço isso, *comporte-se decentemente*", sendo que incluiu no sonho a primeira parte dessa fala, que soava indiferente, para aludir com ela à segunda, que se ajustaria muito bem à fantasia na qual o sonho se baseava, mas que também a teria revelado.

Um exemplo semelhante em vez de muitos, que afinal nos mostram sempre a mesma coisa:

Um amplo pátio no qual se cremam cadáveres. O sonhador diz: "Ora, vou andando, não posso ver isso". (A fala não é clara.) *Depois ele encontra dois aprendizes de açougueiro e pergunta: "E então, estava bom?". Um deles responde: "Não, nada bom". Era como se se tratasse de carne humana.*

O motivo inocente desse sonho é o seguinte: depois do jantar, ele foi com a mulher visitar seus honrados porém *indigestos* vizinhos. A velha e hospitaleira senhora encontrava-se justamente jantando e o *força* [*nötigt*] (entre homens, usa-se jocosamente para isso uma palavra composta, de conotação sexual [*notzüchtigen*, "violar"]) a experimentar a comida. Ele recusa, pois receia uma indigestão. "*Ora, vamos lá*, não lhe fará mal", ou algo do gênero. Assim, ele precisa experimentar, e elogia o que lhe foi oferecido: "Mas isso está muito bom!". Outra vez sozinho com a mulher, ele pragueja tanto contra a insistência da vizinha quanto contra a qualidade do prato que lhe fora oferecido. "Não posso ver isso", que no sonho não aparece propriamente como fala, é um pensamento que se refere aos encantos físicos da anfitriã, e que poderia ser traduzido pela ideia de que não deseja vê-los.

Mais instrutiva será a análise de outro sonho, que já comunico neste ponto em razão da fala bastante nítida que forma seu centro, mas que apenas explicarei quando considerarmos os afetos no sonho. Sonhei com bastante clareza: *Fui à noite ao laboratório de Brücke e, depois de ouvir batidas suaves, abro a porta ao* (falecido) *professor Fleischl, que entra com vários desconhecidos e, após algumas palavras, senta-se à sua mesa*. Segue-se um segundo sonho: *Meu amigo Fl. veio a Viena discretamente em julho; encontro-o na rua conversando com meu* (falecido) *amigo P. e vou com eles a um lugar qualquer onde se sentam frente a frente a uma pequena mesa; eu me sento à cabeceira, na parte estreita da mesinha. Fl. conta da sua irmã e diz: "Em três quartos de hora estava morta", e então algo como: "Esse é o limiar". Visto que P. não o compreende, Fl. se volta para mim e me pergunta o quanto de seus assuntos, afinal, comuniquei a P. Ao ouvir isso, tomado por estranhos afetos, quero comunicar a Fl. que P. (não pode saber de absolutamente nada, pois) sequer está vivo. Digo, porém, e eu próprio percebo o erro:* non vixit. *Então encaro P. com um olhar penetrante; sob meu olhar, ele fica pálido, indistinto, seus olhos se tornam doentiamente azuis – e por fim ele se desintegra. Fico muito feliz com isso; agora compreendo que também Ernst Fleischl era apenas uma aparição, um espectro que voltou do outro mundo, e acho perfeitamente possível que uma pessoa dessas apenas exista pelo tempo que se queira e possa ser eliminada pelo desejo de outra.*

Esse belo sonho reúne tantas características enigmáticas do conteúdo onírico – a crítica durante o próprio sonho, ou seja, o fato de eu mesmo perceber meu erro de dizer *non vixit* [não viveu] em vez de *non vivit* [não vive]; as relações despreocupadas com pessoas mortas, que o próprio sonho declara como tais; o absurdo da conclusão e a intensa satisfação que esta me causa – que gostaria muitíssimo de comunicar a solução completa desses enigmas. Porém, na realidade sou incapaz de fazer isso – algo que faço no sonho –, de sacrificar à minha ambição a consideração por pessoas tão caras. No entanto, qualquer disfarce poria a perder o sentido do sonho, que conheço bem. Assim, contento-me em selecionar alguns elementos do sonho para interpretação, primeiro aqui e depois em outro trecho.

O núcleo do sonho é formado por uma cena em que aniquilo P. com um olhar. Durante essa aniquilação, seus olhos se tornam estranha e sinistramente azuis, e então ele se desintegra. Essa cena é a imitação inequívoca de uma cena vivida na realidade. Eu era assistente no instituto de fisiologia durante a manhã, e Brücke ficara sabendo que algumas vezes eu chegara atrasado ao laboratório dos alunos. Então, certa vez, ele chegou pontualmente na hora de abrir e me esperou. O que me disse foi lacônico e categórico; as palavras, porém, não tinham qualquer importância: o avassalador foram os terríveis olhos azuis com que me encarou e que me aniquilaram – como acontece a P. no sonho, que, para meu alívio, trocou os papéis. Quem puder se lembrar dos olhos do grande mestre, belíssimos até idade avançada, e que alguma vez o tenha visto encolerizado poderá facilmente imaginar os afetos do jovem pecador de então.

Porém, por muito tempo não consegui encontrar a origem do *non vixit* com que faço justiça no sonho, até me lembrar que essas duas palavras tinham sua nitidez extrema no sonho não enquanto palavras ouvidas ou proferidas, mas *vistas*. Então soube de imediato sua origem. No pedestal do monumento ao imperador Josef, no palácio imperial de Viena, podemos ler estas belas palavras:

> *Saluti patriae* vixit
> non *diu sed totus*.[59]

Dessa inscrição, tirei aquilo que servia a uma cadeia hostil de pensamentos nos meus pensamentos oníricos, e que significava: "Esse sujeito não tem nada que se intrometer, ele nem sequer está vivo". Então me lembrei que o sonho ocorrera poucos dias depois da inauguração do monumento a Fleischl nas arcadas da universidade, ocasião em que revi o monumento a Brücke e em que (no inconsciente) devo ter considerado com pesar que meu amigo P., homem de grande talento e inteiramente dedicado à ciência, tenha perdido seu justificado direito a um monumento naquele lugar em razão de uma morte prematura. Assim, lhe erigi esse monumento em sonho; o prenome de meu amigo P. era *Josef*.[60]

Segundo as regras da interpretação dos sonhos, eu ainda não estaria autorizado a substituir o *non vivit* de que preciso pelo *non vixit* que a lembrança do monumento a Josef coloca à minha disposição. Outro elemento dos pensamentos oníricos deve ter possibilitado isso por meio de sua colaboração. Preciso atentar para o fato de uma corrente hostil de pensamentos e outra terna em relação a meu amigo P. se encontrarem na cena onírica, a primeira superficial e a segunda oculta, e que elas alcançam sua figuração nas mesmas palavras, *non vixit*. Por ter se destacado nas ciências, erijo-lhe um monumento; porém, por ter se tornado culpado de um desejo maldoso (expresso

---

59. [Ele não viveu muito, mas viveu inteiramente para o bem de sua pátria. (N.T.)] O texto correto da inscrição é *Saluti publicae vixit / non diu sed totus*. Wittels provavelmente acertou o motivo do ato falho de trocar *publicae* por *patriae*. [Nota acrescentada em 1925.]

60. Uma contribuição à sobredeterminação: como desculpa para meu atraso, aleguei que após um demorado trabalho noturno tive de fazer pela manhã o longo caminho da *Kaiser-Josef*-Strasse até a Währinger Strasse.

no final do sonho) eu o aniquilo. Formei uma frase que soa de maneira bastante singular; devo ter sido influenciado por algum modelo. Onde se poderá encontrar semelhante antítese, tal justaposição de duas reações opostas relativas à mesma pessoa, ambas com pretensão de estar plenamente justificadas e, no entanto, não querendo se perturbar uma à outra? Numa única passagem, que, porém, se grava profundamente no leitor; no discurso justificatório de Brutus em *Júlio César*, de Shakespeare: "Porque César me amou, choro por ele; porque foi feliz, me alegro; porque foi valente, o respeito, mas, porque era sedento de poder, o matei". Essa não é a mesma construção frasal e a mesma antítese de ideias que se encontram nos pensamentos oníricos que descobri? Portanto, faço o papel de Brutus no sonho. Se apenas pudesse encontrar no conteúdo onírico outro indício confirmativo dessa surpreendente ligação colateral! Penso que poderia ser a seguinte: meu amigo Fl. vem a Viena em *julho*. Esse detalhe não encontra qualquer apoio na realidade. Até onde sei, meu amigo nunca esteve em Viena no mês de *julho*. Mas o mês de *julho* tem esse nome por referência a *Júlio César*, e por isso poderia muito bem substituir a alusão buscada ao pensamento intermediário de que faço o papel de Brutus.[61]

Curiosamente, certa vez fiz de fato o papel de Brutus. Aos catorze anos, diante de um auditório de crianças, representei a cena de Brutus e César, extraída de um poema de Schiller, na companhia de meu sobrinho um ano mais velho, que na ocasião tinha vindo da Inglaterra nos visitar – ele também era *um espectro que voltou do outro mundo*, pois com ele retornava o companheiro de brincadeiras dos meus primeiros anos de infância. Fomos inseparáveis até eu completar três anos, nos amávamos e brigávamos, e essa relação infantil, como já aludi, foi decisiva com respeito a todos os meus sentimentos posteriores na relação com companheiros da mesma idade. Desde então, meu sobrinho John encontrou muitas encarnações, que reviveram ora um, ora outro aspecto de seu ser,

---

61. A propósito disso, ainda há a relação *César – imperador*.

fixado de maneira indelével em minha memória inconsciente. Vez por outra, ele deve ter me tratado muito mal, e devo ter demonstrado coragem contra meu tirano, pois anos depois me repetiram muitas vezes um breve discurso justificatório com que me defendi quando meu pai – seu avô – exigiu explicações por eu bater em John. Na linguagem da criança que ainda não tinha dois anos, esse discurso foi o seguinte: "Bati nele porque ele me bateu". Deve ser essa cena infantil que leva do *non vivit* ao *non vixit*, pois, na linguagem dos anos posteriores da infância, o espancamento é chamado de *Wichsen* ["sova", mas também "masturbação"; pronuncia-se *vixen*]; o trabalho do sonho não se recusa a fazer uso de tais relações. A hostilidade, tão pouco fundamentada na realidade, contra meu amigo P., que era muito superior a mim e por isso também podia fornecer uma reedição do companheiro de brincadeiras, certamente remonta à complicada relação infantil com John.

Sendo assim, ainda voltarei a tratar desse sonho.

G

SONHOS ABSURDOS – AS PRODUÇÕES INTELECTUAIS NO SONHO

Nas interpretações de sonhos que fizemos até agora, topamos tantas vezes com o elemento do *absurdo* no conteúdo onírico que não queremos mais adiar a investigação de sua origem e de seu possível significado. Decerto nos recordamos que o absurdo onírico ofereceu aos adversários da apreciação dos sonhos um argumento capital para não ver neles outra coisa senão o produto sem sentido de uma atividade intelectual reduzida e fragmentada.

Começo com alguns exemplos em que o absurdo do conteúdo onírico é apenas uma aparência que logo se dissipa quando nos aprofundamos no sentido do sonho. São alguns sonhos que – casualmente, como se pensa de início – tratam do pai morto.

I

Sonho de um paciente que perdeu seu pai seis anos antes:

Aconteceu uma grande desgraça ao pai. Ele viajava no trem noturno, ocorreu um descarrilamento, os assentos se amontoaram e sua cabeça foi comprimida no sentido da largura. Depois ele o vê deitado na cama, com um ferimento acima da sobrancelha esquerda, no sentido vertical. Ele fica admirado que o pai tenha sido vítima de um desastre (afinal, ele já está morto, conforme completa durante a narração). *Os olhos estão tão claros.*

Segundo a opinião dominante sobre os sonhos, esse conteúdo onírico deveria ser explicado da seguinte maneira: de início, ao imaginar o acidente do pai, o sonhador teria esquecido que este já descansa há anos no túmulo; no decorrer do sonho, essa lembrança desperta e faz com que se admire acerca do próprio sonho enquanto ainda está sonhando. Porém, a análise nos ensina que recorrer a tais explicações é sobretudo supérfluo. O sonhador encomendou a um artista um *busto* do pai, que examinou dois dias antes do sonho. E esse busto lhe pareceu um *desastre*. O escultor nunca viu o pai; está trabalhando a partir de fotografias que lhe mostraram. No dia anterior ao sonho, o filho reverente mandou um velho criado da família ao ateliê para ver se ele também teria a mesma opinião sobre a cabeça de mármore, a saber, que ela ficou *muito estreita na largura*, na altura das têmporas. Segue agora o material mnêmico que contribuiu para a construção desse sonho. Quando atormentado por preocupações nos negócios ou dificuldades na família, o pai tinha o hábito de apertar as duas mãos contra as têmporas, como se sua cabeça tivesse aumentado de tamanho e ele quisesse comprimi-la. – Criança de quatro anos, nosso sonhador estava presente quando o disparo de uma pistola carregada acidentalmente enegreceu os olhos do pai (*os olhos estão tão claros*). – No lugar em que o sonho mostra o ferimento do pai, este ostentava em vida uma profunda ruga no sentido do comprimento quando estava pensativo ou triste. O fato de essa ruga ser substituída no sonho por um ferimento aponta para o segundo motivo do sonho. O sonhador fotografara sua filhinha; a chapa caíra e, quando a ajuntou, mostrava uma rachadura que se estendia como uma ruga vertical sobre a testa da pequena, chegando até a sobrancelha. Ele não conseguiu se defender de pressentimentos supersticiosos, pois um dia antes da morte da mãe a chapa fotográfica com seu retrato também caíra.

Assim, o absurdo desse sonho é meramente o resultado de uma negligência da expressão linguística, que não quer distinguir as pessoas de seus bustos e fotografias. Estamos todos acostumados a dizer: "Você não acha que o pai ficou bem?". Certamente teria sido fácil evitar a aparência de absurdo nesse sonho. Se fosse lícito emitir um juízo a partir de uma única experiência, diríamos que essa aparência de absurdo é permitida ou intencional.

II

Um segundo exemplo, bem parecido, tirado de meus próprios sonhos (perdi meu pai em 1896):

Depois de sua morte, meu pai desempenhou um papel político entre os magiares, unificando-os politicamente, a propósito do que vejo uma pequena imagem difusa: *uma multidão, tal como no Parlamento; uma pessoa de pé sobre uma ou duas cadeiras, outras pessoas paradas em volta. Recordo-me que em seu leito de morte ele se parecera muito com Garibaldi, e me alegro por essa promessa ter se tornado realidade.*

Ora, isso é bastante absurdo. Foi sonhado na época em que os húngaros entraram num estado sem leis devido à *obstrução* parlamentar, passando por aquela crise de que Koloman Széll os livrou. A circunstância insignificante de que a cena vista no sonho é composta de imagens tão pequenas não é desprovida de importância para a explicação desse elemento. A habitual figuração onírica visual de nossos pensamentos produz imagens que nos dão mais ou menos a impressão de tamanho natural; a imagem de meu sonho, porém, é a reprodução de uma xilogravura intercalada no texto de uma história ilustrada da Áustria representando Maria Teresa no Parlamento de Pressburg, a famosa cena do *moriamur pro rege nostro* ["A vida por nossa rainha"].[62] Assim como Maria Teresa nessa cena, meu pai se encontra cercado pela multidão no sonho; só que ele está de pé sobre uma ou duas cadeiras [*Stühle*], ou seja, no papel de presidente de um tribunal [*Stuhlrichter*]. (Ele os *unificou*: a expressão que faz a mediação aqui é: "Não precisaremos de um juiz" [*Richter*].) Que no leito de morte ele se parecesse com Garibaldi foi algo que todos os presentes realmente perceberam. Ele teve um aumento de temperatura *post-mortem*, suas faces ardiam cada vez mais vermelhas... Involuntariamente, prosseguimos:

---

62. Não lembro mais em que autor encontrei a menção de um sonho em que pululavam figuras incomumente pequenas, e cuja fonte era uma gravura de Jacques Callot que o sonhador tinha visto durante o dia. Essas gravuras sem dúvida contêm grande número de figuras muito pequenas; uma série dessas gravuras trata dos horrores da Guerra dos Trinta Anos.

E por trás dele, em aparência insubstancial,
jazia o que a todos nos prende, o trivial.[63]

Essa exaltação de nossos pensamentos nos prepara para que nos ocupemos precisamente do "trivial". O *post-mortem* da elevação de temperatura corresponde às palavras "após sua morte" no conteúdo onírico. O mais torturante de seus sofrimentos foi a completa paralisia intestinal (*obstrução*) das últimas semanas. Ligam-se a esta todo tipo de pensamentos irreverentes. Um de meus companheiros, que perdeu o pai ainda quando estudante, ocasião em que, profundamente comovido, lhe ofereci minha amizade, me contou certa vez com zombaria da dor de uma parenta cujo pai morreu na rua; o cadáver foi levado para casa e despido, quando descobriram que ocorrera uma *evacuação* [*Stuhlentleerung*] no momento da morte ou *post-mortem*. A filha ficou tão profundamente infeliz com isso que esse detalhe repugnante deve ter perturbado a memória do pai. Neste ponto, chegamos ao desejo que se corporifica nesse sonho. Quem não desejaria *estar limpo e grande diante de seus filhos após a morte*? Onde foi parar o absurdo desse sonho? A aparência de absurdo apenas se produziu porque uma expressão completamente aceitável, que nos habituamos a usar sem levar em conta o absurdo que possa existir entre seus elementos, foi figurada de maneira fiel no sonho. Também neste caso não podemos rejeitar a impressão de que a aparência de absurdo foi produzida de maneira deliberada, intencional.

A frequência com que no sonho pessoas mortas aparecem como se estivessem vivas, agem e se relacionam conosco produziu um assombro indevido e gerou explicações singulares, das quais se conclui de maneira bastante chamativa nossa incompreensão do sonho. E, no entanto, a explicação desses sonhos é bastante evidente. Pensamos com frequência: "*Se* o pai ainda estivesse vivo, o que diria disso?". O sonho não pode representar esse "se" de outra forma senão pela

---

63. De um poema de Goethe, "Epílogo à canção do sino, de Schiller". (N.T.)

presença em determinada situação. Assim, por exemplo, um jovem a quem o avô deixou uma grande herança sonhou num momento de recriminação devido a um gasto considerável que o avô estava vivo outra vez e lhe pedia explicações. Aquilo que consideramos como revolta contra o sonho – a objeção, fundada em nosso melhor conhecimento, de que o homem já está morto – é na verdade o pensamento consolador de que o falecido não precisou ver isso, ou a satisfação por ele não poder mais se intrometer.

Outro tipo de absurdo encontrado em sonhos com familiares mortos não expressa zombaria e escárnio, mas serve à rejeição mais extrema, à figuração de um pensamento recalcado que gostaríamos de considerar como o mais impensável. Sonhos desse gênero apenas podem ser resolvidos quando recordamos que o sonho não faz qualquer distinção entre o desejado e o real. Assim, por exemplo, um homem que cuidou do pai durante sua doença e sofreu muito com sua morte teve o seguinte sonho absurdo algum tempo depois: *O pai estava vivo outra vez e falava com ele como antes, mas* (o estranho era que) *ele tinha morrido, apenas não sabia disso*. Compreendemos esse sonho quando depois de "ele tinha morrido" introduzimos "em consequência do desejo do sonhador" e completamos "ele não sabia" com "que o sonhador tinha esse desejo". Enquanto cuidava do doente, o filho desejara repetidas vezes que o pai morresse, isto é, tivera o pensamento propriamente compassivo de que a morte poderia enfim acabar com esse tormento. No luto após a morte, mesmo esse desejo compassivo se transformou em censura inconsciente, como se por meio dele realmente tivesse contribuído para abreviar a vida do doente. Graças ao despertar das mais antigas moções infantis em relação ao pai foi possível expressar essa censura sob a forma de sonho, porém precisamente por causa da oposição inconciliável entre o excitador do sonho e os pensamentos diurnos esse sonho resultou tão absurdo.[64] [1911]

---

64. Ver a propósito "Formulações acerca dos dois princípios do processo psíquico" (1911 *b*). [Nota acrescentada em 1911.]

Os sonhos com pessoas mortas que amamos colocam tarefas difíceis à interpretação dos sonhos em geral, cuja solução nem sempre é satisfatória. Podemos buscar a razão para isso na ambivalência de sentimentos especialmente pronunciada que domina a relação do sonhador com o falecido. É bastante comum que em tais sonhos o falecido seja tratado de início como se estivesse vivo, que depois se diga de súbito que está morto e que na continuação do sonho, no entanto, esteja vivo outra vez. Isso é desconcertante. Por fim descobri que essa alternância entre morte e vida pretende figurar a *indiferença* do sonhador ("Para mim tanto faz se ele está vivo ou morto"). Naturalmente, essa indiferença não é real, e sim desejada; ela deve ajudar a negar as disposições afetivas do sonhador, bastante intensas e muitas vezes contraditórias, transformando-se assim na figuração onírica da *ambivalência* dessas disposições. Para outros sonhos em que nos relacionamos com pessoas mortas, a seguinte regra serviu muitas vezes de orientação: se o sonho não lembra que o morto está morto, então o sonhador se equipara ao morto – ele sonha com sua própria morte. A lembrança ou admiração que surge subitamente no sonho: "Mas faz tempo que ele morreu!", é um protesto contra essa equiparação e recusa o significado da morte do sonhador. No entanto, confesso que tenho a impressão de que a interpretação dos sonhos ainda está longe de ter arrancado todos os segredos de sonhos com esse conteúdo. [1919]

III

No exemplo que apresento agora posso surpreender o trabalho do sonho fabricando intencionalmente um absurdo para o qual não há qualquer margem no material. Esse exemplo provém do sonho que me foi inspirado pelo encontro com o conde Thun antes de minhas viagens de férias. *Estou andando num cabriolé e dou ordens ao cocheiro para ir a uma estação de trem. "É claro que não posso andar com o senhor no trecho da própria via férrea", digo-lhe depois de ele ter feito uma objeção, como se eu o tivesse extenuado; ao mesmo tempo, é como se já tivesse andado com ele um trecho em que usualmente se anda de trem*. A análise dá as seguintes explicações para essa história confusa e absurda: durante o dia eu tinha tomado um cabriolé que devia me levar a uma rua distante em Dornbach. Só que o cocheiro não conhecia o caminho e, à maneira dessa boa gente, foi cada vez mais longe, até que percebi e lhe mostrei o caminho, sem poupá-lo de algumas observações zombeteiras. Desse cocheiro, parte uma ligação de ideias que vai até o aristocrata, ligação que ainda encontrarei mais tarde. Por ora, apenas faço a alusão de que para nós, a plebe dos cidadãos, a aristocracia se destaca por gostar de se colocar no lugar do cocheiro. Afinal, o conde Thun também conduz o carro do Estado austríaco. A frase seguinte no sonho, porém, se refere a meu irmão, que assim identifico com o cocheiro do cabriolé. Disse-lhe que este ano não viajaria com ele à Itália (*"Não posso andar com o senhor no trecho da própria via férrea"*), e essa recusa foi uma espécie de punição pela sua queixa habitual de que nessas viagens costumo *extenuá-lo* (o que entrou no sonho sem sofrer alterações) ao exigir dele deslocamentos rápidos demais e que veja muitas coisas belas num só dia. Na tardinha daquele dia, meu irmão tinha me acompanhado até a estação, mas desembarcou pouco antes na estação de trens suburbanos da Estação Oeste para pegar o trem para Purkersdorf. Observei-lhe que ainda poderia ficar um tempo comigo se fosse a Purkersdorf com o trem da linha oeste e não com o trem suburbano. Foi por isso que entrou no sonho o fato de eu ter andado de *cabriolé* um trecho *em que usualmente se anda de trem*. Na realidade, foi o contrário (e "também se anda na direção contrária"); eu dissera a meu irmão: "O trecho que você vai andar no trem suburbano você também pode andar comigo no trem da linha oeste". Produzi toda a confusão onírica ao substituir "trem" por "cabriolé" no sonho, o que sem dúvida se presta bem para reunir o cocheiro e meu irmão numa só pessoa. Depois digo algo absurdo que parece praticamente impossível de esclarecer e quase produz uma contradição com uma fala anterior (*"Não posso andar com o senhor no trecho da própria via férrea"*). Porém, visto que de forma alguma precisava confundir trem com cabriolé, devo ter criado toda essa história enigmática no sonho de maneira intencional.

Mas com que propósito? Agora descobriremos o que significa o absurdo no sonho e por quais motivos é admitido ou criado. A solução do enigma no presente caso é a seguinte: preciso no sonho de um absurdo e de algo incompreensível relacionado com "andar" [*Fahren*], pois nos pensamentos oníricos há certo juízo que exige figuração. Certa noite, na casa daquela senhora hospitaleira e espirituosa que em outra cena do mesmo sonho aparece no papel de "governanta", me apresentaram duas charadas que não consegui responder. Como eram conhecidas do resto do grupo, fiz uma figura um tanto ridícula com meus esforços malsucedidos de encontrar a solução. Tratava-se de dois jogos de palavras com "descendência" [*Nachkommen*; literalmente, "vir depois"] e "antepassados" [*Vorfahren*; literalmente, "andar antes"]. Acho que eram assim:

> O amo ordena,
> O *cocheiro* faz.
> Todos têm,
> Na cova jaz. (*Antepassados*.)

O desconcertante era que metade da segunda charada era idêntica à primeira:

> O amo ordena,
> O *cocheiro* faz.
> Nem todos têm,
> No berço jaz. (*Descendência*.)

Quando vi o conde Thun *tomando a preferência* [*vorfahren*] com tanta grandiosidade, e como me encontrava na disposição de Fígaro, que vê o mérito dos grandes senhores no fato de terem se dado ao trabalho de nascer (de serem *descendentes*), essas duas charadas se transformaram em pensamentos intermediários para o trabalho do sonho. Visto que facilmente podemos confundir aristocratas com cocheiros e que outrora se chamava o cocheiro de "senhor cunhado", o trabalho de condensação conseguiu incluir meu irmão na mesma figuração. Porém, o pensamento onírico que agiu por trás disso foi o seguinte: *É um absurdo se orgulhar de seus antepassados. Prefiro eu mesmo ser um antepassado, um ancestral.* E por causa do juízo "É um absurdo" surgiu o absurdo no sonho. Agora também se resolve o último enigma dessa obscura passagem onírica, o fato de já ter *andado antes* com o cocheiro.

Portanto, o sonho se torna absurdo quando aparece nos pensamentos oníricos, como um dos elementos do conteúdo, o juízo "Isto *é um absurdo*"; quando a crítica e a zombaria, enfim, motivam uma das cadeias de ideias inconscientes do sonhador. Assim, o absurdo se transforma num dos meios pelos quais o trabalho do sonho figura a contradição – um meio tal como a inversão de uma relação material entre os pensamentos oníricos e o conteúdo onírico ou como o aproveitamento da sensação de inibição motora. Porém, não cabe traduzir o absurdo do sonho por um simples "não", mas ele deve reproduzir a disposição dos pensamentos oníricos e, simultaneamente, a contradição, que consiste em zombar ou rir. Apenas com esse propósito o trabalho do sonho produz algo ridículo. Neste caso, ele mais uma vez transforma *uma parte do conteúdo latente numa forma manifesta.*[65]

Na verdade, já encontramos um exemplo convincente de tal significado de um sonho absurdo. Aquele sonho, interpretado sem análise, com a apresentação de Wagner que dura até as quinze para as oito da manhã e em que a orquestra é dirigida

---

65. Portanto, o trabalho do sonho parodia o pensamento que designa como ridículo ao criar algo ridículo relacionado com ele. Heine age de maneira semelhante quando quer zombar dos versos ruins do rei da Baviera. Ele o faz em versos ainda piores:

O senhor Ludwig é um grande poeta;
Quando canta, lança-se Apolo
Aos seus pés de joelhos e pede e roga:
"Pare, pois vou ficar louco, oh!".

de uma torre etc. (ver p. 366 e segs.) quer evidentemente dizer: "Esse mundo é *absurdo* e essa sociedade é *insana*. Quem merece não consegue, e quem não se importa alcança", com o que a sonhadora está se referindo ao seu destino comparado ao de sua prima. – Além disso, de forma alguma é casual que os primeiros exemplos do absurdo no sonho nos fossem oferecidos por sonhos que tratassem do pai morto. Nesse caso se reúnem de maneira típica as condições para a criação de sonhos absurdos. A autoridade que é própria do pai cedo suscitou a crítica do filho; as severas exigências que o pai fez o levaram, para se aliviar, a observar com perspicácia cada uma de suas fraquezas; porém, a reverência que em nosso pensamento envolve a pessoa do pai especialmente após sua morte intensifica a censura que impede as manifestações dessa crítica de se tornarem conscientes.

IV

Outro sonho absurdo com o pai morto:

Recebo uma carta do conselho municipal da cidade onde nasci referente às despesas de uma internação hospitalar no ano de 1851, necessária em razão de um ataque ocorrido em minha casa. Divirto-me com isso, pois, em primeiro lugar, eu ainda não havia nascido em 1851 e, em segundo, meu pai, a quem esses custos poderiam se referir, já está morto. Vou até o quarto ao lado, onde ele está deitado na cama, e lhe conto o fato. Para minha surpresa, ele se recorda que naquela época, em 1851, certa vez se embriagou e precisou ser preso ou mantido sob custódia. Foi quando trabalhava para a casa T. "Então você também bebia?", perguntei. "E pouco depois você casou?" Faço o cálculo de que nasci em 1856, ano que me parece seguir imediatamente o de 1851.

Depois das últimas explicações, traduziremos a impertinência com que esse sonho ostenta seus absurdos apenas como o sinal de uma polêmica especialmente violenta e apaixonada nos pensamentos oníricos. Porém, com assombro tanto maior constatamos que nesse sonho a polêmica ocorre abertamente e que o pai é indicado como a pessoa que se transforma em alvo da zombaria. Tal franqueza parece contradizer nossas hipóteses sobre a censura no trabalho do sonho. Porém, a explicação neste caso é que o pai é apenas um testa de ferro, enquanto a disputa é travada com outra pessoa que aparece no sonho por uma única alusão. Enquanto normalmente o sonho trata da rebelião contra outras pessoas por trás das quais o pai se oculta, aqui é o contrário; o pai se transforma num testa de ferro para ocultar outro homem, e o sonho é autorizado a se ocupar de maneira tão aberta de sua pessoa, que normalmente santifica, porque aí toma parte um conhecimento seguro de que ele não é de fato referido. Tomamos conhecimento desse estado de coisas a partir do motivo do sonho. Ele ocorreu depois que ouvi dizer que um colega mais velho, cujo juízo é considerado impecável, teria se manifestado com desaprovação e perplexidade acerca do fato de um de meus pacientes já estar *no quinto ano* de trabalho psicanalítico comigo. Num disfarce transparente, as frases iniciais do sonho apontam para o fato de por algum tempo esse colega ter assumido as obrigações que meu pai não podia mais cumprir (*despesas, internação hospitalar*); e, quando nossas relações de amizade começaram a se desfazer, caí no mesmo conflito de sentimentos que, no caso de um desentendimento entre pai e filho, ocorre necessariamente em razão do papel e das obrigações anteriores do pai. Os pensamentos oníricos se defendem com veemência da crítica de que *não avanço mais depressa*, crítica que se estende do tratamento desse paciente a outros assuntos. Será que ele conhece alguém que poderia fazer as coisas mais rápido? Será que não sabe que estados desse tipo normalmente são incuráveis e se estendem por toda a vida? O que são *quatro ou cinco anos* comparados à duração de toda uma vida, sobretudo quando a existência do paciente é tão facilitada durante o tratamento?

O cunho de absurdo é produzido nesse sonho em boa medida pelo fato de frases provenientes de diversos âmbitos dos pensamentos oníricos serem alinhadas sem passagens mediadoras. Assim, a frase "Vou até o quarto ao lado etc." abandona o tema do qual foram tiradas as frases anteriores e reproduz fielmente as circunstâncias em que comuniquei a meu pai o meu noivado, decidido por conta própria. Assim, essa frase quer me lembrar o nobre altruísmo que o velho homem demonstrou naquela ocasião e contrapô-lo ao comportamento de outra pessoa. Observo que nesse caso o sonho está autorizado a zombar do pai porque este é apresentado nos pensamentos oníricos, com pleno reconhecimento, como modelo frente à outra pessoa. É da natureza de toda censura que se esteja autorizado a falar antes a inverdade do que a verdade acerca das coisas proibidas. A frase seguinte, que trata do fato de ele se recordar que *certa vez se embriagou e foi preso por isso*, não contém mais nada que se refira a meu pai na realidade. A pessoa que ele encobre aqui não é ninguém menos do que o grande... Meynert, cujas pegadas segui com tanta veneração e cuja atitude em relação a mim, após um curto período de predileção, se converteu em hostilidade declarada. O sonho me fez lembrar algo que ele próprio contou, a saber, que em sua juventude se entregara ao hábito de se *embriagar com clorofórmio* e por isso precisou dar *entrada no hospital*, bem como de uma segunda experiência com ele pouco antes de sua morte. Mantive com ele uma violenta polêmica literária em questões de histeria masculina, que ele negava, e, quando o visitei durante sua doença fatal e perguntei pelo seu estado, ele se demorou na descrição de suas condições e concluiu com as seguintes palavras: "Sabe, sempre fui um dos mais belos casos de histeria masculina". Assim, para minha satisfação e meu espanto ele admitiu aquilo a que por tanto tempo se opusera com obstinação. Porém, o fato de nessa cena do sonho eu conseguir ocultar Meynert por trás de meu pai não se baseia numa analogia encontrada entre as duas pessoas, mas é a figuração escassa, embora inteiramente suficiente, de uma oração condicional nos pensamento oníricos, que, em detalhes, é a seguinte: "Se eu fosse da segunda geração, se fosse o filho de um professor ou de um conselheiro áulico, certamente teria avançado mais depressa". No sonho, transformo meu pai em conselheiro áulico e professor. O absurdo mais grosseiro e mais incômodo do sonho está no tratamento dispensado ao ano de 1851, que absolutamente não me parece diferente de 1856, *como se a diferença de cinco anos não significasse absolutamente nada*. Mas é justo esse detalhe dos pensamentos oníricos que deve ganhar expressão. *De quatro a cinco anos* foi o período durante o qual recebi o apoio do colega mencionado no início, mas também o tempo durante o qual fiz minha noiva esperar pelo casamento e, por uma coincidência casual, aproveitada com gosto pelos pensamentos oníricos, também o tempo pelo qual agora deixo o paciente que melhor conheço esperar pela cura completa. *"O que são cinco anos?"*, perguntam os pensamentos oníricos. *"Para mim isso não é nada, não entra em consideração*. Tenho tempo suficiente diante de mim, e, assim como enfim se tornou realidade aquilo no que os senhores não quiseram acreditar, assim também realizarei isto." Além disso, o número 51, separado dos demais, ainda é determinado de outra maneira, e para ser mais preciso, em sentido oposto; por isso também aparece várias vezes no sonho. Cinquenta e um é a idade em que o homem parece especialmente ameaçado, na qual vi colegas morrerem de súbito, entre eles um que após longa espera fora nomeado professor universitário poucos dias antes.

V

Outro sonho absurdo que joga com números.

Um de meus conhecidos, o senhor M., foi atacado em um ensaio por ninguém menos do que Goethe, e, conforme todos achamos, com veemência injustificadamente grande. É claro que o senhor M. ficou aniquilado com esse ataque. Ele se queixa amargamente sobre isso numa roda de amigos; sua veneração por Goethe, no entanto, não foi prejudicada por essa experiência pessoal. Procuro esclarecer um pouco as circunstâncias cronológicas, que me parecem improváveis. Goethe morreu em 1832; visto que seu ataque contra M. obviamente deve ter ocorrido antes, o senhor M. era na ocasião um homem bem jovem. Parece-me plausível que tivesse dezoito anos. Porém não sei com certeza em que ano estamos, e assim todo o cálculo se perde na obscuridade.

Aliás, o ataque se encontra no conhecido ensaio de Goethe intitulado "Natureza".

Logo teremos em mãos os recursos para justificar os disparates desse sonho. O senhor M., que conheço de uma *roda de amigos*, me pediu faz pouco para examinar seu irmão, no qual se podem notar sinais de *paralisia geral*. A suposição estava correta; durante a visita, ocorreu algo embaraçoso; sem qualquer motivo durante a conversa, o doente ridicularizava o irmão fazendo alusões a suas *tolices juvenis*. Perguntei ao doente em que ano nasceu e o levei repetidas vezes a fazer pequenos cálculos para determinar o debilitamento de sua memória; provas, aliás, nas quais ainda se saiu muito bem. Percebo que no sonho me comporto como um paralítico. (*Não sei com certeza em que ano estamos.*) Outro material do sonho provém de outra fonte recente. Um amigo meu, redator de uma revista médica, aceitou em seu periódico uma crítica extremamente desfavorável, *aniquiladora*, do último livro de meu amigo berlinense, Fl., redigida por um crítico bastante *jovem* e pouco criterioso. Acreditei que tinha o direito de intervir e pedi explicações ao redator, que lamentou vivamente ter aceitado a crítica, mas não quis prometer uma retificação. Em consequência, rompi minhas relações com a revista e destaquei em minha carta de repúdio a esperança *de que nossas relações pessoais não fossem prejudicadas por esse incidente*. A terceira fonte desse sonho é o relato de uma paciente, recente na ocasião, sobre o adoecimento psíquico de seu irmão, que tivera um acesso de fúria aos gritos de "Natureza, natureza!". Os médicos haviam dito que a exclamação provinha da leitura daquele belo *ensaio de Goethe* e apontava para o excesso de trabalho do doente em seus estudos de filosofia natural. Preferi pensar no sentido sexual em que mesmo as pessoas menos instruídas entre nós falam da "natureza", e o fato de mais tarde o infeliz mutilar seus genitais parecia ao menos não desmentir isso. *Dezoito anos* era a idade desse doente quando ocorreu aquele acesso de fúria.

Se eu ainda acrescentar que o livro tão duramente criticado de meu amigo ("Nos perguntamos se o autor é louco ou se nós é que somos", escreveu outro crítico) se ocupa das *circunstâncias cronológicas* da vida e também explica a duração da vida de *Goethe* pelo múltiplo de um número significativo para a biologia, é fácil de reconhecer que no sonho me coloco no lugar de meu amigo. (*Procuro esclarecer um pouco as circunstâncias cronológicas.*) Porém, me comporto como um paralítico, e o sonho transborda de absurdos. Assim, isso significa que os pensamentos oníricos dizem com ironia: "*Naturalmente*, ele é o maluco, o louco, e os senhores são as pessoas geniais que entendem melhor as coisas. Mas talvez seja o inverso, não?". E essa *inversão* aparece com abundância no conteúdo onírico, pois Goethe atacou o jovem, o que é absurdo, enquanto ainda hoje um homem bem jovem facilmente poderia atacar o imortal Goethe, e faço um cálculo a partir do *ano da morte* de Goethe, enquanto levo o paralítico a fazer cálculos a partir de seu *ano de nascimento*.

Mas eu também havia prometido mostrar que nenhum sonho é inspirado por outras moções que não as egoístas. Sendo assim, preciso justificar o fato de nesse sonho fazer minha a causa de meu amigo e me colocar em seu lugar. Minha convicção crítica durante a vigília não é suficiente para tanto. Porém, a história do doente de dezoito anos e as várias interpretações de sua exclamação, "Natureza!", aludem à oposição em que me coloquei à maioria dos médicos com minha tese de uma etiologia sexual das psiconeuroses. Posso dizer a mim mesmo: "O que aconteceu a teu amigo com a crítica também acontecerá contigo, e em parte também já aconteceu", e agora estou autorizado a substituir o "ele" nos pensamentos oníricos por um "nós". "Sim, vocês têm razão, nós dois somos loucos." Que *mea res agitur*[66] me é lembrado com energia pela menção do pequeno e incomparavelmente belo ensaio de Goethe, pois foi a leitura desse ensaio numa conferência popular que me impeliu, concluinte indeciso dos estudos secundários, ao estudo das ciências da natureza.

---

66. "O assunto me diz respeito." Em latim no original. (N.T.)

VI

Fiquei devendo a demonstração do egoísmo de outro sonho em que meu eu não aparece. Mencionei na p. 291 um sonho breve em que o professor M. diz: "Meu filho, o míope...", e afirmei que era apenas um sonho preliminar a outro em que represento um papel. Eis o sonho principal que faltava, e que nos oferece uma criação verbal absurda e incompreensível que exige explicação:

Devido a alguns acontecimentos ocorridos na cidade de Roma, é necessário abrigar as crianças, o que também acontece. A cena então se desenrola diante de um portão, um portão duplo à maneira antiga (a Porta Romana em Siena, conforme sei no próprio sonho). Estou sentado na borda de uma fonte e estou bastante aflito, quase choro. Uma pessoa do sexo feminino – zeladora, freira – traz os dois meninos para fora e os entrega a seu pai, que não sou eu. O mais velho dos dois é nitidamente o meu filho mais velho, não vejo o rosto do outro; a mulher que traz o menino lhe pede um beijo de despedida. Ela se destaca por ter um nariz vermelho. O menino lhe nega o beijo, mas diz, estendendo-lhe a mão em despedida: Auf Geseres, *e para nós dois (ou para um de nós):* Auf Ungeseres. *Ocorre-me a ideia de que essas últimas palavras significam uma preferência.*

Esse sonho se constrói sobre um aglomerado de pensamentos que foi estimulado por uma peça que assisti, *O novo gueto*. Nos respectivos pensamentos oníricos é fácil reconhecer a questão judaica, a preocupação com o futuro dos filhos, aos quais não se pode dar uma pátria, e a preocupação em educá-los de tal maneira que possam escolher o lugar onde irão viver.

"Às margens dos rios da Babilônia estávamos sentados e chorávamos." – Assim como Roma, Siena é famosa por suas belas fontes: preciso procurar no sonho (ver p. 214-215) um substituto qualquer para Roma a partir de lugares conhecidos. Próximo à Porta Romana de Siena, vimos um prédio grande, muito bem iluminado. Ficamos sabendo que se tratava do

Manicomio. Pouco antes do sonho eu tinha ouvido dizer que um correligionário tivera de abandonar a colocação que conseguira com esforço em um manicômio estatal.

Desperta nosso interesse a expressão *Auf Geseres* – que ocorre num ponto em que, de acordo com a situação encenada no sonho, teríamos de esperar *Auf Wiedersehen* [Até a vista] –, assim como seu oposto inteiramente absurdo, *Auf Ungeseres*.

Segundo informações que solicitei a escribas, *Geseres* é uma palavra genuinamente hebraica derivada de um verbo, *goiser*, e sua melhor tradução é "sofrimento prescrito, destino". De acordo com o emprego da palavra no jargão, diríamos que significa "queixas e lamentos". *Ungeseres* é uma criação verbal de minha própria autoria e a palavra que primeiro chama minha atenção, mas de início me deixa perplexo. A breve observação no final do sonho de que *Ungeseres* significa uma preferência em relação a *Geseres* abre os portões às ideias, e, assim, à compreensão. Afinal, uma relação desse tipo ocorre no caso do caviar; o caviar *sem sal* [*ungesalzene*] é mais apreciado do que o *salgado* [*gesalzene*]. Caviar para o povo, "nobres paixões": aí se esconde uma alusão divertida a uma pessoa da minha casa, de quem espero, sendo ela mais jovem do que eu, que cuide do futuro de meus filhos. Harmoniza-se com isso o fato de outra pessoa de minha casa, nossa honrada babá, ser mostrada pelo sonho de maneira reconhecível na pessoa da zeladora (ou freira). Porém, entre o par *gesalzen--ungesalzen* e *Geseres-Ungeseres* ainda falta uma transição mediadora. Esta é encontrada em *gesäuert* e *ungesäuert* [com fermento e sem fermento]; em sua saída precipitada do *Egito*, os filhos de Israel não tiveram tempo para deixar a massa do pão fermentar, e para lembrar disso ainda hoje comem pão sem fermento na época da Páscoa. Aqui também posso incluir a ideia súbita que me ocorreu nesta parte da análise. Lembrei-me de como eu e meu amigo berlinense passeamos durante a última *Páscoa* pelas ruas da cidade de Breslau, desconhecida para nós. Uma garotinha me perguntou onde ficava certa rua; tive de me desculpar por não saber e então disse a meu amigo: "Tomara que mais tarde na vida a menina seja mais perspicaz na escolha das pessoas pelas quais se deixará orientar". Pouco depois, uma placa chamou minha atenção: Dr. *Herodes*, horário de consultas etc. Observei: "Espero que o colega não seja justamente pediatra". Nesse meio tempo, meu amigo me explicara seus pontos de vista sobre o significado biológico da *simetria bilateral*, começando uma das frases com a seguinte introdução: "Se tivéssemos um olho no meio da testa como o *ciclope*...". Isso leva à fala do professor no sonho preliminar: "Meu filho, o *míope*". E então fui levado à fonte principal da palavra *Geseres*. Há muitos anos, quando esse filho do professor M., que hoje é um pensador independente, ainda estava nos *bancos da escola*, ele adoeceu de uma afecção ocular que o médico declarou preocupante. Disse que enquanto ela permanecesse *unilateral* não teria importância, porém se também passasse para o *outro olho* o caso ficaria sério. A afecção sarou sem deixar sequelas; porém, pouco depois apareceram de fato os sintomas de adoecimento no segundo olho. A mãe horrorizada mandou chamar o médico imediatamente até o lugar isolado onde ficava sua casa de campo. Só que então o médico *mudou de lado*. "Que *Geseres* é esse que a senhora está fazendo?", ele lhe disse rudemente. "Se melhorou de *um* lado, também vai melhorar do *outro*." E assim também aconteceu.

E agora a relação comigo e com minha família. O *banco escolar* em que o filho do professor M. aprendeu suas primeiras letras foi presenteado pela mãe ao meu filho mais velho, em cuja boca coloco no sonho as palavras de despedida. É fácil adivinhar um dos desejos que podem ser ligados a essa transferência. No entanto, por meio de sua construção, esse banco escolar também deve proteger a criança de se tornar *míope* e *unilateral*. Por isso aparecem no sonho a palavra *míope* (e por trás dela, *ciclope*) e as explicações sobre a *bilateralidade*. A preocupação com a unilateralidade tem vários sentidos; além da unilateralidade física, também pode ser uma referência à unilateralidade do desenvolvimento intelectual. Não parece que, em seu absurdo, a cena onírica justamente contradiga essa preocupação? Depois que a criança disse suas palavras de despedida *de um lado*, ela pronuncia o contrário *do outro*, como que para estabelecer o equilíbrio. *Ela age, por assim dizer, considerando a simetria bilateral!*

Assim, muitas vezes o ponto mais profundo do sonho é aquele que parece ser o mais absurdo. Em todas as épocas, aqueles que tinham algo a dizer e não podiam fazê-lo sem riscos costumaram vestir a carapuça de bobo. O ouvinte a quem se destinava a fala proibida a tolerava melhor quando pudesse rir dela e se sentir lisonjeado com o juízo de que o assunto desagradável evidentemente era uma bobagem. Exatamente como o sonho procede na realidade também procede o príncipe que precisa se fazer de bobo na peça de teatro, e por isso também podemos dizer do sonho aquilo que Hamlet, substituindo as condições verdadeiras por condições chistosas e incompreensíveis, diz de si mesmo: "Só sou louco com nor-noroeste; quando o vento sopra do sul, distingo um falcão de uma mão".[67]

Assim, resolvi o problema do absurdo do sonho no sentido de que os pensamentos oníricos nunca são absurdos – não, pelo menos, no caso dos sonhos de pessoas mentalmente sadias – e de que o trabalho do sonho produz sonhos absurdos e sonhos com alguns elementos absurdos quando existem crítica, zombaria e sarcasmo nos pensamentos oníricos, sendo que precisa figurá-los na forma de expressão que lhe é própria. Importa-me somente demonstrar que o trabalho do sonho se esgota pela cooperação dos três fatores citados – e de um quarto ainda a ser mencionado –, que ele não faz outra coisa senão traduzir os pensamentos oníricos levando em conta as quatro condições que lhe são prescritas, e que

---

67. Esse sonho também dá um bom exemplo em favor da tese geral de que os sonhos da mesma noite, embora separados na recordação, cresceram no solo do mesmo material de pensamentos. Aliás, a situação onírica de que tiro meus filhos da cidade de Roma é distorcida pela referência a um fato anterior análogo ocorrido em minha infância. O sentido é o seguinte: tenho inveja de parentes para os quais há muitos anos já se ofereceu a oportunidade de transferir seus filhos para outro solo.

a questão de saber se no sonho a psique trabalha com todas as suas capacidades intelectuais ou apenas uma parte delas está mal colocada e desconsidera as relações efetivas. Porém, visto que há grande número de sonhos em cujo conteúdo se julga, se critica e se reconhece, nos quais surge admiração acerca de um elemento isolado do sonho, nos quais se fazem tentativas de explicação e se elaboram argumentações, preciso eliminar as objeções derivadas de tais casos por meio de exemplos escolhidos.

Minha réplica é a seguinte: *tudo o que se encontra nos sonhos como atividade aparente da função julgadora não deve ser compreendido como produção intelectual do trabalho do sonho, mas faz parte do material de pensamentos oníricos, tendo entrado no conteúdo onírico manifesto como formação pronta oriunda desse material.* Posso inclusive ampliar minha tese. Mesmo os juízos que emitimos sobre o sonho recordado *após o despertar*, bem como as sensações que a reprodução desse sonho evoca em nós, pertencem em boa medida ao conteúdo onírico latente e devem ser inseridos na interpretação do sonho.

I

Já citei um exemplo chamativo disso. Uma paciente não quer contar seu sonho por não ser *nada claro*. Ela viu nele uma pessoa e não sabe *se foi o marido ou o pai*. Segue-se um segundo fragmento onírico no qual aparece uma lixeira [*Misttrügerl*], objeto ao qual se associa a seguinte lembrança. Quando era uma jovem dona de casa, ela disse certa vez por brincadeira a um jovem parente que frequentava a casa que sua preocupação mais imediata era a aquisição de uma lixeira nova. Ela recebeu uma na manhã seguinte, cheia de lírios-do-vale. Esse fragmento de sonho serve para figurar a expressão "Isso não cresceu no meu esterco [*Mist*]".[68] Quando completamos a análise ficamos sabendo que nos pensamentos oníricos se trata da repercussão de uma história ouvida na

---

68. Ou seja: "Isso não é meu". (N.T.)

juventude sobre uma jovem que tivera um filho do qual *não era claro quem era realmente o pai*. Portanto, nesse caso a figuração onírica se estende ao pensamento de vigília e faz um dos elementos dos pensamentos oníricos ser representado por um juízo emitido na vigília acerca de todo o sonho.

II

Um caso semelhante: um de meus pacientes tem um sonho que lhe parece interessante, pois diz a si mesmo logo após o despertar: "Preciso contar isso ao doutor". O sonho é analisado e mostra as alusões mais claras a uma relação que ele começou durante o tratamento e a respeito da qual tinha se proposto *não me contar nada*.[69]

III

Um terceiro exemplo de minha própria experiência:

Vou ao hospital na companhia de P. passando por uma região onde há casas e jardins. Ocorre-me a ideia de que já vi essa região várias vezes em sonho. Não sei bem por onde ir; ele me mostra um caminho que, dobrando a esquina, leva a um restaurante (uma sala, não um jardim); lá pergunto pela senhora Doni e sou informado de que ela mora com os três filhos em um pequeno quarto nos fundos. Dirijo-me para lá e antes mesmo de chegar encontro uma pessoa indistinta com as minhas duas menininhas, que levo comigo depois de ficar parado com elas por um momento. Uma espécie de repreensão dirigida à minha mulher por tê-las deixado lá.

Sinto grande *satisfação* ao acordar e penso que seu motivo é que agora ficarei sabendo pela análise o que significa a frase "já sonhei com isso".[70] Porém, a análise não me esclarece nada a respeito; ela apenas me mostra que a satisfação

---

69. No caso de sonhos que ocorrem durante o tratamento psicanalítico, a advertência ou a intenção contida ainda no sonho: "Preciso contar isso ao doutor", corresponde em geral a uma grande resistência contra a confissão do sonho e não raro é seguida pelo seu esquecimento. [Nota acrescentada em 1909.]

70. Um tema sobre o qual se desenvolveu uma longa discussão nos últimos números da *Revue philosophique* (paramnésia no sonho).

pertence ao conteúdo onírico latente e não a um juízo sobre o sonho. É a *satisfação por ter tido filhos em meu casamento*. P. é uma pessoa com quem segui o mesmo caminho na vida por algum tempo, que depois me superou em muito social e materialmente, mas que não teve filhos em seu casamento. Os dois motivos do sonho podem substituir a demonstração por meio de uma análise completa. No dia anterior, li no jornal o anúncio fúnebre de uma senhora chamada *Dona A..y* (o que transformei em *Doni*) que morrera no *parto*; minha mulher disse que a falecida havia sido assistida pela mesma parteira que a assistiu quando nasceram nossos dois filhos mais novos. O nome *Dona* chamara minha atenção, pois pouco antes o havia encontrado pela primeira vez num romance inglês. O outro motivo do sonho é sua data; era a noite que antecedeu o aniversário de meu filho mais velho, aparentemente dotado para a poesia.

IV

Essa mesma satisfação me ficou depois de despertar do sonho absurdo em que meu pai desempenhara um papel político entre os magiares depois de sua morte, e foi motivada pela persistência da sensação que acompanhou a última frase do sonho: *Recordo-me que em seu leito de morte ele se parecera muito com Garibaldi, e* me alegro *por isso ter se tornado realidade* [...] *(esqueci a continuação)*. A partir da análise, posso agora preencher essa lacuna do sonho com o elemento adequado. Trata-se da menção de meu segundo filho, a quem dei o nome de uma grande personalidade histórica que me atraiu fortemente nos anos de juventude, em especial desde minha estada na Inglaterra. Durante o período de espera, eu tinha a intenção de usar justamente esse nome se fosse um filho homem, e com ele já saudei, com imensa *satisfação*, o recém-nascido. É fácil de notar como a megalomania reprimida do pai se transfere em seus pensamentos aos filhos; é de se acreditar que esse seja um dos caminhos pelos quais ocorra a repressão deles, necessária na vida. O pequeno adquiriu o direito de ser incluído no contexto desse sonho porque então lhe ocorrera o mesmo acidente – facilmente desculpável no caso de crianças e de moribundos – de sujar as roupas. Compare-se a propósito a alusão "presidente de tribunal" e o desejo do sonho: estar *grande* e *limpo* diante de seus filhos.

V

Se agora devo escolher juízos que permanecem no próprio sonho, que não prosseguem na vigília nem para ela se deslocam, sentirei como um grande alívio que para isso possa me servir de sonhos que já foram comunicados com outros propósitos. O sonho em que Goethe atacou o sr. M. parece conter grande número de atos de juízo. *Procuro esclarecer um pouco as circunstâncias cronológicas, que me parecem improváveis.* Isso não se parece com uma crítica ao absurdo de que Goethe tenha atacado literariamente um jovem conhecido meu? *Parece-me plausível* que tivesse dezoito anos. Isso soa exatamente como o resultado de um cálculo, embora imbecil; e *não sei com certeza em que ano estamos* seria um exemplo de incerteza ou dúvida no sonho.

Porém, sei a partir da análise desse sonho que esses atos de juízo que parecem ter sido realizados pela primeira vez no sonho admitem outra compreensão de seus enunciados, mediante a qual se tornam imprescindíveis à interpretação do sonho, ao mesmo tempo em que se evita todo absurdo. Com a frase "Procuro esclarecer um pouco as circunstâncias cronológicas" eu me coloco no lugar de meu amigo, que realmente busca esclarecer as circunstâncias cronológicas da vida. Com isso, a frase perde o sentido de um juízo que se opõe ao absurdo das frases precedentes. A inserção "que me parecem improváveis" está relacionada com a posterior "Parece-me plausível". Usando mais ou menos as mesmas palavras respondi à senhora que me contou a história clínica de seu irmão: "*Parece-me improvável* que a exclamação 'Natureza, natureza!' tenha algo a ver com Goethe: *parece-me muito mais plausível* que tenha tido o sentido sexual que a senhora conhece". É certo que neste caso se pronunciou um juízo, mas não no sonho e sim na realidade, numa ocasião que foi recordada e aproveitada pelos pensamentos oníricos. O conteúdo onírico se apropria desse juízo como de qualquer outro fragmento dos pensamentos oníricos.

O número dezoito, com o qual o juízo está relacionado de maneira absurda no sonho, ainda conserva a marca do contexto do qual o juízo real foi arrancado. Por fim, "eu não tenho certeza do ano em que estamos" não tem outro propósito senão realizar minha identificação com o paralítico, em cujo exame esse ponto de apoio realmente se verificou.

Na decomposição dos atos de juízo aparentes do sonho, podemos nos lembrar da regra já mencionada para a execução do trabalho de interpretação: deve-se deixar de lado, como uma aparência sem importância, a conexão dos elementos oníricos produzida no sonho e explicar cada um dos elementos oníricos separadamente. O sonho é um conglomerado que para os fins da investigação precisa ser fragmentado outra vez. Por outro lado, no entanto, cabe notar que nos sonhos se manifesta uma força psíquica que produz essa conexão aparente, ou seja, que submete o material obtido pelo trabalho do sonho a uma *elaboração secundária*. Estamos diante de manifestações daquela força que apreciaremos posteriormente como o quarto fator que toma parte na formação dos sonhos.

VI

Busco outros exemplos de trabalho julgador nos sonhos já comunicados. No sonho absurdo com a carta do conselho municipal, eu pergunto: *"E pouco depois você casou?"*. *Faço o cálculo de que nasci em 1856, ano que me parece seguir imediatamente o de 1851*. Isso assume por inteiro a forma de uma *dedução*. Meu pai se casou pouco depois do ataque, em 1851; sou o filho mais velho, nascido em 1856; portanto, está correto. Sabemos que essa conclusão é falseada pela realização de desejo e que a frase dominante nos pensamentos oníricos é a seguinte: *quatro ou cinco anos não é tempo, não entra em consideração*. Porém cada uma das partes dessa dedução, tanto pelo seu conteúdo quanto pela sua forma, deve ser determinada de maneira diferente a partir dos pensamentos oníricos: trata-se do paciente cuja paciência incomoda meu colega e que pensa em se casar logo após o término do tratamento. O modo como trato meu pai no sonho lembra um *interrogatório* ou um *exame*, e, assim, um professor universitário que no momento da inscrição costumava solicitar todos os dados pessoais: "Nascido quando?" "1856." "*Patre?*". A essa pergunta se respondia dizendo o prenome do pai com terminação latina, e nós, estudantes, supúnhamos que esse conselheiro da corte tirava do prenome do pai *conclusões* que o prenome do inscrito nem sempre lhe teria permitido. Assim, o *tirar conclusões* do sonho seria apenas uma repetição do *tirar conclusões* que aparece nos pensamentos oníricos como parte do material. Isso nos ensina algo novo. Quando aparece uma conclusão no conteúdo onírico, é certo que ela provém dos pensamentos oníricos; nestes, porém, ela pode estar contida como uma parte do material recordado, ou, na condição de laço lógico, ligar uma série de pensamentos oníricos entre si. Em todo caso, a conclusão no sonho figura uma conclusão proveniente dos pensamentos oníricos.[71]

A análise desse sonho poderia ser continuada aqui. Ao interrogatório do professor se soma a lembrança da lista dos estudantes universitários (redigida em latim na minha época). Além disso, a lembrança de minha carreira acadêmica. Os *cinco anos* previstos para o curso de medicina também foram muito pouco para mim. Trabalhei despreocupado por mais alguns anos e no círculo de meus conhecidos me consideravam um caso perdido e duvidavam que eu ficasse "pronto". Então me decidi *depressa* a fazer meus exames e consegui terminar: *apesar do adiamento*. Um novo reforço dos pensamentos oníricos, que apresento com altivez aos meus críticos. "E ainda que vocês não queiram acreditar, pois me concedo tempo, eu ficarei pronto, eu chegarei à *conclusão*. Muitas vezes já foi assim."

---

71. Esses resultados corrigem em alguns pontos minhas informações anteriores sobre a figuração das relações lógicas (p. 334-336). Estas descrevem o comportamento geral do trabalho do sonho, mas não consideram suas produções mais finas e mais cuidadosas.

O mesmo sonho contém em sua parte inicial algumas frases às quais não se pode negar devidamente o caráter de uma argumentação. E essa argumentação nem sequer é absurda; ela também poderia fazer parte do pensamento de vigília. *Divirto-me no sonho com a carta do conselho municipal, pois, em primeiro lugar, eu ainda não havia nascido em 1851 e, em segundo, meu pai, a quem esses custos poderiam se referir, já está morto.* Os dois fatos não apenas são corretos, mas também coincidem inteiramente com os argumentos reais que eu utilizaria no caso de receber uma carta desse tipo. Sabemos a partir da análise anterior (p. 461-462) que esse sonho cresceu no solo de pensamentos oníricos profundamente irritados e impregnados de escárnio; se, além disso, ainda estivermos autorizados a supor que os motivos da censura eram bastante fortes, compreenderemos que o trabalho do sonho tinha todos os motivos para criar uma *refutação impecável de uma exigência absurda* conforme o modelo existente nos pensamentos oníricos. Porém, a análise nos mostra que nesse caso não se impôs nenhuma recriação livre ao trabalho do sonho, mas que para tanto teve de ser utilizado material dos pensamentos oníricos. É como se numa equação algébrica aparecessem, além dos números, sinais de adição, subtração, potenciação e radiciação, e alguém que copiasse essa equação sem compreendê-la misturasse números e sinais matemáticos. Os dois argumentos em questão podem ser explicados com base no seguinte material. É desagradável para mim pensar que algumas das hipóteses em que baseio minha solução psicológica das psiconeuroses provocarão descrença e gargalhadas quando se tornarem conhecidas. Por exemplo: preciso afirmar que impressões do segundo ano de vida, às vezes já do primeiro, deixam uma marca permanente na vida emocional das pessoas que depois adoecem e – embora distorcidas e exageradas pela memória de várias formas – podem constituir a primeira e mais profunda fundamentação para um sintoma histérico. Pacientes aos quais explico isso no devido momento costumam parodiar a explicação recém-adquirida declarando-se dispostos a buscar lembranças da época *em que ainda não tinham nascido*. Uma recepção semelhante, segundo minha expectativa, poderia ter a descoberta do papel insuspeitado *do pai* no que diz respeito às primeiras moções sexuais em pacientes do sexo feminino. (Ver a discussão das p. 279-281.) E, no entanto, de acordo com minha convicção bem fundamentada, ambos os fatos são verdadeiros. Como reforço, penso em alguns exemplos nos quais a morte do pai ocorreu quando a criança ainda era muito pequena, e acontecimentos posteriores, de outra forma inexplicáveis, demonstram que a criança, não obstante, conservou inconscientemente lembranças da pessoa tão cedo desaparecida. Sei que minhas duas teses se apoiam em *conclusões* cuja validade será contestada. Assim, é um produto da realização de desejo que justamente o material *dessas conclusões, que temo sejam criticadas*, seja empregado pelo trabalho do sonho para produzir *conclusões incontestáveis*.

VII

Num sonho que até agora apenas mencionei de passagem se manifesta claramente em seu início o assombro acerca do tema que nele emerge.

O velho Brücke deve ter me encarregado de alguma tarefa; estranhamente, *trata-se da preparação da parte inferior de meu próprio corpo, bacia e pernas, que vejo diante de mim como numa sala de dissecação, embora sem sentir sua falta em meu corpo e sem qualquer sensação de horror. Louise N. está presente e faz o trabalho comigo. A bacia fora eviscerada; ora se vê a parte superior, ora a inferior, as quais se mesclam. Pode-se ver grossas excrescências cor de carne (que me fazem pensar, ainda no sonho, em hemorroidas). Também era preciso tirar cuidadosamente algo que estava por cima e que parecia papel prateado amassado.*[72] *Depois readquiri a posse de minhas pernas e saí caminhando pela cidade, mas (de cansaço) tomei um coche. Para meu espanto, ele entrou pelos portões de uma residência, que se abriram e lhe permitiram atravessar um corredor que, fazendo uma curva no final, por*

---

72. Papel de estanho, alusão a Stannius, *O sistema nervoso dos peixes*.

fim conduzia ao ar livre.[73] Finalmente, eu caminhava com um guia alpino, que levava minhas coisas, por paisagens variadas. Ele me carregou por um trecho, por consideração a minhas pernas cansadas. O solo era pantanoso; íamos pela borda; havia pessoas sentadas no chão como índios ou ciganos, entre eles uma menina. Antes disso eu tinha caminhado pelo terreno escorregadio sem parar de me admirar com o fato de poder fazê-lo tão bem depois da preparação. Por fim chegamos a uma pequena casa de madeira que terminava numa janela aberta. Lá o guia me pôs no chão e colocou duas tábuas, já prontas, sobre o parapeito, para assim lançar uma ponte sobre o abismo que devia ser atravessado a partir da janela. Então realmente temi por minhas pernas. Porém, em vez da esperada travessia vi dois homens adultos deitados sobre bancos de madeira encostados nas paredes da cabana, e como que duas crianças dormindo ao lado deles. Como se não fossem as tábuas, e sim as crianças que devessem possibilitar a travessia. Acordo assustado com meus pensamentos.

Quem alguma vez tenha adquirido uma impressão exata da extensão da condensação onírica poderá imaginar com facilidade o número de páginas que a análise detalhada desse sonho deve exigir. Felizmente para o contexto, porém, tomo emprestado desse sonho apenas um exemplo de espanto nos sonhos, que se exprime na intercalação de "estranhamente". Passo a tratar do motivo do sonho. Foi uma visita daquela senhora chamada Louise N., que também no sonho assiste o trabalho. "Empresta-me algo para ler." Ofereço-lhe *Ela*, de Rider Haggard. "Um livro *estranho*, mas repleto de sentidos ocultos", quero explicar-lhe; "o eterno feminino, a imortalidade de nossos afetos..." Ela me interrompe: "Esse eu já conheço. Não tens nada teu?" – "Não, as minhas próprias obras imortais ainda não foram escritas." – "E então, quando serão publicadas as tuas chamadas últimas explicações, que, como prometes, também serão legíveis para nós?", ela pergunta com alguma malícia. Noto que outra pessoa me adverte por sua

---

73. O lugar no corredor de meu prédio em que ficam os carrinhos de bebê dos moradores; porém, de qualquer forma, sobredeterminado de muitas maneiras.

boca, e emudeço. Penso na superação que me custa publicar apenas o trabalho sobre o sonho, no qual preciso revelar tanto de minha própria intimidade.

> O melhor que podes saber
> Não deves contar aos meninos.[74]

A preparação *no próprio corpo*, da qual sou encarregado no sonho, é portanto a *autoanálise* relacionada à comunicação dos sonhos. O velho Brücke aparece com razão nesse contexto; já nesses primeiros anos de trabalho científico deixei de lado uma descoberta até que sua ordem enérgica me obrigou à publicação. Porém, os demais pensamentos que se relacionam à conversa com Louise N. vão muito fundo para se tornarem conscientes; eles experimentam um desvio pelo material que foi despertado em mim secundariamente pela menção de *Ela*, de Rider Haggard. O juízo "estranhamente" se refere a esse livro e a um segundo do mesmo autor, *O coração do mundo*, e inúmeros elementos do sonho são tomados desses dois romances fantásticos. O solo pantanoso sobre o qual se é carregado e o abismo a ser atravessado com a ajuda de tábuas levadas junto provêm de *Ela*; os índios, a menina e a casa de madeira provêm de *O coração do mundo*. Em ambos os romances uma mulher faz o papel de guia, em ambos se trata de expedições perigosas; em *Ela*, de um percurso cheio de aventuras que conduz ao desconhecido, ao jamais trilhado. As pernas cansadas, segundo uma observação que encontro no sonho, foram uma sensação real naqueles dias. Provavelmente corresponda a elas uma disposição cansada e a pergunta cética: "Até onde minhas pernas conseguirão me levar?". Em *Ela*, a aventura termina com a morte da guia, que em vez de ganhar a imortalidade para si e para os outros perece no misterioso fogo central. Um medo desse tipo se manifestou de maneira indiscutível nos pensamentos oníricos. A "casa de madeira" com certeza também é o *caixão*, ou seja, o túmulo. Porém, na figuração do mais indesejado de todos os pensamentos

---

74. Goethe, *Fausto*, parte 1, cena 4. (N.T.)

por meio de uma realização de desejo, o trabalho do sonho produziu sua obra-prima. É que uma vez já estive num túmulo, só que era um túmulo etrusco vazio em Orvieto, uma câmara estreita com dois bancos de pedra junto às paredes sobre os quais jaziam os esqueletos de dois adultos. É exatamente essa a aparência do interior da casa de madeira no sonho, exceto que a pedra é substituída pela madeira. O sonho parece dizer: "Se vais para o túmulo, que seja um túmulo etrusco", e com essa substituição ele transforma a mais triste das expectativas numa expectativa desejada de fato. Infelizmente, como ainda veremos, ele apenas pode transformar em seu contrário a representação que acompanha o afeto, e não também o próprio afeto. É por isso que acordo "assustado com meus pensamentos" depois de também obter figuração a ideia de que talvez os filhos consigam o que foi negado ao pai, uma nova alusão ao estranho romance, no qual a identidade de uma pessoa é conservada por uma sucessão de gerações que dura 2 mil anos.

VIII

No encadeamento de outro sonho também se encontra uma expressão de espanto acerca do que nele se experimenta, porém ligado a uma tentativa de explicação tão chamativa, tão rebuscada e quase espirituosa que apenas por sua causa deveria analisar todo o sonho, mesmo que ele não possuísse mais dois pontos de atração para nosso interesse. Na noite de 18 para 19 de julho, viajo pela Linha Ferroviária Sul e durante o sono ouço anunciarem: *"Hollthurn, dez minutos". Penso imediatamente em holotúrias, num museu de história natural e que este é um lugar em que homens valentes se defenderam sem sucesso da prepotência de seu soberano. – Sim, a Contrarreforma na Áustria! – Como se fosse um lugar na Estíria ou no Tirol. Depois vejo indistintamente um pequeno museu no qual os restos ou as aquisições desses homens são conservados. Gostaria de desembarcar, mas adio esse propósito. Há mulheres com frutas na plataforma; elas estão de cócoras e seguram os cestos de maneira muito convidativa. – Hesitei por não saber se ainda teríamos tempo, e agora ainda continuamos aqui. – De súbito estou em outro compartimento, no qual o couro e os assentos são tão estreitos que se bate com as costas diretamente no encosto.*[75] Fico admirado com isso, mas, no fim das contas, posso ter mudado de compartimento em estado de sono. *Várias pessoas, entre elas um casal de irmãos ingleses; uma série de livros, que vejo nitidamente sobre uma estante presa à parede. Vejo* A riqueza das nações *e* Matéria e movimento *(de Maxwell), volume grosso e encadernado em linho marrom. O homem pergunta à irmã por um livro de Schiller, se ela o esqueceu. Ora é como se os livros fossem meus, ora de ambos. Gostaria de entrar na conversa, confirmando ou apoiando (...)* Acordo com o corpo todo suado, pois todas as janelas estão fechadas. O trem para em Marburg.

Enquanto escrevia, ocorreu-me um fragmento onírico que a memória quis omitir. *Digo ao casal de irmãos a propósito de certa obra: "It is from...", mas me corrijo: "It is by...". O homem observa à irmã: "Ele disse corretamente".*

O sonho começa com o nome da estação, que deve ter me acordado de maneira incompleta. Substitui esse nome, Marburg, por Hollthurn. O fato de eu ter ouvido anunciarem "Marburg" na primeira vez, ou talvez numa posterior, é demonstrado pela menção de Schiller no sonho, que, afinal, nasceu em Marburg, ainda que não em Marburg da Estíria.[76] Embora viajando de primeira classe, as condições eram muito desagradáveis. O trem estava superlotado, e no compartimento encontrei um senhor e uma senhora que pareciam muito nobres e não tiveram a cortesia – ou julgaram que isso não valesse a pena – de ocultar de alguma maneira seu desagrado com o intruso. Meu cumprimento gentil não

---

75. Essa descrição não é compreensível nem para mim mesmo, mas obedeço ao princípio de reproduzir o sonho usando as palavras que me ocorrem ao redigi-lo. As palavras são elas próprias uma parte da figuração onírica.

76. Schiller não nasceu em *Marburg*, e sim em *Marbach*, como sabe todo estudante alemão e como eu também sabia. Esse é outro daqueles erros (ver acima, p. 218, nota 123) que se insinuam em outro ponto como substitutos de uma falsificação intencional, e cuja explicação tentei em *Psicopatologia da vida cotidiana*. [Nota acrescentada em 1909.]

recebeu resposta; embora o homem e a mulher estivessem sentados lado a lado (no sentido contrário à marcha do trem), ela se apressou, diante de meus olhos, em ocupar com um guarda-chuva o lugar à sua frente, junto à janela; a porta foi fechada de imediato, e eles trocaram palavras ostensivas sobre, a abertura das janelas. É provável que logo tenham visto que eu precisava de ar puro. Era uma noite quente, e a atmosfera no compartimento fechado por todos os lados logo se tornou asfixiante. Conforme minhas experiências de viagem, um comportamento tão grosseiro e hostil caracteriza pessoas que não pagaram sua passagem ou pagaram só meia-passagem. Quando o condutor veio e mostrei meu bilhete, pelo qual tinha pagado caro, a mulher, intratável e numa espécie de ameaça, trovejou: "Meu marido tem passe livre". Ela era uma figura vistosa com traços aborrecidos, numa idade não muito distante da época do declínio da beleza feminina; o homem não deu um pio, só ficou ali sentado, inerte. Tentei dormir. No sonho, vingo-me terrivelmente de meus descorteses companheiros de viagem; ninguém imaginará os insultos e as afrontas que se escondem por trás dos fragmentos incoerentes de sua primeira metade. Depois que essa necessidade fora satisfeita, impôs-se o segundo desejo, o de mudar de compartimento. O sonho muda o cenário com tanta frequência, e sem que a mudança provoque a menor estranheza, que de forma alguma chamaria a atenção se eu trocasse de imediato meus companheiros de viagem por outros mais agradáveis tirados de minha memória. Aqui, no entanto, algo se opõe à mudança de cenário e julga necessário esclarecê-la. Como fui parar de repente em outro compartimento? Afinal, não conseguia me lembrar de ter mudado. Havia só uma explicação: *devo ter deixado o vagão em estado de sono*, um acontecimento raro, mas do qual a experiência dos neuropatologistas oferece exemplos. Sabemos de pessoas que fazem viagens de trem num estado crepuscular, sem revelar seu estado anormal por qualquer indício, até que em alguma estação da viagem recobram inteiramente a consciência e então ficam admiradas com a lacuna na memória.

Portanto, ainda no sonho declaro que meu caso é um desses de *automatisme ambulatoire*.

A análise permite fornecer outra solução. A tentativa de explicação, que tanto me impressiona caso devesse atribuí-la ao trabalho do sonho, não é original, e sim copiada da neurose de um de meus pacientes. Já contei em outro trecho sobre um homem altamente cultivado e sensível que pouco depois da morte dos pais começou a se acusar de inclinações homicidas e a sofrer com as medidas preventivas que teve de tomar para se precaver delas. Tratava-se de um caso de ideias obsessivas graves com inteira conservação da inteligência. Primeiro ele perdeu a vontade de caminhar pela rua devido à compulsão de prestar contas a si mesmo sobre onde iam parar todas as pessoas que encontrava; se alguma escapasse repentinamente ao seu olhar observador, ficavam-lhe a sensação desagradável e a possibilidade em pensamentos de que poderia tê-la eliminado. Entre outras, havia por trás disso uma fantasia de Caim, pois "todos os homens são irmãos". Devido à impossibilidade de cumprir essa tarefa, ele desistiu de passear e passava seus dias encarcerado entre suas quatro paredes. Porém, por meio do jornal chegavam constantemente ao seu quarto notícias de assassinatos ocorridos lá fora, e sua consciência moral quis lhe sugerir, sob a forma da dúvida, que ele era o assassino procurado. A certeza de que há semanas não deixara sua casa o protegeu por algum tempo dessas acusações, até que um dia lhe passou pela cabeça a possibilidade de que poderia ter *saído de casa em estado inconsciente* e assim ter cometido o assassinato sem saber de nada. A partir de então, ele trancou a porta da rua e entregou a chave à velha governanta, advertindo-a expressamente para não permitir que ela fosse parar em suas mãos, mesmo que a pedisse.

Essa a origem, portanto, da tentativa de explicação de que mudei de compartimento em estado inconsciente – ela proveio do material dos pensamentos oníricos e entrou pronta no sonho, servindo nele de maneira evidente para me identificar com a pessoa daquele paciente. A lembrança dele foi despertada em mim por uma associação clara. Algumas semanas antes, eu fizera minha última viagem noturna na companhia desse homem. Ele estava curado e me acompanhava à província até a casa de seus parentes, que me chamavam; tínhamos um compartimento só para nós, deixamos todas as janelas abertas a noite inteira e, enquanto permaneci acordado, tivemos uma excelente conversa. Eu sabia que impulsos [*Impulse*] hostis contra seu pai, provenientes da infância num contexto sexual, eram a raiz de seu adoecimento. Assim, ao me identificar com ele, eu queria confessar a mim mesmo algo análogo. E, de fato, a segunda cena do sonho acaba na fantasia travessa de que meus dois companheiros de viagem, pessoas já de certa idade, se comportam de maneira tão grosseira comigo porque minha chegada atrapalhou a troca noturna de carinhos que tinham planejado. Porém essa fantasia remonta a uma cena da primeira infância, na qual a criança, provavelmente impelida pela curiosidade sexual, entra no quarto dos pais e é expulsa pelas palavras autoritárias do pai.

Considero supérfluo acrescentar outros exemplos. Eles apenas confirmariam o que concluímos dos já citados: que um ato de juízo no sonho é apenas a repetição de um modelo proveniente dos pensamentos oníricos. Na maioria das vezes, uma repetição despropositada, inserida num contexto inadequado, porém ocasionalmente, como em nossos últimos exemplos, uma repetição tão bem empregada que de início podemos ter a impressão de uma atividade de pensamento independente no sonho. A partir deste ponto, poderíamos dirigir nosso interesse àquela atividade psíquica que, é verdade, não parece cooperar normalmente na formação do sonho, mas que, quando o faz, se esforça em fundir os elementos oníricos, heterogêneos quanto à sua origem, de uma maneira isenta de contradições e plena de sentido. No entanto, sentimos que antes precisamos nos ocupar das manifestações de afeto que aparecem no sonho e compará-las com os afetos que a análise descobre nos pensamentos oníricos.

H

OS AFETOS NO SONHO

Uma observação perspicaz de Stricker chamou nossa atenção para o fato de as manifestações de afeto do sonho não poderem ser despachadas com o desdém com que, despertos, costumamos nos livrar do conteúdo onírico: "Quando tenho medo de ladrões no sonho, os ladrões sem dúvida são imaginários, mas o medo é real", e o mesmo acontece quando me alegro no sonho. Segundo o testemunho de nossa sensibilidade, o afeto experimentado no sonho de forma alguma é inferior comparado àquele de mesma intensidade que se experimenta na vigília, e mais energicamente do que pelo seu conteúdo de representações, é pelo seu conteúdo de afetos que o sonho reivindica o direito de ser incluído entre as experiências reais de nossa psique. Não realizamos essa inclusão na vigília porque não sabemos avaliar psiquicamente um afeto a não ser ligando-o a um conteúdo de representações. Se o afeto e a representação não se corresponderem segundo o tipo e a intensidade, nosso juízo de vigília fica desnorteado.

Algo que sempre provocou admiração quanto aos sonhos foi o fato de os conteúdos representacionais não serem acompanhados pelos afetos que esperaríamos como necessários no pensamento de vigília. Strümpell afirmou que no sonho as representações são privadas de seus valores psíquicos. Porém, o contrário também não falta no sonho, ou seja, que surja uma intensa manifestação de afeto no caso de um conteúdo que não parece oferecer ocasião para a liberação de afeto. Encontro-me em sonhos numa situação terrível, perigosa ou repugnante, porém não sinto qualquer medo ou repugnância; em compensação, outras vezes me apavoro com coisas inofensivas e me alegro com coisas pueris.

Esse enigma do sonho desaparece tão súbita e completamente como talvez nenhum outro dos enigmas oníricos se passarmos do conteúdo onírico manifesto ao latente. Não precisaremos nos ocupar da explicação desse enigma, pois ele não existe mais. A análise nos ensina *que os conteúdos representacionais sofreram deslocamentos e substituições, enquanto os afetos ficaram imóveis*. Não é de admirar que o conteúdo de representações, modificado pela distorção onírica, não se ajuste mais ao afeto conservado, mas também não há mais motivos de admiração quando a análise colocou o conteúdo correto em seu lugar original.[77]

Em um complexo psíquico que experimentou a influência da censura da resistência, os afetos são a parcela duradoura que, só ela, pode nos indicar o complemento correto. Nas psiconeuroses essa relação se revela de maneira ainda mais nítida do que no sonho. Nelas o afeto sempre tem razão, pelo menos quanto à sua qualidade; afinal, sua intensidade pode ser aumentada por deslocamentos da atenção neurótica. Quando o histérico se admira por sentir tanto medo de uma ninharia ou quando o homem com ideias obsessivas se espanta com o fato de uma repreensão tão desagradável brotar de uma insignificância, ambos se enganam, pois tomam o conteúdo de representações – a ninharia ou a insignificância – pelo essencial, e se defendem sem sucesso porque transformam esse conteúdo de representações no ponto de partida de seu trabalho de pensamento. A psicanálise lhes mostra então

---

77. Se não estou muito enganado, o primeiro sonho de meu neto de vinte meses de que tomei conhecimento mostra um estado de coisas em que o trabalho do sonho foi bem-sucedido em transformar seu material numa realização de desejo, enquanto o afeto correspondente se impôs, sem sofrer transformações, também no estado de sono. Na noite que precedeu à partida do pai para o *front*, a criança exclamou entre fortes soluços: "Papai, papai – bebê". Isso só podia significar: "Papai e bebê ficam juntos", enquanto o choro reconhece a partida iminente. Na ocasião, a criança era perfeitamente capaz de expressar o conceito de separação. *"Fort"* [foi embora] (substituído por um *oooh* singularmente acentuado e prolongado) foi uma de suas primeiras palavras, e vários meses antes desse primeiro sonho ela brincara de "foi embora" com todos os seus brinquedos, o que remontava à autossuperação, precocemente bem-sucedida, que consistia em permitir que a mãe fosse embora. [Nota acrescentada em 1919.] [Ver *Além do princípio do prazer* (1920), no qual Freud discorre sobre o jogo dessa criança. (N.R.)]

o caminho correto, pois, ao contrário, ela reconhece que o afeto é justificado e sai em busca da representação que lhe corresponde, recalcada por uma substituição. O pressuposto aí é que a liberação de afeto e o conteúdo representacional não formam aquela unidade orgânica indissolúvel pela qual estamos acostumados a tratá-los, e sim que as duas partes podem estar soldadas uma na outra, de modo que sejam separáveis mediante análise. A interpretação dos sonhos mostra que esse é de fato o caso.

Apresento inicialmente um exemplo no qual a análise esclarece a aparente ausência do afeto no caso de um conteúdo representacional que deveria provocar sua liberação.

I

Ela vê três leões num deserto, um deles rindo, mas não sente medo. Ainda assim, deve ter fugido deles depois, porque quer subir numa árvore, mas já encontra sua prima, que é professora de francês, em cima dela etc.

A análise traz o seguinte material: o motivo indiferente do sonho é uma frase de sua tarefa de inglês: "A juba é o adorno do *leão*". Seu pai usava uma barba que envolvia o rosto como uma *juba*. Sua professora de inglês se chama Miss *Lyons* (*lions* = leões). Um conhecido lhe mandou as baladas de *Loewe* [leão]. Esses são os três leões, portanto; por que deveria ter medo deles? – Ela tinha lido um conto no qual um negro que incitara os outros à revolta era perseguido com cães de caça e subia numa árvore para se salvar. Seguem-se, no mais travesso dos humores, fragmentos de lembranças como estes: a instrução de como apanhar leões tirada da revista *Fliegende Blätter*: "Pegue um deserto e passe pela peneira, assim você obterá os leões". Além disso, a anedota muito divertida, mas não muito decorosa, de um funcionário a quem perguntam por que não se esforçava mais para conquistar a simpatia do chefe e que responde dizendo que se esforçou por entrar rastejando, mas que seu superior *já estava em cima*. Todo material se torna compreensível quando tomamos conhecimento de que no dia do sonho a mulher tinha recebido a visita do superior de seu marido. Ele foi muito gentil com ela, beijou sua mão e *ela não teve nenhum medo dele*, embora seja um *figurão* [*grosses Tier* = animal grande] e desempenhe o papel de um "leão da sociedade" na capital de seu estado. Portanto, esse leão pode ser comparado ao leão de *Sonho de uma noite de verão*, que é desmascarado como sendo Snug, o carpinteiro, e assim todos são leões de sonho, que não inspiram medo.

II

Como segundo exemplo, cito o sonho daquela jovem que viu o filhinho da irmã morto no caixão, porém, como agora acrescento, sem sentir dor nem luto. Sabemos a razão disso a partir da análise. O sonho apenas ocultava o desejo de rever o homem amado; o afeto tinha de estar em harmonia com o desejo e não com o seu disfarce. Portanto, não havia qualquer motivo para luto.

Em alguns sonhos, o afeto pelo menos ainda se mantém ligado ao conteúdo representacional que substituiu aquele que lhe correspondia. Em outros, a dissolução do complexo vai mais longe. O afeto aparece inteiramente separado de sua representação correspondente e se encontra acomodado em algum outro ponto do sonho onde caiba no novo arranjo dos elementos oníricos. Assim, ocorre algo parecido ao que vimos no caso dos atos de juízo do sonho. Se houver uma conclusão importante nos pensamentos oníricos, o sonho também contém uma; a conclusão do sonho, porém, pode estar deslocada para um material muito diferente. Não raro, esse deslocamento ocorre segundo o princípio da oposição.

Ilustro essa última possibilidade com o seguinte exemplo, que submeti à mais exaustiva análise.

III

Um castelo à beira-mar; depois, ele não se encontra imediatamente à beira-mar, e sim às margens de um estreito canal que leva ao mar. O governador é um certo sr. P. Estou parado com ele num grande salão de três janelas, diante do qual se elevam saliências como os merlões de uma fortificação. Como uma espécie de oficial voluntário da marinha, estou encarregado da guarnição. Tememos a entrada de navios de guerra inimigos, visto que estamos em guerra. O sr. P. tem a intenção de ir embora; ele me dá instruções sobre o que fazer no caso do temido ataque ocorrer. Sua mulher doente encontra-se com os filhos no castelo ameaçado. Quando começar o bombardeio, a grande sala deverá ser evacuada. Ele respira com dificuldade e quer se afastar; eu o retenho e lhe pergunto sobre como devo informá-lo em caso de necessidade. Ele ainda diz alguma coisa a respeito, mas logo depois cai morto. Devo tê-lo fatigado inutilmente com as perguntas. Depois de sua morte, que não me causou maior impressão, penso se a viúva ficará no castelo, se devo comunicar a morte ao Estado-Maior e se, na condição de imediato em comando, devo assumir o governo do castelo. Estou parado à janela e observo os navios que passam; são navios mercantes que passam zunindo rapidamente sobre a água escura, alguns com várias chaminés, outros com coberta inflada (muito parecida com os edifícios da estação ferroviária do sonho preliminar, não relatado aqui). *Depois meu irmão está parado ao meu lado e ambos olhamos o canal pela janela. Um dos navios nos assusta e exclamamos: "Lá vem o navio de guerra!". Mas constatamos que apenas voltavam os mesmos navios que eu já conhecia. Então chega um navio pequeno, estranhamente cortado, terminando na metade de sua largura; sobre o convés víamos objetos curiosos em forma de taça ou caixa. Exclamamos como que numa só voz: "Esse é o navio do café da manhã!".*

O movimento rápido dos navios, o azul profundo da água, a fumaça marrom das chaminés – tudo isso junto resulta numa impressão tensa, sombria.

Os lugares desse sonho são compostos a partir de várias viagens ao *mar Adriático* (Miramare, Duíno, Veneza, Aquileia). Uma curta, mas agradável viagem de Páscoa com meu irmão à *Aquileia*, poucas semanas antes do sonho, ainda estava fresca em minha memória. Também entravam em jogo a *guerra naval* entre Estados Unidos e Espanha e, ligadas a ela, as preocupações com o destino de meus parentes que moram nos Estados Unidos. Os afetos se destacam em dois pontos desse sonho. Num deles, um afeto que seria de se esperar não se manifesta: é expressamente destacado que a morte do governador não me causa qualquer impressão; em outro ponto, quando acredito ver o navio de guerra, *assusto-me* e sinto no sono todas as sensações do susto. Nesse sonho bem construído, os afetos são alocados de tal modo que toda contradição chamativa é evitada. Afinal, não havia razão para que eu me assustasse com a morte do governador, e certamente é adequado que, no papel de comandante do castelo, eu me assuste ao ver o navio de guerra. Só que a análise demonstra que o sr. P. é apenas um substituto de meu próprio eu (no sonho, eu sou seu substituto). Sou o governador que morre de súbito. Os pensamentos oníricos tratam do futuro dos meus depois de minha morte prematura. Não há outro pensamento penoso nos pensamentos oníricos. O susto, que no sonho está soldado à visão do navio de guerra, deve ser separado dessa visão e associado a esse pensamento. Inversamente, a análise mostra que a região dos pensamentos oníricos da qual foi tirado o navio de guerra está repleta das mais alegres reminiscências. Foi um ano antes, em Veneza; num dia encantadoramente belo, estávamos parados às janelas de nosso quarto que dava para a Riva Schiavoni e olhávamos a laguna azul, na qual, naquele dia, havia mais movimento do que de costume. Eram esperados navios ingleses que seriam recebidos solenemente, e de repente minha mulher exclamou, alegre como uma criança: "Lá vem o navio de guerra inglês!". No sonho me assusto com as mesmas palavras; vemos mais uma vez que as falas do sonho provêm de falas da vida de vigília. Logo mostrarei que o elemento "inglês" nessa fala também não se perdeu para o trabalho do sonho. Portanto, entre os pensamentos oníricos e o conteúdo onírico, transformo alegria em susto, e apenas preciso aludir que com essa transformação mesma dou expressão a um fragmento do conteúdo onírico latente. O exemplo demonstra, porém, que o trabalho do sonho é livre para separar o motivo do afeto de suas ligações nos pensamentos oníricos e introduzi-lo em qualquer outro lugar do conteúdo onírico.

Aproveito a ocasião para submeter a uma análise mais detalhada o "navio do café da manhã", cujo surgimento no sonho encerra de maneira tão absurda uma situação fixada racionalmente. Se examinar melhor esse objeto onírico, ocorre-me *a posteriori* que era preto e que, por ser cortado na sua maior largura, atingia nessa extremidade uma grande semelhança com um objeto que nos pareceu interessante nos museus das cidades etruscas. Tratava-se de uma bandeja retangular de argila preta, com duas alças, sobre a qual havia coisas parecidas com xícaras de café ou chá, não muito diferente de um de nossos modernos serviços para a *mesa do café da manhã*. Fizemos perguntas e ficamos sabendo que se tratava da toalete de uma dama etrusca, com as caixinhas de maquiagem e de pó de arroz; gracejamos entre nós dizendo que não seria mal levar uma coisa dessas para a dona da casa. O objeto onírico significa, portanto, *toalete negra*, luto, e alude diretamente a uma morte. A outra extremidade do objeto onírico lembra os *Nachen* [barcos] – da raiz νέκυς [cadáver], segundo me comunica um amigo com conhecimentos filológicos – sobre os quais antigamente se colocavam os cadáveres que eram abandonados ao mar para que ele os sepultasse. É neste ponto que se encaixa o fato de os navios voltarem no sonho.

Sereno, num barco a salvo, adentra o porto o ancião.[78]

Trata-se do regresso após o naufrágio [*Schiffbruch*; literalmente, "quebra do navio"]; afinal, o navio do café da manhã está como que quebrado na sua largura. Mas de onde o nome "navio *do café da manhã*"? É aqui que entra o "inglês", que colocamos de parte ao tratar dos navios de guerra. Café

---

78. De um dístico de Schiller, "Expectativa e cumprimento": "No oceano navega com mil mastros o jovem / Sereno, num barco a salvo, adentra o porto o ancião". (N.T.)

da manhã = *breakfast, quebrar o jejum*. O *quebrar* [*Brechen*] também se relaciona com a "*quebra* do navio" [Schiff*bruch*], e o *jejum* se associa à toalete negra.

Porém, nesse "navio do café da manhã" apenas o nome é uma criação do sonho. A coisa existiu, e me faz lembrar uma das horas mais alegres de minha última viagem. Desconfiados da alimentação em Aquileia, tínhamos levado provisões da Gorízia, comprado uma garrafa do excelente vinho da Ístria em Aquileia e, enquanto o pequeno vapor do correio, passando pelo Canale delle Mee, entrava lentamente no trecho deserto da laguna rumo a *Grado*, nós, os únicos passageiros, tomamos com excelente humor o café da manhã no convés, uma refeição que nos pareceu saborosa como poucas antes. Esse foi, portanto, o "navio do café da manhã", e justamente por trás dessa reminiscência do mais alegre gozo da vida o sonho ocultou os pensamentos mais sombrios acerca de um futuro desconhecido e inquietante.

A separação dos afetos em relação às massas de representações que produziram sua liberação é o que de mais chamativo lhes ocorre no processo de formação do sonho, porém não é a única nem a mais essencial modificação que sofrem no caminho que vai dos pensamentos oníricos ao sonho manifesto. Comparando os afetos dos pensamentos oníricos com aqueles do sonho, uma coisa se torna clara de imediato: se houver um afeto no sonho, ele também se encontra nos pensamentos oníricos, mas não o contrário. Em geral, o sonho é mais pobre em afetos do que o material psíquico de cuja elaboração resultou. Depois de reconstruir os pensamentos oníricos, vejo como neles, em geral, as mais intensas moções psíquicas buscam se impor, na maioria das vezes lutando com outras que as contrariam com violência. Se olhar novamente o sonho, não é raro que o veja descolorido, desprovido de qualquer tonalidade de sentimento mais intensa. Mediante o trabalho do sonho, não apenas o conteúdo, mas muitas vezes também a tonalidade afetiva do meu pensamento é levada ao nível do indiferente. Poderia dizer que mediante o trabalho do sonho ocorre uma *repressão dos afetos*. Tomemos, por exemplo, o sonho da monografia botânica. Corresponde-lhe no pensamento uma defesa apaixonada de minha liberdade de agir tal como ajo, de organizar minha vida única e exclusivamente como me parece correto. O sonho que resulta disso soa indiferente: escrevi uma monografia, ela está diante de mim, tem lâminas coloridas e plantas dessecadas acompanham cada exemplar. É como a paz de um campo de cadáveres; não se percebe mais nada da fúria da batalha.

O resultado também pode ser outro, e vivas manifestações de afeto podem entrar no sonho; inicialmente, porém, nos deteremos no fato incontestável de tantos sonhos parecerem indiferentes enquanto nunca podemos nos transportar para os pensamentos oníricos sem uma profunda comoção.

Não cabe dar aqui o esclarecimento teórico completo dessa repressão dos afetos durante o trabalho do sonho; ele pressuporia o mais cuidadoso aprofundamento na teoria dos afetos e no mecanismo do recalcamento. Quero mencionar aqui apenas dois pensamentos. Sou forçado – por outros motivos – a imaginar a liberação de afeto como um processo centrífugo dirigido ao interior do corpo, análogo aos processos de inervação motores e secretores. Tal como no estado de sono o envio de impulsos motores [*motorischer Impulse*] para o mundo exterior parece suspenso, assim também poderia ser dificultado o despertar centrífugo de afetos pelo pensamento inconsciente durante o sono. As moções de afeto que se produzem durante o fluxo dos pensamentos oníricos seriam assim, no fundo, fracas, e por isso aquelas que entram no sonho também não são mais fortes. Segundo esse raciocínio, a "repressão dos afetos" não seria de forma alguma resultado do trabalho do sonho, e sim uma consequência do estado de sono. Pode ser que seja assim, mas é impossível que isso seja tudo. Também precisamos considerar que todos os sonhos mais complexos se revelaram como o compromisso resultante de um conflito entre potências psíquicas. Por um lado, os pensamentos formadores de desejo precisam lutar com a oposição de uma instância censora; por outro lado, vimos com frequência que no próprio pensamento inconsciente cada cadeia de pensamentos estava atrelada à sua contraparte contraditória. Visto que todas essas cadeias de pensamento são capazes de produzir afetos, dificilmente nos enganaremos de um modo geral se compreendermos a repressão dos afetos como consequência da inibição que os opostos exercem uns sobre os outros e que a censura exerce sobre as tendências que reprime. *A inibição dos afetos seria então o segundo resultado da censura onírica, assim como a distorção onírica foi o primeiro.*

Quero inserir um exemplo no qual o tom afetivo indiferente do conteúdo onírico pode ser esclarecido pela oposição nos pensamentos oníricos. Preciso narrar o seguinte sonho curto, que causará repulsa a todos os leitores:

IV

Uma colina, e sobre ela algo como um banheiro ao ar livre: um banco bastante longo em cuja extremidade há um grande buraco. A borda de trás está densamente coberta por montinhos de excremento de todos os tamanhos e graus de frescor. Atrás do banco, uma moita. Urino sobre o banco; um longo jato de urina limpa tudo, os montes de excremento se desprendem com facilidade e caem na abertura. É como se no final ainda sobrasse alguma coisa.

Por que não senti nojo nesse sonho?

Porque, como mostra a análise, os mais agradáveis e mais satisfatórios pensamentos tomaram parte no seu surgimento. Durante a análise me ocorre de imediato o *estábulo de Áugias*, limpo por Hércules. Esse Hércules sou eu. A colina e a moita pertencem ao Aussee, onde agora meus filhos se encontram. Descobri a etiologia infantil das neuroses e assim protegi meus próprios filhos do adoecimento. O banco (exceto pelo buraco, naturalmente) é a imitação fiel de um móvel que me foi presenteado por uma paciente afeiçoada a mim. Ele me lembra o quanto meus pacientes me respeitam. Mesmo o museu de excrementos humanos é suscetível de uma interpretação agradável. Por mais que isso me enoje na Itália, trata-se no sonho de uma reminiscência desse belo país, em cujas pequenas cidades, como se sabe, os banheiros são exatamente assim. O jato de urina que limpa tudo é uma inequívoca alusão à grandeza. É assim que Gulliver apaga o grande incêndio em Lilipute, o que, no entanto, lhe rende o desagrado da minúscula rainha. Mas também Gargântua, o super-homem de mestre Rabelais, vinga-se dessa forma dos parisienses ao subir em Notre-Dame e lá do alto dirigir seu jato de urina sobre a cidade. Justamente ontem, antes de dormir, folheei as ilustrações de Garnier para as obras de Rabelais. E, coisa curiosa, outra indicação de que sou o super-homem! A plataforma de Notre-Dame foi meu lugar predileto em Paris; sempre que tinha uma tarde livre, costumava trepar entre os monstros e as carantonhas diabólicas nas torres da igreja. O fato de todo excremento desaparecer tão rápido com o jato se relaciona com o moto *Afflavit et dissipati sunt* [Ele soprou e eles foram dispersados], que um dia usarei como epígrafe de um capítulo sobre a terapia da histeria.

E agora, o motivo efetivo do sonho. Fora uma tarde quente de verão; ao anoitecer, tinha proferido minha conferência sobre a relação da histeria com as perversões, e tudo que consegui dizer me desagradou profundamente, me pareceu desprovido de qualquer valor. Estava cansado, sem qualquer sinal de satisfação com meu difícil trabalho, queria distância desse escarafunchar na imundície humana e ansiava pelos meus filhos e pelas belezas da Itália. Nesse estado de espírito, saí do auditório e fui a um café, para lá, ao ar livre, fazer um lanche modesto, pois o apetite havia me abandonado. Só que um de meus ouvintes me acompanhou; ele pediu permissão para sentar-se comigo enquanto eu tomava meu café e engolia meu croissant com dificuldade, e começou a me lisonjear. Falou do quanto tinha aprendido comigo e que agora via tudo com outros olhos, que eu tinha limpado o *estábulo de Áugias* dos erros e preconceitos na teoria das neuroses, em suma, que eu era um grande homem. Meu estado de espírito se harmonizava mal com o seu cântico de louvor; eu lutava com o asco, fui mais cedo para casa a fim de me livrar dele e antes de dormir ainda folheei Rabelais e li uma novela de C.F. Meyer, "Os sofrimentos de um menino".

Desse material resultara o sonho; a novela de Meyer acrescentou a lembrança de cenas de infância (ver o sonho com o conde Thun, última imagem). O estado de espírito da vigília, de nojo e aborrecimento, se impôs no sonho, na medida em que ofereceu quase todo o material para o conteúdo onírico. Porém, durante a noite se manifestou o estado de espírito oposto, de autoafirmação enérgica e mesmo exagerada, e eliminou o primeiro. O conteúdo onírico precisou assumir uma forma tal que possibilitasse a expressão, no mesmo material, tanto do delírio de pequeneza quanto da superestimação de si mesmo. Dessa formação de compromisso resultou um conteúdo onírico ambíguo, mas também uma tonalidade afetiva indiferente devido à inibição mútua dos opostos.

Segundo a teoria da realização de desejo, esse sonho não teria sido possível se a cadeia de ideias contrária, a do delírio de grandeza – na verdade reprimida, porém impregnada de prazer –, não tivesse se associado à cadeia de ideias do nojo. Pois o que é desagradável não deve ser figurado no sonho; o que é desagradável em nossos pensamentos de vigília somente pode conquistar sua entrada no sonho se ao mesmo tempo emprestar seu disfarce a uma realização de desejo.

O trabalho do sonho ainda pode fazer outra coisa com os afetos dos pensamentos oníricos além de admiti-los ou reduzi-los a zero. Ele pode *convertê-los em seus contrários*. Já tomamos conhecimento da regra de interpretação segundo a qual cada elemento do sonho também pode figurar o seu contrário para a interpretação, tanto quanto a si próprio. Nunca se sabe de antemão se cabe usar um ou outro; apenas o contexto decide acerca disso. Certa noção desse estado de coisas aparentemente se impôs à consciência popular; em suas interpretações, os livros de sonhos procedem com muita frequência segundo o princípio do contraste. Essa metamorfose em seu contrário é possibilitada pelo íntimo encadeamento associativo que, em nosso pensamento, liga a representação de uma coisa à representação de seu contrário. Como qualquer outro deslocamento, ela serve aos fins da censura, mas muitas vezes também é obra da realização de desejo, pois afinal a realização de desejo não é outra coisa senão a substituição de uma coisa desagradável pelo seu contrário. Portanto, assim como as representações de coisa, os afetos dos pensamentos oníricos também podem aparecer no sonho convertidos em seus contrários, e é provável que essa inversão do afeto seja realizada na maioria das vezes pela censura onírica. A *repressão* e a *inversão dos afetos* também servem à vida social – que nos indicou a analogia bem conhecida para a censura onírica –, sobretudo à *dissimulação*. Se eu falar com uma pessoa pela qual preciso me impor consideração, quando gostaria de lhe dizer coisas hostis, é quase mais importante ocultar dela as manifestações de meu afeto do que suavizar a expressão verbal de meus pensamentos. Se falar com ela usando palavras gentis, mas acompanhá-las de um olhar ou de um gesto de ódio e de desprezo, o efeito que obteria junto a essa pessoa não seria muito diferente do que se tivesse jogado meu desprezo na sua cara sem qualquer consideração. Portanto, a censura me ordena sobretudo reprimir meus afetos, e, se eu for um mestre da dissimulação, fingirei o afeto contrário: vou sorrir quando estiver furioso e me mostrar terno quando gostaria de aniquilar.

Já conhecemos um excelente exemplo de tal inversão dos afetos no sonho a serviço da censura onírica. No sonho com "a barba do tio" sinto grande ternura pelo meu amigo R., enquanto e porque os pensamentos oníricos o chamam de imbecil. Desse exemplo de inversão dos afetos recebemos a primeira indicação sobre a existência de uma censura onírica. Também aqui não é necessário supor que o trabalho do sonho crie tal afeto contrário inteiramente do nada; em geral, ele o encontra pronto no material dos pensamentos oníricos e apenas o intensifica com a força psíquica dos motivos de defesa até que possa prevalecer na formação do sonho. No recém-mencionado sonho com meu tio, o afeto contrário de ternura provavelmente se origina de uma fonte infantil (como sugere a continuação do sonho), pois a relação tio-sobrinho, devido à natureza especial de minhas experiências da primeira infância (ver a análise das p. 448-450), se tornou para mim a fonte de todas as amizades e de todo o ódio.

Um excelente exemplo de uma dessas inversões de afeto nos dá um sonho relatado por Ferenczi (1916): "Um senhor de certa idade é despertado durante a noite pela mulher, que ficou amedrontada com suas risadas altas e descontroladas durante o sono. O homem contou mais tarde que teve o seguinte sonho: *Eu estava deitado em minha cama, um senhor conhecido entrou, eu quis acender a luz, mas não consegui; tentei muitas vezes – em vão. Depois minha mulher levantou da cama para me ajudar, mas também não conseguiu nada; por se envergonhar diante do senhor devido ao seu* négligé*, ela enfim desistiu e se deitou outra vez; tudo isso foi tão engraçado que tive de rir terrivelmente. Minha mulher disse: 'Você está rindo do quê, você está rindo do quê?', mas apenas continuei rindo, até que acordei.* – No dia seguinte esse senhor estava extremamente abatido, sentindo dores de cabeça – 'De tanto dar risada, o que me afetou', disse ele.

"Considerado analiticamente, esse sonho parece menos divertido. Nos pensamentos oníricos latentes, o 'senhor conhecido' que entra é a imagem da morte como o 'grande desconhecido', invocada na véspera. O velho senhor, que sofre de arteriosclerose, teve razões na véspera para pensar na morte. O riso descontrolado ocupa o lugar do choro e dos soluços frente à ideia de que ele deve morrer. A luz que ele não consegue mais acender é a luz da vida. É possível que esse triste pensamento tenha se ligado às tentativas fracassadas de manter relações sexuais ocorridas pouco antes, e para as quais a ajuda de sua mulher de *négligé* nada contribuiu; ele percebeu que as coisas já vão mal para ele. O trabalho do sonho conseguiu transformar as tristes ideias da impotência e da morte numa cena engraçada, e os soluços, em riso." [1919]

Há uma classe de sonhos que têm um direito especial à designação de "hipócritas", e que submetem a teoria da realização de desejo a uma dura prova. Eles passaram a chamar minha atenção quando a dra. M. Hilferding trouxe para discussão na Sociedade Psicanalítica de Viena o sonho de Rosegger reproduzido abaixo.

Na história "Despedido", Rosegger narra o seguinte (*Floresta natal*, vol. 2, p. 303): "Em geral, gozo de um sono sadio, mas já perdi a paz de muitas de minhas noites, pois ao lado de minha modesta existência de estudante e literato arrastei por longos anos a sombra de uma verdadeira vida de alfaiate, como um fantasma do qual não conseguia me livrar.

"Não é verdade que durante o dia eu tivesse me ocupado com muita frequência e vivacidade de meu passado. Um conquistador do mundo e dos céus, que escapou da pele de um filisteu, tem mais o que fazer. Mas o jovem folgazão tampouco pensou muito em seus sonhos noturnos; apenas mais tarde, quando estava acostumado a pensar em tudo, mas também quando o filisteu em mim voltou a se manifestar um pouco, é que chamou minha atenção que eu era sempre – quando sonhava – o aprendiz de alfaiate, e que, como tal, já trabalhava há muito tempo na alfaiataria de meu mestre sem receber pagamento. Quando estava sentado ao seu lado e costurava e passava, eu sabia muito bem que, no fundo, não pertencia mais àquele lugar e que na condição de homem da cidade tinha de me ocupar de outras coisas; mas eu estava sempre de férias, estava sempre em veraneio, e assim ficava sentado na alfaiataria ajudando. Muitas vezes isso era bem desagradável; eu lamentava o tempo perdido que poderia ter aproveitado melhor e mais utilmente. Às vezes, quando alguma coisa não queria sair na sua devida medida e feitio, eu precisava tolerar uma descompostura do mestre; não obstante, jamais se falava de salário. Muitas vezes, quando estava sentado daquele jeito na alfaiataria escura, as costas curvadas, eu pensava em deixar o trabalho e pedir demissão. Certa vez cheguei a fazê-lo, mas o mestre nem ligou, e no dia seguinte eu estava outra vez na alfaiataria e costurava.

"Depois dessas horas tediosas, como me alegrava por acordar! E então me propus, caso esse sonho impertinente voltasse a ocorrer, a repeli-lo com energia e exclamar em voz alta: 'Isso é só uma ilusão, estou deitado na cama e quero dormir...'. E na noite seguinte, no entanto, eu estava outra vez na alfaiataria.

"E assim continuou por anos, numa regularidade sinistra. Certa vez, quando o mestre e eu trabalhávamos na propriedade de Alpenhofer, o camponês em cuja casa comecei meu aprendizado, o mestre se mostrou especialmente insatisfeito com meu trabalho. 'Gostaria de saber onde você está com a cabeça!', disse ele, e me encarou um tanto sombrio. Pensei que o mais razoável seria me levantar, dizer ao mestre que estava com ele apenas por obséquio e ir embora. Mas não o fiz. Quando o mestre recebeu um aprendiz e me ordenou que lhe desse lugar no banco, me resignei com isso. Fui para o canto e costurei. No mesmo dia ele ainda recebeu um oficial, beato; era o Böhm, que dezenove anos antes trabalhara conosco e que na época caíra no riacho quando vinha da taverna. Quando ele quis se sentar, não havia lugar. Olhei interrogativo para o mestre e ele me disse: 'Você não tem jeito para a alfaiataria, *pode ir embora, está despedido*'. – Meu susto com isso foi tão grande que acordei.

"A alvorada reluzia pelas janelas claras de meu querido lar. Objetos de arte me cercavam; na estante de bom gosto, me esperavam o eterno Homero, o gigantesco Dante, o incomparável Shakespeare, o glorioso Goethe – os magníficos, os imortais todos. Do quarto ao lado vinham as vozezinhas claras das crianças que acordavam e gracejavam com a mãe. Era como se tivesse reencontrado essa vida idilicamente doce, pacificamente amena, rica em poesia e luminosamente espiritualizada na qual senti com tanta frequência e profundidade a tranquila felicidade humana. E, no entanto, me aborrecia o fato de não ter me adiantado a meu mestre com o aviso de demissão, e sim ter sido despedido por ele.

"E, como isso é estranho: depois daquela noite em que o mestre me despediu, tive paz, não sonhei mais com minha época de alfaiate que jazia num passado distante, uma época tão alegre em sua despretensão e que, no entanto, lançou uma sombra tão longa sobre os anos posteriores de minha vida."

Nessa série de sonhos do escritor que em sua juventude fora oficial de alfaiataria é difícil reconhecer o domínio da realização de desejo. Tudo o que é agradável se encontra na vida de vigília, enquanto o sonho parece seguir arrastando a sombra fantasmagórica de uma existência insatisfatória finalmente superada. Sonhos próprios parecidos com esse me colocaram em condições de dar alguma explicação a respeito. Depois de formado, trabalhei por muito tempo no instituto de química sem ter qualquer êxito nas artes ali exigidas, e por isso nunca gosto de pensar durante a vigília nesse episódio infrutífero e, no fundo, embaraçoso de meu aprendizado. Em compensação, sonho de forma recorrente que trabalho no laboratório, faço análises, passo por diferentes experiências etc.; esses sonhos são desagradáveis como os sonhos com exames e nunca são muito nítidos. Na interpretação de um deles finalmente prestei atenção na palavra "análise", que me deu a chave para sua compreensão. Afinal, desde então me tornei "analista", faço análises que são muito elogiadas, embora sejam *psicanálises*. Então entendi: se na vida de vigília fiquei orgulhoso desse tipo de análises, se gostaria de me vangloriar por ter ido tão longe, durante a noite o sonho me repreende por aquelas outras análises malogradas, das quais não tinha razão alguma de ficar orgulhoso; são sonhos punitivos de arrivista, como os do oficial de alfaiataria que se tornou um autor celebrado. Mas como é possível ao sonho, no conflito entre o orgulho do *parvenu* e a autocrítica, se colocar a serviço da última e assumir o conteúdo de uma advertência sensata em vez de uma realização de desejo ilícita? Já afirmei que a resposta a essa pergunta traz dificuldades. Podemos deduzir que, de início, uma fantasia petulante de ambição formou a base do sonho; no lugar dela, porém, entraram no conteúdo onírico a sua atenuação e a vergonha. Recordemos que existem tendências masoquistas na vida psíquica às quais podemos atribuir semelhante inversão. [1911] Eu não faria objeções a separar essa espécie de sonhos, como *sonhos punitivos*, dos *sonhos de realização de desejo*. Eu não veria nisso qualquer restrição à teoria do sonho defendida até aqui, e sim meramente uma concessão linguística à concepção para a qual parece estranha a coincidência dos opostos. [1919] Porém, um exame mais atento de alguns desses sonhos ainda permite reconhecer outra coisa. Nos detalhes indistintos de um de meus sonhos com o laboratório, eu tinha precisamente aquela idade que me deslocava para o ano mais sombrio e mais infrutífero de minha carreira médica; ainda não tinha emprego e não sabia como deveria ganhar minha vida, mas em meio a isso entrevi de súbito que podia escolher entre várias mulheres com quem casar! Portanto, eu era jovem outra vez e, sobretudo, ela era jovem outra vez, a mulher que partilhou todos esses anos difíceis comigo. Assim, um dos desejos que corrói sem cessar o homem que envelhece foi revelado como sendo o excitador inconsciente do sonho. A luta entre a vaidade e a autocrítica, que se travava em outros estratos psíquicos, sem dúvida determinou o conteúdo onírico, mas só o desejo de ser jovem, de raízes mais profundas, o tornou possível como sonho. Às vezes também nos dizemos durante a vigília: "As coisas estão muito boas hoje, e aquela foi uma época difícil; ainda assim foi uma bela época; você ainda era bem jovem".[79] [1911]

Outro grupo de sonhos, que eu próprio tive com frequência e reconheci como hipócritas, tem por conteúdo a reconciliação com pessoas com quem as relações de amizade se extinguiram há muito tempo. Em geral, a análise descobre um motivo que poderia me animar a pôr de lado o último resto de consideração por esses antigos amigos e tratá-los como estranhos ou como inimigos. Porém, o sonho se compraz em pintar a relação oposta. [1919]

Na apreciação de sonhos comunicados por um escritor, podemos supor com bastante frequência que ele excluiu da comunicação aqueles detalhes do conteúdo onírico percebidos como perturbadores e considerados insignificantes. Assim, seus sonhos nos propõem enigmas que numa reprodução mais exata do conteúdo onírico logo poderiam ser resolvidos.

Otto Rank também chamou minha atenção para o fato de que no conto do alfaiatezinho valente, ou "Sete de um só

---

79. Desde que a psicanálise decompôs a pessoa em um eu e um supereu (*Psicologia das massas e análise do eu*, 1921 c), é fácil reconhecer nesses sonhos punitivos realizações de desejo do supereu. [Nota acrescentada em 1930.]

golpe", dos irmãos Grimm, se narra o sonho muito parecido de um arrivista. O alfaiate, que se tornou herói e genro do rei, sonha certa noite ao lado da princesa, sua esposa, com seu ofício; ela fica desconfiada e encarrega homens armados de, na noite seguinte, ouvir o que é dito em sonhos e se certificar da pessoa do sonhador. Mas o alfaiatezinho é avisado e sabe corrigir o sonho. [1911]

O que há de complicado nos processos de supressão, subtração e inversão mediante os quais os afetos dos pensamentos oníricos finalmente se transformam nos afetos do sonho pode ser bem abrangido pela vista em sínteses apropriadas de sonhos analisados na íntegra. Quero tratar de mais alguns exemplos de moção de afeto no sonho que mostram como realizados alguns dos casos discutidos.

V

No sonho com a estranha tarefa de preparar minha própria bacia, de que sou encarregado pelo velho Brücke, *dou pela falta, no próprio sonho, do horror correspondente*. Isso é uma realização de desejo em mais de um sentido. A preparação significa a autoanálise, que efetuo, por assim dizer, mediante a publicação do livro sobre os sonhos, que na realidade foi tão embaraçosa para mim que adiei por mais de um ano a publicação do manuscrito pronto. Então se manifesta o desejo de superar esse sentimento de embaraço, e por isso não sinto *horror* [*Grauen*] no sonho. Também gostaria de dar pela falta do *Grauen* em outro sentido; meus cabelos encanecem [*es graut*] consideravelmente e esse cinza [*Grau*] dos cabelos também me recorda que não cabe me demorar mais. Sabemos, afinal, que no epílogo do sonho acaba se impondo à figuração o pensamento de que, na difícil peregrinação, precisaria deixar a meus filhos a tarefa de chegar ao destino.

Nos dois sonhos que deslocam a expressão da satisfação para os primeiros instantes após o despertar, essa satisfação é motivada num dos casos pela expectativa de que ficarei sabendo o que significa "já sonhei com isso", e se refere, na verdade, ao nascimento do meu primeiro filho; noutro caso, é motivada pela convicção de que acontecerá "o que foi anunciado por uma previsão", e essa satisfação é a mesma que a seu tempo saudou o segundo filho. Nesses casos, permaneceram no sonho os afetos dominantes nos pensamentos oníricos, mas em nenhum sonho as coisas devem ser tão simples. Se nos aprofundarmos um pouco nas duas análises, veremos que essa satisfação não submetida à censura recebe um reforço oriundo de uma fonte que precisa temer a censura e cujo afeto com certeza provocaria oposição se ele não se protegesse com o afeto de satisfação análogo, admitido de bom grado e oriundo da fonte permitida – se, por assim dizer, não se introduzisse furtivamente por trás dele. Infelizmente, não posso demonstrar isso no próprio exemplo onírico, mas um exemplo de outra esfera tornará minha opinião compreensível. Vou supor o seguinte: próxima a mim há uma pessoa que odeio, de modo que surge em mim uma moção intensa de me alegrar caso algo lhe aconteça. Porém o aspecto moral de minha natureza não cede a essa moção; não ouso manifestar o desejo de que lhe ocorra uma desgraça, e, depois que algo lhe aconteceu sem que ela tivesse culpa, reprimo minha satisfação acerca disso e me obrigo a manifestações e pensamentos de pesar. Todo mundo já passou por uma situação dessas. Mas então acontece que a pessoa odiada atraia sobre si um desgosto bem merecido devido a alguma transgressão; então posso dar livre curso à minha satisfação por ela ter sido atingida pelo justo castigo, e nisso me exprimo em concordância com muitos outros que são imparciais. Porém, posso observar que minha satisfação é mais intensa do que a dos outros; ela recebeu um reforço oriundo da fonte do meu ódio que até então estava impedido pela censura interior de fornecer afeto, mas que não é mais impedido de fazê-lo nas novas circunstâncias. Isso geralmente ocorre na sociedade quando pessoas antipáticas ou membros de uma minoria malvista cometem algum delito. Assim, sua punição não corresponde habitualmente à sua falta, e sim à falta acrescida da hostilidade, até então sem efeito, dirigida contra elas. Os punidores sem dúvida cometem uma injustiça nesse caso, mas são impedidos de percebê-la devido à satisfação que lhes proporciona o cancelamento de uma repressão longamente mantida em seus íntimos. Nesses casos, o afeto sem dúvida é justificado segundo sua qualidade, mas não segundo suas proporções; e a autocrítica tranquilizada quanto ao primeiro ponto negligencia com muita facilidade o exame do segundo. Uma vez aberta a porta, facilmente forçam passagem por ela mais pessoas do que de início se pretendia deixar entrar.

Explica-se assim, tanto quanto admite uma explicação psicológica, o traço marcante do caráter neurótico, ou seja, que motivos suscetíveis de afeto provoquem nele um efeito que, qualitativamente legítimo, ultrapassa as medidas do ponto de vista quantitativo. O excesso provém de fontes de afeto que permaneceram inconscientes e até então reprimidas, capazes de estabelecer uma relação associativa com o motivo real e para cuja liberação de afeto a fonte afetiva admitida e isenta de objeções inicia a desejada facilitação. Assim, somos advertidos de que entre a instância psíquica reprimida e a repressora não podemos considerar exclusivamente as relações de inibição mútua. Atenção equivalente merecem os casos em que as duas instâncias produzem um efeito patológico mediante cooperação, mediante reforço mútuo. Apliquemos agora essas indicações sobre a mecânica psíquica à compreensão das manifestações de afeto do sonho. Uma satisfação que se manifesta no sonho e que, naturalmente, pode ser encontrada de imediato em seu devido lugar nos pensamentos oníricos, nem sempre é explicada inteiramente por essa única comprovação. Em geral, precisaremos buscar nos pensamentos oníricos uma segunda fonte para ela, sobre a qual pesa a pressão da censura e que sob essa pressão não teria produzido satisfação, e sim o afeto contrário, mas que, devido à presença da primeira fonte onírica, é colocada em condições de subtrair seu afeto de satisfação ao recalcamento e permitir que ele se junte como reforço à satisfação oriunda da outra fonte. Assim, os afetos no sonho aparecem como uma combinação de várias afluências e como sobredeterminados quanto ao material dos pensamentos oníricos; *no trabalho do sonho, fontes de afeto que podem fornecer o mesmo afeto se reúnem para a formação deste.*[80]

Compreenderemos um pouco essas relações complicadas mediante a análise do belo sonho cujo centro é a expressão *Non vixit* (ver p. 446 e segs.). Nesse sonho, manifestações de afeto de qualidade diferente são comprimidas em dois pontos do conteúdo manifesto. Moções hostis e desagradáveis (no próprio sonho aparece a expressão "tomado por estranhos afetos") se sobrepõem mutuamente quando aniquilo o amigo adversário com as duas palavras. No fim do sonho estou alegre de uma maneira incomum e pronuncio um juízo em que admito uma possibilidade reconhecida como absurda na vigília, a saber, que existem espectros do outro mundo que podem ser eliminados pelo mero desejo.

Ainda não comuniquei o motivo desse sonho. Ele é essencial e nos leva a compreendê-lo em profundidade. Recebi de meu amigo berlinense (que indiquei como Fl.) a notícia de que ele se submeteria a uma cirurgia e que parentes que moravam em Viena me manteriam informado sobre seu estado. As primeiras notícias após a cirurgia não foram animadoras e me deixaram preocupado. Teria gostado muito de viajar a Berlim para vê-lo, mas justamente naquele período eu estava acometido por uma doença dolorosa que transformava qualquer movimento numa tortura. A partir dos pensamentos oníricos fico sabendo que temo pela vida de meu caro amigo. Sua única irmã, que nunca conheci, falecera quando jovem, como eu sabia, depois de uma brevíssima doença. (No sonho: *Fl. fala sobre sua irmã e diz: "Em três quartos de hora ela estava morta".*) Devo ter pensado que sua própria natureza não era muito mais resistente e imaginado que se eu recebesse notícias muito piores finalmente viajaria – e chegaria *tarde*

---

80. De modo análogo, expliquei o efeito prazeroso extraordinariamente forte dos chistes tendenciosos. [Nota acrescentada em 1909.]

demais, pelo que me censuraria eternamente.[81] Essa censura por chegar tarde demais se tornou o centro do sonho, mas foi figurada numa cena em que o venerado mestre de meus anos de estudante, Brücke, me censura com um olhar terrível de seus olhos azuis. Logo se vê o que produziu esse desvio da cena; o sonho não pode reproduzir a cena mesma tal como a vivi. É verdade que ele deixa os olhos azuis ao outro, mas me dá o papel aniquilador, uma inversão que evidentemente é obra da realização de desejo. A preocupação pela vida do amigo, a censura por não viajar até onde ele está, minha vergonha (ele veio a Viena – me ver – "discretamente"), minha necessidade de me considerar desculpado em razão de minha doença – tudo isso compõe a tempestade de sentimentos que, percebida de modo nítido durante o sono, se agita naquela região dos pensamentos oníricos.

Porém, no motivo do sonho ainda havia outra coisa, que teve sobre mim um efeito inteiramente oposto. Com as notícias desfavoráveis dos primeiros dias após a cirurgia, também recebi a advertência de não falar com ninguém a respeito de todo o caso, o que me ofendeu, pois tinha como pressuposto uma desconfiança supérflua na minha discrição. Eu sabia, é verdade, que esse pedido não vinha de meu amigo, e sim correspondia a uma inabilidade ou a um excesso de preocupação do mensageiro, mas fui tocado de maneira muito desagradável pela censura oculta, pois ela... não era de todo infundada. Como se sabe, censuras em que não "há coisa" não colam, não têm força para irritar. Não certamente no assunto de meu amigo, mas muitos anos antes, quando jovem, entre dois amigos que, para a minha honra, também me consideravam como tal, cometi a indiscrição de dizer desnecessariamente a um algo que o outro havia dito sobre ele. Tampouco esqueci as censuras que ouvi naquela ocasião. Um dos dois amigos entre os quais naquela ocasião fiz o papel de fomentador de

---

81. É essa fantasia pertencente aos pensamentos oníricos inconscientes que exige imperiosamente *non vivit* em vez de *non vixit*. "Você chegou muito tarde, ele não vive mais." Indiquei nas p. 446-448 que a situação manifesta do sonho também aponta para *non vivit*.

discórdias era o professor Fleischl, o outro pode ser substituído pelo prenome Josef, o mesmo de meu amigo e adversário P. que aparece no sonho.

A censura de que sou incapaz de guardar segredos é atestada no sonho pelo elemento *discretamente* e pela pergunta de Fl., *quanto de seus assuntos, afinal, comuniquei a P.* Porém, é a intromissão da lembrança daquela indiscrição que desloca do presente para a época em que eu vivia no laboratório de Brücke a censura pelo atraso, e, quando na cena de aniquilação do sonho substituo a segunda pessoa por um Josef, faço com que essa cena não figure apenas a censura por eu chegar tarde demais, e sim também aquela, afetada mais intensamente pelo recalcamento, de que não sei guardar segredos. Os trabalhos de condensação e de deslocamento do sonho, bem como seus motivos, tornam-se evidentes aqui.

No entanto, o incômodo insignificante no presente com a advertência de não falar nada a ninguém busca reforços em fontes profundas e assim se avoluma até se transformar numa corrente de moções hostis contra pessoas na realidade amadas. A fonte que fornece o reforço se encontra na infância. Já mencionei que tanto minhas calorosas amizades quanto minhas inimizades com pessoas de mesma idade remontam à minha relação infantil com um sobrinho um ano mais velho, relação em que ele era superior, em que cedo aprendi a me defender, em que éramos inseparáveis e nos amávamos, mas em meio a isso, como testemunham declarações de pessoas mais velhas, brigávamos e – *nos acusávamos*. Todos os meus amigos são em certo sentido encarnações dessa primeira figura que "cedo, outrora, se mostrou ao turvo olhar"[82], são *espectros que voltaram do além*. Meu próprio sobrinho voltou em meus anos de juventude, e naquela ocasião representamos César e Brutus. Um amigo íntimo e um inimigo odiado sempre foram exigências imprescindíveis de minha vida emocional; sempre consegui arranjá-los e não raro o ideal da infância foi tão longe que amigo e inimigo coincidiram na mesma pessoa,

---

82. Da dedicatória do *Fausto* de Goethe. (N.T.)

naturalmente não mais ao mesmo tempo ou em alternância várias vezes repetida, como pode ter sido o caso nos primeiros anos de infância.

Não quero investigar aqui de que maneira, num tal contexto, um motivo recente de afeto pode recorrer a um motivo infantil para ser substituído por ele no efeito afetivo. Isso diz respeito à psicologia do pensamento inconsciente e encontraria seu lugar numa explicação psicológica das neuroses. Para nossos fins de interpretação dos sonhos, admitamos o surgimento, ou a formação na fantasia, de uma lembrança de infância que tenha mais ou menos o seguinte conteúdo: os dois meninos brigam por um objeto – deixemos em aberto que objeto seria esse, embora a lembrança, ou a ilusão mnêmica, tenha em vista um objeto bem determinado –; cada um afirma que *chegou primeiro*, ou seja, que tem privilégios sobre ele; a coisa termina em pancadaria e a força se impõe sobre o direito; pelas alusões do sonho, é possível que eu soubesse que estava errado (*eu próprio noto o erro*); só que desta vez sou o mais forte, me imponho no campo de batalha, o derrotado corre para o pai – ou antes, avô –, me denuncia e eu me defendo com as palavras de que tomei conhecimento por meio da narração do pai: "Bati nele porque ele me bateu", e assim essa lembrança, ou provável fantasia, que se impõe a mim durante a análise do sonho – sem maiores garantias, eu mesmo não sei como – é um elemento intermediário dos pensamentos oníricos que reúne os afetos neles dominantes como um tanque recolhe as águas conduzidas até ele. A partir deste ponto, os pensamentos oníricos fluem pelos seguintes caminhos: "Bem feito que você tenha de me dar lugar; por que queria me tirar do meu lugar? Não preciso de você, acabarei encontrando outro com quem brincar etc.". Depois se abrem os caminhos pelos quais esses pensamentos desembocam outra vez na figuração onírica. Semelhante *ôte-toi que je m'y mette*[83] tive de censurar no passado a meu falecido amigo Josef. Ele seguira minhas pegadas e entrara no laboratório de

---

83. "Sai daí que estou chegando." (N.T.)

Brücke como aspirante, mas lá as promoções eram demoradas. Nenhum dos dois assistentes saía do lugar; a juventude ficava impaciente. Meu amigo, que sabia que seu tempo de vida era limitado e que não tinha nenhuma intimidade com seu superior, vez por outra expressava em voz alta sua impaciência. Visto que esse superior era um homem gravemente doente, o desejo de afastá-lo – além do sentido: por meio de uma promoção – também podia admitir uma chocante interpretação secundária. Naturalmente, alguns anos antes o mesmo desejo de assumir um lugar vago fora ainda mais forte no meu caso; onde quer que no mundo existam hierarquias e promoções, estará aberto o caminho para a repressão de desejos miseráveis. O príncipe Hal, de Shakespeare, não consegue se esquivar à tentação de provar como lhe fica a coroa nem mesmo junto ao leito do pai doente. Só que o sonho, como é compreensível, pune esse desejo impiedoso não em mim, e sim nele.[84]

"Porque era sedento de poder, o matei." Porque não podia esperar que o outro lhe desse lugar, ele próprio foi eliminado. Nutro esses pensamentos imediatamente após ter assistido na universidade à inauguração do monumento dedicado ao outro. Uma parte da satisfação que sinto no sonho pode ser interpretada assim: "Justo castigo; bem feito para você".

No enterro desse amigo, um jovem fez esta observação aparentemente despropositada: "O orador falou como se agora o mundo não pudesse mais continuar existindo sem esse homem". Manifestou-se nele a revolta do homem sincero cuja dor é incomodada pelo exagero. Porém, a essa fala se ligam os pensamentos oníricos: "Ninguém é realmente insubstituível; quantos já não acompanhei até o túmulo; eu, no entanto, ainda vivo, sobrevivi a todos eles e mantenho meu lugar". Um pensamento desses no momento em que temo não mais encontrar meu amigo entre os vivos quando viajar para vê-lo

---

84. Terá chamado a atenção que o nome Josef desempenhe um papel tão grande em meus sonhos (ver o sonho com meu tio). Por trás das pessoas que assim se chamam, meu eu pode se ocultar facilmente no sonho, pois Josef também era o nome do *intérprete de sonhos* que conhecemos da Bíblia.

apenas admite o desenvolvimento subsequente de que me alegro por mais uma vez sobreviver a alguém, de que não fui *eu* que morri e sim *ele*, de que mantenho o lugar como daquela vez na cena infantil fantasiada. Essa satisfação por manter meu lugar, oriunda das regiões da infância, corresponde à parte principal do afeto acolhido no sonho. Alegro-me por sobreviver e manifesto isso com o egoísmo ingênuo daquela anedota entre cônjuges: "Se um de nós morrer, me mudo para Paris". Assim, é evidente para minha expectativa que não sou aquele que morrerá.

Não podemos encobrir o fato de que para interpretar e comunicar os próprios sonhos é necessária uma grande autossuperação. É preciso se desmascarar como o único malfeitor entre todas as nobres criaturas com as quais se partilha a vida. Assim, acho inteiramente compreensível que os *espectros do além* apenas existam pelo tempo que se queira e que possam ser eliminados pelo desejo. É por isso que meu amigo Josef é punido. Mas os espectros do além são as encarnações sucessivas do meu amigo de infância; portanto, também estou contente pelo fato de sempre ter conseguido substituir essa pessoa, e também para aquele que agora estou a ponto de perder já se encontrará um substituto. Ninguém é insubstituível.

Mas onde fica a censura onírica nesse caso? Por que ela não manifesta a oposição mais enérgica a essa cadeia de ideias do mais brutal egoísmo e não transforma em severo desprazer a satisfação a ele aderida? Penso que é porque outras cadeias de ideias, isentas de objeções, sobre as mesmas pessoas também resultam em satisfação e cobrem com seu afeto aquele oriundo da fonte infantil proibida. Em outro estrato de pensamentos, disse a mim mesmo por ocasião da inauguração solene daquele monumento: "Perdi tantos amigos caros, uns devido à morte, outros devido ao fim da amizade; é bom que tenham sido substituídos, que eu tenha conseguido um amigo que significa mais para mim do que os outros puderam significar, e que agora, numa idade em que não se fazem mais facilmente novas amizades, conservarei para sempre". Estou autorizado a levar para o sonho, sem ser perturbado, a satisfação por ter encontrado esse substituto para os amigos perdidos, mas por trás dela também se insinua a satisfação hostil oriunda da fonte infantil. A ternura infantil certamente auxilia a reforçar a ternura justificada hoje, mas o ódio infantil também abriu seu caminho na figuração.

Além disso, no entanto, o sonho contém uma referência clara a outra cadeia de pensamentos autorizada a produzir satisfação. Há pouco, depois de longa espera, meu amigo teve uma filhinha. Sei o quanto ele lamentou a morte da irmã que perdeu precocemente, e lhe escrevo dizendo que transferirá a essa criança o amor que sentia pela irmã; essa menininha finalmente o fará esquecer a perda irreparável.

Assim, essa série também se liga aos pensamentos intermediários do conteúdo onírico latente a partir dos quais os caminhos se dividem em direções opostas: "Ninguém é insubstituível. Veja, são apenas *espectros vindos do além*; tudo o que se perde, retorna". E então os laços associativos entre os componentes contraditórios dos pensamentos oníricos se estreitam devido à circunstância casual de a filhinha de meu amigo ter o mesmo nome de minha pequena companheira de brincadeiras, a irmã de meu mais antigo amigo e adversário, e que tinha a mesma idade que eu. Ouvi o nome "Pauline" com *satisfação* e, para aludir a essa coincidência, substituí no sonho um Josef por outro Josef e achei impossível reprimir o mesmo som inicial nos nomes de Fleischl e Fl. E a partir daqui se estende um fio de pensamento que vai até os nomes escolhidos para meus próprios filhos. Dei especial importância a que seus nomes não fossem escolhidos segundo a moda do dia, e sim por recordarem pessoas caras. Seus nomes transformam as crianças em "espectros vindos do além". E finalmente, ter filhos não é para todos nós o único acesso à *imortalidade?*

Acrescentarei ainda umas poucas observações sobre os afetos do sonho a partir de outro ponto de vista. Na psique da pessoa que dorme pode haver uma tendência afetiva – que chamamos de disposição – que faça as vezes de elemento dominante e contribua para determinar o sonho. Essa disposição pode provir das experiências e das cadeias de ideias do dia ou ter fontes somáticas; nos dois casos, será acompanhada das cadeias de ideias correspondentes. É indiferente para a formação do sonho que esse conteúdo representacional dos pensamentos oníricos determine primariamente a tendência afetiva num dos casos ou que no outro ele seja despertado secundariamente pela disposição emocional que cabe explicar de um ponto de vista somático. Em qualquer caso, a formação do sonho está sob a restrição de apenas poder figurar o que for realização de desejo e de poder emprestar apenas do desejo sua força psíquica impulsora. A disposição atualmente existente receberá o mesmo tratamento que a sensação que emerge atualmente durante o sono (ver p. 257), que ou será negligenciada ou então reinterpretada no sentido de uma realização de desejo. Disposições desagradáveis durante o sono se transformam em forças impulsoras do sonho, despertando desejos enérgicos que o sonho deve realizar. O material a que essas disposições estão aderidas é retrabalhado por tanto tempo até que seja utilizável para a expressão da realização de desejo. Quanto mais intenso e mais dominante for o elemento da disposição desagradável nos pensamentos oníricos, tanto mais certamente as moções de desejo reprimidas com mais força aproveitarão a oportunidade para serem figuradas, visto que devido à existência atual do desprazer, que de outro modo teriam de gerar por conta própria, já encontram pronta a parte mais difícil do trabalho necessário para se imporem à figuração, e com essas explicações tocamos outra vez o problema dos sonhos de angústia, que se mostrarão como o caso-limite para a produção onírica.

I

A ELABORAÇÃO SECUNDÁRIA

Queremos finalmente destacar o quarto fator envolvido na formação do sonho.

Se continuarmos a investigação do conteúdo onírico da maneira iniciada nos capítulos precedentes, examinando acontecimentos chamativos do conteúdo onírico quanto à sua origem nos pensamentos oníricos, também toparemos com elementos para cuja explicação se necessita de uma hipótese inteiramente nova. Recordo aqueles casos em que nos admiramos, incomodamos ou resistimos no sonho, e, mais exatamente, em relação a um fragmento do próprio conteúdo onírico. A maioria dessas manifestações de crítica no sonho não são dirigidas ao conteúdo onírico, mas se mostram como partes tomadas do material onírico e convenientemente utilizadas, conforme expus com exemplos apropriados. Porém, algumas dessas manifestações não se submetem a semelhante explicação; não conseguimos encontrar seus correlatos no material onírico. Por exemplo, o que significa esta crítica, nada rara no sonho: "Isso é só um sonho"? Essa é uma crítica verdadeira do sonho, tal como eu poderia fazer na vigília. Não raro, ela é apenas a precursora do despertar; com frequência ainda maior ela é precedida por um sentimento desagradável que se acalma depois da constatação do estado de sonho. Porém, o pensamento "Isso é só um sonho" durante o sonho tenciona o mesmo que deve significar no palco na boca da bela Helena de Offenbach[85]; ele quer diminuir a importância daquilo que se acabou de viver e possibilitar que se tolere o que vem em seguida. Ele serve para entorpecer certa instância que nesse momento teria todos os motivos para se manifestar e proibir a continuação do sonho ou da cena. Mas é mais cômodo continuar dormindo e tolerar o sonho "porque é apenas um sonho".

---

85. *A bela Helena*, opereta de Jacques Offenbach (1819-1880). (N.T.)

Imagino que a crítica desdenhosa "Isso é só um sonho" surja no sonho quando a censura, jamais inteiramente adormecida, se sente tomada de surpresa pelo sonho que acabou de ser admitido. É tarde demais para reprimi-lo, e assim, com essa observação, ela combate a angústia ou a sensação desagradável que surge em decorrência do sonho. É uma expressão de *esprit d'escalier* [falta de espírito] por parte da censura psíquica.

Porém, com esse exemplo temos uma prova irrefutável de que nem tudo que o sonho contém se origina dos pensamentos oníricos, mas que uma função psíquica que não cabe distinguir de nosso pensamento de vigília pode fornecer contribuições ao conteúdo onírico. Pergunta-se agora: isso acontece apenas de maneira inteiramente excepcional ou essa instância psíquica, que em geral atua apenas como censura, tem uma participação regular na formação dos sonhos?

Precisamos nos decidir sem hesitar pela segunda alternativa. É indubitável que a instância censora, cuja influência até agora reconhecemos apenas por restrições e omissões no conteúdo onírico, também é responsável por inserções e ampliações desse conteúdo. Muitas vezes essas inserções são facilmente reconhecíveis; elas são relatadas com hesitação, introduzidas por um "como se", não têm, no fundo, nenhuma vivacidade especialmente intensa e sempre estão em lugares em que podem servir para ligar dois fragmentos do conteúdo onírico, para facilitar uma conexão entre duas partes do sonho. Elas apresentam uma menor duração na memória do que os derivados genuínos do material onírico; quando o sonho sucumbe ao esquecimento, elas são as primeiras a serem eliminadas, e alimento a forte suspeita de que nossa queixa frequente sobre termos sonhado tanto, esquecido a maior parte e conservado apenas fragmentos repousa na eliminação imediata justamente desses pensamentos de ligação. Numa análise mais completa, essas inserções às vezes se revelam pelo fato de não se encontrar nenhum material que lhes corresponda nos pensamentos oníricos. Num exame mais cuidadoso, no entanto, preciso qualificar esse caso como o mais raro; na maioria das vezes, os pensamentos inseridos podem ser explicados pelo material dos pensamentos oníricos, que, porém, nem por sua própria valência nem por sobredeterminação poderia pretender entrar no sonho. A função psíquica, atuante na formação dos sonhos, que agora consideramos, parece se elevar a novas criações apenas no caso mais extremo; enquanto ainda for possível, emprega o que encontrar de aproveitável no material onírico.

O que distingue e denuncia essa parte do trabalho do sonho é sua tendência. Essa função procede de maneira semelhante àquela que o poeta atribui maldosamente ao filósofo: com seus farrapos e remendos ela tapa as lacunas na estrutura do sonho.[86] O resultado de seus esforços é que o sonho perde a aparência de absurdo e de incoerência e se aproxima do modelo de uma experiência compreensível. Porém nem sempre o esforço é coroado de pleno êxito. Assim, ocorrem sonhos que para a observação superficial podem parecer impecavelmente lógicos e corretos; eles partem de uma situação possível, levam-na adiante em meio a modificações isentas de contradição e a conduzem, embora isso seja raríssimo, a uma conclusão que não causa estranheza. Esses sonhos experimentaram a mais profunda elaboração por parte de uma função psíquica semelhante ao pensamento de vigília; parecem ter um sentido, mas esse sentido também é o mais distante do significado real do sonho. Quando os analisamos, nos convencemos de que a elaboração secundária do sonho lidou com o material da maneira mais livre, conservando pouquíssimas de suas relações. São sonhos que, por assim dizer, já foram interpretados uma vez antes de os submetermos à interpretação na vigília. Em outros sonhos, essa elaboração tendenciosa foi apenas parcialmente bem-sucedida; a coerência parece

---

86. Alusão aos seguintes versos de Heine: "O mundo e a vida são fragmentários demais! / Quero falar com o professor alemão, sem mais. / Ele sim sabe como a vida é ou não é feita / E faz dela um sistema que se entenda; / Com seu roupão em farrapos e sua touca desfeita / As lacunas do mundo tapa e remenda". *Livro das canções*, "O retorno", 58. (N.T.)

dominar até determinado ponto, depois o sonho se torna absurdo ou confuso, talvez para se elevar ainda uma segunda vez no seu decurso à aparência de algo compreensível. Em outros sonhos a elaboração fracassou completamente; nos encontramos como que desamparados diante de um monte sem sentido de fragmentos de conteúdo.

Não gostaria de negar a essa quarta força configuradora do sonho, que afinal logo nos parecerá conhecida – ela é, na realidade, a única entre os quatro formadores do sonho que de outra forma também nos é familiar –, não gostaria, portanto, de negar peremptoriamente a esse quarto fator a capacidade de fornecer novas contribuições ao sonho por meio de criação. Porém, sua influência, como a dos outros fatores, sem dúvida se manifesta de maneira predominante na preferência por e na escolha de material psíquico já formado nos pensamentos oníricos. Há um caso em que o trabalho de construir uma fachada para o sonho, por assim dizer, lhe é poupado em grande parte pelo fato de tal estrutura já ser encontrada pronta no material dos pensamentos oníricos, onde espera por utilização. Costumo chamar de *fantasia* o elemento dos pensamentos oníricos que tenho em vista; talvez evite mal-entendidos se identificar logo o *sonho diurno* como seu análogo da vida de vigília.[87] O papel desse elemento em nossa vida psíquica ainda não foi reconhecido e revelado exaustivamente pelos psiquiatras; ao apreciá-lo, M. Benedikt, segundo me parece, fez um começo promissor. A importância do sonho diurno não escapou à perspicácia imperturbável do poeta; todos conhecem a descrição que A. Daudet, em *O nababo*, fez dos devaneios de uma figura secundária do romance. O estudo das psiconeuroses levou à descoberta surpreendente de que essas fantasias ou sonhos diurnos são os estágios preliminares mais imediatos dos sintomas histéricos – pelo menos, de toda uma série deles; tais sintomas não dependem das lembranças mesmas, e sim das fantasias construídas com base nelas. Tomamos conhecimento dessas formações graças ao surgimento frequente

---

87. *Rêve, petit roman* – *day-dream, story*.

de fantasias diurnas conscientes; porém, assim como há tais fantasias conscientes, também há um número abundante de fantasias inconscientes que precisam permanecer como tais devido ao seu conteúdo e por provirem de material recalcado. Um maior aprofundamento nas características dessas fantasias diurnas nos ensina com que acerto coube a essas formações o mesmo nome de nossas produções de pensamento noturnas: o nome de *sonhos*. Elas compartilham com os sonhos noturnos uma parte essencial de suas qualidades; sua investigação, na verdade, teria podido nos abrir o melhor e mais curto acesso à compreensão dos sonhos noturnos.

Como os sonhos, elas são realizações de desejo; como os sonhos, se baseiam em boa medida nas impressões de experiências infantis; como os sonhos, gozam de certa redução da censura para suas criações. Quando pesquisamos sua estrutura, compreendemos como o motivo de desejo que toma parte na sua produção misturou, reordenou e juntou num novo todo o material do qual são construídas. Quanto às lembranças infantis a que remontam, encontram-se mais ou menos na mesma relação de muitos palácios barrocos de Roma com as ruínas antigas cujas pedras lavradas e colunas forneceram o material para o prédio de formas modernas.

Na "elaboração secundária" que atribuímos ao nosso quarto fator formador de sonhos na relação com o conteúdo onírico, encontramos a mesma atividade que, na criação de sonhos diurnos, pode se manifestar sem ser inibida por outras influências. Poderíamos dizer simplesmente que nosso quarto fator procura criar *algo como um sonho diurno* a partir do material que lhe é oferecido. Porém, quando tal sonho diurno já se encontra formado na trama dos pensamentos oníricos, esse fator do trabalho do sonho preferirá se apoderar dele e agir no sentido de que entre no conteúdo onírico. Há sonhos que consistem apenas na repetição de uma fantasia diurna que talvez tenha permanecido inconsciente, como, por exemplo, o sonho do menino de andar numa carruagem de combate com os heróis da guerra de Troia. Em meu sonho com a palavra

Autodidasker, pelo menos a segunda parte é a repetição fiel de uma fantasia diurna, em si inocente, sobre minha relação com o professor N. Em razão da complexidade das condições que o sonho precisa satisfazer por ocasião de seu surgimento, ocorre com mais frequência que a fantasia encontrada pronta forme apenas um fragmento do sonho ou que apenas um fragmento dela penetre no conteúdo onírico. De maneira geral, a fantasia é tratada como qualquer outro componente do material latente, porém com frequência ainda é reconhecível como um todo no sonho. Em meus sonhos muitas vezes aparecem partes que se destacam das demais por causarem uma impressão diferente. Elas me parecem fluidas, mais coerentes e ao mesmo tempo mais fugazes do que outras partes do mesmo sonho; sei que são fantasias inconscientes que entraram na trama do sonho, mas nunca consegui fixar uma delas. Aliás, como todos os outros componentes dos pensamentos oníricos, essas fantasias são comprimidas, condensadas, sobrepostas umas às outras etc.; porém, há transições que vão do caso em que elas podem formar quase inalteradas o conteúdo onírico, ou pelo menos a fachada do sonho, até o caso oposto em que são representadas no conteúdo onírico apenas por um de seus elementos ou por uma remota alusão a um deles. Ao que parece, também para o destino das fantasias nos pensamentos oníricos é determinante quais vantagens elas podem oferecer frente às pretensões da censura e da coação à condensação.

Ao escolher exemplos para a interpretação de sonhos evitei, na medida do possível, aqueles em que fantasias inconscientes desempenham um papel considerável, pois a introdução desse elemento psíquico teria exigido longas discussões sobre a psicologia do pensamento inconsciente. Contudo, neste contexto não posso me esquivar inteiramente da "fantasia", visto que com frequência ela chega inteira ao sonho e com frequência ainda maior transparece nitidamente através dele. Quero citar mais um sonho; ele parece composto de duas fantasias diferentes, opostas e sobrepostas em alguns pontos, das quais uma é a superficial e a outra, por assim dizer, se transforma em interpretação da primeira.[88]

O sonho – é o único sobre o qual não possuo anotações detalhadas – é mais ou menos o seguinte: o sonhador – um jovem solteiro – se encontra, vendo bem as coisas, na sua taberna predileta; então aparecem várias pessoas para buscá-lo, entre elas uma que quer prendê-lo. Ele diz para seus companheiros de mesa: "Pago mais tarde, vou voltar". Mas eles exclamam, rindo zombeteiramente: "A gente sabe, todo mundo diz isso". Um dos frequentadores ainda grita atrás dele: "Outro que se vai!". Depois ele é levado a um lugar estreito onde encontra uma mulher com uma criança no braço. Um de seus acompanhantes diz: "Este é o senhor Müller". Um comissário, ou algum outro funcionário, folheia uma pilha de fichas ou papéis enquanto repete: "Müller, Müller, Müller". Por fim o comissário lhe faz uma pergunta a que ele responde afirmativamente. Depois ele se vira para ver a mulher e percebe que ela está com uma barba imensa.

Os dois componentes podem ser separados com facilidade. O superficial é uma *fantasia de encarceramento* e nos parece ter sido uma criação nova do trabalho do sonho. Porém, por trás dela se torna visível, como material que sofreu uma ligeira transformação por parte do trabalho do sonho, a *fantasia de casamento*, e os traços que podem ser comuns a ambas se destacam outra vez de maneira especialmente nítida como numa fotografia mista de Galton. A promessa do homem até então solteiro de voltar ao seu lugar à mesa, a descrença dos companheiros de taberna escaldados pelas muitas experiências

---

88. Em "Fragmento de uma análise de histeria", 1905 *e*, analisei um bom exemplo de um desses sonhos surgidos pela sobreposição de várias fantasias. Aliás, subestimei a importância dessas fantasias para a formação do sonho enquanto tratei principalmente de meus próprios sonhos, que na maioria das vezes se baseiam em discussões e conflitos de ideias, raramente em sonhos diurnos. Em outras pessoas com frequência é muito mais fácil demonstrar a *completa analogia entre o sonho noturno e o sonho diurno*. Pessoas histéricas muitas vezes conseguem substituir um ataque por um sonho; podemos então nos convencer facilmente de que a fantasia do sonho diurno é a etapa preliminar imediata para essas duas formações psíquicas. [Nota acrescentada em 1909.]

e a exclamação "Outro que se vai (se casa)!" são traços facilmente compreensíveis também para a outra interpretação. O mesmo acontece com a resposta afirmativa dada ao funcionário. O ato de folhear uma pilha de papéis enquanto se repete o mesmo nome corresponde a um traço subordinado, mas bem reconhecível, das cerimônias de casamento, a leitura das pilhas de telegramas de felicitações recebidos, que afinal trazem todos o mesmo nome. Com o aparecimento da noiva em pessoa no sonho, a fantasia de casamento inclusive venceu a fantasia de prisão que a encobre. Quanto ao fato de no fim a noiva ostentar uma barba, pude esclarecê-lo por meio de uma informação (não houve análise nesse caso). No dia anterior, o sonhador caminhava pela rua com um amigo, tão avesso ao casamento quanto ele, e chamara sua atenção para uma beldade morena que vinha na direção deles. Porém o amigo observou: "Se ao menos essas mulheres não ficassem barbudas como seus pais com o passar dos anos".

Naturalmente também não faltam nesse sonho elementos em que a distorção onírica tenha executado um trabalho mais profundo. Assim, a fala "Vou pagar mais tarde" pode apontar para um comportamento que cabe temer da parte do sogro quanto ao dote. Segundo parece, todo tipo de escrúpulos impede o sonhador de se entregar com agrado à fantasia de casamento. Um desses escrúpulos, o de que se perde a liberdade com o casamento, ganhou corpo na transformação em cena de prisão.

Se agora considerarmos mais uma vez que o trabalho do sonho se serve com agrado de uma fantasia encontrada pronta em vez de primeiro compô-la a partir do material dos pensamentos oníricos, talvez resolvamos com essa ideia um dos enigmas mais interessantes do sonho. Na p. 42 relatei o sonho de Maury, que, atingido por uma tabuinha na nuca, acorda com um longo sonho, um romance completo dos tempos da grande Revolução. Visto que o sonho é coerente e inteiramente orientado para a explicação do estímulo despertador, de cuja ocorrência Maury nada podia suspeitar, parece restar apenas a hipótese de que todo o rico sonho deve ter sido composto e ocorrido no curto lapso entre a queda da tábua sobre as vértebras cervicais de Maury e seu despertar forçado por esse golpe. Não ousaríamos atribuir semelhante rapidez ao trabalho de pensamento na vigília, e assim concederíamos ao trabalho do sonho o privilégio de uma notável aceleração de fluxo.

Contra essa conclusão que se tornou rapidamente popular, autores mais recentes levantaram vivas objeções (Le Lorrain, 1894 e 1895, Egger, 1895, entre outros). Em parte duvidam da exatidão do relato de Maury, em parte procuram demonstrar que a rapidez de nossas faculdades intelectuais de vigília não fica atrás daquela que se pode atribuir integralmente à faculdade onírica. A discussão levanta questões fundamentais, cuja solução não me parece próxima. Porém preciso confessar que a argumentação (de Egger, por exemplo) dirigida justamente contra o sonho com guilhotina de Maury não me pareceu convincente. Eu sugeriria a seguinte explicação para esse sonho: seria assim tão improvável que o sonho de Maury figurasse uma fantasia guardada pronta há anos em sua memória e despertada – eu diria: aludida – no momento em que ele reconheceu o estímulo despertador? Isso eliminaria, em primeiro lugar, todas as dificuldades para compor uma história tão longa com todos os seus detalhes no lapso de tempo extremamente curto que nesse caso se encontrava à disposição do sonhador; ela já estava composta. Se o pedaço de madeira tivesse atingido a nuca de Maury durante a vigília, talvez houvesse ocasião para o seguinte pensamento: "Mas isso é exatamente como se a gente fosse guilhotinado". Porém, visto que ele é atingido pela tábua enquanto dorme, o trabalho do sonho aproveita depressa o estímulo que chega e produz uma realização de desejo, *como se* pensasse (considere-se isso em sentido inteiramente figurado): "Esta é uma boa ocasião para realizar a fantasia de desejo que formei em tal ou qual momento durante a leitura". Parece-me indiscutível que o romance sonhado é precisamente daquele tipo que os jovens costumam criar sob a influência de impressões altamente excitantes. Quem não se sentiria cativado – em especial um francês e um historiador da cultura – pelas descrições da época do Terror, na qual a nobreza – homens e mulheres, a fina flor da nação – mostrou como se pode morrer com alma serena, conservando o frescor de seu espírito e a delicadeza de sua maneira de viver até o momento fatal? Quão tentador se imaginar em meio àqueles acontecimentos como um dos jovens que se despedem de sua dama com um beija-mão para subirem destemidos ao cadafalso! Ou, se o motivo principal da fantasia foi a ambição, colocar-se no lugar de uma daquelas individualidades impetuosas que apenas com o poder de suas ideias e de sua eloquência arrebatada dominavam a cidade em que, naquela época, batia convulsivamente o coração da humanidade, mandavam milhares de homens para a morte em nome de convicções e abriam caminho para a transformação da Europa, ao mesmo tempo em que suas próprias cabeças não estavam seguras e um dia se encontrariam sob a lâmina da guilhotina – e isso, talvez, no papel de um girondino ou do herói Danton! Um traço conservado na memória, "acompanhado por uma imensa multidão", parece indicar que a fantasia de Maury foi desse tipo, uma fantasia de ambição.

Porém, toda essa fantasia, pronta há muito tempo, não precisa ser repassada durante o sono; basta que seja "tocada de leve", por assim dizer. Entendo isso da seguinte maneira: quando se tocam alguns compassos e alguém diz, como no *Don Juan*, que eles são de *As bodas de Fígaro*, de Mozart, agita-se de repente em mim uma multidão de recordações, das quais nenhuma pode no momento seguinte se elevar individualmente à consciência. A palavra-chave serve de posto avançado a partir do qual um todo é excitado ao mesmo tempo. Não precisaria ser diferente no pensamento inconsciente. O estímulo despertador excita o posto psíquico e ele abre o acesso para toda a fantasia com a guilhotina. Mas essa não é repassada ainda durante o sono, e sim apenas na memória da pessoa acordada, que então se recorda em detalhes da fantasia que foi tocada como um todo no sonho. Não há meio de assegurar se a pessoa está se recordando de algo realmente sonhado. A mesma explicação – de que se trata de fantasias prontas que são excitadas como um todo pelo estímulo despertador – também pode ser aplicada a outros sonhos que surgem a partir de um estímulo desse tipo; por exemplo, o sonho de Napoleão com a batalha, ocorrido antes da explosão da máquina infernal. Entre os sonhos que Justine Tobowolska reuniu em sua dissertação sobre a duração aparente do sonho, o mais concludente me parece ser o de um dramaturgo, Casimir Bonjour, relatado por Macario.[89] Certa noite ele quis assistir à estreia de uma de suas peças, mas estava tão cansado que, sentado em sua cadeira nos bastidores, pegou no sono justamente quando o pano se levantou. Enquanto dormia, assistiu na íntegra aos cinco atos de sua peça e observou todos os diversos sinais de emoção que os espectadores manifestavam a cada uma das cenas. Depois de encerrada a representação, ouviu com grande felicidade seu nome ser anunciado sob os mais calorosos aplausos. De repente acordou. Não queria acreditar em seus olhos nem em seus ouvidos: a representação não ultrapassara os primeiros versos da primeira cena; não podia ter dormido mais do que dois minutos. Não será ousado demais afirmar a propósito desse sonho que o repassar dos cinco atos da peça e a observação do comportamento do público em cada uma das cenas não precisam se originar de uma produção nova feita durante o sono, e sim que podem repetir, no sentido aludido, um trabalho da fantasia já pronto. Com outros autores, Tobowolska destaca que a característica comum aos sonhos com fluxo acelerado de representações é o fato de parecerem especialmente coerentes, de forma alguma como outros sonhos, e que a lembrança deles é muito antes sumária do que detalhada. Mas essas seriam precisamente as características que caberia atribuir a tais fantasias prontas, tocadas pelo trabalho do sonho – uma conclusão que os autores, contudo, não tiram. [1914] Não quero afirmar que todos os sonhos despertadores admitam essa explicação ou que o problema do fluxo acelerado de representações no sonho esteja simplesmente resolvido dessa maneira.

---

89. Tobowolska, p. 53.

I – A elaboração secundária

É inevitável nos ocuparmos aqui da relação dessa elaboração secundária do conteúdo onírico com os fatores do trabalho do sonho. Será que as coisas ocorrem de tal modo que os fatores formadores do sonho – a tendência condensadora, a coação a escapar da censura e a consideração pela figurabilidade nos recursos psíquicos do sonho – formem primeiramente um conteúdo onírico provisório a partir do material e que esse conteúdo seja transformado *a posteriori* até satisfazer da melhor maneira possível as exigências de uma segunda instância? É pouco provável. Devemos supor, isso sim, que as exigências dessa instância constituem desde o início uma das condições que o sonho deve satisfazer, e que essa condição, assim como a da condensação, da censura da resistência e da figurabilidade, atua ao mesmo tempo de maneira indutora e seletiva sobre a totalidade do material dos pensamentos oníricos. Porém, entre as quatro condições da formação do sonho, a última que reconhecemos, em todo caso, é aquela cujas exigências para o sonho parecem menos coercitivas. A identificação dessa função psíquica que efetua a chamada elaboração secundária do conteúdo onírico com o trabalho de nosso pensamento de vigília resulta com elevada probabilidade da seguinte consideração: nosso pensamento de vigília (pré-consciente) se comporta em relação a um material perceptivo qualquer exatamente da mesma forma que a função em questão se comporta em relação ao conteúdo onírico. É natural para o pensamento de vigília colocar ordem em tal material, estabelecer relações, dispô-lo conforme a expectativa de uma concatenação inteligível. Vamos longe demais nisso; os truques do prestidigitador nos iludem por se apoiarem nesse nosso hábito intelectual. No empenho de compor de maneira compreensível as impressões sensoriais que nos são oferecidas, muitas vezes cometemos os erros mais curiosos ou inclusive falsificamos a verdade do material que se apresenta a nós. As provas pertinentes aqui são por demais conhecidas de todos para que necessitem de citação minuciosa. Durante a leitura, ignoramos erros tipográficos que afetam o sentido e criamos a ilusão de ler um texto correto. Conta-se que o redator de um jornal francês de grande circulação se atreveu a apostar que nenhum leitor perceberia a inserção das palavras "pela frente" ou "por trás" em cada frase de um longo artigo. Ganhou a aposta. Um exemplo estranho de nexo falso chamou minha atenção anos atrás ao ler o jornal. Depois daquela sessão do parlamento francês em que Dupuy dissipou com as corajosas palavras "*La séance continue*" ["A sessão continua"] o susto causado pela detonação da bomba lançada na sala por um anarquista, os espectadores da galeria foram interrogados para testemunhar sobre suas impressões do atentado. Entre eles havia duas pessoas da província, das quais uma contou que tinha ouvido uma detonação imediatamente após o fim de um discurso, mas pensou que era um costume no parlamento dar um tiro sempre que um orador tivesse terminado. O outro homem, que provavelmente já tinha ouvido vários oradores, incorreu no mesmo juízo, mas com a variante de considerar que tal disparo era um reconhecimento que se seguia apenas a discursos especialmente bem-sucedidos.

Assim, não deve ser outra instância psíquica senão nosso pensamento normal que se dirige ao conteúdo onírico com a exigência de que ele seja compreensível, submete-o a uma primeira interpretação e assim provoca o seu completo mal-entendido. Para nossa interpretação, fica a regra de desconsiderar em todos os casos a coerência aparente do sonho, por ser de origem suspeita, e, partindo tanto do claro quanto do confuso, tomar o mesmo caminho de retorno ao material onírico.

Mas assim observamos do que depende essencialmente a supracitada escala qualitativa dos sonhos (p. 353-354), que vai da confusão até a clareza. Claras nos parecem aquelas partes do sonho em que a elaboração secundária conseguiu fazer alguma coisa, e confusas aquelas outras em que a força dessa operação fracassou. Visto que as partes confusas do sonho com tanta frequência também são as menos vivazes, estamos autorizados a concluir que o trabalho secundário do sonho também deve ser responsabilizado por uma contribuição à intensidade plástica de cada uma das formações oníricas.

Se devesse procurar em algum lugar um termo de comparação para a configuração definitiva do sonho, tal como resultante da cooperação do pensamento normal, não encontraria outro a não ser aquelas inscrições enigmáticas com as quais a revista *Fliegende Blätter* por tanto tempo entreteve seus leitores. Certa frase, em dialeto por uma questão de contraste e de significado o mais burlesco possível, deve despertar a expectativa de conter uma inscrição latina. Para esse fim, as letras são arrancadas de sua combinação em sílabas e rearranjadas. Aqui e ali surge uma autêntica palavra latina, em outros pontos da inscrição acreditamos ver abreviaturas de tais palavras e em outros ainda a aparência de partes decompostas ou de lacunas na inscrição nos leva a passar por cima da falta de sentido de letras isoladas. Se não quisermos ser enganados na brincadeira, precisamos ignorar todos os requisitos de uma inscrição, considerar as letras e, sem nos preocuparmos com o arranjo oferecido, combiná-las em palavras de nossa língua materna.

A elaboração secundária é aquele fator do trabalho do sonho que a maioria dos autores observou e apreciou quanto à sua importância. Suas realizações são ilustradas de maneira divertida por H. Ellis (1911, "Introdução", p. 10):

"Podemos realmente imaginar que a consciência adormecida diga a si mesma: 'Lá vem nossa mestra, a consciência desperta, que dá um valor extraordinário à razão, à lógica e afins. Rápido! Pega as coisas, coloca-as em ordem, não importa qual, antes que ela entre para tomar posse do lugar'."

A identidade desse modo de trabalho com o do pensamento de vigília é afirmada de maneira especialmente clara por Delacroix (1904, p. 926):

"*Cette fonction d'interprétation n'est pas particulière au rêve; c'est le même travail de coordination logique que nous faisons sur nos sensations pendant la veille.*"[90]

---

90. "Essa função de interpretação não é peculiar ao sonho; é o mesmo trabalho de coordenação lógica que fazemos com nossas sensações durante a vigília." (N.T.)

J. Sully defende a mesma concepção. Da mesma forma, Tobowolska:

"*Sur ces successions incohérentes d'hallucinations, l'esprit s'efforce de faire le même travail de coordination logique qu'il fait pendant la veille sur les sensations. Il relie entre elles par un lien imaginaire toutes ces images décousues et bouche les écarts trop grands qui se trouvaient entre elles.*"[91] (1900, p. 93.)

Para alguns autores, essa atividade de ordenação e de interpretação começa ainda durante o sonho e continua na vigília. Assim, Paulhan afirma (1894, p. 546):

"*Cependant j'ai souvent pensé qu'il pouvait y avoir une certaine déformation, ou plutôt réformation, du rêve dans le souvenir. (...) La tendence systématisante de l'imagination pourrait fort bien achever après le réveil ce qu'elle a ébauché pendant le sommeil. De la sorte, la rapidité réelle de la pensée serait augmentée en apparence par les perfectionnements dus à l'imagination éveillée.*"[92]

Bernard-Leroy e Tobowolska (1901, p. 592):

"*Dans le rêve, au contraire, l'interprétation et la coordination se font non seulement à l'aide des données du rêve, mais encore à l'aide de celles de la veille (...).*"[93]

Assim, era inevitável que esse único fator reconhecido da formação dos sonhos tivesse sua importância superestimada, de modo que se atribuiu a ele todo o feito de ter criado

---

91. "Com essas sucessões incoerentes de alucinações, o espírito se esforça por fazer o mesmo trabalho de coordenação lógica que faz durante a vigília com as sensações. Ele une entre si por um laço imaginário todas essas imagens desconexas e tapa as lacunas grandes demais existentes entre elas." (N.T.)

92. "Entretanto, pensei muitas vezes que poderia haver uma certa deformação, ou antes reformação, do sonho na memória. (...) A tendência sistematizante da imaginação poderia muito bem concluir após o despertar aquilo que esboçou durante o sono. De tal sorte, a rapidez real do pensamento seria aparentemente aumentada pelos aperfeiçoamentos devidos à imaginação desperta." (N.T.)

93. "Durante o sonho, ao contrário, a interpretação e a coordenação se fazem não apenas com a ajuda dos dados do sonho, mas ainda com a ajuda daqueles da vigília (...)." (N.T.)

o sonho. Essa criação ocorreria no momento do despertar, como supuseram Goblot (1896) e, indo ainda mais longe, Foucault (1906), que atribuem ao pensamento de vigília a capacidade de formar o sonho a partir dos pensamentos que surgem durante o sono.

Bernard-Leroy e Tobowolska (1901) afirmam o seguinte sobre essa concepção:

"On a cru pouvoir placer le rêve au moment du réveil, et ils ont attribué à la pensée de la veille la fonction de construire le rêve avec les images présentes dans la pensée du sommeil."[94]

Depois de apreciar a elaboração secundária, aprecio uma nova contribuição ao trabalho do sonho, indicada pelas observações sutis de H. Silberer. Esse autor, conforme mencionei em outro lugar (ver p. 368-369), surpreendeu a transformação dos pensamentos em imagens *in flagranti*, por assim dizer, ao se obrigar à atividade intelectual em estados de cansaço e de sonolência. O pensamento elaborado lhe escapava e em seu lugar aparecia uma visão que vinha a ser o substituto desse pensamento, na maioria das vezes abstrato. (Ver os exemplos das p. 368-369.) Nessas experiências, ocorria que a imagem emergente, comparável a um elemento onírico, figurava algo diverso do pensamento que aguardava por elaboração, a saber, o próprio cansaço, a dificuldade desse trabalho ou a falta de vontade para fazê-lo, ou seja, o estado subjetivo e o modo de funcionamento da pessoa que se esforçava em vez do objeto de seu esforço. Silberer chamou esse caso, que lhe ocorria com muita frequência, de "fenômeno *funcional*", ao contrário de "fenômeno *material*", como seria de esperar.

Por exemplo: "Certa tarde estou deitado em meu sofá, extremamente sonolento, mas me obrigo a refletir sobre um problema filosófico. Procuro comparar as perspectivas de

---

94. "Acreditou-se poder situar o sonho no momento do despertar, e eles atribuíram ao pensamento de vigília a função de construir o sonho com as imagens presentes no pensamento do sono." (N.T.)

Kant e de Schopenhauer sobre o tempo. Em razão de minha sonolência, não consigo manter as duas cadeias de ideias uma ao lado da outra, o que seria necessário à comparação. Após várias tentativas frustradas, fixo mais uma vez a dedução kantiana com toda minha força de vontade para então aplicá-la à colocação schopenhaueriana do problema. Depois dirijo minha atenção ao segundo filósofo; quando então quero retornar a Kant, vejo que ele me escapou mais uma vez e me esforço em vão por reencontrá-lo. Esse esforço inútil para encontrar de imediato os arquivos kantianos situados em algum lugar de minha cabeça é subitamente figurado como um símbolo concreto-plástico, como nas imagens oníricas, quando fecho os olhos: *peço informações a um secretário rabugento que, curvado sobre uma escrivaninha, não se incomoda com minha insistência. Levantando-se um pouco, me encara com contrariedade e rudeza*" (Silberer, 1909, p. 513-514).

Outros exemplos que se referem à oscilação entre sono e vigília:

"Exemplo nº 2. – Condições: pela manhã, ao despertar. Em certo nível de sono (estado crepuscular), pensando sobre um sonho anterior, de certa maneira sonhando-o outra vez e até o fim, sinto que me aproximo da consciência de vigília, mas ainda quero permanecer no estado crepuscular.

"Cena: *estendo o pé sobre um riacho, mas logo o retiro; pretendo ficar na margem de cá.*" (Silberer, 1912, p. 625)

"Exemplo nº 6. – As mesmas condições do exemplo nº 4." (Ele ainda quer continuar deitado por mais algum tempo, sem adormecer.) "Quero me entregar ao sono por mais algum tempo.

"Cena: *despeço-me de alguém e combino com ele (ou ela) encontrá-lo (encontrá-la) logo outra vez.*"

O fenômeno "funcional" – a "figuração dos estados em vez dos objetos" – foi observado por Silberer essencialmente nas situações do adormecer e do despertar. É fácil de compreender que apenas o último caso entre em consideração para a interpretação dos sonhos. Silberer mostrou com bons exemplos que os trechos finais do conteúdo manifesto de muitos sonhos seguidos imediatamente pelo despertar não figuram outra coisa senão o propósito ou o processo do próprio despertar. Servem a essa intenção: os atos de atravessar uma soleira ("simbolismo da soleira"), deixar uma peça para entrar em outra, partir em viagem, chegar em casa, separar-se de um acompanhante, mergulhar na água, entre outros. No entanto, não posso deixar de observar que, tanto em sonhos próprios quanto nos de pessoas analisadas por mim, encontrei os elementos oníricos que cabe relacionar com o simbolismo da soleira muito mais raramente do que seria de esperar segundo as comunicações de Silberer.

Não é de forma alguma impensável ou improvável que esse "simbolismo da soleira" também viesse a esclarecer muitos elementos no interior da trama do sonho; por exemplo, em pontos em que se trata de oscilações do nível de sono e da tendência a interromper o sonho. No entanto, ainda não há exemplos assegurados de que isso ocorra. Mais frequente parece ser o caso de sobredeterminação, em que um trecho de sonho que recebe seu conteúdo material da estrutura dos pensamentos oníricos seja empregado *além de tudo* para figurar algo relativo aos estados da atividade psíquica.

Sem que seu descobridor tivesse culpa, o deveras interessante fenômeno funcional de Silberer provocou muitos abusos, pois a antiga tendência à interpretação simbólico-abstrata dos sonhos encontrou nele um apoio. Em muitos autores, a preferência dada à "categoria funcional" vai tão longe que falam de fenômeno funcional onde quer que apareçam atividades intelectuais ou processos afetivos no conteúdo dos pensamentos oníricos, embora esse material não tenha mais nem menos direito do que qualquer outro de entrar no sonho sob a forma de resto diurno.

Reconhecemos que os fenômenos de Silberer representam uma segunda contribuição à formação do sonho por parte do pensamento de vigília, que no entanto é menos constante e menos significativa do que a primeira, introduzida sob o nome de "elaboração secundária". Mostrou-se que uma parte da atenção ativa durante o dia também permanece dirigida para o sonho durante o estado de sono, controlando-o, criticando-o e se reservando o poder de interrompê-lo. Isso sugeriu que reconhecêssemos nessa instância psíquica que permanece desperta o censor responsável por exercer uma influência intensamente limitadora na configuração do sonho. O que as observações de Silberer acrescentam é o fato de que talvez uma espécie de auto-observação tome parte aí e ofereça sua contribuição ao conteúdo onírico. Quanto às prováveis relações entre essa instância auto-observadora, que pode se tornar relevante sobretudo no caso de cabeças filosóficas, e a percepção endopsíquica, o delírio de ser observado, a consciência moral e o censor do sonho, convém tratar delas em outro lugar.[95] [1914]

Trato agora de resumir essas longas discussões sobre o trabalho do sonho. A questão com que nos havíamos deparado era a de saber se a psique emprega plenamente todas as suas capacidades na formação do sonho ou apenas uma fração delas, inibida quanto ao seu desempenho. Nossas investigações nos levam a rejeitar a questão como tal por ser inadequada à situação. Porém, se ao darmos uma resposta devêssemos permanecer no mesmo terreno da pergunta, precisaríamos confirmar as duas concepções, que parecem se excluir mutuamente por serem opostas. O trabalho psíquico na formação do sonho se decompõe em duas operações: a produção dos pensamentos oníricos e a sua transformação em conteúdo onírico. Os pensamentos oníricos são formados de maneira inteiramente correta e com todo o dispêndio psíquico de que somos capazes; eles pertencem ao nosso pensamento que não se tornou consciente, e do qual, mediante certa transformação, também se originam os pensamentos conscientes. Por muito que possa haver neles de interessante e de enigmático, esses enigmas não têm nenhuma relação especial com o sonho e

---

95. "Uma introdução ao narcisismo" (1914 c). [Nota acrescentada em 1914.]

não merecem ser tratados entre os problemas oníricos.[96] Em compensação, aquela outra parcela de trabalho, que transforma os pensamentos inconscientes em conteúdo onírico, é peculiar à vida onírica e característica dela. Esse genuíno trabalho do sonho se afasta do modelo do pensamento de vigília muito mais do que pensaram mesmo os mais resolutos detratores do desempenho psíquico na formação do sonho. Ele não é mais negligente, mais incorreto, mais esquecido ou mais incompleto do que o pensamento de vigília; ele é algo inteiramente diferente do ponto de vista qualitativo, e por isso, antes de tudo, não é comparável com o pensamento de vigília. O trabalho do sonho absolutamente não pensa, calcula ou julga, mas se limita a transformar. Ele admite uma descrição exaustiva se considerarmos as condições que seu produto precisa satisfazer. Esse produto, o sonho, deve sobretudo escapar à *censura*, e com essa finalidade o trabalho do sonho se serve do *deslocamento das intensidades psíquicas*, chegando à transvaloração de todos os valores psíquicos; os pensamentos devem ser reproduzidos exclusiva ou predominantemente no material de marcas mnêmicas visuais e acústicas, e dessa exigência resulta para o trabalho do sonho a *consideração pela figurabilidade*,

---

96. De início, achei extraordinariamente difícil acostumar os leitores à distinção entre conteúdo onírico manifesto e pensamentos oníricos latentes. Repetidas vezes se buscaram argumentos e objeções no sonho não interpretado, tal como conservado na memória, e se ignorou a exigência de interpretá-lo. Agora, quando pelo menos os analistas se habituaram a substituir o sonho manifesto pelo seu sentido encontrado mediante interpretação, muitos deles se tornam responsáveis por outra confusão, à qual se agarram com a mesma teimosia. Eles procuram a essência do sonho nesse conteúdo latente e, ao fazê-lo, não percebem a distinção entre os pensamentos oníricos latentes e o trabalho do sonho. No fundo, o sonho não é outra coisa senão uma *forma* especial de nosso pensamento, possibilitada pelas condições do estado de sono. É o *trabalho do sonho* que produz essa forma, e só ele é o essencial no sonho, a explicação de sua singularidade. Digo isso para levar em conta a famigerada "tendência prospectiva" do sonho. O fato de o sonho se ocupar das tentativas de resolver as tarefas que se apresentam à nossa vida psíquica não é mais notável do que o fato de nossa vida consciente de vigília se ocupar com isso, cabendo apenas acrescentar que esse trabalho também pode acontecer no pré-consciente, o que afinal já sabemos. [Nota acrescentada em 1925.]

que ele cumpre por meio de novos deslocamentos. Intensidades maiores do que aquelas que estão disponíveis durante a noite nos pensamentos oníricos devem (provavelmente) ser produzidas, e a esse fim serve a considerável *condensação* efetuada com os componentes dos pensamentos oníricos. As relações lógicas do material de pensamentos recebem pouca atenção; elas encontram, por fim, uma figuração dissimulada nas peculiaridades *formais* dos sonhos. Os afetos dos pensamentos oníricos estão sujeitos a modificações menores do que seu conteúdo representacional. Eles são geralmente reprimidos; quando conservados, são separados das representações e combinados segundo sua semelhança. Apenas uma parte do trabalho do sonho – a reelaboração, de extensão inconstante, pelo pensamento de vigília parcialmente desperto – se submete mais ou menos à concepção que os autores quiseram válida para toda a atividade de formação do sonho.[97]

---

97. [Da 4ª à 7ª edição (de 1914 a 1922) aqui se encontravam dois artigos de Otto Rank, "Traum und Dichtung" ("Sonho e poesia") e "Traum und Mythus" ("Sonho e mito").]

VII

SOBRE A PSICOLOGIA DOS PROCESSOS ONÍRICOS

Entre os sonhos de que tomei conhecimento pela comunicação de outras pessoas, encontra-se um que agora reclama nossa atenção de uma maneira toda especial. Ele me foi contado por uma paciente que soube dele pessoalmente em uma conferência sobre o sonho; desconheço sua verdadeira fonte. Ele causou impressão a essa senhora devido ao seu conteúdo, pois não deixou de "ressonhá-lo", isto é, de repetir elementos desse sonho num sonho próprio a fim de exprimir, mediante essa transferência, uma concordância em um ponto determinado.

As precondições desse sonho exemplar são as seguintes: um pai passou dias e noites inteiros junto ao leito do filho doente. Depois que a criança morreu, ele vai descansar num quarto contíguo, mas deixa a porta aberta, a fim de poder ver do seu quarto o cômodo em que se encontra o cadáver amortalhado do filho, rodeado por grandes velas. Um velho foi encarregado de velá-lo e está sentado ao lado do corpo, murmurando orações. Depois de algumas horas de sono, o pai sonha *que a criança está parada ao lado de sua cama, pega seu braço e lhe sussurra em tom de repreensão: "Pai, você não vê que estou queimando?"*. Ele acorda, nota um clarão intenso que vem do quarto onde está o corpo, corre até lá, encontra o vigia idoso adormecido e as roupas e um braço do querido cadáver queimados por uma vela que caíra acesa sobre ele.

A explicação desse sonho comovente é bastante simples e, pelo que me contou minha paciente, também foi dada corretamente pelo conferencista. Pela porta aberta, o clarão intenso atingiu os olhos do homem adormecido e lhe sugeriu a mesma conclusão que tiraria se estivesse acordado, a saber, que a queda de uma vela provocara um incêndio perto do cadáver. Talvez o pai tenha inclusive ido dormir com a preocupação de que o vigia idoso não estivesse à altura da tarefa.

Não encontramos alterações a fazer nessa interpretação, a não ser que acrescentássemos a exigência de que o conteúdo do sonho deve ter sido sobredeterminado e que a fala da criança deve ter sido composta a partir de falas que ela realmente pronunciou em vida, relacionadas com acontecimentos importantes para o pai. Por exemplo, a queixa "Estou queimando" pode estar relacionada com a febre durante a qual a criança morreu, e as palavras "Pai, você não está vendo?" com outra ocasião que desconhecemos, mas rica em afetos.

Porém, depois de termos reconhecido o sonho como um processo dotado de sentido, capaz de ser introduzido na trama dos fatos psíquicos, poderemos ficar admirados de que ocorra um sonho numa situação em que o recomendável era acordar o mais rápido possível. Observamos então que esse sonho também não prescinde de uma realização de desejo. No sonho a criança falecida se comporta como se estivesse viva, ela própria adverte o pai, se aproxima de sua cama e puxa seu braço, como provavelmente fez naquela lembrança em que o sonho buscou a primeira parte da fala da criança. Devido a essa realização de desejo, o pai prolongou seu sono por alguns momentos. O sonho obteve a precedência sobre a reflexão de vigília porque conseguiu mostrar a criança viva novamente. Se o pai tivesse acordado primeiro e então tirado a conclusão que o levou ao quarto do velório, teria, por assim dizer, encurtado a vida da criança em alguns momentos.

Não pode haver dúvida sobre a peculiaridade pela qual esse pequeno sonho cativa nosso interesse. Até aqui nos preocupamos sobretudo em saber no que consiste o sentido oculto dos sonhos, qual o método para encontrá-lo e de que meios o trabalho do sonho se serviu para escondê-lo. As tarefas da interpretação dos sonhos estiveram até o momento no centro de nosso campo de visão. E agora topamos com esse sonho que não coloca nenhuma tarefa à interpretação, um sonho cujo sentido é dado abertamente, e notamos que ele ainda conserva as características essenciais pelas quais um sonho se diferencia chamativamente de nosso pensamento de vigília e estimula nossa necessidade de explicações. Só depois de eliminar tudo aquilo que diz respeito ao trabalho de interpretação é que podemos perceber o quanto ficou incompleta nossa psicologia do sonho.

No entanto, antes de conduzirmos nossos pensamentos por esse novo caminho, façamos uma parada e olhemos para trás a fim de ver se em nossa caminhada até aqui não desconsideramos nada importante. Pois deve ficar claro que o trecho cômodo e agradável de nosso caminho ficou para trás. Se não muito me engano, todos os caminhos que percorremos até agora conduziram à luz, ao esclarecimento e à compreensão plena; a partir do momento em que pretendemos penetrar mais fundo nos processos psíquicos que ocorrem durante o sonhar, todas as trilhas desembocam na escuridão. É impossível que cheguemos a *explicar* o sonho como processo psíquico, pois explicar significa derivar de algo conhecido, e não há atualmente nenhum conhecimento psicológico ao qual pudéssemos subordinar aquilo que, na condição de fundamento explicativo, pode ser inferido do exame psicológico dos sonhos. Ao contrário, seremos obrigados a estabelecer uma série de novas hipóteses que tocam com conjecturas a estrutura do aparelho psíquico e o jogo das forças nele ativas, tomando o cuidado de não levá-las muito além da primeira associação lógica, porque de outro modo seu valor se perderia no indeterminado. Mesmo se não cometermos nenhum erro na dedução e levarmos em conta todas as possibilidades logicamente resultantes, a provável incompletude na avaliação dos elementos nos ameaça com o completo fracasso do cálculo. Por meio da mais cuidadosa investigação do sonho ou de outra produção *isolada* não se obterá, ou pelo menos não se poderá fundamentar, um esclarecimento sobre a construção e o modo de trabalho do instrumento psíquico; para esse fim será preciso reunir aquilo que o estudo comparado de toda uma série de produções psíquicas mostrar como constante e necessário. Assim, as hipóteses psicológicas que extraímos da análise dos processos oníricos precisarão aguardar numa estação, por assim dizer, até que possam ser relacionadas com os resultados de outras investigações que pretendem avançar até o núcleo do mesmo problema a partir de outro ponto de ataque.

A

O ESQUECIMENTO DOS SONHOS

Penso, portanto, que antes devemos nos voltar a um tema do qual se deriva uma objeção desconsiderada até aqui, mas que é capaz de tirar o chão aos nossos esforços de interpretação dos sonhos. Mais de um autor nos mostrou que no fundo não conhecemos o sonho que queremos interpretar, ou melhor, que não temos nenhuma garantia de conhecê-lo tal como realmente aconteceu (ver p. 62-64).

Em primeiro lugar, aquilo que recordamos do sonho e com o que praticamos nossas artes interpretativas está mutilado pela infidelidade de nossa memória, que parece incapaz, num grau especialmente elevado, de conservar o sonho, e talvez tenha perdido justamente as partes mais importantes do seu conteúdo. Afinal, quando queremos dar atenção aos nossos sonhos, muitas vezes somos levados a nos queixar de que sonhamos muito mais e infelizmente não nos lembramos senão de um fragmento, cuja própria lembrança nos parece peculiarmente incerta. Em segundo lugar, porém, tudo leva a crer que nossa memória não só reproduz o sonho de maneira lacunar, mas também infiel e adulterada. Tal como, por um lado, podemos duvidar que o sonhado realmente foi tão incoerente e nebuloso como o guardamos na memória, assim podemos duvidar, por outro lado, que um sonho foi tão coerente como o narramos, que na tentativa de reprodução não preenchemos lacunas existentes ou criadas pelo esquecimento com material novo, escolhido arbitrariamente, e que não embelezamos, arredondamos nem retocamos o sonho, de modo que se torne impossível qualquer juízo a respeito de seu verdadeiro conteúdo. Em um autor (Spitta)[98] encontramos a conjectura de que tudo o que é ordem e coerência seria introduzido no sonho apenas na tentativa de evocá-lo. Assim, corremos o

---
98. Da mesma forma em Foucault e Tannery. [Nota acrescentada em 1914.]

risco de que nos arranquem das mãos o próprio objeto cujo valor tentamos determinar.

Ignoramos essas advertências nas interpretações de sonhos que fizemos até agora. Pelo contrário, não achamos que o desafio à interpretação fosse menos perceptível nos menores, mais insignificantes e mais incertos componentes do sonho do que nos seus componentes conservados de maneira nítida e certa. No sonho da injeção de Irma se diz: "Chamo *depressa* o dr. M.", e supomos que esse acréscimo não teria entrado no sonho se não admitisse uma derivação especial. Assim chegamos à história daquela paciente infeliz a cujo leito chamei "depressa" o colega mais velho. No sonho aparentemente absurdo que trata a diferença entre 51 e 56 como *quantité négligeable*, o número 51 era mencionado várias vezes. Em vez de achar isso óbvio ou indiferente, inferimos daí uma segunda cadeia de ideias no conteúdo onírico latente que levava ao número 51, e esse rastro, que continuamos seguindo, nos levou a receios que consideram 51 anos como o limite da vida, em gritante oposição a uma cadeia de ideias dominante que desperdiça anos de vida de maneira fanfarrona. No sonho *Non vixit* havia uma intercalação modesta que de início ignorei: "Visto que P. não o compreende, Fl. me pergunta" etc. Quando a interpretação estacou, retomei essas palavras e a partir delas encontrei o caminho até a fantasia infantil que aparece nos pensamentos oníricos como ponto nodal intermediário. Isso ocorreu por meio de algumas linhas do poeta:

> Raramente me *compreenderam*,
> Rara vez os compreendi também,
> Só quando na *lama* nos encontramos,
> Foi que logo nos entendemos bem![99]

Cada análise poderia provar com exemplos como justamente os traços mais insignificantes do sonho são imprescindíveis à interpretação e como a execução da tarefa é retardada quando demoramos a prestar atenção neles. Durante

---

99. Heine, *Livro das canções*, "O retorno", 78. (N.T.)

a interpretação, apreciamos da mesma forma cada nuance da expressão linguística em que o sonho a nós se apresentou; quando nos era apresentado um texto absurdo ou insuficiente, como se o esforço de traduzir o sonho para a versão correta não tivesse sido bem-sucedido, também respeitamos essas deficiências de expressão. Em suma, tratamos como um texto sagrado aquilo que segundo a opinião dos autores seria uma improvisação arbitrária, preparada às pressas em circunstâncias difíceis. Essa contradição exige esclarecimento.

Tal esclarecimento nos favorece, sem por isso deixar de dar razão aos autores. Do ponto de vista de nossos conhecimentos recém-adquiridos sobre o surgimento do sonho, as contradições se conciliam perfeitamente. É correto que distorcemos o sonho ao tentar reproduzi-lo; voltamos a encontrar aí aquilo que chamamos de elaboração secundária – e muitas vezes equívoca – do sonho pela instância do pensamento normal. Mas essa distorção não é ela mesma outra coisa senão uma parte da elaboração à qual os pensamentos oníricos estão normalmente sujeitos em consequência da censura onírica. Os autores entreviram ou perceberam nesse caso a parcela da distorção onírica que trabalha de maneira manifesta; isso pouco nos afeta, pois sabemos que um trabalho de distorção muito mais amplo, menos facilmente tangível, escolheu o sonho como objeto já nos pensamentos oníricos ocultos. Os autores apenas se enganam quando consideram arbitrária a modificação do sonho ao ser recordado e colocado em palavras, ou seja, ao considerar que essa modificação não admite solução e por isso é capaz de nos desorientar no conhecimento do sonho. Eles subestimam a determinação no psíquico. Nada existe aí de arbitrário. É possível mostrar de maneira geral que uma segunda cadeia de ideias assume imediatamente a determinação do elemento que foi deixado indeterminado pela primeira. Quero, por exemplo, que me venha à mente um número inteiramente arbitrário; isso não é possível; o número que me vem à mente é determinado de maneira inequívoca e necessária por pensamentos em mim que podem estar distantes de meu propósito momentâneo.[100] Da mesma forma, não são arbitrárias as modificações que o sonho sofre na redação de vigília. Elas permanecem em relação associativa com o conteúdo em cujo lugar se colocam e servem para nos mostrar o caminho a esse conteúdo que, por sua vez, também pode ser o substituto de outro.

Ao analisar sonhos de pacientes, costumo pôr essa tese à prova da seguinte maneira, jamais sem sucesso. Se o relato de um sonho a princípio me parece difícil de compreender, peço ao narrador para repeti-lo. Isso raramente acontece com as mesmas palavras. Mas os trechos em que ele modificou a expressão foram identificados para mim como os pontos fracos do disfarce onírico e me servem da mesma maneira como serviu a Hagen o sinal bordado na túnica de Siegfried.[101] A interpretação do sonho pode começar por aí. Devido ao meu pedido, o narrador foi alertado de que pretendo me empenhar de maneira especial na solução do sonho; portanto, sob a pressão da resistência, protege rapidamente os pontos fracos do disfarce onírico, substituindo uma expressão reveladora por uma mais remota. Dessa forma, chama minha atenção para a expressão que deixou de lado. Do empenho com que se evita a solução do sonho, também posso inferir os escrúpulos que teceram sua vestimenta.

Os autores têm menos razão quando concedem tanto espaço à dúvida com que nosso juízo trata o relato onírico. É que essa dúvida carece de uma garantia intelectual; nossa memória absolutamente não conhece garantias e contudo somos forçados a acreditar em seus dados com frequência

---

100. Ver *Psicopatologia da vida cotidiana* (1901 *b*). [Nota acrescentada em 1909.]

101. Personagens de *A canção dos nibelungos*, epopeia germânica. Após matar um dragão e se banhar em seu sangue, Siegfried se tornou invulnerável, exceto em um ponto de um dos ombros. Sua amada, Kriemhild, conhecia esse ponto e ingenuamente o revelou a Hagen na esperança de que este protegesse o herói de ser ferido em batalha. Ela bordou um sinal na túnica de Siegfried identificando o ponto fraco, o que permitiu a Hagen matá-lo traiçoeiramente. (N.T.)

muito maior do que seria justificado objetivamente. A dúvida quanto à reprodução correta do sonho ou de dados oníricos isolados é mais uma vez apenas um derivado da censura onírica, da resistência à irrupção dos pensamentos oníricos na consciência. Essa resistência nem sempre se esgotou com os deslocamentos e as substituições que impôs; sob a forma de dúvida, ela ainda se fixa nos elementos cuja passagem foi autorizada. Compreendemos mal essa dúvida tanto mais facilmente quanto ela toma o cuidado de jamais atacar elementos intensos do sonho, e sim apenas elementos fracos e indistintos. Porém, agora já sabemos que entre os pensamentos oníricos e o sonho ocorreu uma completa transvaloração de todos os valores psíquicos; a distorção só foi possível pela subtração de valor, sendo que em geral se expressa nela e com ela ocasionalmente se contenta. Se a um elemento indistinto do conteúdo onírico ainda se acrescenta a dúvida, podemos, seguindo a indicação, reconhecer nele um derivado mais direto de um dos pensamentos oníricos banidos. Isso lembra o que acontecia depois de uma grande revolução numa das repúblicas da Antiguidade ou da Renascença. As famílias nobres e poderosas que antes dominavam foram desterradas e todos os altos cargos ocupados por arrivistas; apenas são tolerados na cidade os membros inteiramente empobrecidos e desprovidos de poder ou os partidários distantes dos destituídos. Mas mesmo esses não gozam de todos os direitos civis; são vigiados com desconfiança. No lugar da desconfiança do exemplo, se encontra em nosso caso a dúvida. Por isso, na análise de um sonho exijo que se abandone toda a escala de avaliação da certeza e trato a mais ligeira possibilidade de que algo desse ou daquele tipo tenha aparecido no sonho como uma certeza plena. Se na investigação de um elemento onírico alguém não se decidir a renunciar a essa consideração, a análise ficará paralisada. O desdém pelo elemento em questão produz na pessoa analisada o efeito psíquico de que nenhuma das representações involuntárias que se encontram por trás dele quer lhe vir à mente. Esse efeito, na verdade, não é evidente; não seria absurdo se alguém dissesse: "Não sei com certeza se isso ou aquilo estava no sonho, mas me ocorre o seguinte a propósito". A pessoa nunca diz isso, e justamente esse efeito da dúvida, perturbador da análise, permite desmascará-la como um derivado e um instrumento da resistência psíquica. A psicanálise é desconfiada, e com razão. Uma de suas regras diz: *seja o que for que perturbe a continuação do trabalho, é uma resistência.*[102]

Também o esquecimento dos sonhos permanece insondável enquanto não se recorre ao poder da censura psíquica para explicá-lo. A sensação de que durante uma noite se sonhou muito e se conservou apenas um pouco pode ter um outro sentido numa série de casos, a saber, que o trabalho do sonho transcorreu perceptivelmente noite afora e deixou apenas um único sonho curto. Em outros casos, não é possível duvidar de que esquecemos o sonho cada vez mais após o despertar. Muitas vezes, ele é esquecido apesar dos esforços penosos para fixá-lo. Penso, porém, que, assim como em geral se superestima a extensão desse esquecimento, também se superestimam as perdas para o conhecimento do sonho ligadas à sua lacunosidade. Tudo o que o esquecimento custou ao conteúdo onírico pode muitas vezes ser recuperado pela análise; pelo menos em grande número de casos um único fragmento restante nos permite encontrar, ainda que não o sonho – mas esse afinal nada importa –, todos os pensamentos oníricos. Isso exige um maior dispêndio de atenção e de autossuperação durante

---

102. Essa tese formulada aqui de maneira tão peremptória, "seja o que for que perturbe a continuação do trabalho, é uma resistência", poderia facilmente ser mal compreendida. Naturalmente, ela tem apenas o sentido de uma regra técnica, de uma advertência ao analista. Não se deve negar que durante uma análise podem ocorrer diversos incidentes que não podem ser atribuídos à intenção da pessoa analisada. O pai do paciente pode morrer sem que ele o tenha matado, também pode rebentar uma guerra que dê um fim à análise. Mas atrás do evidente exagero dessa tese há um sentido novo e proveitoso. Ainda que o acontecimento perturbador seja real e independente do paciente, muitas vezes depende apenas deste o quanto de efeito perturbador lhe será concedido, e a resistência se mostra de maneira inconfundível no aproveitamento pronto e exagerado de uma dessas ocasiões. [Nota acrescentada em 1925.]

a análise; isso é tudo, porém indica que no esquecimento do sonho não faltou um propósito hostil.[103]

Durante as análises, obtemos uma prova convincente da natureza tendenciosa, a serviço da resistência, do esquecimento onírico[104] quando consideramos um estágio prévio

---

103. Como exemplo do significado da dúvida e da incerteza no sonho, acompanhadas da simultânea redução do conteúdo onírico a um único elemento, tomo de minhas *Conferências de introdução à psicanálise* o seguinte sonho, cuja análise, após um pequeno adiamento, acabou sendo bem-sucedida:
"Uma paciente cética tem um longo sonho no qual acontece que certas pessoas lhe falam de meu livro sobre o 'chiste' e o elogiam muito. Então se menciona algo sobre um *'canal', talvez um outro livro no qual apareça um canal, ou alguma outra coisa com canal... ela não sabe... é inteiramente obscuro.*

"Os senhores certamente estarão inclinados a acreditar que o elemento 'canal' se esquivará à interpretação por ser tão indefinido. Os senhores têm razão quanto à suposta dificuldade, porém as coisas não são difíceis por ele ser indistinto, mas ele é indistinto por uma outra razão, a mesma que também dificulta a interpretação. Nada ocorre à paciente acerca de 'canal'; obviamente, também não sei o que dizer. Algum tempo depois, na verdade no dia seguinte, ela conta que lhe ocorreu alguma coisa que *talvez* diga respeito ao assunto. Para ser mais exato, um chiste que ela tinha ouvido. Numa embarcação que faz o percurso entre Dover e Calais, um conhecido escritor conversa com um inglês que em certo contexto cita a frase *'Du sublime au ridicule il n'y a qu'un pas'*. O escritor responde: *'Oui, le pas de Calais'*, querendo dizer com isso que achava a França grandiosa e a Inglaterra ridícula. O *Pas de Calais*, no entanto, é um *canal*, a saber, o *Canal da Mancha*. Será que eu achava que essa ideia que lhe ocorrera tinha algo a ver com o sonho? Sem dúvida, ela realmente fornece a solução para o elemento onírico enigmático. Ou os senhores duvidam que esse chiste já existia antes do sonho como o elemento inconsciente do elemento 'canal'? Poderão supor que tenha sido acrescentado posteriormente? O pensamento que ocorre à paciente dá testemunho do ceticismo que nela se oculta atrás de uma admiração exagerada, e a resistência deve ser o motivo comum às duas coisas, não só para que a ideia demore tanto a lhe ocorrer, como também para que o respectivo elemento onírico tenha ficado tão indistinto. Prestem atenção à relação do elemento onírico com o seu elemento inconsciente. Ele é como um pedacinho desse elemento inconsciente, como uma alusão a ele; devido ao seu isolamento, se tornou inteiramente incompreensível." [Nota acrescentada em 1919.]

104. Sobre o propósito do esquecimento em geral, ver meu pequeno ensaio "Sobre o mecanismo psíquico do esquecimento" na *Monatsschrift für Psychiatrie und Neurologie* [*Revista de psiquiatria e neurologia*] (1898 *b*), [Acréscimo de 1909:] que depois se tornou o primeiro capítulo de *Psicopatologia da vida cotidiana* (1901 *b*).

do esquecimento. Não é nada raro acontecer que no meio do trabalho de interpretação emerja subitamente uma parte omitida do sonho, até então considerada esquecida. Essa parte do sonho arrancada ao esquecimento é sempre a mais importante; ela se acha no caminho mais curto para a solução do sonho e por isso estava mais exposta à resistência. Entre os exemplos oníricos que entremeei na trama deste tratado, há um caso em que tive de introduzir posteriormente um desses fragmentos de conteúdo onírico. Trata-se de um sonho com viagem, o qual se vinga de dois companheiros de compartimento descorteses e que devido ao seu conteúdo em parte grosseiramente obsceno deixei quase sem interpretar. O fragmento omitido era: *Digo a propósito de um livro de Schiller: "It is from...", mas me corrijo, eu mesmo notando o erro: "It is by...". O homem observa à sua irmã: "Ele disse corretamente".*[105]

A autocorreção no sonho, que pareceu tão prodigiosa a alguns autores, não merece que nos ocupemos dela. Prefiro indicar o modelo, tomado de minha memória, para esse erro de linguagem no sonho. Estive na Inglaterra pela primeira vez aos dezenove anos e passei um dia inteiro na praia do Mar da Irlanda. Naturalmente, me deleitei em apanhar os animais marinhos deixados para trás pela maré e justamente quando me ocupava de uma estrela-do-mar (o sonho começa com: *Hollthurn-holotúrias*) se aproximou uma menininha encantadora e me perguntou: *"Is it a starfish? Is it alive?"*. Respondi: *"Yes he is alive"*, mas me envergonhei do erro e repeti a frase corretamente. Em lugar do erro que cometi naquela ocasião, o sonho colocou outro, no qual os alemães incorrem com a mesma facilidade. "O livro é de Schiller" não deve ser traduzido com *from*, e sim com *by*. O fato de o trabalho do sonho efetuar essa substituição porque *from*, devido à homofonia

---

105. Tais correções no uso de línguas estrangeiras não são raras nos sonhos, porém mais frequentemente são atribuídas a pessoas estranhas. Na época em que aprendia inglês, Maury (1878, p. 143) sonhou certa vez que usava as seguintes palavras para comunicar a uma pessoa que o tinha visitado ontem: *"I called for you yesterday"*. O outro respondeu corretamente: "Diz-se: *I called on you yesterday*". [Nota acrescentada em 1914.]

com o adjetivo alemão *fromm* [piedoso; dócil; inofensivo; inocente], possibilita uma grande condensação, é algo que não nos causa mais admiração depois de tudo o que vimos sobre os propósitos do trabalho do sonho e sobre sua falta de consideração na escolha dos meios. Porém, o que significa a lembrança inocente da praia no contexto do sonho? Com um exemplo o mais inocente possível, ela ilustra que emprego o *artigo* [*Geschlechtswort*; literalmente, "palavra do sexo"] no lugar indevido, ou seja, que coloco o *sexual* (*he*) onde ele não cabe. Essa é, sem dúvida, uma das chaves para a solução do sonho. E quem, além disso, tiver conhecimento da derivação do título Ma*téria e* mo*vimento* (Moliére em *Le* ma*lade imaginaire*: "*La* ma*tière est-elle laudable?*" – *a* mo*tion of the bowels* ["As excreções estão em ordem?" – um movimento dos intestinos]), poderá completar facilmente o que falta.

Aliás, posso provar mediante uma *demonstratio ad oculos* [demonstração visual] que o esquecimento do sonho é em grande parte resultado da resistência. Um paciente conta que sonhou, mas esqueceu o sonho, que não deixou vestígios; então ele é considerado como não acontecido. Prosseguimos o trabalho, encontro uma resistência, esclareço algo ao paciente, ajudo-o mediante estímulo e pressão a se reconciliar com um pensamento desagradável qualquer e, mal isso acontece, ele exclama: "Agora lembro o que foi que sonhei!". A mesma resistência que nesse dia atrapalhou o trabalho também o fez esquecer o sonho. Pela superação dessa resistência, consegui trazer o sonho à memória.

Da mesma forma, ao chegar a certo ponto do trabalho o paciente pode se lembrar de um sonho que aconteceu três, quatro ou mais dias antes e até então descansara no esquecimento.[106]

A experiência psicanalítica ainda nos ofereceu outra prova de que o esquecimento dos sonhos depende muito mais da resistência do que da estranheza existente entre o estado de vigília e o estado de sono, como afirmam os autores. Não é raro

---

106. E. Jones descreve o caso análogo, que ocorre com frequência, em que durante a análise de um sonho o paciente recorda de um segundo sonho da mesma noite até então esquecido, nem sequer suspeitado. [Nota acrescentada em 1914.]

acontecer comigo, assim como a outros analistas e a pacientes que se encontram em tratamento, que, despertados por um sonho, como poderíamos dizer, comecemos imediatamente a interpretá-lo em plena posse de nossas funções intelectuais. Em tais casos, muitas vezes não descansei até que tivesse obtido a compreensão completa do sonho, e, no entanto, podia acontecer que após o despertar tivesse esquecido o trabalho interpretativo tão completamente quanto o conteúdo onírico, embora soubesse que tinha sonhado e interpretado o sonho. Muito mais frequentes foram as vezes em que o sonho arrastou o resultado do trabalho interpretativo para o esquecimento do que aquelas em que a atividade intelectual conseguiu reter o sonho na memória. Porém, entre esse trabalho interpretativo e o pensamento de vigília não há aquele abismo psíquico mediante o qual os autores pretendem explicar de maneira exclusiva o esquecimento dos sonhos. – Quando Morton Prince objeta à minha explicação para o esquecimento dos sonhos que ele é apenas um caso especial de amnésia em relação a estados psíquicos dissociados (*dissociated states*) e que a impossibilidade de estender minha explicação dessa amnésia especial a outros tipos de amnésia também a torna inútil para seu propósito mais imediato, lembra ao leitor que em todas as suas descrições de tais estados dissociados jamais fez a tentativa de encontrar a explicação dinâmica desses fenômenos. Caso a tivesse feito, deveria descobrir que o recalcamento (ou, antes, a resistência criada por ele) é a causa tanto dessas dissociações quanto da amnésia em relação a seu conteúdo psíquico. [1911]

Uma experiência que pude fazer durante a redação deste manuscrito me mostrou que os sonhos são tão pouco esquecidos quanto outros atos psíquicos, e que também quanto à sua persistência na memória podem ser comparados, sem restrições, a outras produções psíquicas. Em minhas anotações conservei um grande número de sonhos próprios que, na oportunidade, por uma razão qualquer, interpretei apenas de maneira muito incompleta ou absolutamente não cheguei a fazê-lo. No caso de alguns deles, fiz a tentativa de interpretá-los um ou dois anos depois com a intenção de obter material para ilustrar minhas teses. Essa tentativa foi bem-sucedida sem exceções; diria até que, tanto tempo depois, a interpretação foi mais fácil do que quando os sonhos eram experiências recentes, sendo a possível explicação para isso que desde então superei várias resistências em meu íntimo que na ocasião me atrapalhavam. Em tais interpretações *a posteriori*, comparei os pensamentos oníricos que obtivera no passado com aqueles obtidos atualmente, muito mais abundantes na maioria dos casos, e reencontrei o material antigo inalterado em meio ao material atual. Contive a tempo meu assombro sobre isso ao lembrar que, afinal, há muito costumo interpretar sonhos de meus pacientes ocorridos anos antes, que eles me contam ocasionalmente, como se fossem sonhos da noite anterior, seguindo o mesmo procedimento e com o mesmo êxito. Quando discutirmos os sonhos de angústia, comunicarei dois exemplos dessa interpretação adiada dos sonhos. Ao fazer essa tentativa pela primeira vez, fui conduzido pela expectativa justificada de que também sob esse aspecto o sonho se comportaria apenas como um sintoma neurótico. Quando trato um psiconeurótico – um caso de histeria, por exemplo – usando a psicanálise, preciso obter esclarecimento não só dos primeiros sintomas de sua doença, há muito superados, como também daqueles que persistem ainda hoje e que o levaram até mim, e a primeira tarefa é mais fácil de resolver do que aquela atualmente urgente. Já nos *Estudos sobre a histeria*, publicados em 1895, fui capaz de comunicar a explicação do primeiro ataque histérico que uma mulher com mais de quarenta anos tivera aos quinze.[107]

---

107. Sonhos que ocorreram nos primeiros anos da infância e que não raro se conservaram na memória por décadas com todo o seu frescor sensorial quase sempre alcançam uma grande importância para a compreensão do desenvolvimento e da neurose do sonhador. Sua análise protege o médico de erros e incertezas que também poderiam confundi-lo teoricamente. [Trecho acrescentado ao texto em 1919 e transformado em nota em 1930.]

Numa sequência solta, ainda quero apresentar aqui mais algumas observações sobre a interpretação dos sonhos que talvez orientem o leitor que pretenda verificar meus resultados por meio do trabalho interpretativo de seus próprios sonhos.

Ninguém deverá esperar que a interpretação de seus sonhos lhe caia do céu sem maiores esforços. Já a percepção de fenômenos endópticos e de outras sensações que normalmente se esquivam à atenção necessita de prática, ainda que nenhum motivo psíquico se oponha a esse grupo de percepções. É consideravelmente mais difícil se apoderar das "representações involuntárias". Quem exigir isso precisará agir conforme as expectativas despertadas neste tratado e, obedecendo às regras aqui apresentadas, se esforçar por conter toda crítica, todo preconceito, toda parcialidade afetiva ou intelectual durante o trabalho. Deverá ter em mente a regra estabelecida por Claude Bernard para o experimentador do laboratório de fisiologia: *travailler comme une bête* [trabalhar como um animal], isto é, trabalhar com essa perseverança, mas também com a mesma despreocupação pelo resultado. Quem seguir esses conselhos certamente não irá mais achar a tarefa difícil. Além disso, a interpretação de um sonho nem sempre se completa de um só fôlego; não é raro que sintamos nossas forças esgotadas quando seguimos um encadeamento de ideias e o sonho não nos diz mais nada nesse dia; o melhor a fazer é interromper o trabalho e retomá-lo noutro dia. Então outra parte do conteúdo onírico chamará nossa atenção e encontraremos o acesso a uma nova camada de pensamentos oníricos. Podemos chamar isso de interpretação "fracionada" do sonho.

O mais difícil é levar o iniciante na interpretação dos sonhos a reconhecer o fato de que sua tarefa não está terminada quando tem nas mãos uma interpretação completa do sonho, dotada de sentido, coerente e que dá informação sobre todos os elementos do conteúdo onírico. Poderá ser possível uma outra interpretação do mesmo sonho, uma superinterpretação, que lhe escapou. Não é realmente fácil formar uma noção da abundância de cadeias inconscientes de ideias que lutam por expressão em nosso pensamento, nem acreditar na habilidade do trabalho do sonho para, mediante modos de expressão multívocos, matar sempre sete moscas de um só golpe, por assim dizer, tal como o alfaiate do conto. O leitor sempre estará inclinado a criticar o autor por desperdiçar sua engenhosidade sem motivo; quem tiver alcançado experiência por conta própria mudará de opinião.

Por outro lado, não posso concordar com a tese, primeiramente apresentada por H. Silberer, de que todos os sonhos – ou pelo menos muitos sonhos e certos grupos deles – exigem duas interpretações diferentes, que inclusive se encontram numa relação fixa entre si. Uma dessas interpretações, que Silberer chama de *psicanalítica*, dá ao sonho um sentido qualquer, na maioria dos casos infantil-sexual; a outra, mais importante, chamada por ele de *anagógica*, indica os pensamentos mais sérios, frequentemente profundos, que o trabalho do sonho tomou como material. Silberer não demonstrou essa tese pela comunicação de uma série de sonhos que tivesse analisado nas duas direções. Devo objetar que semelhante fato não se sustenta. A maioria dos sonhos, afinal, não exige nenhuma superinterpretação e não é particularmente suscetível a uma interpretação anagógica. Não se pode ignorar que na teoria de Silberer, da mesma forma que em outros esforços teóricos dos últimos anos, toma parte uma tendência que gostaria de velar as condições fundamentais da formação dos sonhos e desviar o interesse de suas raízes nos impulsos [*Triebwurzeln*]. Em alguns casos, pude confirmar as indicações de Silberer; a análise me mostrou então que o trabalho do sonho tinha encontrado a tarefa de transformar em sonho uma série de pensamentos bastante abstratos da vida de vigília, não suscetíveis de uma figuração direta. Ele procurou resolver essa tarefa se apossando de outro material de pensamentos que se encontrava numa relação frouxa, que muitas vezes cabe chamar de *alegórica*, com os pensamentos abstratos, e que oferecia menores dificuldades à figuração. A interpretação abstrata de um sonho surgido dessa forma é dada imediatamente pelo sonhador; a interpretação correta do material em segundo plano precisa ser buscada com os meios técnicos conhecidos. [1919]

A questão sobre se todos os sonhos podem ser interpretados deve ser respondida negativamente. Não devemos esquecer que no trabalho interpretativo temos contra nós as forças psíquicas responsáveis pela distorção do sonho. Assim, será uma questão de relação de forças saber se com nosso interesse intelectual, nossa capacidade de autossuperação, nossos conhecimentos psicológicos e nossa prática na interpretação de sonhos poderemos mostrar às resistências internas quem manda. Até certo ponto isso é sempre possível, pelo menos até o ponto de obtermos a convicção de que o sonho é uma formação dotada de sentido e, na maioria dos casos, também obtermos uma noção desse sentido. Com bastante frequência, um segundo sonho permite garantir e continuar a interpretação que se presumiu para o primeiro. Uma série inteira de sonhos que se estende por semanas ou meses muitas vezes repousa em solo comum e deve ser submetida à interpretação como um todo. No caso de sonhos consecutivos, podemos observar muitas vezes como um deles coloca no centro o que no seguinte é aludido apenas na periferia e vice-versa, de modo que ambos também se complementam na interpretação. Já demonstrei por meio de exemplos que os diversos sonhos da mesma noite devem ser tratados, de um modo bem geral, como um todo pelo trabalho interpretativo.

Nos sonhos mais bem interpretados precisamos muitas vezes deixar um ponto no escuro, pois observamos durante a interpretação que ali começa um novelo de pensamentos oníricos que não se deixa deslindar, mas que também não forneceu outras contribuições ao conteúdo onírico. Este é então o umbigo do sonho, o ponto em que ele se assenta no desconhecido. De um modo bem geral, os pensamentos oníricos com que topamos na interpretação precisam ficar sem conclusão e se espalhar em todas as direções na rede emaranhada de nosso mundo de pensamentos. De um ponto mais denso desse emaranhado, o desejo onírico se eleva como o cogumelo de seu micélio.

Retornemos aos fatos do esquecimento do sonho. É que deixamos de extrair deles uma importante conclusão. Se a vida de vigília mostra o propósito inequívoco de esquecer o sonho formado durante a noite, ou como um todo logo após o despertar ou parte por parte no decorrer do dia, e se reconhecemos que a resistência psíquica ao sonho é a principal envolvida nesse esquecimento, resistência que afinal já atacou o sonho durante a noite, é natural perguntar o que propriamente possibilitou a formação do sonho em oposição a essa resistência. Tomemos o caso mais chamativo, o caso em que a vida de vigília elimina o sonho como se ele absolutamente não tivesse acontecido. Se consideramos o jogo das forças psíquicas, precisamos afirmar que o sonho de forma alguma teria ocorrido se a resistência durante a noite fosse a mesma do dia. Concluímos que durante a noite ela perdeu uma parte de sua força; sabemos que não foi eliminada, pois na distorção onírica comprovamos sua participação na formação do sonho. Porém, impõe-se a nós a possibilidade de que ela seja menor durante a noite, de que a formação do sonho se tornou possível mediante essa diminuição da resistência, e compreendemos facilmente que ela, mobilizada em sua força plena com o despertar, de imediato afaste outra vez aquilo que precisou admitir enquanto estava enfraquecida. A psicologia descritiva nos ensina, afinal, que a principal condição para a formação dos sonhos é o estado de sono da psique; agora poderíamos acrescentar a seguinte explicação: *o estado de sono possibilita a formação dos sonhos ao reduzir a censura endopsíquica.*

Certamente estamos tentados a encarar essa conclusão como a única possível a ser extraída dos fatos do esquecimento do sonho e a tirar dela inferências adicionais sobre as relações de energia do sono e da vigília. Mas por enquanto vamos parar por aqui. Quando tivermos nos aprofundado um pouco mais na psicologia do sonho, veremos que a possibilitação de sua formação ainda pode ser concebida de outra maneira. A resistência que impede os pensamentos oníricos de se tornarem conscientes talvez também possa ser evitada sem que propriamente sofra uma redução. Também é plausível que os dois fatores favoráveis à formação do sonho – a redução da resistência e a sua evitação – sejam possibilitados ao mesmo tempo pelo estado de sono. Interrompemos aqui, para retomar esse ponto mais adiante.

Há outra série de objeções ao nosso procedimento na interpretação de sonhos da qual agora precisamos nos ocupar. Em nosso procedimento, abandonamos todas as representações-meta que normalmente dominam a reflexão, dirigimos nossa atenção a um único elemento onírico e então anotamos as ideias involuntárias que nos ocorrem acerca dele. Depois tomamos outro componente do conteúdo onírico, repetimos com ele o mesmo trabalho e, sem nos preocuparmos com o rumo dos pensamentos, deixamos que nos conduzam adiante, e nisso – como se poderia dizer – sempre aparece algo novo. Ao mesmo tempo, nutrimos a firme expectativa de no fim, inteiramente sem nossa intervenção, toparmos com os pensamentos oníricos dos quais o sonho surgiu. A crítica talvez objete que não há nada de admirável no fato de partirmos de algum elemento do sonho e chegarmos a algum ponto. A toda representação podemos ligar algo associativamente; apenas é notável que nesse fluxo de pensamentos desnorteado e arbitrário devamos topar justamente com os pensamentos oníricos. É provável que isso seja um autoengano; seguimos a cadeia associativa que parte de um elemento até que percebemos ela se romper por uma razão qualquer; quando então tomamos um segundo elemento, é apenas natural que o caráter originalmente ilimitado da associação sofra restrições. A cadeia de pensamentos anterior ainda está na memória, e por isso, durante a análise da segunda representação onírica, toparemos mais facilmente com ideias isoladas que também tenham algo em comum com as ideias da primeira cadeia. Então imaginamos ter encontrado um pensamento que representa um ponto nodal entre dois elementos oníricos. Como normalmente nos permitimos toda liberdade de associação de ideias, e no fundo só excluímos as passagens de uma representação a outra ativas no pensamento normal, não se torna difícil, por fim, usando uma série de "pensamentos intermediários", preparar algo a que damos o nome de pensamentos oníricos e que, sem qualquer garantia, visto que estes não são conhecidos, fazemos passar pelo substituto psíquico do sonho. Mas nisso, tudo é arbitrariedade e aproveitamento aparentemente engenhoso do acaso, e qualquer um que se submeter a esses esforços inúteis pode imaginar por essa via uma interpretação qualquer para um sonho qualquer.

Se realmente nos fizerem tais objeções, podemos nos defender recorrendo à impressão causada pelas nossas interpretações de sonhos, às surpreendentes associações com outros elementos oníricos que se produzem quando seguimos cada uma das representações e à improbabilidade de que algo que cobre e explica o sonho de maneira tão exaustiva quanto uma de nossas interpretações possa ser obtido de outra forma a não ser seguindo conexões psíquicas previamente estabelecidas. Também poderíamos afirmar para nos justificarmos que o procedimento na interpretação dos sonhos é idêntico ao empregado na resolução dos sintomas histéricos, caso em que a sua correção é garantida pelo surgimento e pelo desaparecimento dos sintomas em seus lugares, ou seja, em que a explicação do texto encontra um apoio nas ilustrações intercaladas. Porém, não temos nenhuma razão para evitar o problema de como é possível chegar a uma meta preexistente seguindo uma cadeia de pensamentos que avança de maneira arbitrária e sem meta, já que é verdade que não podemos resolver este problema, mas eliminá-lo completamente.

Pois é comprovadamente incorreto que nos entregamos a um fluxo de representações sem meta quando, como no caso do trabalho de interpretação dos sonhos, abandonamos nossa reflexão e deixamos emergir as representações involuntárias. É possível mostrar que apenas podemos renunciar às representações-meta que conhecemos e que, quando estas cessam, representações-meta desconhecidas – como dizemos de maneira imprecisa: inconscientes – assumem o controle e determinam o fluxo das representações involuntárias. Não é possível produzir de forma alguma um pensar sem representações-meta mediante nossa própria influência sobre nossa vida psíquica; também desconheço em que estados de transtorno psíquico tal pensar poderia se produzir.[108] Quanto a isso, os psiquiatras renunciaram cedo demais à firmeza da estrutura psíquica. Sei que tanto no âmbito da histeria e da paranoia quanto na formação ou na resolução dos sonhos não

---

108. Apenas mais tarde minha atenção foi despertada para o fato de Eduard von Hartmann defender a mesma concepção nesse ponto psicologicamente importante: "Na discussão do papel do inconsciente na criação artística (1890, vol. 1, seção B, cap. V), Eduard von Hartmann enunciou com palavras claras a lei da associação de ideias guiada por representações-meta inconscientes, sem no entanto estar consciente do alcance dessa lei. O que lhe importa é demonstrar que 'toda combinação de representações sensíveis, quando não é deixada puramente ao acaso mas deve conduzir a uma meta determinada, necessita da ajuda do inconsciente' e que o interesse consciente por determinada associação de ideias é um estímulo ao inconsciente para encontrar a representação adequada entre as inúmeras representações possíveis. 'É o inconsciente que escolhe, de acordo com os fins do interesse: e isso vale para *a associação de ideias no pensamento abstrato enquanto imaginação sensível ou combinação artística*' *e para as ideias chistosas*. Por isso, não é possível sustentar uma limitação da associação de ideias à representação causadora e à causada no sentido da psicologia associacionista pura. Semelhante limitação 'apenas seria efetivamente justificada se na vida humana ocorressem estados em que o homem estivesse liberto não só de toda meta consciente, como também do domínio ou da cooperação de todo interesse inconsciente, de toda disposição. Mas esse é um estado que dificilmente ocorre, pois mesmo *quando aparentemente abandonamos por inteiro o curso de nossos pensamentos ao acaso ou quando nos entregamos por inteiro aos sonhos involuntários da fantasia, os principais interesses, os sentimentos e as disposições determinantes no ânimo mudam de uma hora para a outra, e estes sempre exercerão uma influência sobre a associação de ideias*'. (*Ibid.*, vol. 1, p. 246.) Nos sonhos semi-inconscientes, as representações que surgem são sempre aquelas que correspondem ao principal interesse (inconsciente) do momento (*loc. cit.*). O destaque dado à influência dos sentimentos e das disposições sobre o livre curso dos pensamentos faz com que o método da psicanálise também pareça plenamente justificado do ponto de vista da psicologia de Hartmann." (N.E. Pohorilles, 1913.) – Do fato de um nome que buscamos lembrar em vão muitas vezes nos ocorrer depois repentinamente, Du Prel conclui que existe um pensar inconsciente e, no entanto, orientado a uma meta, cujo resultado emerge na consciência (1885, p. 107). [Nota acrescentada em 1914.]

ocorre um fluxo de pensamentos desregrado, desprovido de representações-meta. Talvez ele absolutamente não ocorra nas afecções psíquicas endógenas; segundo uma engenhosa hipótese de Leuret, mesmo os delírios de pessoas perturbadas são dotados de sentido, só se tornando incompreensíveis para nós devido a omissões. Adquiri a mesma convicção quando tive oportunidade de fazer observações. Os delírios são a obra de uma censura que não se dá mais ao trabalho de ocultar suas atividades, uma censura que, em vez de cooperar para uma reelaboração que não seja mais chocante, risca sem consideração tudo aquilo a que faz objeções, tornando incoerente o que resta. Essa censura procede de modo inteiramente análogo à censura russa de jornais na fronteira: apenas jornais estrangeiros repletos de tarjas pretas chegam às mãos dos leitores que cabe proteger.

Talvez o livre jogo das representações segundo um encadeamento associativo qualquer se manifeste nos processos orgânicos destrutivos do cérebro; o que é considerado como tal nas psiconeuroses pode ser sempre explicado pela influência da censura sobre uma cadeia de ideias empurrada para o primeiro plano por representações-meta que permanecem ocultas.[109] Como sinal infalível da associação isenta de representações-meta se considerou a situação em que as representações (ou imagens) emergentes aparecem ligadas entre si pelos laços da chamada associação superficial, ou seja, por assonância, ambiguidade de palavras, coincidência cronológica sem relação interna de sentido – por todas as associações que nos permitimos empregar no chiste e no jogo de palavras. Essa característica é correta para as associações de ideias que nos conduzem dos elementos do conteúdo onírico aos pensamentos intermediários e destes aos verdadeiros pensamentos oníricos; em muitas análises de sonhos, encontramos exemplos disso que despertaram nossa admiração.

---

109. Ver a propósito a brilhante confirmação dessa tese apresentada por C.G. Jung mediante análises de casos de *dementia praecox* (1907). [Nota acrescentada em 1909.]

Nesses casos, nenhuma ligação era frouxa demais, nenhum chiste era reprovável demais para que não pudesse formar a ponte de um pensamento a outro. Porém, a compreensão correta de tal indulgência não é difícil de encontrar. *Sempre que um elemento psíquico estiver ligado a outro por meio de uma associação chocante e superficial, também existe uma conexão correta e mais profunda entre ambos, submetida à resistência da censura.*

Pressão da censura, e não eliminação das representações-meta, é a fundamentação correta para o predomínio das associações superficiais. As associações superficiais substituem as profundas na figuração quando a censura torna intransitáveis esses caminhos de ligação normais. A situação é semelhante à que ocorre quando um obstáculo geral ao trânsito – por exemplo, uma inundação – torna intransitáveis as estradas largas nas montanhas; então o trânsito é mantido por trilhas difíceis e íngremes, normalmente apenas percorridas pelos caçadores.

Podemos distinguir dois casos, que no essencial são um só. Ou a censura se dirige apenas contra a ligação entre dois pensamentos, que, separados um do outro, escapam à objeção. Então esses dois pensamentos entram na consciência sucessivamente; sua ligação permanece oculta; mas, em compensação, nos ocorre uma ligação superficial entre os dois, na qual de outro modo não teríamos pensado e que em geral começa num ponto do complexo de representações diferente daquele do qual parte a ligação reprimida, porém essencial. Ou ambos os pensamentos sucumbem à censura devido ao seu conteúdo; então ambos não aparecem na forma correta, e sim numa forma modificada, substituída, e os dois pensamentos substitutos são escolhidos de tal maneira que reproduzem por meio de uma associação superficial a ligação essencial em que se encontram os pensamentos por eles substituídos. *Sob a pressão da censura, ocorreu um deslocamento nos dois casos: de uma associação normal, séria, a uma associação superficial, que parece absurda.*

Visto que sabemos desses deslocamentos, também confiamos sem hesitar nas associações superficiais durante a interpretação.[110]

Dessas duas teses – a de que o domínio sobre o fluxo de representações passa a representações-meta ocultas quando se renuncia às representações-meta conscientes e a de que as associações superficiais são apenas um substituto, via deslocamento, para associações reprimidas mais profundas –, a psicanálise faz o uso mais amplo nos casos de neurose; ela chega a elevar essas duas teses à categoria de pilares fundamentais de sua técnica. Quando peço a um paciente para abandonar toda reflexão e me relatar tudo o que lhe vier à mente, mantenho o pressuposto de que ele não pode abandonar as representações-meta do tratamento, e me considero autorizado a concluir que as coisas aparentemente mais inocentes e mais arbitrárias que ele me relata se encontram em relação com seu estado patológico. Outra representação-meta, da qual o paciente nada suspeita, é a da minha pessoa. Sendo assim, a apreciação completa, bem como a demonstração detalhada das duas explicações, pertence à exposição da técnica psicanalítica como método terapêutico. Chegamos aqui a uma dessas conexões em que abandonamos deliberadamente o tema da interpretação dos sonhos.[111]

---

110. Naturalmente, as mesmas considerações também valem para o caso em que as associações superficiais são expostas no conteúdo onírico, como, por exemplo, nos dois sonhos comunicados por Maury (p. 77: *pèlerinage – Pelletier – pelle; quilômetro – quilo – Gilolo – lobélia – Lopez – loto*). Do trabalho com neuróticos, sei que reminiscência gosta de se figurar dessa maneira. Trata-se da consulta de enciclopédias (ou dicionários em geral), fonte em que a maioria, na época da curiosidade da puberdade, satisfez sua necessidade de esclarecimento dos enigmas sexuais.

111. As teses aqui apresentadas, que de início soavam bastante improváveis, mais tarde receberam justificação e aplicação experimentais por meio dos "estudos diagnósticos associativos" de Jung e de seus discípulos. [Nota acrescentada em 1909.]

Apenas uma coisa é correta e persiste das objeções feitas, a saber, que não precisamos transpor todas as ideias que ocorrem durante o trabalho de interpretação para o trabalho noturno do sonho. Na interpretação durante a vigília, percorremos um caminho que retrocede dos elementos oníricos aos pensamentos oníricos. O trabalho do sonho tomou o caminho inverso, e de forma alguma é provável que esses caminhos sejam transitáveis em sentido contrário. Verifica-se, antes, que durante o dia desencavamos novas conexões de pensamentos que tocam os pensamentos intermediários e os pensamentos oníricos ora neste, ora naquele ponto. Podemos ver como o novo material de pensamentos do dia se introduz nas séries interpretativas, e provavelmente a intensificação da resistência, ocorrida desde a noite, também obrigue a rodeios novos e mais longos. Porém, o número ou a espécie de ligações colaterais que dessa forma tecemos durante o dia é algo inteiramente insignificante do ponto de vista psicológico desde que elas nos levem aos pensamentos oníricos buscados.

B

A REGRESSÃO

Agora que nos defendemos das objeções, ou pelo menos indicamos onde descansam nossas armas de defesa, não podemos mais adiar a abordagem das investigações psicológicas para as quais há muito tempo nos preparamos. Resumamos os principais resultados da investigação que fizemos até agora. O sonho é um ato psíquico genuíno; sua força impulsora é sempre um desejo a ser realizado; sua irreconhecibilidade como desejo e suas muitas peculiaridades e absurdos resultam da influência da censura psíquica que ele sofreu em sua formação; além da coerção de se esquivar dessa censura, cooperaram em sua formação uma coerção à condensação do material psíquico, uma consideração pela figurabilidade em imagens sensoriais e – ainda que não regularmente – uma consideração por um exterior racional e inteligível para o produto onírico. Partindo de cada uma dessas afirmações, o caminho continua até postulados e conjecturas psicológicos; a relação mútua entre o motivo do desejo e essas quatro condições, bem como destas entre si, precisa ser investigada; cabe incluir o sonho no encadeamento da vida psíquica.

Colocamos um sonho no início deste capítulo para nos lembrar dos enigmas cuja solução ainda está em aberto. A interpretação desse sonho da criança em chamas não nos provocou qualquer dificuldade, embora não tenha sido dada integralmente conforme nosso ponto de vista. Nós nos perguntávamos por que afinal ocorria um sonho em vez do despertar, e reconhecemos que um dos motivos do sonhador era o desejo de imaginar a criança viva. De acordo com discussões posteriores, veremos que outro desejo também desempenha um papel aí. Em primeiro lugar, portanto, é por causa da realização de desejo que o processo de pensamento do sono foi transformado num sonho.

Se anularmos a realização de desejo, resta apenas uma característica que diferencia os dois tipos de fato psíquico. O pensamento onírico seria o seguinte: "Vejo um brilho vindo do quarto onde está o corpo. Talvez uma vela tenha caído e a criança esteja queimando!". O sonho reproduz sem alterações o resultado dessa reflexão, porém figurado em uma situação presente e apreensível pelos sentidos como uma experiência de vigília. Mas essa é a característica psicológica mais geral e mais chamativa do sonho; um pensamento, em geral o pensamento desejado, é objetivado no sonho, figurado como cena ou, segundo achamos, vivenciado.

Como devemos explicar essa peculiaridade característica do trabalho do sonho ou – para nos expressarmos em termos mais modestos – como devemos encaixá-la no encadeamento dos processos psíquicos?

Num exame mais atento, percebemos que na aparência desse sonho se manifestam duas características quase independentes uma da outra. Uma delas é a figuração sob a forma de situação presente, com omissão do "talvez"; a outra, a transposição do pensamento em imagens visuais e em fala.

A transformação que os pensamentos oníricos sofrem pelo fato de a expectativa neles expressa ser colocada no presente talvez não pareça muito chamativa justamente nesse sonho. Isso está relacionado com o papel singular, na verdade secundário, da realização de desejo nesse sonho. Tomemos outro sonho, em que o desejo onírico não se separa da continuação dos pensamentos de vigília no sono – por exemplo, o da injeção de Irma. Nesse caso, o pensamento onírico figurado está no optativo: "Quem dera que Otto fosse o culpado pela doença de Irma!". O sonho recalca o optativo e o substitui por um presente simples: "Sim, Otto é o culpado pela doença de Irma". Essa é, portanto, a primeira transformação que mesmo o sonho isento de distorção faz com os pensamentos oníricos. Não nos deteremos por muito tempo nessa primeira peculiaridade do sonho. Nós a resolvemos pela referência à fantasia consciente, ao sonho diurno, que procede exatamente da mesma forma com seu conteúdo de representações.

Quando o senhor Joyeuse, de Daudet, vagueia desempregado pelas ruas de Paris, enquanto suas filhas acreditam que ele tem um emprego e está sentado em seu escritório, ele sonha igualmente no presente com os acontecimentos que devem ajudá-lo a obter proteção e um emprego. Portanto, o sonho usa o presente da mesma maneira e com os mesmos direitos que o sonho diurno. O presente é o tempo em que o desejo é figurado como realizado.

Porém, a segunda característica é peculiar apenas ao sonho e o diferencia do sonho diurno; consiste em que o conteúdo de representações não é pensado, e sim transformado em imagens sensoriais, nas quais então acreditamos e que julgamos experimentar. Acrescentemos de imediato que nem todos os sonhos mostram a transformação de representação em imagem sensorial; há sonhos que consistem apenas de pensamentos, aos quais nem por isso negaremos a natureza de sonhos. Meu sonho "*Autodidasker* – a fantasia diurna com professor N." é um desses em que se mesclaram poucos elementos sensíveis a mais do que se eu tivesse pensado seu conteúdo durante o dia. Em todo sonho mais longo também há elementos que não receberam forma sensível, elementos que são simplesmente pensados ou sabidos, como costuma ocorrer na vigília. Além disso, lembremos aqui que tal transformação de representações em imagens sensoriais não é própria apenas do sonho, mas igualmente das alucinações e das visões, que podem aparecer de maneira independente na saúde ou como sintomas de psiconeuroses. Em suma, a relação que aqui investigamos não é exclusiva em nenhum sentido; permanece o fato, porém, de que essa característica do sonho, quando surge, nos parece a mais notável, de modo que não poderíamos pensar a vida onírica sem ela. Sua compreensão, porém, exige discussões de grande alcance.

Entre todas as observações sobre a teoria do sonhar que podem ser encontradas nos diversos autores, gostaria de destacar uma que merece ser desenvolvida. No contexto de algumas discussões dedicadas ao sonho, o grande Fechner expressa em sua *Psicofísica* (1889, vol. 2, p. 520-521) a hipótese de que *a cena dos sonhos é distinta daquela da vida representacional de vigília*. Não há outra hipótese que permita compreender as peculiaridades da vida onírica.

A ideia assim colocada à nossa disposição é a de um *lugar psíquico*. Queremos deixar inteiramente de lado que o aparelho psíquico de que aqui se trata também nos é conhecido sob a forma de preparado anatômico, e queremos evitar com cuidado a tentação de determinar o lugar psíquico anatomicamente. Permanecemos em terreno psicológico, lembrando-nos apenas de seguir a sugestão de imaginar o instrumento que serve às produções psíquicas mais ou menos como um microscópio composto, uma máquina fotográfica etc. O lugar psíquico corresponde então a um lugar no interior de um aparelho em que se forma um dos estágios prévios da imagem. No caso do microscópio e do telescópio, como se sabe, tais lugares são em parte lugares ideais, regiões em que não há nenhum componente palpável do aparelho. Considero supérfluo pedir desculpas pelas imperfeições desta e de todas as imagens semelhantes. Tais analogias apenas devem nos apoiar numa tentativa de tornar compreensível a complexidade do funcionamento psíquico enquanto o decompomos e atribuímos cada função isolada a um componente diferente do aparelho. Até onde sei, a tentativa de descobrir a construção do instrumento psíquico a partir de semelhante desmontagem ainda não foi ousada. Parece-me inofensiva. Penso que podemos dar livre curso às nossas conjecturas desde que conservemos a frieza de nosso juízo, não confundindo os andaimes com o edifício. Visto que para a primeira aproximação de algo desconhecido não precisamos de outra coisa a não ser representações auxiliares, daremos preferência, de início, às hipóteses mais toscas e mais palpáveis.

Sendo assim, vamos imaginar o aparelho psíquico como um instrumento composto, cujos componentes chamaremos de *instâncias* ou, por razões de clareza, *sistemas*. Depois formemos a expectativa de que esses sistemas talvez tenham uma orientação espacial constante entre si, mais ou menos como os diferentes sistemas de lentes do telescópio se encontram arranjados sucessivamente. No fundo, não precisamos fazer a suposição de um arranjo realmente *espacial* dos sistemas psíquicos. Basta-nos que a hipótese estabeleça uma sequência fixa – que durante certos processos psíquicos os sistemas sejam percorridos pela excitação numa sequência *temporal* determinada. A sequência pode sofrer uma modificação em outros processos; queremos deixar aberta tal possibilidade. Por razões de concisão, chamaremos os componentes do aparelho daqui por diante de "sistemas ψ".

A primeira coisa que chama nossa atenção é que esse aparelho composto de sistemas ψ tem uma direção. Toda a nossa atividade psíquica parte de estímulos (internos ou externos) e termina em inervações. Assim atribuímos ao aparelho uma extremidade sensível e uma motora; na extremidade sensível há um sistema que recebe as percepções e na extremidade motora há outro que abre as comportas da motilidade. Em geral, o processo psíquico transcorre da extremidade perceptiva à extremidade motora. O esquema mais geral do aparelho psíquico teria, portanto, o seguinte aspecto (Fig. 1):

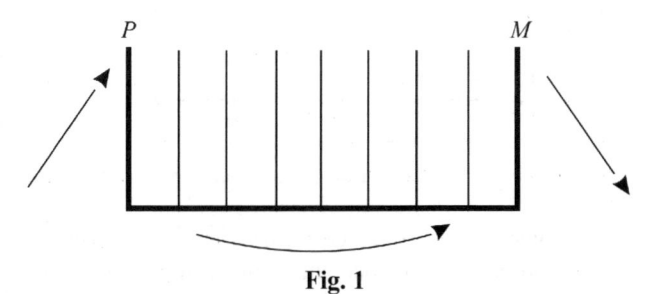

Fig. 1

Porém, isso é apenas o cumprimento da exigência, que conhecemos há tempo, de que o aparelho psíquico deva ser construído como um aparelho reflexo. O processo reflexo também é o modelo de todo funcionamento psíquico.

Agora temos razão para introduzir uma primeira diferenciação na extremidade sensível. Das percepções que nos chegam, resta um traço em nosso aparelho psíquico que podemos chamar de "traço mnêmico". Chamamos de "memória" a função relacionada com esse traço mnêmico. Se levarmos a sério o propósito de ligar os processos psíquicos a sistemas, então o traço mnêmico apenas pode consistir em modificações permanentes nos elementos dos sistemas. Porém, como outro autor já observou[112], surgem dificuldades evidentes se um mesmo sistema deve conservar fielmente as modificações em seus elementos e, no entanto, se mostrar sempre fresco e receptivo a novas ocasiões de modificação. Segundo o princípio que guia nosso experimento, vamos assim distribuir essas duas funções entre sistemas diferentes. Supomos que o primeiro sistema do aparelho receba os estímulos perceptivos, mas nada conserve deles, ou seja, não tem nenhuma memória, e que por trás dele há um segundo sistema que transforma a excitação momentânea do primeiro em traços permanentes. Então a imagem de nosso aparelho psíquico seria a seguinte (Fig. 2):

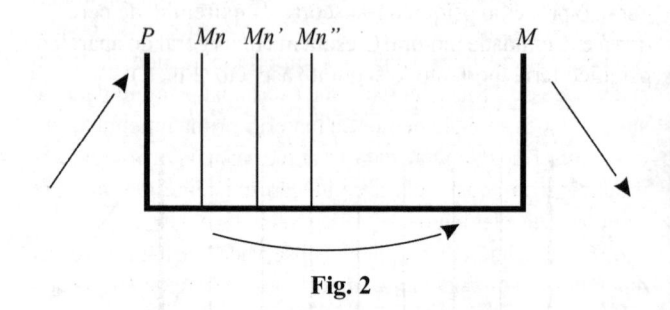

Fig. 2

É sabido que das percepções que agem sobre o sistema *P* ainda conservamos de maneira permanente algo mais do que seu conteúdo. Nossas percepções também se mostram

---

112. [Breuer, em uma nota na primeira seção das "Considerações teóricas" dos *Estudos sobre a histeria*, escrito em coautoria com Freud. Ver Freud e Breuer, 1895.]

ligadas entre si na memória, sobretudo segundo seu encontro na simultaneidade, ocorrido no passado. Chamamos esse fato de *associação*. Agora é claro que se o sistema P absolutamente não tem memória, tampouco pode conservar as marcas para a associação; cada um dos elementos P seria intoleravelmente estorvado em sua função se um resto de uma ligação anterior se afirmasse contra uma nova percepção. Portanto, devemos supor que o fundamento da associação se encontra antes nos sistemas mnêmicos. A associação consiste então no seguinte: em consequência de diminuições da resistência e de facilitações, a excitação se propaga de um dos elementos *Mn* preferentemente a um segundo do que a um terceiro elemento *Mn*.

Ao nos aprofundarmos mais, mostra-se a necessidade de supor não um mas vários desses elementos *Mn* nos quais a mesma excitação propagada pelos elementos P experimenta uma fixação diferente. O primeiro desses sistemas *Mn*, em todo caso, conterá a fixação da associação por *simultaneidade*; nos sistemas mais afastados, o mesmo material excitatório será ordenado segundo outros tipos de encontro, de maneira que, por exemplo, relações de semelhança etc. sejam figuradas por esses sistemas posteriores. Naturalmente seria ocioso pretender colocar em palavras a importância psíquica de um sistema desses. Sua peculiaridade estaria na profundidade de suas relações com elementos da matéria-prima mnêmica, isto é, se quisermos apontar para uma teoria mais profunda, nas gradações da resistência à condução existente no caminho rumo a esses elementos.

Caberia intercalar aqui uma observação de natureza geral que talvez aponte para algo importante. O sistema P, que não tem nenhuma capacidade para conservar alterações, ou seja, nenhuma memória, fornece à nossa consciência toda a multiplicidade das qualidades sensíveis. De maneira inversa, nossas lembranças, sem excluir as mais profundamente gravadas em nós, são essencialmente inconscientes. É possível torná-las conscientes, porém não há dúvida de que exercem todos os seus efeitos em estado inconsciente. O que chamamos de nosso caráter se baseia nas marcas mnêmicas de nossas impressões, e justamente as impressões que tiveram um efeito mais forte sobre nós, as de nossa primeira infância, são aquelas que quase nunca se tornam conscientes. Porém, se as lembranças se tornam novamente conscientes, não mostram nenhuma qualidade sensível ou somente uma muito pequena em comparação com as percepções. Caso se confirme que *nos sistemas ψ memória e qualidade para a consciência se excluem mutuamente*, então se abriria uma compreensão promissora das condições da excitação neuronal.[113]

O que até agora supomos sobre a composição do aparelho psíquico na extremidade sensível ocorreu sem levar em conta o sonho e as explicações psicológicas dele deriváveis. Para o conhecimento de outra parte do aparelho, porém, o sonho se tornará uma fonte de provas. Vimos que se tornou impossível para nós explicar a formação do sonho se não quiséssemos ousar a conjectura de duas instâncias psíquicas, uma das quais submete a atividade da outra a uma crítica, resultando disso uma exclusão da consciência.

A instância crítica, concluímos, mantém relações mais estreitas com a consciência do que a instância criticada. Ela se encontra entre esta e a consciência como um anteparo. Além disso, encontramos pontos de apoio para identificar a instância crítica com aquilo que guia nossa vida de vigília e decide sobre nosso agir consciente, voluntário. Se substituirmos essas instâncias por sistemas no sentido de nossas hipóteses, o conhecimento recém-mencionado nos levará a colocar o sistema crítico na extremidade motora. Agora introduzimos os dois sistemas em nosso esquema e expressamos em seus nomes sua relação com a consciência (Fig. 3).

Chamamos o último sistema na extremidade motora de *pré-consciente* para indicar que nele os processos excitatórios podem chegar à consciência sem maiores obstáculos caso

---

113. Afirmei mais tarde que a consciência surge, por assim dizer, no *lugar* do traço mnêmico. (Ver "Nota sobre o 'bloco mágico'", 1925 *a*.) [Nota acrescentada em 1925.]

Fig. 3

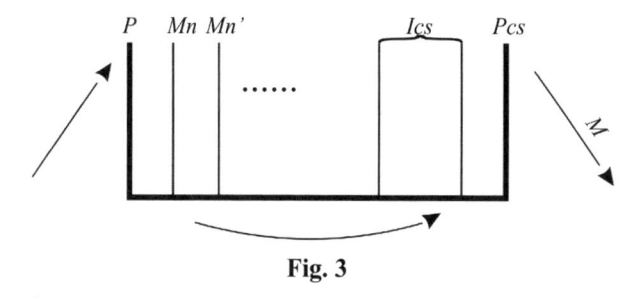

ainda sejam preenchidas certas condições – por exemplo, que se atinja certa intensidade, certa distribuição daquela função que cabe chamar de atenção etc. Ao mesmo tempo, é esse sistema que tem as chaves para a motilidade voluntária. Chamamos de *inconsciente* o sistema que se encontra por trás dele, pois não tem acesso à consciência *exceto pelo pré-consciente*, uma passagem que obriga seu processo excitatório a tolerar alterações.[114]

No entanto, em qual desses sistemas situamos o ímpeto à formação do sonho? Para simplificar, no sistema *Ics*. É verdade que em discussões posteriores veremos que isso não é inteiramente correto e que a formação do sonho é forçada a se ligar a pensamentos oníricos que pertencem ao sistema do pré-consciente. Porém, também veremos em outra parte, quando tratarmos do desejo onírico, que a força impulsora para o sonho é colocada à disposição pelo *Ics*, e por causa deste último fator suporemos que o sistema inconsciente é o ponto de partida da formação do sonho. Essa excitação onírica, como todas as outras formações de pensamento, manifestará a tendência de se prolongar no *Pcs* e a partir deste obter o acesso à consciência.

A experiência nos ensina que esse caminho que leva pelo pré-consciente à consciência está bloqueado durante o dia aos

---

114. O aperfeiçoamento posterior desse esquema desenrolado de maneira linear precisará contar com a hipótese de que o sistema que se segue ao *Pcs* é aquele ao qual precisamos atribuir a consciência, ou seja, que $P = Cs$. [Nota acrescentada em 1919.]

pensamentos oníricos pela censura da resistência. Durante a noite eles conseguem chegar à consciência, mas se coloca a questão de saber por qual caminho e graças a que modificação. Se isso fosse possibilitado aos pensamentos oníricos pelo fato de que durante a noite diminui a resistência que vigia o limite entre o inconsciente e o pré-consciente, então receberíamos no material de nossas representações sonhos que não mostram o caráter alucinatório que agora nos interessa.

Assim, a redução da censura entre os sistemas *Ics* e *Pcs* apenas pode nos explicar aquelas formações oníricas como *Autodidasker*, mas não pode explicar sonhos como o da *criança em chamas*, que colocamos como problema no início destas investigações.

Não podemos descrever de outro modo o que acontece no sonho alucinatório a não ser dizendo o seguinte: a excitação toma um caminho *retrógrado*. Em vez de se propagar no sentido da extremidade motora do aparelho, ela se propaga no sentido da extremidade sensível e por fim alcança o sistema das percepções. Se chamarmos de *progressiva* a direção segundo a qual o processo psíquico, partindo do inconsciente, continua na vigília, então podemos afirmar sobre o sonho que ele tem caráter *regressivo*.[115]

Essa regressão é então, seguramente, uma das peculiaridades psicológicas do processo onírico; só não podemos esquecer que ela não pertence apenas ao sonhar. Também o recordar intencional e outros processos parciais de nosso pensamento normal correspondem a uma regressão no aparelho psíquico, partindo de um ato representacional complexo qual-

---

115. A primeira referência ao fator da regressão já se encontra em Alberto Magno. A *imaginatio*, afirma, constrói o sonho a partir das imagens conservadas dos objetos perceptíveis. O processo é inverso ao que ocorre na vigília (citado por Diepgen, 1912, p. 14). – Hobbes afirma (no *Leviatã*, 1651): *"In sum, our dreams are the reverse of our waking imaginations, the motion, when we are awake, beginning at one end, and when we dream at another"* ["Em suma, nossos sonhos são o reverso de nossas imaginações de vigília, começando o movimento, quando estamos despertos, numa extremidade, e, quando sonhamos, na outra"]. (Citado por H. Ellis, 1911, p. 112). [Nota acrescentada em 1914.]

B – A regressão

quer e indo até a matéria-prima das marcas mnêmicas que se encontram na sua base. Porém, durante a vigília esse recorrer nunca vai além das imagens mnêmicas; ele não é capaz de gerar a animação alucinatória das imagens perceptivas. Por que isso é diferente no sonho? Quando tratamos do trabalho condensador do sonho, não pudemos evitar a hipótese de que mediante o trabalho do sonho as intensidades aderidas às representações são transferidas inteiramente de uma à outra. Provavelmente é essa modificação do processo psíquico usual que possibilita investir o sistema das P até a completa vivacidade sensível na direção inversa, a partir dos pensamentos.

Espero que estejamos muito longe de nos enganar sobre o alcance dessas discussões. Não fizemos outra coisa senão dar um nome a um fenômeno inexplicável. Eis o que chamamos de regressão: quando, no sonho, a representação volta a se transformar na imagem sensorial da qual certa vez resultou. Porém, mesmo esse passo exige justificação. Para que dar um nome se isso não nos ensina nada de novo? Bem, penso que o nome "regressão" nos serve na medida em que relaciona esse fato que conhecemos com o esquema do aparelho psíquico dotado de uma direção. Neste ponto, vemos pela primeira vez que valeu a pena estabelecer um esquema desses. Pois outra peculiaridade da formação dos sonhos se tornará compreensível para nós apenas com a ajuda do esquema, sem nova reflexão. Se encararmos o processo onírico como uma regressão no interior do aparelho psíquico que supomos, então se explica sem dificuldades o fato constatado empiricamente de que todas as relações de pensamento dos pensamentos oníricos se perdem por ocasião do trabalho do sonho ou encontram apenas expressão custosa. Segundo nosso esquema, essas relações de pensamento não estão contidas nos primeiros sistemas Mn, e sim em sistemas situados mais adiante, sendo que na regressão elas precisam perder sua expressividade, exceto pelas imagens perceptivas. *Na regressão, o encadeamento dos pensamentos oníricos é reduzido à sua matéria-prima.*

Porém, qual é a modificação que possibilita a regressão, impossível durante o dia? Aqui vamos nos contentar com suposições. Deve se tratar, provavelmente, de alterações nos investimentos energéticos dos sistemas individuais, mediante as quais eles se tornam mais ou menos transitáveis para o fluxo da excitação; porém, em cada aparelho desse tipo o mesmo efeito quanto ao caminho da excitação poderia ser produzido por mais de um tipo de tais alterações. Naturalmente, pensamos de imediato no estado de sono e nas alterações do investimento que ele causa na extremidade sensível do aparelho. Durante o dia há uma corrente fluindo continuamente do sistema ψ das P até a motilidade; esta cessa durante a noite e não poderia mais constituir obstáculo a um refluxo da excitação. Esse seria o "isolamento do mundo exterior", que na teoria de alguns autores explicaria as características psicológicas do sonho (ver p. 67-69). No entanto, ao explicar a regressão do sonho precisaremos considerar aquelas outras regressões que ocorrem em estados patológicos da vigília. No caso dessas formas, a explicação que acabamos de dar naturalmente nos deixa em apuros. A regressão ocorre apesar da corrente sensível ininterrupta em sentido progressivo.

Para as alucinações da histeria, da paranoia e para as visões de pessoas psiquicamente normais, posso dar a explicação de que realmente correspondem a regressões, isto é, que são pensamentos transformados em imagens e que apenas sofrem essa transformação aqueles pensamentos que se encontram em ligação íntima com lembranças reprimidas ou que permaneceram inconscientes. Por exemplo, um de meus histéricos mais jovens, um menino de doze anos, é impedido de adormecer por "rostos verdes de olhos vermelhos" que o deixam apavorado. A fonte dessa aparição é uma lembrança reprimida, mas anteriormente consciente, de um menino que ele via com frequência quatro anos antes e que lhe oferecia uma imagem aterrorizante de muitas má-criações infantis, entre elas também a do onanismo, pela qual ele próprio agora se censura *a posteriori*. A mãe observara na ocasião que o garoto malcriado tinha um rosto *esverdeado* e olhos *vermelhos* (isto é, *avermelhados*). Por isso o fantasma, que, aliás, apenas é destinado a lembrá-lo de outra profecia da mãe, a de que tais garotos ficam imbecis, não conseguem aprender nada na escola e morrem cedo. Nosso pequeno paciente permite que a primeira parte da profecia se cumpra; não avança no ginásio e tem um medo aterrador, como mostra o exame de suas ideias involuntárias, da segunda parte. Contudo, depois de pouco tempo o tratamento faz com que ele consiga dormir, perca o medo e termine seu ano escolar com notas excelentes.

Posso acrescentar aqui a solução de uma visão que uma histérica de quarenta anos me contou que teve em seus dias saudáveis. Certa manhã ela abre os olhos e vê seu irmão no quarto, embora saiba que ele está no hospício. Seu filho pequeno dorme na cama ao lado. Para que o menino não se *assuste* e não tenha *convulsões* ao ver o *tio*, ela puxa o *cobertor* sobre ele, e então a aparição some. A visão é a adaptação de uma lembrança infantil da paciente, que sem dúvida era consciente, mas se encontrava em relação muito estreita com todo o material inconsciente em seu íntimo. Sua babá tinha lhe contado que a mãe falecida precocemente (a paciente tinha apenas um ano e meio na época da morte) tinha sofrido de *convulsões* epilépticas ou histéricas, e isso depois de um *susto* que seu irmão (o *tio* de minha paciente) lhe causara aparecendo diante dela como um fantasma com um *cobertor* sobre a cabeça. A visão contém os mesmos elementos da lembrança: a aparição do irmão, o cobertor, o susto e seu efeito. Porém, esses elementos foram ordenados em novos encadeamentos e transferidos para outras pessoas. O motivo manifesto da visão – o pensamento substituído por ela – é a preocupação de que seu filhinho, tão parecido fisicamente com o tio, pudesse partilhar seu destino.

Os dois exemplos que citei não estão livres de toda relação com o estado de sono e por isso talvez sejam impróprios para a demonstração em que os utilizo. Assim, remeto à minha análise de uma paranoica que sofria de alucinações[116] e aos resultados de meus estudos ainda não publicados sobre a psicologia das psiconeuroses para reforçar que nesses casos

---

116. "Novas observações sobre as neuropsicoses de defesa" (1896 *b*).

de transformação regressiva dos pensamentos não devemos deixar de considerar a influência de uma lembrança reprimida ou que tenha ficado inconsciente, na maioria dos casos uma lembrança infantil. O pensamento relacionado com a lembrança, e cuja expressão está bloqueada pela censura, é como que arrastado por essa lembrança para a regressão como sendo aquela forma de figuração em que ela própria existe psiquicamente. Posso citar aqui como um resultado dos estudos sobre a histeria que as cenas infantis (sejam elas lembranças ou fantasias) são vistas alucinatoriamente quando se consegue torná-las conscientes, perdendo esse caráter apenas quando comunicadas. Também é conhecido o fato de que as mais remotas lembranças infantis conservam o caráter da vivacidade sensível até idade avançada mesmo no caso de pessoas que normalmente não são visuais para lembranças.

Se agora nos recordarmos do papel que as experiências infantis ou as fantasias nelas baseadas representam nos pensamentos oníricos, da frequência com que fragmentos delas reaparecem no conteúdo onírico e de como os próprios desejos oníricos muitas vezes se derivam delas, então também não recusaremos ao sonho a possibilidade de que a transformação de pensamentos em imagens visuais possa ser igualmente consequência da *atração* que a lembrança figurada visualmente, aspirando por reanimação, exerce sobre o pensamento separado da consciência e que luta por se expressar. Segundo essa concepção, o sonho também poderia ser descrito *como o substituto da cena infantil, modificado pela transferência para algo recente*. A cena infantil não é capaz de impor sua renovação; ela precisa se contentar com o retorno sob a forma de sonho.

A referência à importância por assim dizer exemplar das cenas infantis (ou de suas repetições na fantasia) para o conteúdo onírico torna supérflua uma das hipóteses de Scherner e de seus partidários sobre as fontes internas de estímulo. Scherner supõe um estado de "estímulo visual", de excitação interna do órgão da visão, quando os sonhos mostram uma vivacidade especial de seus elementos visuais ou uma abundância especial deles. Não precisamos nos opor a essa hipótese; podemos nos contentar em estabelecer um estado excitatório desse tipo apenas para o sistema psíquico perceptivo do órgão visual, mas admitiremos que esse estado excitatório é produzido pela lembrança, que ele é a renovação de uma excitação visual que uma vez foi atual. Não tenho à mão, extraído de minha própria experiência, nenhum bom exemplo dessa influência de uma lembrança infantil; meus sonhos são geralmente menos abundantes em elementos sensoriais do que os de outras pessoas; porém, no sonho mais belo e mais vivaz desses últimos anos, me será fácil explicar a nitidez alucinatória do conteúdo onírico pelas qualidades sensoriais de impressões recentes e produzidas há pouco tempo. Nas p. 488 e segs. mencionei um sonho em que o azul profundo da água, a cor marrom da fumaça que saía das chaminés dos navios e o marrom e o vermelho sombrios dos edifícios que vi me deixaram uma profunda impressão. Se algum sonho devia ser interpretado com relação ao estímulo visual, então devia ser este. E o que colocou meu órgão visual nesse estado de estimulação? Uma impressão recente que se associou a uma série de impressões mais antigas. As cores que vi, em primeiro lugar, eram as de um jogo de montar com o qual, no dia anterior ao sonho, as crianças tinham construído um edifício grandioso que me mostraram para que o admirasse. Nele se encontravam o mesmo vermelho sombrio nas pedras grandes e o azul e o marrom nas pedras pequenas. Somavam-se a isso as impressões cromáticas de minhas últimas viagens à Itália, o belo azul do Isonzo e da laguna e o marrom do Carso. A beleza cromática do sonho foi apenas uma repetição daquela vista na lembrança.

Vamos resumir o que vimos sobre a peculiaridade do sonho de transvasar seu conteúdo representacional em imagens sensoriais. Não explicamos essa característica do trabalho do sonho, derivando-a de leis conhecidas da psicologia, mas a destacamos por apontar para relações desconhecidas e a distinguimos pelo nome de característica "regressiva". Afirmamos que essa regressão, sempre que surge, seria um efeito da resistência que se opõe ao avanço do pensamento até a consciência pelo caminho normal, bem como da atração simultânea que lembranças dotadas de força sensorial exercem sobre ele.[117] No caso do sonho, talvez a regressão também seja facilitada pelo cessar da corrente progressiva diurna proveniente dos órgãos sensoriais, um fator auxiliar que em outras formas de regressão precisa ser compensado pelo reforço de outros motivos regressivos. Também não nos esqueçamos de observar que nesses casos patológicos de regressão, tal como no sonho, o processo de transferência de energia poderia ser diferente do que é nas regressões da vida psíquica normal, pois devido a ele se torna possível um investimento alucinatório pleno dos sistemas perceptivos. O que na análise do trabalho do sonho descrevemos como a "consideração pela figurabilidade" poderia ser relacionado com a *atração seletiva* das cenas tocadas – visualmente lembradas – pelos pensamentos oníricos.

Sobre a regressão, ainda queremos observar que ela desempenha um papel não menos importante na teoria da formação dos sintomas neuróticos do que na teoria do sonho. Distinguimos assim três tipos de regressão: *a)* uma regressão *tópica*, no sentido do esquema aqui desenvolvido dos sistemas ψ, *b)* uma regressão *temporal*, na medida em que se trata de um recorrer a formações psíquicas mais antigas e *c)* uma regressão *formal*, quando modos de expressão e de figuração primitivos substituem os habituais. Porém, os três tipos de regressão são no fundo um só e coincidem na maioria dos casos, pois o mais antigo em termos temporais é ao mesmo tempo primitivo sob o aspecto formal e mais próximo da extremidade perceptiva na tópica psíquica. [1914]

---

117. Numa exposição da teoria do recalcamento caberia desenvolver o fato de que um pensamento é recalcado pela ação conjunta de dois fatores que o influenciam. Ele é repelido de um lado (a censura da *Cs*) e atraído de outro (o *Ics*), ou seja, de maneira parecida à qual se chega ao topo da grande pirâmide. [Nota acrescentada em 1914.] (Ver o ensaio "O recalcamento", 1915 *d.*) [Acréscimo de 1919.]

Também não podemos abandonar o tema da regressão no sonho sem dar voz a uma impressão que já se impôs repetidamente a nós e que retornará fortalecida depois de um aprofundamento no estudo das psiconeuroses: o sonhar é em seu todo uma regressão às condições mais remotas do sonhador, uma revivificação de sua infância, das moções de impulso [*Triebregungen*] dominantes nela e dos modos de expressão nela disponíveis. Por trás dessa infância individual nos é prometido um acesso à infância filogenética, ao desenvolvimento do gênero humano, do qual o do indivíduo é de fato uma repetição abreviada, influenciada pelas circunstâncias casuais da vida. Suspeitamos do quanto são acertadas as palavras de Nietzsche quando afirma que no sonho "continua em ação um antiquíssimo fragmento de humanidade ao qual dificilmente ainda podemos chegar por via direta"[118], e somos levados a esperar que por meio da análise dos sonhos cheguemos a conhecer a herança arcaica do homem, aquilo que nele é psiquicamente inato. Parece que o sonho e a neurose conservaram mais antiguidades psíquicas do que fomos capazes de supor, de modo que a psicanálise pode reivindicar uma posição de destaque entre as ciências que se esforçam por reconstruir as fases mais antigas e mais obscuras dos primórdios da humanidade. [1919]

É bem possível que esta primeira parte de nosso aproveitamento psicológico dos sonhos não nos satisfaça de maneira especial. Queremos nos consolar com o fato de que somos obrigados a construir no escuro. Caso não estejamos completamente perdidos, devemos, tomando outro ponto de partida, chegar mais ou menos à mesma região, na qual então talvez possamos nos orientar melhor.

---

118. A citação não é exata; Nietzsche afirma apenas que "no sonho continua a agir em nós esse antiquíssimo fragmento de humanidade", sendo esse "fragmento" um modo específico de tirar conclusões e produzir explicações. Ver *Humano, demasiado humano I*, aforismo 13, "A lógica do sonho". (N.T.)

C

Sobre a realização de desejo

O sonho da criança em chamas, relatado no início do capítulo, nos oferece uma oportunidade bem-vinda de apreciar dificuldades com que esbarra a teoria da realização de desejo. Todos certamente recebemos com estranheza a ideia de que o sonho não é outra coisa senão uma realização de desejo, e não só talvez por causa da contradição representada pelo sonho de angústia. Depois que as primeiras explicações dadas pela análise nos ensinaram que por trás do sonho se oculta um sentido e um valor psíquico, nossa expectativa de forma alguma contaria com uma determinação tão unívoca desse sentido. Segundo a definição correta, porém pobre, de Aristóteles, o sonho é o pensamento que prossegue no estado de sono – enquanto se está adormecido. Se durante o dia nosso pensamento produz atos psíquicos tão diferentes – juízos, conclusões, refutações, expectativas, propósitos etc. –, o que o obrigaria a se limitar durante a noite apenas à produção de desejos? Não há, antes, grande número de sonhos que apresentam outro ato psíquico sob a forma de sonho – por exemplo, uma preocupação? E o sonho especialmente transparente do pai com a criança em chamas não é precisamente desse tipo? Do clarão, que mesmo durante o sono chama sua atenção, ele extrai a conclusão preocupada de que uma vela poderia ter caído e incendiado o corpo; ele transforma essa conclusão num sonho, expressando-a numa situação sensorial no tempo presente. Que papel desempenha aí a realização de desejo? E seria possível ignorar de alguma forma a preponderância do pensamento que prossegue desde a vigília ou que é estimulado pela nova impressão sensorial?

Tudo isso é correto e nos obriga a examinar com mais atenção o papel da realização de desejo no sonho e a importância do pensamento de vigília que prossegue no sono.

C – Sobre a realização de desejo

Justamente a realização de desejo já nos levou a dividir os sonhos em dois grupos. Encontramos sonhos que se mostravam abertamente como realizações de desejo; outros, cuja realização de desejo era irreconhecível, muitas vezes ocultada por todos os meios. Nos últimos, reconhecemos a obra da censura onírica. Encontramos sonhos de desejo não distorcidos sobretudo em crianças; sonhos de desejo *curtos* e francos também *parecem* – insisto nessa reserva – ocorrer em adultos.

Podemos perguntar agora de onde provém o desejo que se realiza no sonho. Mas a que oposição ou a que multiplicidade relacionamos esse "de onde"? Segundo penso, à oposição entre a vida diurna que se tornou consciente e uma atividade psíquica que permaneceu inconsciente e que pode se manifestar apenas durante a noite. Vejo três origens possíveis para um desejo. Ele pode 1) ter sido excitado durante o dia e não ter encontrado satisfação em consequência de circunstâncias externas; assim, um desejo reconhecido e pendente fica reservado para a noite; 2) ele pode ter surgido durante o dia, mas ter sido rejeitado; resta-nos então um desejo pendente, porém reprimido; ou 3) ele pode não ter relação com a vida diurna e estar entre aqueles desejos que apenas durante a noite, provindos do material reprimido, se agitam em nós. Se examinarmos nosso esquema do aparelho psíquico, localizaremos um desejo do primeiro tipo no sistema *Pcs*; quanto ao desejo do segundo tipo, supomos que foi recalcado do sistema *Pcs* para o *Ics*, conservando-se apenas aí, caso se conserve; sobre a moção de desejo do terceiro tipo, acreditamos que é incapaz de sair do sistema do *Ics*. A questão agora é: desejos oriundos dessas diversas fontes têm o mesmo valor para o sonho, o mesmo poder de incitar um sonho?

Uma vista geral dos sonhos de que dispomos para responder a essa pergunta nos lembra, em primeiro lugar, que cabe acrescentar uma quarta fonte do desejo onírico, a saber, as moções de desejo atuais, que surgem durante a noite (por exemplo, em razão do estímulo da sede ou da necessidade sexual). Em seguida, nos parece provável que a origem do desejo onírico em nada modifique sua capacidade de incitar um sonho. Lembro do sonho da criança que prossegue a viagem pelo lago interrompida durante o dia e de outros sonhos infantis comunicados junto com este; são explicados por um desejo diurno irrealizado, mas não reprimido. Exemplos de desejos reprimidos durante o dia que se desafogam no sonho podem ser indicados com bastante abundância; posso acrescentar aqui um desejo bastante simples desse tipo. Quando conhecidos perguntaram a uma senhora um tanto zombeteira, cuja amiga mais jovem noivou, se conhecia o noivo e o que achava dele, ela respondeu com elogios irrestritos, impondo silêncio ao seu julgamento, pois teria gostado de dizer a verdade: "É um homem comum, desses que se compra às dúzias". De noite ela sonhou que lhe faziam a mesma pergunta e que respondia com a seguinte fórmula: "Para fazer novas encomendas basta informar o número". Por fim, vimos como resultado de inúmeras análises que em todos os sonhos submetidos à distorção o desejo provém do inconsciente e não pode ser percebido durante o dia. Assim, de início, todos os desejos parecem ter o mesmo valor e o mesmo poder para a formação dos sonhos.

Não posso demonstrar aqui que no fundo as coisas são diferentes, mas me inclino muito para a hipótese de uma condicionalidade mais rigorosa do desejo onírico. Os sonhos infantis não deixam dúvida de que um desejo diurno não realizado pode ser o excitador do sonho. Mas não cabe esquecer que esse é o desejo de uma criança, uma moção de desejo com a força própria do que é infantil. Acho absolutamente duvidoso que um desejo não realizado durante o dia baste para produzir um sonho num adulto. Parece-me, antes, que com o domínio progressivo de nossa vida impulsional [*Triebleben*] pela atividade do pensamento renunciamos sempre mais, como a algo inútil, à formação ou à conservação de desejos tão intensos quanto os conhecidos pelas crianças. É possível que aí se façam valer diferenças individuais e que uma pessoa conserve o tipo infantil dos processos psíquicos por mais tempo do que outra, assim como também existem diferenças no enfraquecimento da capacidade de representação, claramente visual em suas origens. Mas no geral, acredito, o desejo diurno insatisfeito não bastará para criar um sonho no adulto. Admito de bom grado que a moção de desejo oriunda do consciente fornecerá uma contribuição para instigar o sonho, mas provavelmente não mais do que isso. O sonho não surgiria se o desejo pré-consciente não soubesse buscar um reforço de outro lugar.

A saber, do inconsciente. *Imagino que o desejo consciente apenas se transforme em excitador do sonho quando consegue despertar um desejo inconsciente similar por meio do qual se reforça.* Considero que esses desejos inconscientes, segundo as indicações obtidas da psicanálise das neuroses, estão sempre em movimento, sempre prontos a se expressar quando têm ocasião de se aliar a uma moção do consciente, de transferir sua intensidade maior à intensidade menor desta.[119] Assim surge necessariamente a aparência de que apenas o desejo consciente se realizou no sonho; apenas uma pequena peculiaridade na configuração desse sonho nos servirá de indicação para descobrir o ajudante poderoso provindo do inconsciente. Esses desejos sempre em movimento de nosso inconsciente, por assim dizer imortais, que lembram os titãs do mito, sobre os quais há tempos imemoriais pesam as imensas massas rochosas que outrora foram lançadas sobre eles pelos deuses vitoriosos e que ainda agora estremecem de tempos em tempos devido às convulsões de seus membros – esses desejos recalcados, digo, são eles próprios, contudo, de origem infantil, segundo descobrimos pela investigação psicológica das neuroses. Assim, gostaria de pôr de lado a tese formulada anteriormente de que a origem do desejo onírico

---

119. Eles partilham esse caráter de indestrutibilidade com todos os outros atos psíquicos realmente inconscientes, isto é, pertencentes apenas ao sistema *Ics*. Eles são caminhos abertos de uma vez por todas, que jamais ficam abandonados e sempre levam o processo excitatório à descarga toda vez que a excitação inconsciente volta a investi-los. Para me servir de uma imagem: não há para eles outra forma de aniquilação do que a das sombras do reino dos mortos na *Odisseia*, que despertam para uma vida nova tão logo tenham bebido sangue. Os processos que dependem do sistema pré-consciente são destrutíveis num sentido inteiramente diferente. É nessa diferença que se baseia a psicoterapia das neuroses.

seria indiferente e substituí-la por esta outra: *o desejo figurado no sonho tem de ser um desejo infantil*. No caso do adulto, então, ele provém do *Ics*; no da criança, em que ainda não existe a separação nem a censura entre o *Pcs* e o *Ics* ou em que elas se produzem apenas paulatinamente, é um desejo da vida de vigília, não realizado e não recalcado. Sei que essa concepção não pode ser demonstrada de maneira geral, porém sustento que pode ser demonstrada com frequência, mesmo em casos em que não se suspeitaria disso, e não pode ser refutada de maneira geral.

Assim, coloco em segundo plano para a formação do sonho as moções de desejo pendentes da vida consciente de vigília. Não quero lhes conceder outro papel a não ser talvez o de material de sensações atuais durante o sono para o conteúdo do onírico (ver p. 249-251). Permaneço na linha que me prescreve essa cadeia de ideias se agora considero as outras incitações psíquicas que restam da vida diurna e que não são desejos. Podemos dar um fim provisório aos investimentos de energia de nosso pensamento de vigília quando decidimos dormir. Quem é bem-sucedido nisso é alguém que dorme bem; o primeiro Napoleão teria sido um exemplo dessa categoria de pessoas. Mas não somos bem-sucedidos sempre nem completamente. Problemas não resolvidos, preocupações torturantes ou grande número de impressões fazem com que a atividade de pensamento prossiga também durante o sono e conservam processos psíquicos no sistema que chamamos de pré-consciente. Se classificarmos esses pensamentos que prosseguem durante o sono, podemos estabelecer os seguintes grupos: 1) o que não é terminado durante o dia devido a uma interrupção casual, 2) o que não é terminado ou não é resolvido devido ao enfraquecimento de nossa capacidade intelectual, 3) o que é rechaçado e reprimido durante o dia. A estes se acrescenta um vasto grupo: 4) o que se agitou em nosso *Ics* devido ao trabalho do pré-consciente durante o dia, e, por fim, 5) as impressões diurnas indiferentes e por isso não resolvidas.

Não é preciso subestimar as intensidades psíquicas que são introduzidas no estado de sono por esses restos da vida diurna, sobretudo pelos do grupo das coisas não resolvidas. Essas excitações seguramente lutam por expressão também durante a noite, e com a mesma segurança podemos supor que o estado de sono impossibilita o prosseguimento habitual do processo excitatório no pré-consciente e sua conclusão pela entrada na consciência. Na medida em que também durante a noite podemos nos tornar conscientes de nossos processos de pensamento pela via normal, nessa medida não dormimos. Não sei indicar que modificação o estado de sono produz no sistema Pcs[120]; porém, é indubitável que a caracterização psicológica do sono deva ser procurada essencialmente nas modificações de investimento que ocorrem justo nesse sistema, que também controla o acesso à motilidade paralisada durante o sono. Em compensação, eu não saberia indicar nenhum motivo extraído da psicologia do sonho que nos obrigasse a supor que o sono modifique alguma coisa, a não ser de maneira secundária, nas condições do sistema Ics. À excitação noturna no Pcs não resta outro caminho, portanto, do que aquele tomado pelas excitações de desejo provenientes do Ics; ela precisa buscar o reforço do Ics e acompanhar os rodeios das excitações inconscientes. Porém, como se relacionam os restos diurnos pré-conscientes com o sonho? Não há dúvida de que entram em abundância no sonho, de que aproveitam o conteúdo onírico para se impor à consciência também durante a noite; ocasionalmente, chegam a dominar o conteúdo onírico, obrigando-o a prosseguir o trabalho diurno; também é certo que os restos diurnos podem ter qualquer outro caráter além do de desejos; porém, nesse caso é altamente instrutivo, e para a teoria da realização de desejo é inclusive decisivo, ver a que condição precisam se sujeitar para serem aceitos no sonho.

Vamos escolher um dos exemplos oníricos já citados, o sonho que faz meu amigo Otto aparecer com os sintomas

---

120. No ensaio "Suplemento metapsicológico à teoria dos sonhos" (1917 *d*) tentei penetrar mais fundo no conhecimento das circunstâncias do estado de sono e das condições para a alucinação. [Nota acrescentada em 1919.]

da doença de Basedow (p. 292 e segs.). Durante o dia fiquei preocupado em razão da aparência de Otto, e a preocupação me afetou, como tudo o que diz respeito a essa pessoa. Essa preocupação também me acompanhou, posso supor, no sono. Provavelmente quisesse descobrir o que poderia estar acontecendo com ele. Durante a noite essa preocupação se expressou no sonho comunicado, cujo conteúdo em primeiro lugar era absurdo e em segundo não correspondia a nenhuma realização de desejo. Porém, comecei a investigar de onde proviria a expressão inadequada da preocupação percebida durante o dia, encontrando uma conexão pela análise, pois o identifiquei com um certo barão L. e a mim próprio com o professor R. Havia só uma explicação para que eu tivesse de escolher justamente esse substituto para o pensamento diurno. Eu devia estar sempre preparado no *Ics* para a identificação com o professor R., pois por meio dela se realizava um dos desejos imortais da infância, o desejo da megalomania. Pensamentos pouco amáveis em relação a meu amigo, que seguramente seriam rechaçados durante o dia, aproveitaram a oportunidade para se insinuar na figuração, mas também a preocupação do dia obteve uma espécie de expressão por meio de um substituto no conteúdo onírico. O pensamento diurno, que na verdade não era um desejo, e sim, ao contrário, uma preocupação, precisou arranjar de algum modo a ligação com um desejo infantil, agora inconsciente e reprimido, que então o fez "nascer" para a consciência, embora consideravelmente deformado. Quanto mais dominante essa preocupação, tanto mais intensa podia ser a ligação que cabia estabelecer; entre o conteúdo do desejo e o da preocupação não precisou existir qualquer ligação, e em nosso exemplo também não existia nenhuma.

Talvez seja oportuno tratar a mesma questão também sob a forma de uma investigação sobre o comportamento do sonho quando os pensamentos oníricos lhe oferecem um material que se opõe inteiramente a uma realização de desejo, ou seja, preocupações justificadas, reflexões dolorosas ou juízos desagradáveis. A variedade de resultados possíveis pode ser classificada do seguinte modo: *a)* O trabalho do sonho consegue substituir todas as representações desagradáveis por representações contrárias e reprimir os afetos desprazerosos correspondentes. Isso resulta num sonho puro de satisfação, numa "realização de desejo" palpável, que não parece exigir qualquer outra explicação. *b)* As representações desagradáveis, mais ou menos modificadas, mas bem reconhecíveis, entram no conteúdo onírico manifesto. Esse é o caso que desperta as dúvidas quanto à teoria do desejo do sonho, exigindo investigação adicional. Tais sonhos de conteúdo desagradável podem ou ser percebidos de maneira indiferente ou ser acompanhados da totalidade do afeto desagradável, que parece justificado pelo conteúdo representacional desses sonhos, ou ainda levar ao despertar devido à produção de angústia.

A análise demonstra que também esses sonhos desprazerosos são realizações de desejo. Um desejo inconsciente e recalcado, cuja realização não poderia ser sentida pelo eu do sonhador senão como desagradável, serviu-se da oportunidade que lhe foi oferecida pela permanência do investimento dos restos diurnos desagradáveis, deu-lhes seu apoio e por meio dele os tornou capazes de se transformarem num sonho. Mas enquanto no caso *a* o desejo inconsciente coincide com o desejo consciente, no caso *b* se torna visível a divergência entre o inconsciente e o consciente – o recalcado e o eu –, realizando-se a situação do conto dos três desejos que a fada concede ao casal (ver adiante, p. 609, nota de rodapé). A satisfação pela realização do desejo recalcado pode ser tão grande que equilibra os afetos desagradáveis relacionados com os restos diurnos; em consequência, a tonalidade afetiva do sonho é indiferente, embora ele seja, por um lado, a realização de um desejo e, por outro, a de um temor. Ou pode acontecer que o eu adormecido tenha uma participação ainda maior na formação do sonho, reaja com uma indignação violenta à satisfação concretizada do desejo recalcado e chegue a dar um fim ao sonho por meio da angústia. Assim, não é difícil reconhecer que os sonhos desprazerosos e os sonhos de angústia, no sentido de nossa teoria, são realizações de desejo tanto quanto os sonhos puros de satisfação.

Sonhos desprazerosos também podem ser "sonhos punitivos". Cabe admitir que ao reconhecê-los acrescentamos à teoria do sonho algo novo em certo sentido. O que eles realizam é igualmente um desejo inconsciente, o de uma punição do sonhador devido a uma moção de desejo recalcada e ilícita. Nesse sentido, tais sonhos se submetem à exigência aqui defendida de que a força impulsora para a formação do sonho seja disponibilizada por um desejo que pertença ao inconsciente. Mas uma análise psicológica mais sutil mostra a diferença em relação aos outros sonhos de desejo. Nos casos do grupo *b*, o desejo inconsciente, formador do sonho, pertencia ao recalcado; no caso dos sonhos punitivos, trata-se igualmente de um desejo inconsciente, que no entanto não precisamos atribuir ao recalcado, e sim ao "eu". Assim, os sonhos punitivos apontam para a possibilidade de uma participação ainda maior do eu na formação do sonho. O mecanismo da formação dos sonhos se torna muito mais transparente se introduzirmos a oposição entre "eu" e "recalcado" no lugar da oposição entre "consciente" e "inconsciente". Isso não pode acontecer sem levar em conta os processos que ocorrem na psiconeurose, e por isso não foi efetuado neste livro. Apenas observo que os sonhos punitivos não estão ligados de maneira geral à condição dos restos diurnos desagradáveis. Eles surgem, antes, com maior facilidade sob a condição contrária de que os restos diurnos sejam pensamentos de natureza satisfatória, mas que expressam satisfações ilícitas. Desses pensamentos, então, nada entra no sonho manifesto a não ser seu oposto direto, de maneira semelhante ao que acontece com os sonhos do grupo *a*. Portanto, a característica essencial dos sonhos punitivos seria que neles o formador do sonho não é o desejo inconsciente oriundo do recalcado (o sistema *Ics*), e sim o desejo punitivo que reage contra ele e que pertence ao eu, embora seja inconsciente (isto é, pré-consciente).[121]

---

121. Este é o ponto em que se pode introduzir o supereu, descoberto pela psicanálise posteriormente. [Nota acrescentada em 1930.]

C – Sobre a realização de desejo

Quero ilustrar um pouco do que foi exposto com um de meus próprios sonhos, sobretudo o procedimento do trabalho do sonho com um resto diurno de expectativas desagradáveis:

Começo indistinto. *Digo à minha mulher que tenho uma notícia para ela, algo bastante especial. Ela se assusta e não quer ouvir nada. Garanto-lhe que, ao contrário, se trata de algo que a deixará muito contente e começo a contar que o corpo de oficiais de nosso filho mandou uma soma em dinheiro (5 mil coroas?)... algo a ver com reconhecimento... partilha... Enquanto isso, entrei com ela num quartinho, como uma despensa, para procurar alguma coisa. Vejo meu filho aparecer de repente; ele não está uniformizado, e sim vestindo um traje esportivo justo (como uma foca?), com um pequeno boné. Ele sobe num cesto que se encontra ao lado de um armário como se fosse para colocar alguma coisa sobre ele. Eu o chamo; nenhuma resposta. Parece-me que tem o rosto ou a testa enfaixados; ele coloca algo na boca, empurra alguma coisa para dentro. Além disso, seus cabelos têm um brilho cinzento. Penso: "Será que ele está tão esgotado assim? E tem uma dentadura?".* Antes que possa chamá-lo novamente, acordo sem angústia, mas com palpitações. Meu relógio marca duas e trinta.

Mais uma vez, a comunicação de uma análise completa é impossível. Limito-me a destacar alguns pontos decisivos. A motivação do sonho foram expectativas torturantes do dia; ficamos outra vez por mais de uma semana sem receber notícias de meu filho, que lutava no front. É fácil de ver que no conteúdo onírico se expressa a convicção de que ele está ferido ou morto. No início do sonho se percebe o esforço enérgico para substituir os pensamentos desagradáveis pelo seu oposto. Tenho a comunicar algo extremamente agradável relacionado com uma remessa de dinheiro, com reconhecimento, com partilha. (A soma em dinheiro provém de um acontecimento agradável no consultório médico, ou seja, tem o propósito de desviar do tema.) Mas esse esforço fracassa. A mãe pressente algo terrível e não quer me dar ouvidos. Além disso, os disfarces são muito tênues, por toda parte transparece a relação com aquilo que deve ser reprimido. Se meu filho morreu em combate, seus camaradas devolverão seus pertences; terei de dividir o que ele deixou entre os irmãos e outras pessoas; reconhecimentos são concedidos ao oficial com frequência depois de sua "morte heroica". Portanto, o sonho começa a expressar diretamente o que de início queria negar, enquanto a tendência realizadora de desejo ainda pode ser percebida por meio de distorções. (A mudança de lugar no sonho provavelmente deva ser compreendida enquanto "simbolismo da soleira" no sentido apontado por Silberer.) Todavia, não fazemos ideia do que lhe empresta a força impulsora necessária para tanto. O filho, porém, não aparece como alguém que "cai", e sim como alguém que "sobe". Afinal, ele também foi um ousado alpinista. Ele não está usando uniforme, e sim um traje esportivo, isto é, o acidente agora temido foi substituído por um acidente anterior sofrido ao praticar esportes, quando ele caiu num passeio de esqui e quebrou o fêmur. Mas a sua roupa, que o faz parecer uma foca, lembra de imediato uma pessoa mais jovem, nosso neto pequeno e engraçado; o cabelo cinzento lembra seu pai, nosso genro, duramente afetado pela guerra. O que significa isso? Mas basta; a despensa e o armário do qual ele quer tirar alguma coisa (no sonho, colocar alguma coisa em cima dele) são alusões inequívocas a um acidente que eu mesmo sofri quando já tinha mais de dois anos e ainda não completara três. Subi num banquinho na despensa para pegar alguma coisa boa que estava sobre um armário ou uma mesa. O banquinho caiu e sua borda atingiu meu maxilar inferior. Eu poderia ter perdido todos os dentes. Anuncia-se aí uma advertência: "Bem feito para ti", como uma moção hostil contra o corajoso guerreiro. O aprofundamento da análise me permite então encontrar a moção oculta que pôde se satisfazer com o temido acidente do filho. É a inveja da juventude, que o homem envelhecido acredita ter sufocado radicalmente em sua vida, e é manifesto que é justamente a força do abalo doloroso, caso tal acidente de fato ocorra, que, para seu alívio, descobre semelhante realização de desejo recalcada. [1919]

Agora posso indicar com precisão o significado do desejo inconsciente para o sonho. Admito a existência de toda uma classe de sonhos cuja *incitação* provém de maneira predominante ou mesmo exclusiva dos restos da vida diurna, e acho que até meu desejo de finalmente me tornar professor adjunto poderia ter me deixado dormir em paz naquela noite se a preocupação com a saúde de meu amigo não tivesse permanecido ativa noite adentro. Mas só essa preocupação não teria produzido um sonho; a *força impulsora* de que o sonho precisava teve de ser fornecida por um desejo; era assunto da preocupação arranjar tal desejo para o papel de força impulsora. Usando uma imagem: é bem possível que um pensamento diurno represente o papel de *empresário* para o sonho; porém o empresário, que, como se diz, tem a ideia e o ímpeto para realizá-la, não pode fazer nada sem capital; ele precisa de um *capitalista* para custear os gastos, e esse capitalista que disponibiliza o gasto psíquico para o sonho é sempre e inegavelmente, qualquer que seja o pensamento diurno, *um desejo provindo do inconsciente*.

Outras vezes, o próprio capitalista é o empresário; esse é inclusive o caso mais comum para o sonho. O trabalho diurno incitou um desejo inconsciente, e este cria o sonho. Para todas as outras possibilidades da relação econômica usada aqui como exemplo também há um paralelo nos processos oníricos; o próprio empresário pode contribuir com um pouco de capital; vários empresários podem recorrer ao mesmo capitalista; vários capitalistas podem contribuir com o necessário para os empresários. Assim também há sonhos que são sustentados por mais de um desejo onírico, bem como outras variações semelhantes que são fáceis de compreender e não nos oferecem mais nenhum interesse. Poderemos completar apenas mais tarde o que ainda está incompleto nessa explicação sobre o desejo onírico.

O *tertium comparationis*[122] das imagens usadas aqui – a quantidade colocada livremente à disposição em porções

---

122. O terceiro da comparação, isto é, o elemento comum entre dois objetos comparados entre si. (N.T.)

adequadas – admite ainda um emprego mais sutil na elucidação da estrutura do sonho. Na maioria dos sonhos é possível reconhecer um centro dotado de especial intensidade sensorial, conforme é explicado na p. 328. Em geral, ele é a figuração direta da realização de desejo, pois se anularmos os deslocamentos do trabalho do sonho veremos que a intensidade psíquica dos elementos nos pensamentos oníricos foi substituída pela intensidade sensorial dos elementos no conteúdo onírico. Os elementos nas proximidades da realização de desejo muitas vezes não têm nada a ver com o seu sentido, mas se mostram como derivados de pensamentos desagradáveis, contrários ao desejo. Porém, pela ligação muitas vezes estabelecida de maneira artificial com o elemento central, eles obtiveram tamanha intensidade que se tornaram capazes de serem figurados. Assim, a força figuradora da realização de desejo se difunde sobre certa esfera de concatenações, no interior da qual todos os elementos, mesmo aqueles no fundo desprovidos de meios, são elevados à figuração. No caso de sonhos impulsionados por vários desejos, é fácil delimitar as esferas de cada uma das realizações de desejo e, muitas vezes, também compreender as lacunas do sonho como zonas fronteiriças.

Embora tenhamos limitado a importância dos restos diurnos para o sonho mediante as observações precedentes, vale a pena prestar ainda mais alguma atenção neles. Eles devem ser um ingrediente necessário para a formação do sonho se a experiência pode nos surpreender com o fato de que todo sonho mostra em seu conteúdo uma ligação com uma impressão diurna recente, muitas vezes do tipo mais indiferente. Ainda não compreendemos a necessidade desse ingrediente para a mistura onírica (p. 201-202). Ela só pode ser compreendida se nos detivermos no papel do desejo inconsciente e então pedirmos informações à psicologia das neuroses. Esta nos mostra que a representação inconsciente como tal é incapaz de entrar no pré-consciente e que só é capaz de manifestar um efeito nele ao se ligar com uma representação inofensiva, já pertencente ao pré-consciente, transferindo a ela sua intensidade e se deixando cobrir por ela. Esse é o fato da *transferência*, que contém a explicação para tantos acontecimentos chamativos da vida psíquica dos neuróticos. A transferência pode deixar inalterada a representação do pré-consciente, que assim atinge uma intensidade imerecidamente grande, ou lhe impor uma modificação por meio do conteúdo da representação transferida. Perdoem-me a inclinação para imagens da vida cotidiana, mas sou tentado a dizer que a situação da representação recalcada é semelhante à do dentista norte-americano que é proibido de clinicar em nosso país se não recorrer a um doutor em medicina, devidamente formado, como propaganda e cobertura diante da lei. E assim como não são exatamente os médicos mais ocupados que fazem tais alianças com os dentistas, assim, no âmbito psíquico, também não são escolhidas para cobertura de uma representação recalcada aquelas representações pré-conscientes ou conscientes que atraíram por conta própria o suficiente da atenção ativa no pré-consciente. O inconsciente envolve com suas ligações de preferência aquelas impressões e representações do pré-consciente que não receberam consideração por serem indiferentes ou que logo foram privadas dessa consideração por terem sido rejeitadas. É uma tese conhecida da teoria da associação, confirmada por toda experiência, que representações que estabeleceram uma ligação bastante estreita por um lado se comportem por assim dizer negativamente em relação a grupos inteiros de novas ligações; certa vez fiz a tentativa de fundamentar uma teoria das paralisias histéricas sobre essa tese.

Se supusermos que a mesma necessidade de transferência por parte das representações recalcadas que nos foi mostrada pela análise das neuroses também se faz valer no sonho, então também se explicam de um só golpe dois enigmas do sonho, a saber, que toda análise de sonhos demonstra um entrelaçamento de uma impressão recente e que esse elemento recente com frequência é do tipo mais indiferente. Acrescentamos o que já aprendemos em outra parte: esses elementos recentes e indiferentes entram com tanta frequência no conteúdo do sonho como substitutos dos mais antigos pensamentos oníricos porque são ao mesmo tempo os que menos têm a temer da censura da resistência. Porém, enquanto a isenção de censura apenas nos explica a predileção por elementos triviais, a constância dos elementos recentes permite entrever a coação à transferência. Os dois grupos de impressões satisfazem a exigência do recalcado por material ainda isento de associações: as indiferentes porque não deram ocasião para ligações abundantes, e as recentes porque faltou tempo para tanto.

Vemos assim que os restos diurnos, aos quais agora podemos acrescentar as impressões indiferentes, não apenas emprestam algo do *Ics* quando conseguem tomar parte na formação do sonho, a saber, a força impulsora de que dispõe o desejo recalcado, mas que também oferecem algo imprescindível ao inconsciente, o necessário ponto de apoio para a transferência. Se quiséssemos penetrar mais fundo aqui nos processos psíquicos, precisaríamos iluminar com mais intensidade o jogo das excitações entre o pré-consciente e o inconsciente, algo a que por certo o estudo das psiconeuroses obriga, mas a que precisamente o sonho não oferece nenhum apoio.

Só mais uma observação sobre os restos diurnos. Não há dúvida de que eles são os genuínos perturbadores do sono, e não o sonho, que se esforça, antes, para resguardá-lo. Ainda voltaremos a esse ponto mais adiante.

Até aqui observamos o desejo onírico, o derivamos da região do *Ics* e analisamos sua relação com os restos diurnos, que por sua vez podem ser desejos ou moções psíquicas de qualquer outro tipo, ou simplesmente impressões recentes. Assim abrimos espaço para as reivindicações que podem ser feitas em favor da importância do trabalho de pensamento da vigília, em toda a sua variedade, para a formação dos sonhos. Não seria nem mesmo impossível que, baseados em nosso raciocínio, esclarecêssemos inclusive aqueles casos extremos em que o sonho, como continuador do trabalho diurno, leva a bom termo uma tarefa irresolvida da vigília. Falta-nos apenas um exemplo desse tipo para descobrirmos mediante sua análise a fonte de desejo infantil ou recalcada cuja evocação reforçou com tanto êxito o esforço da atividade pré-consciente. Porém, não nos aproximamos um passo sequer da solução do seguinte enigma: por que o inconsciente não pode oferecer outra coisa durante o sono senão a força impulsora para uma realização de desejo? A resposta a essa pergunta deve lançar uma luz sobre a natureza psíquica do desejar; ela deve ser proporcionada pelo esquema do aparelho psíquico.

Não duvidamos de que esse aparelho alcançou sua perfeição atual apenas pelo caminho de um longo desenvolvimento. Vamos tentar imaginá-lo em um estágio anterior de sua capacidade de funcionamento. Hipóteses a serem justificadas de outro modo nos dizem que de início o aparelho obedecia à tendência de se manter tão livre de estímulos quanto fosse possível, e por isso assumiu em sua primeira construção o esquema do aparelho reflexo, que lhe permitia descarregar de imediato por via motora uma excitação sensível que o atingia de fora. Mas as carências da vida perturbam essa função simples; a elas o aparelho também deve o estímulo para seu desenvolvimento subsequente. As carências da vida entram em contato com ele pela primeira vez sob a forma das grandes necessidades corporais. A excitação estabelecida pela necessidade interna buscará um escoamento na motilidade, que podemos chamar de "alteração interna" ou de "expressão da emoção". A criança faminta chorará ou se debaterá desamparadamente. Mas a situação permanece inalterada, pois a excitação proveniente da necessidade interna não corresponde a uma força que percute de maneira momentânea, mas a uma que atua de maneira contínua. Apenas pode ocorrer uma mudança quando, por uma via qualquer – no caso da criança por meio da assistência alheia –, se faz a experiência da *vivência de satisfação*, que elimina o estímulo interno. Um componente essencial dessa vivência é o surgimento de certa percepção (no exemplo, a percepção da nutrição), cuja imagem mnêmica daí por diante fica associada com o traço mnêmico da excitação da necessidade. Tão logo essa necessidade reapareça, resultará, graças à ligação estabelecida, uma moção psíquica que pretende investir outra vez a imagem mnêmica daquela percepção e causar novamente a própria percepção, ou seja, na verdade restabelecer a situação da primeira satisfação. Uma moção dessas é o que chamamos de desejo; o reaparecimento da percepção é a realização do desejo, e o investimento pleno da percepção por parte da excitação da necessidade é o caminho mais curto para a realização de desejo. Nada nos impede de supor um estado primitivo do aparelho psíquico em que esse caminho é realmente percorrido dessa maneira, ou seja, em que o desejar termina num alucinar. Portanto, essa primeira atividade psíquica visa a uma *identidade perceptiva*, isto é, a repetição daquela percepção que está ligada à satisfação da necessidade.

Uma amarga experiência da vida deve ter transformado essa atividade primitiva de pensamento em outra mais eficaz, secundária. A produção da identidade perceptiva pelo caminho curto e regressivo no interior do aparelho não tem em outro lugar a consequência que está associada ao investimento da mesma percepção provindo de fora. A satisfação não ocorre, a necessidade permanece. Para tornar o investimento interno equivalente ao externo, ele precisaria ser mantido sem cessar, como realmente acontece nas psicoses alucinatórias e nas fantasias ocasionadas pela fome, que esgotam seu desempenho psíquico na *conservação* do objeto desejado. Para obter um emprego mais eficaz da força psíquica, torna-se necessário deter a regressão completa, de modo que ela não ultrapasse a imagem mnêmica e a partir desta possa buscar outros caminhos que finalmente conduzam à produção da desejada identidade a partir do mundo exterior.[123] Essa inibição, bem como o subsequente desvio da excitação, tornam-se a tarefa de um segundo sistema que controla a motilidade voluntária, isto é, um sistema a cujo desempenho se associa em primeiro lugar a aplicação da motilidade a fins recordados de antemão. Porém, toda a complexa atividade de pensamento que se desenvolve da imagem mnêmica até a produção da identidade perceptiva pelo mundo exterior representa apenas um *rodeio para a*

---

123. Em outras palavras: reconhece-se a necessidade de introduzir uma "prova de realidade". [Nota acrescentada em 1919.]

realização de desejo tornado necessário pela experiência.[124] O pensar, afinal, não é outra coisa senão o substituto do desejo alucinatório, e, se o sonho é uma realização de desejo, então isso se torna óbvio, visto que apenas um desejo é capaz de impelir nosso aparelho psíquico ao trabalho. O sonho, que realiza seus desejos pelo caminho curto e regressivo, conservou com isso apenas uma amostra do modo de trabalho *primário* do aparelho psíquico, abandonado devido à sua ineficácia. Aquilo que outrora dominava durante a vigília, quando a vida psíquica ainda era jovem e inepta, parece ter sido banido para a vida noturna, mais ou menos assim como encontramos no quarto das crianças as armas primitivas abandonadas da humanidade adulta, o arco e a flecha. *O sonhar é uma parcela de vida psíquica infantil superada.* Esses modos de trabalho do aparelho psíquico, normalmente reprimidos na vigília, voltarão a se impor nas psicoses, revelando então sua incapacidade para satisfazer nossas necessidades em relação ao mundo externo.[125]

É claro que as moções de desejo inconscientes também procuram se impor durante o dia, e o fato da transferência, bem como as psicoses, nos ensinam que eles gostariam de penetrar até a consciência e o controle da motilidade pelo caminho que passa pelo sistema do pré-consciente. Na censura entre *Ics* e *Pcs*, a cuja suposição o sonho por assim dizer nos obriga, temos de reconhecer e honrar o vigia de nossa saúde psíquica. Não seria um descuido do vigia que durante a noite ele reduza sua atividade, permita a expressão de moções reprimidas do *Ics* e possibilite novamente a regressão alucinatória? Penso que não, pois quando o vigia crítico descansa – temos as provas,

---

124. Le Lorrain elogia com razão a realização de desejo do sonho: "*Sans fatigue sérieuse, sans être obligé de recourir à cette lutte opiniâtre et longue qui use et corrode les jouissances poursuivies*" ["Sem fadiga séria, sem ser obrigada a recorrer a essa luta obstinada e longa que desgasta e corrói os gozos perseguidos"].

125. Desenvolvi melhor esse raciocínio em outro texto ("Formulações acerca dos dois princípios do processo psíquico", 1911 *b*), em que estabeleci dois princípios, o princípio do prazer e o princípio da realidade. [Nota acrescentada em 1914.]

no entanto, de que não dorme profundamente – ele também tranca o portão da motilidade. Quaisquer que sejam as moções oriundas do *Ics*, normalmente inibido, que se agitem no cenário, elas podem ser deixadas à vontade; elas permanecem inócuas, pois não são capazes de colocar em movimento o aparelho motor, o único capaz de influenciar o mundo exterior de maneira transformadora. O estado de sono garante a segurança da fortaleza a ser vigiada. As coisas assumem feições menos inofensivas quando o deslocamento de forças não é provocado pela redução noturna do gasto de forças da censura crítica, e sim por um enfraquecimento patológico desta ou por um fortalecimento patológico das excitações inconscientes enquanto o pré-consciente está investido e os portões da motilidade estão abertos. Então o vigia é dominado, as excitações inconscientes submetem o *Pcs*, dominam a partir dele nossa fala e nossos atos ou forçam a regressão alucinatória, dirigindo o aparelho, que não é destinado a elas, graças à atração que as percepções exercem sobre a distribuição de nossa energia psíquica. Chamamos esse estado de psicose.

Estamos no melhor caminho para continuar a construção dos andaimes psicológicos que abandonamos ao introduzir os sistemas *Ics* e *Pcs*. Mas ainda temos motivos suficientes para nos deter na apreciação do desejo como única força psíquica impulsora do sonho. Aceitamos a explicação de que o sonho sempre é uma realização de desejo por ser uma produção do sistema *Ics*, que não conhece outra meta para seu trabalho a não ser a realização de desejo e que não dispõe de outras forças a não ser as das moções de desejo. Se agora quisermos insistir, ainda que por apenas mais um momento, no direito de desenvolver especulações psicológicas tão amplas a partir da interpretação dos sonhos, temos a obrigação de mostrar que por meio delas inserimos o sonho numa concatenação que também pode abranger outras formações psíquicas. Se existe um sistema do *Ics* – ou algo análogo a ele para nossas explicações –, então o sonho não pode ser sua única manifestação; todo sonho pode ser uma realização de desejo, mas ainda têm de existir, além dos sonhos, outras formas anormais de realização de desejo. E, de fato, a teoria de todos os sintomas psiconeuróticos culmina na tese de que *eles também devem ser compreendidos como realizações de desejo do inconsciente*.[126] Por meio de nossa explicação, o sonho se transforma apenas no primeiro termo de uma série extremamente importante para o psiquiatra, série cuja compreensão significa a solução da parte puramente psicológica da tarefa psiquiátrica.[127] No entanto, conheço uma característica essencial de outros termos dessa série de realizações de desejo – por exemplo, dos sintomas histéricos – da qual ainda percebo a falta nos sonhos. Pois, a partir das investigações várias vezes mencionadas no decorrer deste tratado, sei que para a formação de um sintoma histérico precisam se encontrar as duas correntes de nossa vida psíquica. O sintoma não é apenas a expressão de um desejo inconsciente realizado; a ele ainda precisa se somar um desejo do pré-consciente que se realiza por meio do mesmo sintoma, de maneira que o sintoma é determinado *pelo menos* duplamente, uma vez por cada um dos sistemas que se encontram em conflito. Como no caso do sonho, não há restrições a uma sobredeterminação adicional. A determinação que não provém do *Ics* geralmente é, até onde vejo, uma cadeia de pensamentos que reage ao desejo inconsciente – por exemplo, uma autopunição. Assim, posso dizer de maneira bem geral que *um sintoma histérico apenas surge quando duas realizações de desejo opostas, cada uma delas oriunda da fonte de um sistema psíquico diferente, podem coincidir numa só expressão*. (Ver a propósito minhas últimas formulações sobre o surgimento dos sintomas histéricos no artigo "As fantasias histéricas e sua relação com a bissexualidade", 1908 *a*.) [1909] Exemplos seriam pouco frutíferos aqui, visto

---

126. Dito mais corretamente: uma parte do sintoma corresponde à realização inconsciente de desejo; outra, à formação reativa contra esta. [Nota acrescentada em 1914.]

127. Hughlings Jackson afirmou: "Se descobrires a essência do sonho, terás descoberto tudo o que se pode saber sobre a loucura". *("Find out all about dreams and you will have found out all about insanity.")* [Nota acrescentada em 1914.]

que apenas a explicação completa da presente complicação pode ser convincente. Por isso, não vou além da afirmação e apresento um exemplo apenas devido à sua clareza, e não à sua força probatória. Os vômitos histéricos de uma paciente se mostraram, por um lado, como a realização de uma fantasia inconsciente dos anos de puberdade, a saber, o desejo de estar constantemente grávida, de ter muitos filhos, acrescentando-se mais tarde o seguinte: do maior número possível de homens. Contra esse desejo indomável se levantou uma defesa poderosa. Porém, visto que devido aos vômitos a paciente poderia perder suas formas abundantes e sua beleza, de maneira que não agradaria mais a homem algum, o sintoma também convinha à cadeia punitiva de ideias, e pôde, aceito de ambos os lados, se transformar em realidade. É a mesma maneira de concordar com uma realização de desejo que a da rainha dos partos em relação ao triúnviro Crasso. Ela achava que ele tinha empreendido a campanha militar por sede de ouro; assim, mandou derramar ouro fundido na goela do cadáver. "Aqui está o que você desejava." Até agora, apenas sabemos sobre o sonho que ele exprime uma realização de desejo do inconsciente; parece que o sistema dominante, pré-consciente, a tolera depois de forçá-la a certas distorções. Também não somos realmente capazes de demonstrar de maneira geral uma cadeia de ideias oposta ao desejo onírico e que se realize no sonho como sua contraparte. Apenas aqui e ali nas análises de sonhos encontramos indícios de criações reativas – por exemplo, a ternura pelo amigo R. no sonho com meu tio (p. 162-163). Porém, podemos encontrar o ingrediente faltante do pré-consciente em outro lugar. O sonho está autorizado a expressar um desejo do *Ics* depois que ele passou por todo tipo de distorções, enquanto o sistema dominante se retraiu ao *desejo de dormir* e realizou esse desejo produzindo as modificações de investimento que lhe foram possíveis no interior do aparelho psíquico, mantendo-o, finalmente, por toda a duração do sono.[128]

---

128. Empresto essas ideias da teoria sobre o sono formulada por Liébeault, autor que estimulou a investigação sobre a hipnose em nossos dias (1889).

Esse desejo de dormir mantido pelo pré-consciente atua de maneira geral facilitando a formação do sonho. Recordemos o sonho do pai a quem o clarão vindo do quarto do filho morto sugeriu a conclusão de que o cadáver poderia ter pegado fogo. Mostramos que uma das forças psíquicas decisivas para que o pai tirasse essa conclusão no sonho em vez de se deixar acordar pelo clarão foi o desejo que prolongou por um momento a vida da criança representada no sonho. Outros desejos oriundos do recalcado provavelmente nos escapam porque não podemos fazer a análise desse sonho. Porém, como segunda força impulsora desse sonho podemos acrescentar a necessidade de dormir do pai; assim como o sonho prolongou a vida da criança por um momento, também prolongou o sono do pai. "Vou permitir o sonho," essa é a motivação, "senão precisarei acordar." Como nesse sonho, também em todos os outros o desejo de dormir empresta seu apoio ao desejo inconsciente. Nas p. 144 e segs. relatamos sonhos que se apresentam abertamente como sonhos de comodidade. Na verdade, todos os sonhos têm direito a essa denominação. A eficácia do desejo de continuar dormindo pode ser reconhecida com a maior facilidade nos sonhos de despertar, que transformam o estímulo sensorial externo de tal maneira que ele se torna compatível com a continuação do sono, entretendo-o num sonho a fim de privá-lo das reivindicações que poderia fazer na condição de lembrete do mundo externo. Porém, o mesmo desejo também deve ter sua parte na permissão de todos os outros sonhos, que apenas a partir do interior podem perturbar o estado de sono no papel de despertadores. Aquilo que o *Pcs* comunica em muitos casos à consciência quando o sonho vai longe demais: "Deixa estar e continua dormindo, é só um sonho", descreve de maneira bem geral, ainda que não seja dito com todas as letras, o comportamento de nossa atividade psíquica dominante em relação ao sonhar. Devo extrair a conclusão *de que durante todo o estado de sono sabemos estar sonhando com a mesma certeza que sabemos estar dormindo*. É absolutamente necessário desconsiderar a objeção de que nossa consciência nunca é dirigida a um desses conhecimentos e só é dirigida ao outro em ocasiões determinadas, quando a censura se sente como que surpreendida. Em compensação, há pessoas para as quais se torna bem evidente a constatação noturna do conhecimento de que dormem e sonham, parecendo ter uma capacidade consciente de dirigir a vida onírica. Um desses sonhadores, por exemplo, está insatisfeito com o rumo tomado pelo sonho; ele o interrompe sem acordar e o recomeça novamente para prossegui-lo de outra maneira, exatamente como um escritor popular, quando solicitado, dá um final mais feliz à sua peça. Ou, em outra ocasião, ele pensa durante o sono quando o sonho o colocou numa situação sexualmente excitante: "Não quero continuar a sonhar com isso e me esgotar numa polução; prefiro aguardar por uma situação real". [1909]

O marquês d'Hervey (Vaschide, 1911, p. 139) afirmava ter obtido tal poder sobre seus sonhos que podia acelerar seu curso à vontade e lhes dar a direção que quisesse. Parece que no seu caso o desejo de dormir deu espaço a outro desejo pré-consciente, o de observar seus sonhos e se deleitar com eles. O sono é tão compatível com um propósito desse tipo quanto com uma reserva como condição do despertar (sono de babá). Também é sabido que o número de sonhos recordados após o despertar aumenta consideravelmente no caso de todas as pessoas que se interessam pelo sonho. [1914]

Sobre outras observações de condução dos sonhos, Ferenczi afirma: "O sonho trabalha de todos os lados o pensamento que ocupa a vida psíquica no momento, abandona uma imagem onírica quando há perigo iminente de fracasso da realização de desejo e experimenta um novo tipo de solução até que finalmente consegue criar uma realização de desejo que satisfaça as duas instâncias da vida psíquica mediante um compromisso". [1914][129]

---

129. [Parágrafo acrescentado como nota na edição de 1914 e integrado ao texto em 1930.]

D

O DESPERTAR PELO SONHO
A FUNÇÃO DO SONHO – O SONHO DE ANGÚSTIA

Desde que sabemos que durante a noite o pré-consciente está orientado para o desejo de dormir, podemos continuar observando o processo onírico com compreensão. Mas primeiro vamos resumir o que sabemos sobre ele até agora. O trabalho de vigília, portanto, deixou restos diurnos dos quais o investimento de energia não pôde ser inteiramente retirado. Ou um desejo inconsciente foi despertado ao longo do dia pelo trabalho de vigília ou ocorreram as duas coisas ao mesmo tempo; já explicamos a variedade possível neste caso. Já no decorrer do dia, ou apenas com o estabelecimento do estado de sono, o desejo inconsciente abriu caminho até os restos diurnos, efetuando sua transferência sobre eles. Então surge um desejo transferido ao material recente, ou o desejo recente reprimido se reaviva por um reforço oriundo do inconsciente. Ele gostaria de avançar até a consciência pelo caminho normal dos processos de pensamento, que passa pelo *Pcs*, e ao qual, enfim, pertence um de seus componentes. Mas esbarra na censura, que ainda persiste e a cuja influência agora está submetido. Neste ponto ele assume a distorção que já fora iniciada pela transferência ao que é recente. Até agora, ele está no caminho de se tornar algo semelhante a uma representação obsessiva, uma ideia delirante etc., quer dizer, um pensamento reforçado pela transferência e distorcido em sua expressão pela censura. Mas o estado de sono do pré-consciente não permite um avanço maior; provavelmente o sistema se protegeu desse avanço por meio da redução de suas excitações. Assim, o processo onírico toma o caminho da regressão, aberto precisamente pela peculiaridade do estado de sono, e nisso obedece à atração exercida sobre ele por grupos mnêmicos que em parte apenas estão disponíveis como investimentos visuais e não como tradução nos signos dos sistemas posteriores. Pelo caminho da regressão, ele adquire figurabilidade. Mais adiante trataremos da compressão. Agora ele cumpriu a segunda parte de seu sinuoso trajeto. A primeira parte se desenvolveu progressivamente das cenas ou fantasias inconscientes até o pré-consciente; a segunda procura alcançar novamente as percepções a partir da fronteira da censura. Mas quando o processo onírico se transformou em conteúdo perceptivo, ele se desviou, por assim dizer, do obstáculo que lhe foi colocado no *Pcs* pela censura e pelo estado de sono. Ele consegue chamar atenção e ser percebido pela consciência. Pois a consciência, que para nós significa um órgão sensorial para a percepção de qualidades psíquicas, é excitável durante a vigília a partir de dois pontos. Em primeiro lugar, da periferia de todo o aparelho, o sistema perceptivo; além disso, das excitações de prazer e desprazer, que são praticamente a única qualidade psíquica resultante das conversões de energia no interior do aparelho. Todos os outros processos que ocorrem nos sistemas ψ, também os do *Pcs*, carecem de qualquer qualidade psíquica e por isso não são objeto da consciência, na medida em que não lhe oferecem prazer ou desprazer para sua percepção. Precisaremos adotar a hipótese de que *essas liberações de prazer e de desprazer regulam automaticamente o fluxo dos processos de investimento*. Porém mais tarde, a fim de possibilitar desempenhos mais finos, se verificou a necessidade de tornar o fluxo de representações mais independente dos signos de desprazer. Para esse fim, o sistema *Pcs* precisou de qualidades próprias que pudessem atrair a consciência, obtendo-as muito provavelmente pela ligação dos processos pré-conscientes com o sistema mnêmico, não desprovido de qualidades, dos signos linguísticos. Pelas qualidades desse sistema, a consciência, que antes era apenas um órgão sensorial para as percepções, torna-se agora também um órgão sensorial para uma parte de nossos processos de pensamento. Existem agora, por assim dizer, duas superfícies sensoriais, uma delas voltada para a percepção, a outra para os processos de pensamento pré-conscientes.

Preciso supor que a superfície sensorial da consciência voltada para o *Pcs* se torne muito mais inexcitável devido ao estado de sono do que aquela voltada para os sistemas *P*. A renúncia do interesse pelos processos noturnos de pensamento, afinal, também é útil. Nada deve acontecer no pensar; o *Pcs* exige dormir. Mas, uma vez que o sonho tenha se tornado percepção, ele pode excitar a consciência por meio das qualidades que adquiriu. Essa excitação sensorial realiza aquilo em que geralmente consiste sua função; ela dirige uma parte da energia de investimento disponível no *Pcs*, sob a forma de atenção, ao elemento excitante. Assim, precisamos admitir que o sonho sempre *desperta*, colocando em atividade uma parte da força em repouso do *Pcs*. Dessa força ele recebe aquela influência que chamamos de elaboração secundária com consideração pela concatenação e pela compreensibilidade. Isso quer dizer que o sonho é tratado por ela como qualquer outro conteúdo perceptivo; ele é submetido às mesmas representações de expectativa, tanto quanto seu material as admite. Quanto a uma direção nesta terceira parte do processo onírico, esta é mais uma vez progressiva.

Para evitar mal-entendidos, será oportuno dizer algumas palavras sobre as propriedades cronológicas desses processos oníricos. Um raciocínio bastante atraente de Goblot, evidentemente estimulado pelo enigma do sonho de Maury com a guilhotina, procura demonstrar que o sonho não ocupa outro tempo senão o do período de transição entre o sono e o despertar. O despertar precisa de tempo; nesse tempo ocorre o sonho. Acredita-se que a última imagem do sonho foi tão forte que obrigou ao despertar. Na verdade, só foi tão forte porque ao percebê-la já estávamos tão próximos do despertar. "*Un rêve c'est un réveil qui commence.*"[130]

Já foi destacado por Dugas que Goblot precisa eliminar muitos fatos para conservar a universalidade de sua tese. Também há sonhos dos quais não nos acordamos, por exemplo, alguns em que sonhamos que sonhamos. De acordo com

---

130. "Um sonho é um despertar que começa." (N.T.)

nosso conhecimento do trabalho do sonho, não podemos admitir que ele se estenda apenas pelo período do despertar. Ao contrário, deve ser provável que a primeira parte do trabalho do sonho já comece durante o dia, ainda sob o domínio do pré-consciente. Sua segunda parte – a modificação por meio da censura, a atração por parte das cenas inconscientes, o penetrar até a percepção – provavelmente se estende durante a noite inteira, e nesse sentido poderíamos ter sempre razão ao dizer que tivemos a sensação de ter sonhado a noite inteira, ainda que não saibamos dizer com o quê. Mas não acredito que seja necessário supor que até se tornarem conscientes os processos oníricos observem de fato a sequência cronológica que descrevemos: primeiro existiria o desejo onírico transferido, depois aconteceria a distorção pela censura, seguindo-se a mudança de sentido da regressão etc. Tivemos de estabelecer essa sucessão por motivos descritivos; na realidade, trata-se antes de um teste simultâneo deste e daquele caminho, de um oscilar da excitação de um lado para o outro, até que enfim, mediante sua acumulação mais adequada, determinado agrupamento se torne duradouro. Conforme certas experiências pessoais, chego a acreditar que muitas vezes o trabalho do sonho precisa de mais de um dia e de uma noite para oferecer seu resultado, o que priva a extraordinária arte da construção do sonho de todo o seu aspecto espantoso. Mesmo a consideração pela compreensibilidade enquanto evento perceptivo pode, segundo penso, entrar em ação antes que o sonho atraia a atenção da consciência. A partir de então, em todo caso, o processo experimenta uma aceleração, visto que agora o sonho recebe o mesmo tratamento de qualquer outra coisa percebida. É como no caso dos fogos de artifício, que são preparados durante horas e então se inflamam num instante.

Pelo trabalho do sonho o processo onírico ganha intensidade suficiente para atrair a atenção da consciência e despertar o pré-consciente, o que é inteiramente independente do tempo e da profundidade do sono; ou sua intensidade não é suficiente para tanto e ele precisa ficar de prontidão até que, imediatamente antes do despertar, a atenção que se tornou mais ágil venha ao seu encontro. A maioria dos sonhos parece trabalhar com intensidades psíquicas relativamente pequenas, pois aguardam pelo despertar. Mas assim também se explica que em geral percebamos algo sonhado quando nos arrancam de súbito do sono profundo. O primeiro olhar, como no caso do despertar espontâneo, recai sobre o conteúdo perceptivo criado pelo trabalho do sonho; o segundo, sobre o conteúdo dado de fora.

Porém, o maior interesse teórico se dirige aos sonhos capazes de provocar o despertar no meio do sono. Podemos nos recordar da utilidade, sempre demonstrável, e nos perguntar por que é deixado ao sonho – ou seja, ao desejo inconsciente – o poder de perturbar o sono, ou seja, a realização do desejo pré-consciente. O motivo disso devem ser relações de energia que não compreendemos. Caso as compreendêssemos, provavelmente descobriríamos que o consentimento dado ao sonho e o gasto de certa atenção especial com ele representam uma economia de energia em comparação com o caso em que o inconsciente devesse ser refreado durante a noite assim como de dia. Como mostra a experiência, o sonhar, mesmo quando interrompe o sono várias vezes durante uma mesma noite, permanece compatível com o sono. Acordamos por um momento e logo pegamos no sono outra vez. É como espantar uma mosca enquanto se está dormindo; acordamos *ad hoc*. Quando adormecemos novamente eliminamos a perturbação. A realização do desejo de dormir, como mostram exemplos conhecidos do sono das babás etc., é perfeitamente compatível com a manutenção de certo gasto de atenção num sentido determinado.

Mas neste ponto precisamos dar ouvidos a uma objeção que se baseia num melhor conhecimento dos processos inconscientes. Nós próprios afirmamos que os desejos inconscientes estão sempre ativos. Apesar disso, durante o dia não são fortes o bastante para se tornarem perceptíveis. Mas se o estado de sono persiste e o desejo inconsciente mostrou a força para formar um sonho e com ele despertar o pré-consciente, por que essa força se esgota depois que tomamos conhecimento do sonho? Não deveria o sonho, antes, se renovar sem parar, exatamente como a mosca incômoda gosta de voltar depois de ser enxotada? Com que direito afirmamos que o sonho elimina aquilo que perturba o sono?

É perfeitamente correto que os desejos inconscientes sempre permanecem ativos. Eles representam caminhos sempre transitáveis todas as vezes que uma quantidade de excitação faz uso deles. É inclusive uma particularidade destacada dos processos inconscientes o fato de serem indestrutíveis. No inconsciente nada pode ser terminado, nada passou ou foi esquecido. Recebemos a impressão mais forte disso no estudo das neuroses, em especial da histeria. A via inconsciente de pensamentos que leva à descarga no ataque volta a ser imediatamente transitável quando se acumulou excitação suficiente. A ofensa sofrida trinta anos antes, após obter acesso às fontes inconscientes de afeto, atua depois de todo esse tempo como se fosse recente. Toda vez que sua lembrança é tocada, ela revive e se mostra investida de excitação, que consegue descarga motora num ataque. É precisamente neste ponto que a psicoterapia deve intervir. Sua tarefa é produzir uma solução e um esquecimento para os processos inconscientes. Pois aquilo que estamos inclinados a considerar evidente e que definimos como uma influência primária do tempo sobre os restos mnêmicos psíquicos – o empalidecimento das lembranças e a fraqueza afetiva das impressões que não são mais recentes – são na verdade modificações secundárias que se realizam por meio de um trabalho penoso. É o pré-consciente que faz esse trabalho, *e a psicoterapia não pode tomar outro caminho senão o de submeter o Ics ao domínio do Pcs*.

Portanto, há duas saídas para cada processo inconsciente de excitação. Ou ele fica entregue a si mesmo, finalmente irrompe por um lugar qualquer e consegue uma descarga na motilidade para sua excitação, ou é submetido à influência do pré-consciente e sua excitação é *ligada* por este em vez de *descarregada. Essa ligação, porém, é o que acontece no processo onírico*. O investimento que, da parte do *Pcs*, vai ao encontro do sonho (transformado em percepção) porque foi dirigido até ele pela excitação da consciência liga a excitação inconsciente do sonho e a torna inofensiva como perturbação. Se o sonhador acorda por um momento, então realmente afugentou a mosca que ameaçava perturbar o sono. Agora podemos presumir que realmente foi mais útil e mais econômico permitir o desejo inconsciente, deixar-lhe aberta a via da regressão para que formasse um sonho e depois ligar e despachar esse sonho por meio de um pequeno gasto de trabalho pré-consciente em vez de refrear o inconsciente durante todo o tempo do sono. Era mesmo de se esperar que o sonho, ainda que originalmente não fosse um processo útil, se apoderasse de uma função no jogo de forças da vida psíquica. Vemos que função é essa. Ele assumiu a tarefa de colocar novamente sob o domínio do pré-consciente a excitação do *Ics* deixada livre; nisso, ele descarrega a excitação do *Ics*, serve-lhe de válvula de escape e ao mesmo tempo protege o sono do pré-consciente em troca de um pequeno gasto de atividade de vigília. Assim, ele se apresenta como um compromisso – tal como as outras formações psíquicas da série de que faz parte –, simultaneamente a serviço de dois sistemas, cumprindo os dois desejos desde que sejam compatíveis. Uma olhada na "teoria da excreção" de Robert, comunicada na p. 98, mostrará que no principal, na determinação da função do sonho, precisamos dar razão a esse autor, enquanto divergimos dele nos pressupostos e na apreciação do processo onírico.[131]

---

131. Será essa a única função que podemos conceder ao sonho? Não conheço outra. É verdade que A. Maeder fez a tentativa de lhe conceder outras funções, "secundárias". Ele partiu da observação correta de que muitos sonhos contêm tentativas de solução de conflitos que posteriormente são de fato executadas e que se comportam, portanto, como exercícios preliminares de atividades da vigília. Por isso, fez um paralelo entre o sonhar e o brincar dos animais e das crianças, brincar que cabe compreender como atividade preparatória de instintos inatos e como preparação para atividades sérias posteriores, e estabeleceu uma *fonction ludique* do sonhar. Pouco antes de Maeder, a função "antecipadora" do sonho também foi acentuada por A. Adler. (Numa análise que publiquei em 1905, um sonho que cabia compreender como uma intenção se repetiu toda noite até que ela fosse executada.)

Só que uma ligeira reflexão deve nos ensinar que essa função "secundária" do sonho não merece qualquer reconhecimento no quadro de uma (continua)

A restrição *desde que os dois desejos sejam compatíveis* contém uma referência aos casos possíveis em que a função do sonho fracassa. O processo onírico é inicialmente admitido na qualidade de realização de desejo do inconsciente; se essa tentativa de realização de desejo agita o pré-consciente com tamanha intensidade que este não pode mais conservar seu repouso, então o sonho quebrou o compromisso, não cumpriu a outra parte de sua tarefa. Ele é interrompido de imediato e substituído pelo despertar completo. Também nesse caso, não é propriamente culpa do sonho se ele, de hábito guardião do sono, precisa surgir como seu perturbador, e isso não precisa nos predispor contra sua utilidade. Esse não é o único caso no organismo em que uma disposição normalmente útil se torna inútil e perturbadora tão logo se modifique algo nas condições de seu surgimento, e assim a perturbação serve pelo menos ao novo fim de indicar a modificação e despertar contra ela os meios de regulação do organismo. Naturalmente, tenho em vista o caso do sonho de angústia, e para não dar razão à aparência de que me esquivo desse testemunho contra a teoria da realização de desejo onde quer que esbarre nele, quero me aproximar da explicação do sonho de angústia ao menos com indicações.

Que um processo psíquico que libere angústia ainda assim possa ser uma realização de desejo, eis um fato que há muito não contém mais nenhuma contradição para nós. Explicamos esse caso da seguinte maneira: o desejo pertence

---

(cont.) interpretação dos sonhos. A antecipação, a formulação de intenções, o esboçar de tentativas de solução que depois eventualmente podem ser realizadas na vida de vigília, isso e muito mais são produtos da atividade inconsciente e pré-consciente do espírito, que sob a forma de "resto diurno" pode prosseguir no estado de sono e se associar com um desejo inconsciente (ver p. 578 e segs.) para formar um sonho. Portanto, a função antecipadora do sonho é antes uma função do pensamento pré-consciente de vigília, cujo produto nos pode ser revelado pela análise dos sonhos ou também de outros fenômenos. Depois que se considerou por tanto tempo que o sonho coincidia com seu conteúdo manifesto, agora também precisamos nos resguardar de confundir o sonho com os pensamentos oníricos latentes. [Nota acrescentada em 1914.]

a um sistema, o *Ics*, enquanto o sistema do *Pcs* rejeitou e reprimiu esse desejo.[132] Mesmo em plena saúde psíquica, a sujeição do *Ics* pelo *Pcs* não é completa; a medida dessa repressão fornece o grau de nossa normalidade psíquica. Sintomas neuróticos nos indicam que os dois sistemas se encontram em conflito; eles são os resultados de compromisso desse conflito e lhe colocam um fim provisório. Por um lado, concedem ao *Ics* uma saída para o escoamento de sua excitação, servem-lhe de porta de emergência e, por outro lado, dão ao *Pcs* a possibilidade de controlar o *Ics* em certa medida. É instrutivo, por exemplo, considerar o significado de uma fobia histérica ou da agorafobia. Um neurótico é incapaz de caminhar sozinho na rua, o que chamamos com razão de "sintoma". Eliminemos esse sintoma ao forçá-lo

---

132. "Um segundo fator, muito mais importante e mais fundamental, igualmente negligenciado pelo leigo, é o seguinte. Uma realização de desejo certamente deveria causar prazer, mas também nos perguntamos a quem. Obviamente, àquele que tem o desejo. No entanto, sabemos que o sonhador mantém uma relação muito especial com seus desejos. Ele os rejeita, censura, em suma, não gosta deles. Assim, sua realização não pode lhe causar prazer, e sim apenas o oposto disso. A experiência mostra que esse oposto, o que ainda deve ser explicado, aparece sob a forma de angústia. Portanto, em sua relação com seus desejos oníricos, o sonhador apenas pode ser comparado a uma soma de duas pessoas, que, no entanto, estão unidas por um forte elemento comum. Em vez de mais explicações, ofereço-lhes um conhecido conto, no qual vocês encontrarão as mesmas relações: uma fada boa promete a um casal pobre, marido e mulher, a realização de seus três primeiros desejos. Isso os deixa felizes e eles se propõem escolher cuidadosamente esses três desejos. Mas o cheiro de salsichas fritas que vem do casebre vizinho leva a mulher a desejar algumas para si. Num instante estão diante dela; esta é a primeira realização de desejo. O homem se irrita e, em sua exasperação, deseja que a salsichas fiquem penduradas no nariz da mulher. Isso também se realiza, e não há como tirar as salsichas de seu novo lugar; essa é a segunda realização de desejo, mas o desejo é do homem; para a mulher, essa realização de desejo é muito desagradável. Vocês sabem como o conto continua. Visto que os dois no fundo são um só, marido e mulher, o terceiro desejo deve ser o de que as salsichas possam sair do nariz da mulher. Ainda poderíamos aplicar esse conto várias vezes em outro contexto; aqui ele nos serve apenas para ilustrar a possibilidade de que a realização de desejo de um pode gerar desprazer para o outro quando os dois não estão de acordo entre si." (*Conferências de introdução à psicanálise*, 14ª conferência.) [Nota acrescentada em 1919.]

a executar essa ação de que se julga incapaz. Ocorre então um ataque de angústia, assim como muitas vezes um ataque de angústia na rua se tornou o motivo para a geração da agorafobia. Verificamos assim que o sintoma se constituiu para evitar a erupção da angústia; a fobia é colocada diante da angústia como uma fortaleza fronteiriça.

Nossa exposição não pode ser continuada se não examinarmos a fundo o papel dos afetos nesses processos, o que neste contexto, porém, só é possível de maneira incompleta. Assim, vamos propor a tese de que a repressão do *Ics* se torna necessária sobretudo porque o fluxo de representações no *Ics*, deixado a si mesmo, liberaria um afeto que originalmente tinha o caráter de prazer, mas desde o processo do *recalcamento* leva o caráter de desprazer. A repressão tem a finalidade, mas também o resultado, de impedir essa geração de desprazer. A repressão se estende ao conteúdo representacional do *Ics* porque esse conteúdo poderia liberar desprazer. Serve-nos de base aqui uma hipótese bem determinada sobre a natureza da geração de afeto. Essa liberação é vista como uma função motora ou secretória, cuja chave de inervação se encontra nas representações do *Ics*. Mediante a dominação por parte do *Pcs*, essas representações são por assim dizer estranguladas, inibidas na emissão de impulsos [*Impulse*] geradores de afeto. O perigo, quando cessa o investimento por parte do *Pcs*, consiste assim em que as excitações inconscientes liberem tal afeto, que – em consequência do recalcamento antes efetuado – pode ser percebido apenas como desprazer, como angústia.

Esse perigo é desencadeado pela tolerância concedida ao processo onírico. As condições para sua realização são a ocorrência de recalcamentos e que as moções de desejo reprimidas possam se tornar fortes o bastante. Portanto, elas se encontram completamente fora do âmbito psicológico da formação dos sonhos. Se nosso tema não estivesse relacionado por um único fator – a libertação do *Ics* durante o sono – com o tema da geração de angústia, eu poderia prescindir da discussão sobre o sonho de angústia e me poupar aqui de todas as obscuridades atreladas a ele.

A teoria do sonho de angústia, como já declarei repetidamente, pertence à psicologia das neuroses. Nada mais temos a fazer com ela depois de termos indicado seu ponto de contato com o tema do processo onírico. Só há uma coisa que ainda posso fazer. Visto que afirmei que a angústia neurótica provém de fontes sexuais, posso submeter sonhos de angústia à análise a fim de indicar o material sexual em seus pensamentos oníricos.

Por boas razões, prescindo aqui de todos os exemplos que pacientes neuróticos me oferecem em abundância e dou preferência a sonhos de angústia de pessoas jovens.

Há décadas que eu próprio não tenho mais nenhum sonho de angústia autêntico. Lembro-me de um que tive aos sete ou oito anos e que mais ou menos trinta anos depois submeti à interpretação. Ele foi bastante vívido e me mostrou *minha querida mãe com uma expressão facial singularmente calma, adormecida, sendo carregada para o quarto e deitada na cama por duas (ou três) pessoas com bicos de pássaro.* Acordei chorando e gritando e atrapalhei o sono de meus pais. Tomei as figuras com bicos de pássaro, muito altas e singularmente vestidas, das ilustrações da bíblia de *Philippson*; acho que eram deuses com cabeça de gavião que faziam parte do relevo de uma tumba egípcia. Mas, além disso, a análise me oferece a lembrança de um malcriado filho de porteiro que costumava brincar conosco no gramado em frente à casa; acho que se chamava *Philipp*. Depois me parece que foi desse garoto que ouvi pela primeira vez a palavra vulgar que designa a relação sexual e que as pessoas instruídas substituem por uma palavra latina, *coitieren* [copular], e que é assinalada de maneira bastante clara pela escolha das cabeças de gavião.[133] Devo ter adivinhado o sentido sexual da palavra pela cara de meu experiente mestre. A expressão facial de minha mãe no sonho foi copiada do rosto de meu avô, que eu tinha visto alguns dias antes de sua morte roncando em coma. A interpretação feita no sonho pela elaboração secundária deve ter

---

133. O termo em questão é *vögeln*, "foder", relacionado com "pássaro", *Vogel*. (N.T.)

sido a de que a *mãe* estava morrendo, e o relevo da *tumba* também se ajusta a isso. Acordei nessa angústia e não desisti até ter despertado meus pais. Lembro-me de ter me acalmado repentinamente assim que vi minha mãe, como se tivesse precisado desta tranquilização: "Ela não morreu". Mas essa interpretação secundária do sonho já ocorreu sob a influência da angústia liberada. Não que eu estivesse angustiado por ter sonhado com a morte de minha mãe; interpretei o sonho dessa maneira na elaboração pré-consciente porque eu já estava sob o domínio da angústia. Porém, com o auxílio do recalcamento, a angústia pode ser explicada por um apetite obscuro, manifestamente sexual, que encontrou sua boa expressão no conteúdo visual do sonho.

Um homem de 27 anos, que há um ano está gravemente doente, sonhou repetidas vezes entre os onze e os treze anos, sob angústia intensa, *que é perseguido por um homem com um machado; ele gostaria de correr, mas está como que paralisado e não sai do lugar*. Essa é uma boa amostra de sonho de angústia muito comum e sexualmente insuspeito. Durante a análise, o sonhador topa em primeiro lugar com um relato de seu tio, cronologicamente posterior, segundo o qual este fora atacado à noite na rua por um indivíduo suspeito, e dessa ideia que lhe ocorre conclui por conta própria que na época do sonho pode ter ouvido falar de uma experiência semelhante. A propósito de *machado*, ele se lembra que naquele momento de sua vida certa vez machucara a mão com o *machado* enquanto lascava lenha. Depois ele topa subitamente com a relação com seu irmão mais novo, que costumava maltratar e derrubar, recordando-se em especial de uma vez em que atingiu sua cabeça com a bota, de maneira que ele sangrou e a mãe disse: "Tenho medo de que um dia ainda vá matá-lo". Enquanto parece ter se detido dessa forma no tema da *violência*, ocorre-lhe subitamente uma lembrança do nono ano de vida. Os pais tinham chegado tarde em casa, foram para a cama enquanto ele fingia dormir e depois ele ouviu um ofegar e outros ruídos que lhe pareceram sinistros, além de conseguir observar a posição dos dois na cama. Seus pensamentos posteriores mostram que estabelecera uma analogia entre essa relação dos pais e sua própria relação com o irmão mais novo. Ele subsumiu o que ocorria entre os pais sob os conceitos de *violência* e de *briga*. Para ele, uma prova dessa concepção era o fato de muitas vezes ter observado *sangue na cama da mãe*.

Que a atividade sexual dos adultos pareça sinistra[134] às crianças que a percebem e desperte angústia é um resultado, eu diria, da experiência cotidiana. Dei a essa angústia a explicação de que se trata de uma excitação sexual da qual sua compreensão não dá conta e que provavelmente também esbarra numa recusa porque os pais estão envolvidos nela, e por isso se transforma em angústia. Num período da vida ainda mais precoce, a moção sexual dirigida à parte do casal parental que é do sexo oposto ainda não esbarra no recalcamento e se manifesta de maneira livre, conforme vimos (ver p. 277 e segs.)

Eu aplicaria a mesma explicação, sem hesitar, aos ataques noturnos de angústia acompanhados de alucinações (o *pavor nocturnus*), tão frequentes em crianças. Também nesse caso, só pode se tratar de moções sexuais incompreendidas e recusadas, cujo registro provavelmente mostraria uma periodicidade temporal, visto que uma intensificação da libido sexual pode ser gerada tanto por impressões excitantes casuais quanto também pelos processos de desenvolvimento espontâneos, que acontecem aos poucos.

Falta-me o material de observação necessário para comprovar essa explicação.[135] Em contrapartida, parece faltar aos pediatras o único ponto de vista que permite a compreensão de toda a série de fenômenos, não só quanto ao aspecto somático, mas também quanto ao aspecto psíquico. Como um exemplo engraçado de como se é impedido de compreender esses casos quando se é ofuscado pelos antolhos da mitologia médica,

---

134. O termo aqui usado é *"unheimlich"*, o "estranho familiar" de que trata Freud em seu texto "O estranho" ("Das Unheimliche"). (N.R.)

135. Desde então, esse material foi disponibilizado em grande quantidade pela literatura psicanalítica. [Nota acrescentada em 1919.]

gostaria de citar o caso que encontrei na tese de Debacker (1881, p. 66) sobre o *pavor nocturnus*.

Um garoto de treze anos, de saúde frágil, começou a ficar angustiado e distraído, seu sono se tornou inquieto e era interrompido quase toda semana por um grave ataque de angústia acompanhado de alucinações. A lembrança desses sonhos era sempre muito nítida. Assim, ele podia relatar que o diabo tinha lhe gritado: "Agora te pegamos, agora te pegamos!", e então havia um cheiro de piche e de enxofre, e o fogo queimava sua pele. Ele acordava apavorado desse sonho; de início não podia gritar, até que sua voz se soltava e se podia ouvi-lo dizer com clareza: "Não, não, eu não, eu não fiz nada", ou então: "Por favor, não, nunca mais vou fazer isso". Algumas vezes também dizia: "Albert não fez isso". Mais tarde ele evitava se despir, "porque o fogo só o atingia quando estava despido". Em meio a esses sonhos com o diabo, que colocaram sua saúde em perigo, ele foi mandado para o campo, onde se recuperou no decurso de um ano e meio, e certa vez, quando tinha quinze anos, confessou: "*Je n'osais pas l'avouer, mais j'éprouvais continuellement des picotements et des surexcitations aux* parties[136], *à la fin, cela m'énervait tant que plusieurs fois, j'ai pensé me jeter par la fenêtre du dortoir*".[137]

Na verdade, não é difícil imaginar que: 1) em anos anteriores o garoto se masturbava, provavelmente havia negado isso e fora ameaçado com castigos severos por sua má-criação. (Sua confissão: "*Je ne le ferai plus*"; sua negativa: "*Albert n'a jamais fait ça*")[138]; 2) sob a pressão da puberdade, a tentação de se masturbar voltou a despertar na forma de comichão nos genitais; agora, porém, 3) irrompeu nele uma luta recalcadora que reprimiu a libido e a transformou em angústia, angústia que incluiu *a posteriori* os castigos com que o ameaçaram no passado.

---

136. O destaque é meu; aliás, a palavra não é equívoca.

137. "Eu não ousava confessar, mas continuamente sentia coceiras e superexcitações nas *partes*; por fim, isso me enervou tanto que pensei várias vezes em me jogar pela janela do dormitório." (N.T.)

138. "Não o farei mais"; "Albert jamais fez isso". (N.T.)

Vejamos, porém, as conclusões de nosso autor (*ibid.*, p. 69): "Dessa observação se conclui: 1) que a influência da puberdade sobre um garoto de saúde debilitada pode provocar um estado de grande fraqueza e que pode ocorrer uma *anemia cerebral bastante considerável*.[139]

"2) Essa anemia cerebral produz uma modificação do caráter, alucinações demonomaníacas e estados noturnos de angústia, talvez também diurnos, muito intensos.

"3) A demonomania e as autocensuras do garoto remontam às influências da educação religiosa que agiram sobre ele quando criança.

"4) Todos os sintomas desapareceram em consequência de uma estadia mais longa no campo, mediante exercícios físicos e retorno das forças depois de transcorrida a puberdade.

"5) Talvez devamos atribuir à hereditariedade e à antiga sífilis do pai uma influência predisponente sobre a origem do estado cerebral do filho."

E o arremate: "*Nous avons fait entrer cette observation dans le cadre des délires apyrétiques d'inanition, car c'est à l'ischémie cérébrale que nous rattachons cet état particulier.*"[140]

---

139. O grifo é meu.

140. "Incluímos essa observação no quadro dos delírios apiréticos de inanição, pois ligamos esse estado particular à isquemia cerebral." (N.T.)

E

OS PROCESSOS PRIMÁRIO E SECUNDÁRIO
O RECALCAMENTO

Quando ousei a tentativa de penetrar mais fundo na psicologia dos processos oníricos, empreendi uma tarefa difícil da qual também minha arte expositiva mal dá conta. Reproduzir descritivamente a simultaneidade de uma concatenação tão complexa por meio de uma sucessão e ao mesmo tempo parecer desprovido de pressupostos a cada afirmação é algo que ameaça ir além das minhas forças. Sou punido pelo fato de na exposição da psicologia dos sonhos não poder seguir o desenvolvimento histórico de minhas concepções. Os pontos de vista para a compreensão do sonho me foram dados por trabalhos anteriores sobre a psicologia das neuroses, aos quais não devo me referir aqui e, no entanto, sempre preciso me referir, enquanto gostaria de avançar na direção contrária e, a partir do sonho, obter a conexão com a psicologia das neuroses. Conheço todas as dificuldades que resultam disso para o leitor, mas não sei de nenhum meio para evitá-las.

Insatisfeito com esse estado de coisas me detenho com gosto em outro ponto de vista, que me parece aumentar o valor do meu esforço. Encontrei um tema dominado pelos antagonismos mais extremos nas opiniões dos autores, como mostrou a introdução que corresponde ao primeiro capítulo. Depois de nossa elaboração dos problemas oníricos, abrimos espaço para a maioria desses antagonismos. Tivemos de contestar categoricamente apenas duas das opiniões expressas: a de que o sonho é um processo sem sentido e de que é um processo somático; com essa exceção, demos razão a todas as opiniões mutuamente contraditórias em algum ponto dessa concatenação emaranhada e pudemos demonstrar que tinham descoberto algo correto. Foi confirmado de maneira bem geral pela descoberta dos *pensamentos oníricos* ocultos que o sonho prossegue as incitações e os interesses da vida de vigília. Os pensamentos oníricos se ocupam apenas daquilo que nos parece importante e nos interessa intensamente. O sonho nunca se ocupa de ninharias. Mas também admitimos o contrário, a saber, que o sonho recolhe os resíduos indiferentes do dia e que não pode se apoderar de um grande interesse diurno antes que este tenha em certa medida se esquivado ao trabalho de vigília. Descobrimos que isso era válido para o *conteúdo onírico*, que dá uma expressão modificada aos pensamentos oníricos por meio da distorção. O processo onírico, afirmamos, se apodera mais facilmente, por razões de mecânica associativa, do material de representações recente ou indiferente, ainda não requisitado pela atividade de pensamento da vigília, e, por razões de censura, transfere a intensidade psíquica daquilo que é importante, mas também inconveniente, para aquilo que é indiferente. A hipermnesia do sonho e o fato de dispor do material infantil se tornaram os pilares de nossa teoria; em nossa teoria do sonho, atribuímos ao desejo oriundo do infantil o papel de motor imprescindível para a formação dos sonhos. Naturalmente, não poderia nos ocorrer a ideia de duvidar da importância experimentalmente demonstrada dos estímulos sensoriais externos durante o sono, mas colocamos esse material na mesma relação com o desejo onírico que os restos de pensamento deixados pelo trabalho diurno. Não precisamos contestar que o sonho interpreta o estímulo sensorial objetivo à maneira de uma ilusão, mas acrescentamos o motivo para essa interpretação, não determinado pelos autores. A interpretação ocorre de tal maneira que o objeto percebido não perturbe o sono e seja utilizável para a realização de desejo. É verdade que não admitimos que o estado subjetivo de excitação dos órgãos sensoriais durante o sono, que parece demonstrado por Trumbull Ladd, seja uma fonte onírica especial, mas sabemos explicá-lo pela reanimação regressiva das lembranças que atuam por trás do sonho. As sensações orgânicas internas, que se gosta de tomar como ponto central da explicação dos sonhos, também receberam um papel em nossa concepção, ainda que mais modesto. Elas – as sensações de cair, flutuar, estar paralisado – representam um material sempre pronto, do qual o trabalho do sonho se serve para expressar os pensamentos oníricos sempre que for necessário.

O fato de o processo onírico ser rápido, momentâneo, nos parece correto para a percepção que a consciência tem do conteúdo onírico pré-formado; para as partes precedentes do processo onírico, o fluxo provavelmente é lento, oscilante. Para solucionar o enigma do conteúdo onírico abundante, comprimido num momento curtíssimo, pudemos oferecer a contribuição de que se trata da retomada de formações da vida psíquica já prontas. Concordamos que o sonho seja distorcido e mutilado pela memória, mas não achamos que isso seja um obstáculo, visto que é apenas a última parte manifesta de um trabalho de distorção ativo desde o início da formação do sonho. Na disputa encarniçada, e aparentemente não suscetível de reconciliação, sobre se a vida psíquica dorme durante a noite ou se dispõe de toda a sua capacidade tal como durante o dia, pudemos dar razão às duas partes e, no entanto, a nenhuma delas integralmente. Nos pensamentos oníricos encontramos as provas de uma produção intelectual altamente complexa, que trabalha com quase todos os recursos do aparelho psíquico; porém, não se pode negar que esses pensamentos oníricos surgiram durante o dia, e é imprescindível admitir que exista um estado de sono da vida psíquica. Assim, mesmo a teoria do sono parcial foi aceita; porém, não encontramos o aspecto característico do estado de sono na desagregação das concatenações psíquicas, e sim no fato de que o sistema psíquico dominante durante o dia se concentra no desejo de dormir. O desvio em relação ao mundo exterior também conservou sua importância para nossa concepção; ele auxilia, ainda que não como único fator, a possibilitar a regressão da figuração onírica. A renúncia à condução voluntária do fluxo de representações é incontestável; mas não é por isso que a vida psíquica deixa de ter uma meta, pois vimos que, depois da suspensão das representações-meta voluntárias, as involuntárias assumem o comando. Não só admitimos a ligação associativa frouxa no sonho como atribuímos ao seu domínio uma extensão muito maior do que se poderia suspeitar; descobrimos, porém, que essa ligação é apenas a substituta forçada de outra, correta e provida de sentido. Sem dúvida também chamamos o sonho de absurdo, mas exemplos puderam nos ensinar o quanto o sonho é esperto quando se faz de absurdo. Não divergimos quanto a nenhuma das funções que foram atribuídas ao sonho. Que ele alivie a psique como uma válvula de escape e que, segundo expressão de Robert, todo tipo de coisas danosas seja neutralizado por meio do representar no sonho, não só coincide exatamente com nossa teoria da dupla realização de desejo por meio do sonho como inclusive se torna mais compreensível para nós, segundo seu sentido literal, do que em Robert. O livre vaguear da psique no jogo de suas faculdades é encontrado em nossa teoria na tolerância concedida ao sonho pela atividade pré-consciente. O "retorno ao ponto de vista embrional da vida psíquica no sonho" e a observação de Havelock Ellis, "*an archaic world of vast emotions and imperfect thoughts*"[141], nos parecem antecipações felizes de nossa exposição de que modos de trabalho *primitivos*, reprimidos durante o dia, tomam parte na formação do sonho; poderíamos fazer nossas em toda a sua extensão as palavras de Sully de que "o sonho traz de volta nossas personalidades anteriores desenvolvidas sucessivamente, nossa maneira antiga de ver as coisas, impulsos [*Impulse*] e modos de reação que nos dominaram há muito tempo" [1914]; como para Delage, o *reprimido* é para nós a mola propulsora do sonho.

Reconhecemos em toda a sua extensão o papel que Scherner atribui à fantasia onírica, bem como as interpretações do próprio Scherner, mas precisamos lhes indicar outro lugar no problema, por assim dizer. Não é o sonho que forma a fantasia, e sim a atividade inconsciente da fantasia que tem a maior participação na formação dos pensamentos oníricos. Ficamos devendo a Scherner a indicação da fonte dos pensamentos oníricos; porém, quase tudo que ele atribui ao trabalho

---

141. "Um mundo arcaico de vastas emoções e pensamentos imperfeitos." (N.T.)

do sonho deve ser imputado à atividade do inconsciente, ativo durante o dia, que fornece as incitações para os sonhos não menos do que as incitações para os sintomas neuróticos. Tivemos de separar o trabalho do sonho dessa atividade como algo inteiramente diferente e muito mais limitado. Por fim, não renunciamos de forma alguma à relação do sonho com as perturbações psíquicas, mas a fundamos mais firmemente sobre um novo solo.

Vemos, portanto, que os resultados mais diferentes e mais contraditórios dos autores, reunidos pelo que há de novo em nossa teoria do sonho como que por uma unidade superior, foram incorporados ao nosso edifício, muitos deles numa posição diferente, apenas poucos inteiramente rejeitados. Mas nossa construção ainda não está pronta. Sem considerar as muitas obscuridades que atraímos sobre nós devido ao nosso avanço na escuridão da psicologia, uma nova contradição também parece nos afligir. Por um lado, fizemos os pensamentos oníricos surgirem de um trabalho mental inteiramente normal, mas, por outro, descobrimos uma série de processos de pensamento completamente anormais entre os pensamentos oníricos, processos que se estendem ao conteúdo onírico e que retomamos na interpretação do sonho. Tudo o que chamamos de "trabalho do sonho" parece se afastar tanto dos processos que conhecemos como corretos que os juízos mais duros dos autores sobre o baixo desempenho psíquico do sonhar nos devem parecer adequados.

Talvez apenas consigamos esclarecer e remediar isso avançando ainda mais. Escolho uma das constelações que levam à formação do sonho:

Vimos que o sonho substitui alguns dos pensamentos que provêm de nossa vida diurna e que estão relacionados de maneira perfeitamente lógica. Por isso, não podemos duvidar que esses pensamentos provêm de nossa vida mental normal. Encontramos nos pensamentos oníricos todas as qualidades que apreciamos em nossas cadeias de ideias e pelas quais elas se caracterizam como produções complexas de ordem superior. Porém, não há nenhuma necessidade de supor que esse trabalho de pensamento tenha se realizado durante o sono, o que faria vacilar seriamente nossa ideia, mantida até agora, sobre o estado psíquico de sono. Esses pensamentos podem muito bem provir do dia, prosseguir desde seu início sem serem percebidos pela nossa consciência e se apresentar prontos com o adormecer. Se devemos concluir algo desse estado de coisas, então será, no máximo, a prova *de que as mais complexas produções do pensamento são possíveis sem a participação da consciência*, o que, em todo caso, já sabemos de qualquer psicanálise de uma pessoa histérica ou com ideias obsessivas. Esses pensamentos oníricos certamente não são, em si, incapazes de se tornarem conscientes; se durante o dia não se tornaram conscientes para nós, isso pode ter diferentes razões. O tornar-se consciente depende do direcionamento de certa função psíquica, a atenção, que, segundo parece, é empregada apenas em certa quantidade, que pode ter sido desviada da cadeia de ideias em questão por outras metas. Outra maneira pela qual essas cadeias de ideias podem ser ocultadas à consciência é a seguinte: sabemos pela nossa reflexão consciente que seguimos certo caminho no emprego da atenção. Se por esse caminho encontramos uma representação que não resiste à crítica, então paramos; abandonamos o investimento de atenção. Parece, então, que a cadeia de ideias começada e abandonada pode continuar sem que a atenção se volte outra vez para ela, a não ser que em algum ponto alcance uma intensidade especialmente alta que obtenha atenção à força. Assim, uma rejeição inicial consciente por meio do juízo – rejeição de algo considerado incorreto ou inutilizável para o fim atual do ato de pensamento – pode ser a causa de um processo de pensamento prosseguir até o adormecer sem ser percebido pela consciência.

Resumindo: chamamos uma dessas cadeias de ideias de *pré-consciente*, consideramos que seja inteiramente correta e que pode ser tanto uma cadeia meramente negligenciada quanto uma cadeia interrompida, reprimida. Também declaremos com franqueza de que maneira imaginamos o fluxo de representações. Acreditamos que certa quantidade de excitação, que chamamos de "energia de investimento", seja deslocada a partir de uma representação-meta ao longo da via associativa escolhida por essa representação. Uma cadeia de ideias "negligenciada" não recebeu tal investimento; no caso de uma cadeia "reprimida" ou "rejeitada", ele foi retirado; ambas são abandonadas às suas próprias excitações. Sob certas condições, a cadeia de ideias investida com uma meta se torna capaz de atrair a atenção da consciência, e recebe então, pela sua mediação, um "sobreinvestimento". Quanto a nossas hipóteses sobre a natureza e o funcionamento da consciência, precisaremos esclarecê-las um pouco mais adiante.

Uma cadeia de ideias incitada dessa maneira no pré-consciente pode se extinguir espontaneamente ou se conservar. Imaginamos o primeiro desfecho da seguinte maneira: sua energia se difunde em todas as direções associativas que partem dela, coloca toda a cadeia de ideias num estado de excitação que se mantém por um momento, mas depois se dissipa, enquanto a excitação necessitada de descarga se transforma em investimento em repouso. Caso ocorra esse primeiro desfecho, o processo não tem importância posterior para a formação do sonho. Mas em nosso pré-consciente espreitam outras representações-meta que provêm das fontes de nossos desejos inconscientes e sempre ativos. Elas podem se apoderar da excitação do grupo de pensamentos abandonado a si mesmo, estabelecem a ligação entre ele e o desejo inconsciente, *transferem-lhe* a energia própria do desejo inconsciente e a partir de então a cadeia de ideias negligenciada ou reprimida é capaz de se conservar, embora não obtenha nenhum direito de acesso à consciência mediante esse reforço. Podemos dizer que a cadeia de ideias até então pré-consciente *foi arrastada para o inconsciente*.

Outras constelações para a formação do sonho seriam as seguintes: que a cadeia de ideias pré-consciente se encontre ligada de antemão com o desejo inconsciente e por isso esbarre na rejeição por parte do investimento de meta dominante, ou que um desejo inconsciente tenha se tornado ativo por outras razões (talvez somáticas) e, sem receber apoio, busque uma transferência aos restos psíquicos não investidos pelo *Pcs*. Os três casos coincidem por fim num só resultado: no pré--consciente se forma uma cadeia de ideias que, abandonada pelo investimento pré-consciente, encontrou investimento do desejo inconsciente.

A partir daí, a cadeia de ideias sofre uma série de transformações que não reconhecemos mais como processos psíquicos normais e que produzem um resultado que nos causa estranheza, a saber, uma formação psicopatológica. Queremos destacar e classificar esses processos:

1) As intensidades de cada representação se tornam capazes de escoamento em sua totalidade e passam de uma representação a outra, de modo que se formam algumas representações dotadas de grande intensidade. Quando esse processo se repete várias vezes, a intensidade de toda uma cadeia de ideias pode finalmente se reunir num único elemento representacional. Esse é o fato da *compressão* ou *condensação*, que conhecemos durante o trabalho do sonho. Ele é o principal responsável pela impressão de estranheza do sonho, pois algo que lhe seja análogo nos é inteiramente desconhecido na vida psíquica normal e acessível à consciência. Também no caso da vida psíquica normal temos representações que, na condição de pontos nodais ou de resultados finais de cadeias inteiras de pensamento, possuem grande importância psíquica, mas essa importância não se manifesta em nenhuma característica *evidente* para a percepção interna; por isso, o que é representado nela de maneira alguma se torna mais intenso. No processo de condensação, toda concatenação psíquica se converte na *intensidade* do conteúdo representacional. É o mesmo caso de quando num livro mando imprimir espacejada ou em negrito uma palavra à qual atribuo um valor destacado para a compreensão do texto. Na fala, eu pronunciaria essa palavra em voz mais alta e de maneira lenta, acentuando-a com energia. A primeira imagem conduz diretamente a um exemplo tomado de empréstimo ao trabalho do sonho (a *trimetilamina* no sonho da injeção de Irma). Os historiadores

da arte chamam nossa atenção para o fato de que as esculturas históricas mais antigas seguem um princípio semelhante ao expressar a categoria das pessoas representadas pelo tamanho das figuras. O rei recebe uma forma duas ou três vezes maior do que seu séquito ou o inimigo derrotado. Uma escultura do tempo dos romanos se servirá de meios mais refinados para o mesmo fim. Ela colocará a figura do imperador no meio, o mostrará perfeitamente ereto, dará um cuidado especial à sua aparência, prostrará os inimigos a seus pés, mas não o mostrará mais como um gigante entre anões. Em nosso meio, entretanto, ainda hoje a reverência do subalterno diante de seu superior é uma ressonância daquele antigo princípio figurativo.

A direção segundo a qual avançam as condensações do sonho é prescrita, por um lado, pelas relações pré-conscientes corretas dos pensamentos oníricos e, por outro, pela atração das lembranças visuais no inconsciente. O resultado do trabalho de condensação atinge aquelas intensidades que são requeridas para o avanço até os sistemas perceptivos.

2) Por meio da livre transferibilidade das intensidades e a serviço da condensação se formam *representações intermediárias*, como que compromissos (ver os inúmeros exemplos). Isso é igualmente algo inédito no fluxo normal de representações, no qual importa, sobretudo, a escolha e a conservação do elemento representacional "correto". Em compensação, ocorrem com extraordinária frequência formações mistas e de compromisso quando buscamos a expressão linguística para os pensamentos pré-conscientes, e são mencionadas como tipos de "lapsos de fala".

3) As representações que transferem suas intensidades umas às outras se encontram nas *relações mais frouxas* entre si e são ligadas por aqueles tipos de associação desdenhados pelo nosso pensamento e deixados apenas para uso no efeito chistoso. São consideradas equivalentes umas às outras, em especial, as associações baseadas na homofonia e na literalidade.

4) Pensamentos mutuamente contraditórios não se esforçam pela eliminação mútua, mas se mantêm uns ao lado dos outros e muitas vezes, *como se não houvesse contradição*, se

combinam em produtos de condensação ou formam compromissos que nunca perdoaríamos ao nosso pensar, mas que muitas vezes aprovamos em nosso agir.

Esses seriam alguns dos processos anormais mais chamativos aos quais os pensamentos oníricos antes formados de maneira racional são submetidos no decorrer do trabalho do sonho. Reconhecemos que a principal característica desses processos está na grande importância colocada em tornar a energia investidora móvel e *capaz de descarga*; o conteúdo e o significado próprio dos elementos psíquicos aos quais esses investimentos aderem se tornam algo secundário. Também se poderia pensar que a condensação e a formação de compromisso ocorrem apenas a serviço da regressão quando se trata de transformar pensamentos em imagens. Só que a análise – e ainda mais claramente a síntese – de sonhos que prescindem da regressão a imagens, como é o caso do sonho "*Autodidasker* – conversa com o professor N.", mostra os mesmos processos de deslocamento e de condensação que os outros.

Assim, não podemos contestar a concepção de que dois processos psíquicos de natureza distinta participam da formação do sonho; um deles cria pensamentos oníricos perfeitamente corretos, equivalentes ao pensar normal; o outro procede com eles de uma maneira muito estranha, incorreta. No capítulo VI já distinguimos o último como o autêntico trabalho do sonho. O que temos a apresentar agora sobre a origem deste último processo psíquico?

Não poderíamos dar uma resposta se não tivéssemos penetrado um pouco na psicologia das neuroses, em especial da histeria. Ela nos ensinou que os mesmos processos psíquicos incorretos – e ainda outros que não enumeramos – dominam a produção dos sintomas histéricos. Também no caso da histeria encontramos de início uma série de pensamentos completamente corretos, perfeitamente equivalentes aos nossos pensamentos conscientes, mas de cuja existência nessa forma nada podemos saber e que reconstruímos apenas *a posteriori*. Se de algum modo penetraram em nossa percepção, concluímos da análise do sintoma formado que esses pensamentos normais receberam um tratamento anormal e que *foram levados para o sintoma por meio de condensação, formação de compromisso, associações superficiais, encobrimento das contradições e eventualmente pela via da regressão*. Considerando a completa identidade entre as peculiaridades do trabalho do sonho e da atividade psíquica que termina nos sintomas psiconeuróticos, nos julgaremos autorizados a transferir para o sonho as conclusões a que a histeria nos obriga.

Da teoria da histeria tomamos a tese *de que tal elaboração psíquica anormal de uma cadeia normal de ideias só ocorre quando esta se tornou a transferência de um desejo inconsciente que provém do infantil e se encontra recalcado*. Por consideração a essa tese, construímos a teoria dos sonhos sobre a hipótese de que o desejo onírico impulsor sempre provém do inconsciente, o que, como nós mesmos admitimos, não é possível demonstrar de maneira geral, embora também não possa ser refutado. No entanto, para poder dizer o que é o "recalcamento", com cujo nome já jogamos tantas vezes, precisamos construir mais uma parte de nosso andaime psicológico.

Aprofundamo-nos na ficção de um aparelho psíquico primitivo, cujo trabalho é regulado pelo esforço de evitar a acumulação de excitação e se conservar o mais livre possível de excitações. Por isso, ele foi construído segundo o esquema de um aparelho reflexo; a motilidade, de início o caminho para a modificação interna do corpo, era a via de descarga à sua disposição. Depois discutimos as consequências psíquicas de uma experiência de satisfação, e ao fazê-lo já poderíamos ter introduzido uma segunda hipótese, a de que a acumulação de excitação – segundo certas modalidades de que não nos ocupamos – é sentida como desprazer e coloca o aparelho em atividade a fim de produzir novamente o resultado de satisfação mediante o qual a redução da excitação é sentida como prazer. Tal corrente no aparelho, que parte do desprazer e visa o prazer, é o que chamamos de desejo; afirmamos que nada exceto um desejo é capaz de colocar o aparelho em movimento e que o fluxo da excitação dentro dele é regulado automaticamente pelas percepções de prazer e de desprazer. O primeiro desejar pode ter sido um investimento alucinatório da lembrança de satisfação. Mas essa alucinação, quando não podia ser mantida até o esgotamento, se mostrou incapaz de provocar a cessação da necessidade, ou seja, o prazer associado à satisfação.

Assim, se tornou necessária uma segunda atividade – em nossa linguagem, a atividade de um segundo sistema – que não permitisse que o investimento mnêmico avançasse até a percepção e a partir dela ligasse as forças psíquicas, mas que conduzisse a excitação proveniente do estímulo de necessidade por um desvio que, enfim, passando pela motilidade voluntária, modificasse o mundo externo de tal maneira que a percepção real do objeto de satisfação pudesse entrar em cena. Até este ponto já seguimos o esquema do aparelho psíquico; os dois sistemas são o germe do que, sob a forma de *Ics* e *Pcs*, introduzimos no aparelho inteiramente formado.

Para poder modificar o mundo externo de maneira eficaz por meio da motilidade, se requer a acumulação de uma grande soma de experiências nos sistemas mnêmicos e uma fixação múltipla das relações que são evocadas nesse material mnêmico por diferentes representações-meta. Prossigamos agora com nossas hipóteses. A atividade do segundo sistema, multiplamente tateante e que envia investimentos e os recolhe outra vez, necessita, por um lado, dispor livremente de todo material mnêmico; por outro lado, seria um gasto supérfluo se ela enviasse grandes quantidades de investimento por cada uma das vias de pensamento, elas então se escoassem inutilmente e diminuíssem a quantidade necessária para a modificação do mundo externo. Assim, por consideração à eficiência, postulo que o segundo sistema consegue manter em repouso a maior parte dos investimentos de energia e empregar apenas uma pequena parcela para o deslocamento. A mecânica desses processos é completamente desconhecida para mim; quem quisesse levar essas ideias a sério deveria escolher analogias físicas e abrir um caminho para a ilustração do processo de movimento que ocorre na excitação neuronal. Apenas me atenho à ideia de que a atividade do primeiro sistema ψ está orientada para o *livre escoamento das quantidades de excitação* e que o segundo sistema, por meio dos investimentos que partem dele, produz uma *inibição* desse escoamento, uma transformação em investimento em repouso, certamente com uma elevação de nível. Portanto, suponho que sob o domínio do segundo sistema o fluxo da excitação se ligue a condições mecânicas inteiramente diferentes do que sob o domínio do primeiro. Quando o segundo sistema terminou seu trabalho testador de pensamento, também suspende a inibição e o represamento das excitações, deixando que escoem para a motilidade.

Quando consideramos as relações entre essa inibição da descarga por parte do segundo sistema e a regulação por meio do princípio de desprazer, resulta um raciocínio interessante. Busquemos a contraparte da experiência primária de satisfação, a *experiência externa de pavor*. Vamos supor que um estímulo perceptivo atue sobre o aparelho primitivo e que esse estímulo seja a fonte de uma excitação dolorosa. Ocorrerão manifestações motoras desordenadas por tanto tempo até que uma delas subtraia o aparelho à percepção e ao mesmo tempo à dor, e quando a percepção reaparecer, essa manifestação (sob a forma de movimento de fuga, por exemplo) será repetida imediatamente até que a percepção tenha desaparecido outra vez. Mas nesse caso não restará nenhuma tendência a reinvestir alucinatoriamente ou de outra maneira a percepção da fonte dolorosa. Existirá antes no aparelho primário a tendência a abandonar de imediato essa imagem mnêmica desagradável quando ela for despertada de alguma forma, pois o transbordamento de sua excitação sobre a percepção produziria desprazer (mais precisamente: começa a produzir). O afastamento em relação à lembrança, que é apenas uma repetição da anterior fuga da percepção, também é facilitado pelo fato de que a lembrança não possui qualidade suficiente, tal como a percepção, para excitar a consciência e assim atrair para si um novo investimento. Esse afastamento fácil e normal do processo psíquico em relação à lembrança daquilo que antes foi desagradável nos dá o modelo e o primeiro exemplo do *recalcamento psíquico*. É de conhecimento geral o quanto desse afastamento em relação ao desagradável – o quanto da tática do avestruz – ainda pode ser comprovado na vida psíquica normal do adulto.

Em consequência do princípio de desprazer, portanto, o primeiro sistema ψ é absolutamente incapaz de trazer algo desagradável para a concatenação de pensamentos. O sistema não pode fazer outra coisa a não ser desejar. Se as coisas permanecessem assim, seria perturbado o trabalho de pensamento do segundo sistema, que precisa dispor de todas as lembranças registradas na experiência. Abrem-se agora dois caminhos: ou o trabalho do segundo sistema se liberta inteiramente do princípio de desprazer e segue seu caminho sem se preocupar com o desprazer mnêmico, ou esse trabalho consegue investir de tal maneira a lembrança desprazerosa que a liberação de desprazer seja evitada. Podemos rejeitar a primeira possibilidade, pois o princípio do desprazer também se mostra como regulador do fluxo de excitações do segundo sistema; assim somos remetidos à segunda possibilidade, a de que esse sistema invista uma lembrança de tal maneira que a descarga a partir dela seja inibida e, portanto, também a descarga, comparável a uma inervação motora, que leva à geração de desprazer. Assim, dois pontos de partida nos levam à hipótese de que o investimento pelo segundo sistema representa ao mesmo tempo uma inibição para a descarga da excitação: a consideração pelo princípio de desprazer e o princípio do menor gasto de inervação. Mas vamos nos ater ao fato – ele é a chave da teoria do recalcamento – *de que o segundo sistema apenas pode investir uma representação quando é capaz de inibir a geração de desprazer que parte dela*. O que escapasse dessa inibição também permaneceria inacessível ao segundo sistema, seria abandonado de imediato em consequência do princípio do desprazer. Entretanto, a inibição do desprazer não precisa ser completa; um começo de desprazer precisa ser admitido, pois indica ao segundo sistema a natureza da lembrança e talvez sua falta de aptidão para o fim buscado pelo pensar.

Denominarei agora de *processo primário* o único processo psíquico admitido pelo primeiro sistema e de *processo secundário* aquele que resulta da inibição exercida pelo segundo. Ainda posso mostrar com relação a outro ponto para que fim o segundo sistema precisa corrigir o processo primário. O processo primário almeja a descarga da excitação para, com a quantidade de excitação assim acumulada, produzir uma *identidade perceptiva*; o processo secundário abandonou essa intenção e em seu lugar assumiu outra, a de conseguir uma *identidade de pensamento*. Todo o pensar é apenas um rodeio que vai da lembrança de satisfação tomada como representação-meta até o investimento idêntico da mesma lembrança, que deve ser alcançado outra vez pela via das experiências motoras. O pensar tem de se interessar pelas vias de ligação entre as representações, sem se deixar perturbar pela intensidade delas. No entanto, é claro que as condensações de representações, as formações intermediárias e as de compromisso são obstáculos para se alcançar essa meta de identidade; ao substituir uma representação por outra, elas desviam do caminho que, a partir da primeira, teria levado adiante. Assim, tais processos são cuidadosamente evitados no pensar secundário. Também não é difícil de compreender que o princípio de desprazer, que normalmente oferece os pontos de apoio mais importantes ao processo de pensamento, também coloque dificuldades a esse processo na busca da identidade de pensamento. Assim, a tendência do pensar deve ser a de se libertar sempre mais da regulação exclusiva pelo princípio de desprazer e limitar a geração de afeto mediante o trabalho do pensamento a um mínimo que ainda seja utilizável como sinal. Esse refinamento do desempenho deve ser alcançado por um novo sobreinvestimento, mediado pela consciência. Mas sabemos que mesmo na vida psíquica normal isso raramente é obtido de maneira completa e que nosso pensar sempre permanece suscetível de falsificação devido à intromissão do princípio de desprazer.

Mas não é essa a lacuna na capacidade funcional de nosso aparelho psíquico pela qual se torna possível que pensamentos que se apresentam como resultados do trabalho secundário de pensamento caiam em poder do processo psíquico primário, fórmula com que agora podemos descrever o trabalho que leva ao sonho e aos sintomas histéricos. A insuficiência resulta da conjunção de dois fatores oriundos de nossa história evolutiva, dos quais um deles cabe inteiramente ao aparelho psíquico e exerceu uma influência decisiva sobre a relação entre os dois sistemas, e o outro se impõe numa proporção variável e introduz forças impulsoras de origem orgânica na vida psíquica. Ambos provêm da vida infantil e são um sedimento da alteração que nosso organismo psíquico e somático sofreu desde os tempos infantis.

Se denominei de *primário* um dos processos psíquicos que ocorrem no aparelho da psique, não fiz isso apenas em consideração à hierarquia e à eficiência, mas também levei em conta nessa designação as condições cronológicas. É verdade que até onde sabemos não existe um aparelho psíquico que tivesse apenas o processo primário, e nesse sentido ele é uma ficção teórica; mas é um fato que os processos primários existem nele desde o começo, enquanto os secundários se constituem apenas gradativamente no decorrer da vida, inibem e recobrem os primários e talvez alcancem domínio completo sobre eles apenas no apogeu da vida. Em consequência dessa chegada retardada dos processos secundários, o cerne de nosso ser, constituído de moções de desejo inconscientes, permanece inapreensível e não passível de inibição para o pré-consciente, cujo papel é limitado de uma vez por todas a indicar os caminhos mais adequados às moções de desejo provindas do inconsciente. Esses desejos inconscientes representam uma coação para todas as aspirações psíquicas posteriores, à qual têm de se submeter e que talvez possam se empenhar em desviar e dirigir a metas mais elevadas. Em consequência desse retardamento, uma grande região do material mnêmico também permanece inacessível ao investimento pré-consciente.

Entre essas moções de desejo indestrutíveis e não passíveis de inibição oriundas do infantil também se encontram aquelas cujas realizações entraram numa relação de contradição com as representações-meta do pensar secundário. A realização desses desejos não produziria mais um afeto de prazer, e sim um afeto de desprazer, *e justamente essa transformação do afeto constitui a essência daquilo que chamamos de "recalcamento"*. O problema do recalcamento, que aqui precisamos tocar apenas ligeiramente, consiste em saber por quais caminhos e devido a que forças impulsoras tal transformação pode ocorrer. Basta-nos reter que tal transformação de afeto acontece no decorrer do desenvolvimento (pensemos apenas no surgimento do nojo na vida infantil, de início ausente) e que está ligada à atividade do sistema secundário. As lembranças a partir das quais o desejo inconsciente provoca a geração de afeto nunca foram acessíveis ao *Pcs*; por isso, sua geração de afeto também não pode ser inibida. Precisamente devido a essa geração de afeto, tais representações também não são acessíveis agora a partir dos pensamentos pré-conscientes, aos quais transferiram sua força de desejo. Entra em ação, antes, o princípio de desprazer, e leva o *Pcs* a se afastar desses pensamentos de transferência. Estes são deixados a si mesmos, "recalcados", e assim a existência de um patrimônio mnêmico infantil, subtraído desde o início ao *Pcs*, se torna precondição do recalcamento.

No caso mais favorável, a geração de desprazer cessa tão logo o investimento seja retirado dos pensamentos de transferência no *Pcs*, e esse resultado caracteriza a intervenção do princípio de desprazer como eficaz. Mas é diferente quando o desejo inconsciente recalcado experimenta um reforço orgânico que ele pode emprestar a seus pensamentos de transferência, ação mediante a qual pode colocá-los em condições de fazer a tentativa de irromper com sua excitação, mesmo que tenham sido abandonados pelo investimento do *Pcs*. Então ocorre uma luta defensiva, pois o *Pcs* reforça a oposição aos pensamentos recalcados (contrainvestimento[142]) e na sequência

---

142.[Palavra inserida em 1919.]

ocorre a irrupção dos pensamentos de transferência, que são portadores do desejo inconsciente, sob uma forma qualquer de compromisso por meio de formação de sintoma. Porém, a partir do momento em que os pensamentos recalcados são investidos energicamente pela excitação inconsciente de desejo e, em compensação, abandonados pelo investimento pré-consciente, eles sucumbem ao processo psíquico primário, visam apenas descarga motora ou, se o caminho estiver livre, animação alucinatória da identidade perceptiva desejada. Descobrimos anteriormente de maneira empírica que os processos incorretos descritos ocorrem apenas com pensamentos que se encontram recalcados. Agora compreendemos mais uma parte dessa concatenação. Esses processos incorretos são processos *primários* no aparelho psíquico; eles ocorrem sempre que representações são abandonadas pelo investimento pré-consciente, deixadas a si mesmas e podem se preencher com a energia não inibida, almejando descarga, oriunda do inconsciente. Acrescentam-se a isso algumas outras observações que apoiam a concepção de que esses processos denominados incorretos não são realmente falsificações dos normais – de que são erros de pensamento –, e sim os modos de trabalho do aparelho psíquico libertados de uma inibição. Vemos assim que a transmissão da excitação pré-consciente à motilidade ocorre segundo os mesmos processos e que a ligação das representações pré-conscientes a palavras mostra facilmente os mesmos deslocamentos e mesclas atribuídos à desatenção. Por fim, uma prova do aumento de trabalho que se torna necessário para inibir esses modos primários de funcionamento poderia resultar do fato de alcançarmos um efeito *cômico*, um excesso a ser descarregado pelo *riso*, *quando deixamos esses modos de funcionamento do pensar penetrarem na consciência.*

A teoria das psiconeuroses afirma com segurança excludente que apenas moções de desejo oriundas do infantil podem experimentar o recalcamento (transformação do afeto) nos períodos de desenvolvimento da infância, ser capazes de uma renovação em períodos de desenvolvimento posteriores – seja em consequência da constituição sexual, que afinal se forma a partir da bissexualidade original, seja em consequência de influências desfavoráveis sobre a vida sexual – e assim fornecer as forças impulsoras para toda formação psiconeurótica de sintoma. Apenas mediante a introdução dessas forças sexuais é que podemos preencher as lacunas ainda apresentadas pela teoria do recalcamento. Quero deixar em aberto se as exigências do sexual e do infantil também podem ser feitas à teoria do sonho; deixo-a incompleta nesse ponto porque já com a hipótese de que o desejo onírico provém sempre do inconsciente dei um passo além do demonstrável.[143] Também não quero prosseguir investigando qual seria a diferença no jogo das forças psíquicas nos casos da formação do sonho e da formação dos sintomas histéricos; para isso nos falta o conhecimento mais preciso de um dos termos a serem comparados. Mas dou importância a outro ponto e antecipo

---

143. Aqui, como em outros pontos, há lacunas na elaboração do tema, que deixei de propósito porque seu preenchimento exigiria, por um lado, um esforço muito grande e, por outro, o apoio num material alheio ao sonho. Assim, por exemplo, evitei indicar se dou à palavra "reprimido" um sentido diferente do que à palavra "recalcado". Deveria ter ficado claro que a última acentua com mais força do que a primeira o pertencimento ao inconsciente. Não entrei no problema evidente de saber por que os pensamentos oníricos também sofrem a distorção pela censura nos caso em que renunciam ao avanço progressivo até a consciência e se decidem pelo caminho da regressão, e outras omissões desse tipo. Importava-me, sobretudo, evocar uma impressão dos problemas aos quais conduz um maior desmembramento do trabalho do sonho e aludir aos outros temas que assim encontramos pelo caminho. Nem sempre foi fácil decidir em que ponto deveria interromper a investigação. – O fato de não ter tratado exaustivamente do papel da vida representacional sexual para o sonho e de ter evitado a interpretação de sonhos com conteúdo manifestamente sexual se baseia numa motivação especial que talvez não coincida com a expectativa dos leitores. Está bem longe de minhas opiniões e das teorias que defendo na neuropatologia considerar a vida sexual como algo vergonhoso que não deve preocupar o médico nem o investigador científico. Também acho ridícula a indignação moral que levou o tradutor de Artemidoro de Daldis a subtrair ao conhecimento do leitor o capítulo sobre os sonhos sexuais. Para mim apenas foi decisivo o juízo de que na explicação de sonhos sexuais precisaria me envolver profundamente nos problemas ainda não esclarecidos da perversão e da bissexualidade, de modo que reservei esse material para outro contexto.

a confissão de que apenas por causa desse ponto incluí aqui todas as discussões sobre os dois sistemas psíquicos, seus modos de trabalho e o recalcamento. Pois agora não importa se compreendi as relações psicológicas em questão de maneira aproximadamente correta ou, como é fácil de acontecer em assuntos tão difíceis, equívoca e lacunar. Como quer que a interpretação da censura psíquica e das elaborações correta e anormal do conteúdo onírico possam se modificar, permanece válido que tais processos estão ativos na formação do sonho e que no essencial mostram uma grandíssima analogia com os processos reconhecidos na formação histérica de sintomas. Só que o sonho não é um fenômeno patológico; não pressupõe nenhuma perturbação do equilíbrio psíquico; não deixa nenhuma debilitação da eficiência. A objeção de que meus sonhos e os de meus pacientes neuróticos não permitem tirar conclusões sobre os sonhos de pessoas saudáveis poderia ser rejeitada sem apreciação. Assim, se dos fenômenos inferimos suas forças impulsoras, então reconhecemos que o mecanismo psíquico de que a neurose se serve não foi criado por uma perturbação patológica que atinge a vida psíquica, e sim que já se encontra pronto na construção normal do aparelho psíquico. Os dois sistemas psíquicos, a censura de passagem entre eles, a inibição e a sobreposição de uma atividade pela outra, as relações de ambas com a consciência – ou o que uma interpretação mais correta das condições efetivas possa fornecer em seu lugar –, tudo isso pertence à construção normal de nosso instrumento psíquico, e o sonho nos mostra um dos caminhos que levam ao conhecimento da sua estrutura. Se quisermos nos contentar com um mínimo de aumento plenamente garantido de nossos conhecimentos, diremos que o sonho nos prova *que o reprimido também continua existindo no homem normal e permanece capaz de produções psíquicas*. O sonho é ele próprio uma das manifestações desse reprimido; segundo a teoria, ele o é em todos os casos; segundo a experiência palpável, pelo menos num grande número deles, que justamente ostentam da maneira mais clara as notáveis características da vida onírica. O psiquicamente reprimido, que na vida de vigília foi impedido de achar expressão e cortado da percepção interna pela *eliminação antitética das contradições*, encontra na vida noturna, e sob o domínio das formações de compromisso, expedientes e caminhos para se impor à consciência.

Flectere si nequeo superos, Acheronta movebo.[144]

E a interpretação dos sonhos é a via regia para o conhecimento do inconsciente na vida psíquica.

Ao acompanharmos a análise do sonho, adquirimos algum conhecimento da composição desse que é o mais extraordinário e o mais misterioso de todos os instrumentos; um conhecimento bem pequeno, sem dúvida, mas com ele demos o primeiro passo para, a partir de outras formações – que cabe chamar de patológicas –, continuarmos avançando na sua desmontagem. Pois a doença – pelo menos aquela chamada com razão de funcional – não tem como pressuposto a destruição desse aparelho, a produção de novas cisões em seu interior; cabe explicá-la *dinamicamente* pelo reforço e pelo enfraquecimento dos componentes do jogo de forças, do qual tantos efeitos estão ocultos durante a função normal. Ainda seria possível mostrar em outro lugar como a composição do aparelho por duas instâncias permite também um refinamento do funcionamento normal que seria impossível com uma só.[145]

---

144. "Já que no céu nada alcanço, recorro às potências do Inferno." Virgílio, *Eneida*, VII, 312. Tradução de Carlos Alberto Nunes. Brasília, UnB, 1983. (N.T.)

145. O sonho não é o único fenômeno que permite fundamentar a psicopatologia sobre a psicologia. Numa pequena série de artigos, ainda não completada, na *Monatsschrift für Psychiatrie und Neurologie* [*Revista de psiquiatria e neurologia*] ("Sobre o mecanismo psíquico do esquecimento", 1898 *b*, e "Sobre as lembranças encobridoras", 1899 *a*), busco interpretar alguns fenômenos psíquicos cotidianos como apoios para a mesma descoberta. [Acréscimo de 1909:] Esses e outros artigos sobre o esquecimento, os lapsos de fala, os equívocos etc. foram posteriormente reunidos e publicados sob o título de *Psicopatologia da vida cotidiana* (1901 *b*).

F

O INCONSCIENTE E A CONSCIÊNCIA
A REALIDADE

Se prestarmos bem atenção, as discussões psicológicas das seções precedentes não nos sugeriram a hipótese de que existem *dois sistemas* próximos à extremidade motora do aparelho, e sim *dois processos* ou *modos de fluxo da excitação*. Isso é indiferente para nós, pois devemos estar sempre preparados a abandonar nossas representações auxiliares quando nos acreditarmos em condições de substituí-las por alguma outra coisa que esteja mais próxima da realidade desconhecida. Tentemos agora retificar algumas intuições que puderam se formar de maneira equivocada enquanto tínhamos em vista os dois sistemas, no sentido mais imediato e mais bruto, como dois lugares no interior do aparelho psíquico, intuições que deixaram seu sedimento nas expressões "recalcar" e "irromper". Quando afirmamos, portanto, que um pensamento inconsciente se esforça por obter tradução ao pré-consciente para então irromper na consciência, não queremos dizer que deva se formar um segundo pensamento situado em um novo lugar, uma transcrição, por assim dizer, ao lado da qual o original continua existindo; e também quanto à irrupção na consciência, queremos separar cuidadosamente dela qualquer ideia de uma mudança de lugar. Quando afirmamos que um pensamento pré-consciente é recalcado e então tomado pelo inconsciente, tais imagens, emprestadas do círculo de representações da luta por um terreno, poderiam nos seduzir a levantar a hipótese de que um arranjo é realmente dissolvido num lugar psíquico e substituído por um novo arranjo em outro lugar. Substituímos essas imagens por aquilo que parece corresponder melhor ao estado real das coisas, a saber, que um investimento de energia é colocado em certo arranjo ou retirado dele, de modo que a formação psíquica cai sob o domínio de uma instância ou é subtraída dela. Mais uma vez, substituímos um modo tópico de representação por um dinâmico; não é a formação psíquica que nos parece como algo móvel, e sim sua inervação.[146]

Apesar disso, considero oportuno e justificado manter a representação plástica dos dois sistemas. Evitaremos qualquer abuso desse modo de figuração se nos recordarmos que representações, pensamentos e formações psíquicas em geral absolutamente não podem ser localizados em elementos orgânicos do sistema nervoso, e sim *entre eles*, por assim dizer, onde resistências e facilitações constituem seu respectivo correlato. Tudo o que pode se tornar objeto de nossa percepção interna é *virtual*, tal como a imagem produzida no telescópio pela passagem dos raios luminosos. Porém, quanto aos sistemas, que não são algo psíquico e nunca se tornam acessíveis à nossa percepção psíquica, estamos autorizados a supor sua existência tal como as lentes do telescópio que projetam a imagem. Continuando essa comparação, a censura entre os dois sistemas corresponderia à refração dos raios na passagem para um novo meio.

Até aqui praticamos psicologia por conta própria; está na hora de prestar atenção às teorias que dominam a psicologia atual e examinar sua relação com nossas hipóteses. Segundo as palavras enérgicas de Lipps (1897), a questão do inconsciente na psicologia é menos *uma* questão psicológica do que *a* questão da psicologia. Enquanto a psicologia despachou essa questão com a definição de que o "psíquico" é precisamente o "consciente" e que "processos psíquicos inconscientes" são um contrassenso evidente, o aproveitamento psicológico das observações que um médico podia obter a propósito de estados psíquicos anormais foi impossível. O médico e o filósofo apenas entram em acordo quando ambos reconhecem que processos psíquicos inconscientes são "a expressão adequada e bem justificada para um fato estabelecido". O médico não pode fazer

---

146. Essa concepção passou por um aperfeiçoamento e uma modificação depois que se reconheceu que a característica essencial de uma representação pré-consciente é a ligação com restos de representação de palavra ("O inconsciente", 1915 *e*). [Nota acrescentada em 1925.]

outra coisa senão rejeitar com um dar de ombros a afirmação de que "a consciência é o caráter imprescindível do psíquico", e talvez, se seu respeito pelas afirmações dos filósofos ainda for grande o bastante, supor que não tratam do mesmo objeto e não praticam a mesma ciência. Pois apenas uma única observação compreensiva da vida psíquica de um neurótico ou uma única análise de um sonho deve lhe impor a convicção inabalável de que os processos de pensamento mais complexos e mais corretos, aos quais, no entanto, não se recusará o nome de processos psíquicos, podem ocorrer sem excitar a consciência da pessoa.[147] O médico certamente não recebe notícia desses processos inconscientes antes que tenham exercido sobre a consciência um efeito passível de comunicação ou observação. Mas esse efeito sobre a consciência pode mostrar um caráter psíquico inteiramente divergente do processo inconsciente, de modo que é impossível à percepção interna reconhecer um como substituto do outro. O médico precisa se resguardar o direito de avançar do efeito sobre a consciência até o processo psíquico inconsciente mediante um *processo de inferência*; por essa via, fica sabendo que o efeito sobre a consciência é apenas uma ação psíquica remota do processo inconsciente e que este último não se tornou consciente como tal e, além disso, que ele existiu e agiu sem se revelar de algum modo à consciência.

O abandono da superestimação concedida à faculdade da consciência torna-se pressuposto indispensável para qualquer compreensão correta do desenvolvimento do psíquico. Conforme expressão de Lipps, o inconsciente deve ser tomado como base universal da vida psíquica. O inconsciente é o círculo

---

147. Alegro-me por poder indicar um autor que extraiu do estudo do sonho a mesma conclusão sobre a relação entre a atividade consciente e a inconsciente. Du Prel afirma: "A questão sobre o que é a psique exige evidentemente uma investigação prévia para determinar se a consciência e a psique são idênticas. Essa pergunta preliminar é respondida de maneira negativa precisamente pelo sonho, que mostra que o conceito de psique ultrapassa o de consciência, mais ou menos como a força gravitacional de uma estrela vai além de sua esfera luminosa" (1885, p. 47). "Uma verdade que não podemos destacar com ênfase suficiente é a de que consciência e psique não são conceitos de mesma extensão" (*ibid.*, p. 306). [Nota acrescentada em 1914.]

maior que abrange em si o círculo menor da consciência; tudo o que é consciente tem um estágio prévio inconsciente, enquanto o inconsciente pode permanecer nesse estágio e ainda assim reclamar o valor pleno de uma produção psíquica. O inconsciente é o psíquico propriamente real, *tão desconhecido para nós segundo sua natureza interna quanto o real do mundo externo; ele nos é dado pelos dados da consciência de maneira igualmente tão incompleta quanto o mundo externo pelas informações de nossos órgãos sensoriais.*

Se a antiga oposição entre vida consciente e vida onírica perder seu valor devido à introdução do psíquico inconsciente no lugar que lhe convém, será eliminada uma série de problemas oníricos que ainda ocupavam a fundo os autores antigos. Muitas produções de cuja execução no sonho podíamos nos admirar agora não cabe mais atribuir ao sonho, e sim ao pensamento inconsciente que também trabalha durante o dia. Quando o sonho, conforme Scherner, parece jogar com uma figuração simbolizadora do corpo, sabemos que isso é o produto de certas fantasias inconscientes que provavelmente cedem a moções sexuais e que não se expressam apenas no sonho, e sim também nas fobias histéricas e em outros sintomas. Se o sonho prossegue e conclui trabalhos diurnos e inclusive traz à luz ideias valiosas, basta apenas despi-lo do disfarce onírico, produto do trabalho do sonho e marca do auxílio prestado por potências obscuras das profundezas da psique (ver o diabo no sonho de Tartini com a sonata).[148]

---

148. Giuseppe Tartini (1692-1770), compositor e violinista, representante do barroco tardio italiano. Em sua obra *Viagem de um francês pela Itália* (1765), M. de Lalande reproduz o relato que lhe teria sido feito pelo próprio Tartini: "Uma noite sonhei que tinha feito um pacto com o diabo, o qual se dispôs a me obedecer, em troca de minha alma. Meu novo servo antecipava meus desejos e os satisfazia. Tive a ideia de dar-lhe meu violino para ver se ele sabia tocá-lo. Qual não foi meu espanto ao ouvir uma sonata tão bela e insuperável, executada com tanta arte. Senti-me extasiado, transportado, encantado; a respiração falhou-me e despertei. Tomando meu violino, tentei reproduzir os sons que ouvira, mas foi tudo em vão. Pus-me então a compor uma peça – a sonata *Trilo do diabo* – que, embora seja a melhor que jamais escrevi, é muito inferior à que ouvi no sonho". (Mestres da música: Tartini, Abril Cultural, 1979.) (N.T.)

A própria produção intelectual resulta das mesmas forças psíquicas que realizam todas as produções desse tipo durante o dia. Provavelmente também tendemos por demais a superestimar o caráter consciente da produção intelectual e artística. Das comunicações de alguns homens altamente produtivos, como Goethe e Helmholtz, ficamos sabendo, isso sim, que o essencial e o novo de suas criações lhes foi dado sob a forma de lampejos e chegou à sua percepção quase pronto. A colaboração da atividade consciente não tem nada de surpreendente em outros casos em que existia um empenho de todas as forças intelectuais. Mas é um privilégio da atividade consciente, do qual muito se abusa, permitir que ela possa nos ocultar todas as outras atividades onde quer que ela tome parte.

Mal vale a pena o esforço de apresentar a importância histórica dos sonhos como um tema à parte. Quando um comandante, por exemplo, é levado por um sonho a um empreendimento ousado cujo êxito alterou a história, surge um novo problema apenas enquanto se contrapõe o sonho, como se fosse uma potência estranha, a outras forças psíquicas mais familiares, problema que desaparece quando se considera o sonho como uma *forma de expressão* de moções sobre as quais durante o dia pesava uma resistência e que durante a noite puderam buscar reforço de fontes profundas de excitação.[149] Porém, o respeito com que os povos antigos trataram o sonho é uma homenagem, fundada numa intuição psicológica correta, ao indomado e ao indestrutível na psique humana, ao *demoníaco* que produz o desejo onírico e que encontramos em nosso inconsciente.

Não é sem intenção que digo *em nosso inconsciente*, pois o que assim chamamos não coincide com o inconsciente dos filósofos, também não com o inconsciente em Lipps. Para aqueles, o inconsciente designa apenas a oposição ao consciente; que além dos processos conscientes também existam

---

149. Ver a propósito o sonho (Σὰ Τύρος) de Alexandre, o Grande, durante o cerco de Tiro, comunicado acima (p. 120, nota 65). [Nota acrescentada em 1911.]

processos psíquicos inconscientes, eis a descoberta contestada com ardor e defendida com energia. Em Lipps encontramos a tese mais ampla de que todo o psíquico existe como psíquico inconsciente, e uma parte dele também como consciente. Mas não foi para demonstrar *essa* tese que recorremos aos fenômenos do sonho e da formação dos sintomas histéricos; a observação da vida diurna normal basta para estabelecê-la acima de qualquer dúvida. O que a análise das formações psicopatológicas, e já de seu primeiro membro, o sonho, nos ensinou de novo consiste em que o inconsciente – ou seja, o psíquico – existe como função de dois sistemas separados, o que já ocorre na vida psíquica normal. Portanto, há *dois tipos de inconsciente*, uma distinção que os psicólogos ainda não fizeram. Ambos são inconscientes no sentido da psicologia; em nosso sentido, porém, um deles, que chamamos de *Ics*, é *incapaz de se tornar consciente*, enquanto o outro, o *Pcs*, foi chamado assim por nós porque suas excitações podem chegar à consciência, sem dúvida também obedecendo a certas regras, talvez apenas superando uma nova censura, porém sem levar em conta o sistema *Ics*. O fato de que para chegar à consciência as excitações tenham de percorrer uma sequência invariável, uma série de instâncias, fato que nos foi revelado pelas modificações que a censura lhes impõe, serviu-nos para estabelecer uma comparação de natureza espacial. Descrevemos as relações dos dois sistemas entre si e com a consciência ao afirmar que o sistema *Pcs* se encontra como um anteparo entre o sistema *Ics* e a consciência. O sistema *Pcs* não bloqueia apenas o acesso à consciência, mas também domina o acesso à motilidade voluntária e dispõe sobre o envio de uma energia móvel de investimento, da qual uma parte nos é familiar sob a forma de atenção.[150]

---

150. Ver a propósito minhas "Observações sobre o conceito de inconsciente na psicanálise" (publicadas em inglês nos *Proceedings of the Society for Psychical Research*, vol. 26), em que faço a distinção entre os significados descritivo, dinâmico e sistemático desse adjetivo com tantos sentidos, "inconsciente". [Nota acrescentada em 1914.]

Além disso, precisamos manter distância da diferenciação entre *sobreconsciência* e *subconsciência*, que se tornou tão popular na literatura mais recente sobre as psiconeuroses, visto que justamente essa distinção parece acentuar a equiparação entre o psíquico e o consciente.

Que papel resta em nossa exposição à consciência outrora onipotente e que recobria tudo o mais? Nenhum outro a não ser o de *um órgão sensorial para a percepção de qualidades psíquicas*. Segundo o pensamento fundamental de nossa tentativa esquemática, podemos compreender a percepção consciente apenas como a faculdade própria de um sistema especial, para o qual se recomenda a abreviatura *Cs*. Quanto a suas características mecânicas, pensamos que esse sistema é semelhante aos sistemas perceptivos *P*, ou seja, que é excitável por qualidades e incapaz de conservar a marca de alterações, isto é, desprovido de memória. O aparelho psíquico, que está voltado para o mundo externo com o órgão sensorial dos sistemas *P*, é ele próprio mundo externo para o órgão sensorial da *Cs*, cuja justificação teleológica se baseia nessa circunstância. O princípio da sequência de instâncias, que parece comandar a construção do aparelho, vem mais uma vez ao nosso encontro. O material de excitações flui ao órgão sensorial da *Cs* provindo de dois lados: do sistema *P*, cuja excitação determinada por qualidades provavelmente passa por uma nova elaboração até se transformar em sensação consciente, e do interior do próprio aparelho, cujos processos quantitativos são sentidos como série de qualidades de prazer e de desprazer depois de passar por certas alterações.

Os filósofos que compreenderam que formações de pensamento corretas e altamente complexas também são possíveis sem intervenção da consciência acharam difícil atribuir-lhe uma função; ela lhes pareceu um reflexo supérfluo do processo psíquico consumado. A analogia de nosso sistema da *Cs* com os sistemas perceptivos nos tira desse embaraço. Vemos que a percepção por meio de nossos órgãos sensoriais tem a consequência de dirigir um investimento de atenção para os caminhos pelos quais se difunde a excitação sensorial que chega; a excitação qualitativa do sistema *P* serve à quantidade móvel no aparelho psíquico como regulador do fluxo desta. Podemos reivindicar a mesma função para o órgão sensorial, sobreposto, do sistema da *Cs*. Ao perceber novas qualidades, ele dá uma nova contribuição à condução e à partilha adequada das quantidades móveis de investimento. Mediante as percepções de prazer e de desprazer ele influencia o curso dos investimentos no interior do aparelho psíquico, que normalmente trabalha de maneira inconsciente e por meio de deslocamentos de quantidade. É provável que de início o princípio do desprazer regule automaticamente os deslocamentos de investimento; mas é muito bem possível que a consciência acrescente a essas qualidades uma segunda e mais fina regulação, que inclusive pode se opor à primeira e que aperfeiçoa a eficiência do aparelho ao colocá-lo em condições, contrariando sua disposição original, de submeter ao investimento e à elaboração também aquilo que estiver ligado à liberação de desprazer. A psicologia das neuroses nos mostrou que a essas regulações por meio da excitação qualitativa dos órgãos sensoriais está reservado um grande papel na atividade funcional do aparelho. O domínio automático do princípio primário de desprazer e a limitação da eficiência relacionada com isso são violados pelas regulações sensíveis, que por sua vez também são automatismos. Ficamos sabendo que o recalcamento, que, originalmente adequado, termina numa suspensão prejudicial da inibição e do controle psíquico, ocorre muito mais facilmente com recordações do que com percepções, pois no caso das primeiras não ocorre o aumento do investimento por meio da excitação dos órgãos sensoriais psíquicos. Se, por um lado, um pensamento que deve ser repelido não se torna consciente porque está submetido ao recalcamento, em outros casos ele só pode ser recalcado porque foi subtraído à percepção consciente por outras razões. Essas são indicações de que a terapia se serve para anular recalcamentos consumados.

Num contexto teleológico, nada demonstra melhor a importância do sobreinvestimento produzido pela influência reguladora do órgão sensorial da *Cs* sobre a quantidade móvel do que a criação de uma nova série de qualidades e, assim, de uma nova regulação, que constitui a prerrogativa do homem frente aos animais. Pois os processos de pensamento são em si desprovidos de qualidade, exceto pelas excitações de prazer e de desprazer que os acompanham, que, afinal, precisam ser refreadas como possível perturbação ao pensar. Para que recebam uma qualidade, eles são associados, no caso do homem, a lembranças de palavra, cujos restos de qualidade bastam para atrair a atenção da consciência e a partir dela proporcionar ao pensar um novo investimento móvel.

Toda a variedade dos problemas da consciência apenas pode ser abrangida decompondo os processos históricos de pensamento. Recebe-se então a impressão de que a passagem do pré-consciente ao investimento consciente também está ligada a uma censura, análoga à censura existente entre *Ics* e *Pcs*. Também essa censura só começa a agir a partir de certo limite quantitativo, de modo que formações de pensamento pouco intensas lhe escapam. Todos os casos possíveis de afastamento em relação à consciência, bem como de penetração até ela sob restrições, encontram-se reunidos no âmbito dos fenômenos psiconeuróticos; em conjunto, eles apontam para a conexão íntima e bilateral entre a censura e a consciência. Quero encerrar essas discussões psicológicas com a comunicação de dois casos desse tipo.

Ano passado, outro médico pediu meu conselho, o que me levou até uma jovem de olhar inteligente e desinibido. Suas roupas causam estranheza; enquanto normalmente as roupas femininas são cuidadas até a última prega, uma de suas meias está caída e dois botões da blusa estão abertos. Ela se queixa de dores numa das pernas e desnuda uma das panturrilhas sem ter sido solicitada. Sua queixa principal é textualmente a seguinte: ela tem uma sensação no corpo como se algo *estivesse metido dentro dela*, algo que *se move para cá e para lá* e a faz *estremecer* inteira. Às vezes seu corpo inteiro fica *teso*. Meu colega, também presente, me encara; não acha que a queixa se preste a mal-entendidos. Parece estranho a nós dois que a mãe da paciente não pense nada a respeito; afinal, ela já deve ter se encontrado repetidas vezes na situação que sua filha descreve. A própria jovem não tem qualquer ideia do significado de suas palavras, caso contrário não as pronunciaria. Nesse caso, foi possível reduzir a censura de tal maneira que uma fantasia que de outro modo permaneceria no pré-consciente foi admitida inocentemente na consciência sob a máscara de uma queixa.

Outro exemplo: começo um tratamento psicanalítico com um garoto de catorze anos que sofre de um *tic convulsif*, vômitos histéricos, dores de cabeça etc. garantindo-lhe que após fechar os olhos verá imagens ou terá ideias que deverá me comunicar. Ele responde em imagens. A última impressão que teve antes de vir ao meu consultório revive visualmente em sua memória. Ele jogara um jogo de tabuleiro com seu tio e agora vê o tabuleiro à sua frente. Explica diferentes posições que são favoráveis ou desfavoráveis, jogadas que não se deve fazer. Depois vê um punhal sobre o tabuleiro, um objeto de seu pai, mas que sua fantasia coloca sobre o tabuleiro. Então há uma foice sobre o tabuleiro, junta-se a ela uma gadanha e agora surge a imagem de um velho camponês que, com a gadanha, corta o capim em frente à casa distante na terra natal. Entendi essa sequência de imagens alguns dias depois. Relações familiares penosas deixaram o rapaz agitado. Um pai duro, colérico, que vivia em atritos com a mãe e cujo recurso pedagógico era fazer ameaças; o pai se separa da mãe suave e terna; o novo casamento do pai, que certo dia trouxe uma mulher jovem para casa que faria o papel de nova mãe. A doença do garoto de catorze anos irrompeu poucos dias depois. Foi a raiva reprimida contra o pai que compôs aquelas imagens em alusões compreensíveis. O material foi dado por uma reminiscência da mitologia. A foice é aquela com que Zeus castrou o pai; a gadanha e a imagem do camponês descrevem Cronos, o velho violento que devora seus filhos e de quem Zeus se vinga de maneira tão pouco filial. O casamento do pai foi uma ocasião de lhe devolver as censuras e as ameaças que o filho ouviu dele no passado por *brincar* com os genitais (o jogo de tabuleiro; as jogadas proibidas; o punhal com que se pode matar alguém). Nesse caso, lembranças recalcadas há muito tempo e seus derivados que permaneceram inconscientes se insinuaram na consciência, pelos desvios abertos para eles, sob a forma de imagens *aparentemente absurdas*.

Assim, eu buscaria o valor teórico da ocupação com o sonho nas contribuições ao conhecimento psicológico e na preparação para a compreensão das psiconeuroses. Quem será capaz de prever a importância a que ainda poderá chegar um conhecimento profundo da construção e das funções do aparelho psíquico se o estágio atual de nosso conhecimento já permite uma influência terapêutica feliz sobre as formas de psiconeurose em si curáveis? E qual o valor prático dessa ocupação, ouço perguntarem, para o conhecimento da psique, para a descoberta das qualidades de caráter ocultas do indivíduo? As moções inconscientes reveladas pelo sonho não terão o valor de potências reais na vida psíquica? Devemos considerar insignificante a importância ética dos desejos reprimidos, que, assim como criam sonhos, algum dia também poderão criar outras coisas?

Não me sinto autorizado a responder a essas perguntas. Minhas reflexões não investigaram mais a fundo esse aspecto do problema onírico. Em todo caso, penso que não tinha razão aquele imperador romano que mandou executar um súdito porque este sonhara que o tinha matado. Em primeiro lugar, deveria ter se preocupado com o significado do sonho; muito provavelmente, não era o mesmo que parecia ter. E mesmo que um sonho de conteúdo diferente tivesse esse significado de lesa-majestade, ainda seria oportuno lembrar as palavras de Platão, que afirma que o virtuoso se contenta em sonhar com aquilo que o malvado realmente faz. Sou da opinião, portanto, que o melhor é deixar os sonhos em liberdade. Não sei dizer se cabe reconhecer *realidade* aos desejos inconscientes. Naturalmente, cabe negá-la a todos os pensamentos intermediários e de transição. Depois que temos os desejos inconscientes diante de nós, em sua expressão última e mais verdadeira, deve-se dizer que a realidade *psíquica* é uma forma especial de existência que não deve ser confundida com a realidade *material*. [1919] Parece injustificado, então, que as pessoas resistam a se responsabilizar pela imoralidade de seus sonhos. A apreciação do modo de funcionamento do aparelho psíquico e a compreensão da relação entre o consciente e o inconsciente dissipam na maioria das vezes aquilo que é eticamente chocante em nossa vida onírica e fantasística.

"Busquemos na consciência as relações com o presente (a realidade) que nos foram comunicadas pelo sonho e não nos admiremos se o monstro que vimos sob a lente de aumento da análise não passar de um infusório." (H. Sachs.) [1914]

Para a necessidade prática de julgar o caráter do homem, bastam, na maioria das vezes, os atos e a mentalidade que se expressa conscientemente. Os atos, sobretudo, merecem ser colocados em primeiro lugar, pois muitos impulsos [*Impulse*] que penetraram na consciência ainda são suprimidos por potências reais da vida psíquica antes de desembocar em atos; muitas vezes, não encontram nenhum obstáculo psíquico em seu caminho porque o inconsciente está seguro de que serão bloqueados em outro lugar. Em todo caso, é instrutivo conhecer o quanto é revolvido o solo sobre o qual nossas virtudes se erguem com orgulho. A complexidade de um caráter humano, agitada dinamicamente em todas as direções, raríssimas vezes se submete a ser despachada por uma alternativa simples, como gostaria nossa doutrina moral ultrapassada.

E o valor do sonho para o conhecimento do futuro? Nem se deve pensar nisso, é claro. Em seu lugar poderíamos colocar: para o conhecimento do passado. Pois o sonho provém do passado em todos os sentidos. É certo que a antiga crença de que o sonho nos mostra o futuro também não carece inteiramente de conteúdo de verdade. Ao nos mostrar um desejo realizado, o sonho de fato nos leva ao futuro; mas esse futuro que o sonhador toma por presente é criado pelo desejo indestrutível à imagem daquele passado.

BIBLIOGRAFIA[151]

A. Obras citadas

ABEL, K. *Über den Gegensinn der Urworte* [*Sobre o sentido antitético das palavras primitivas*]. Leipzig, 1884. (341)

ABRAHAM, K. *Traum und Mythus: Eine Studie zur Völkerpsychologie* [*Sonho e mito: um estudo de etnopsicologia*]. Leipzig e Viena, 1909. (375, 427)

ADLER, A. "Der psychische Hermaphroditismus im Leben und in der Neurose" ["O hermafroditismo psíquico na vida e na neurose"]. *Fortschr. Med.*, vol. 28, p. 486, 1910. (422)

_____. "Beitrag zur Lehre vom Widerstand" ["Contribuição à teoria da resistência"]. *Zentbl. Psychoanal.*, vol. 1, p. 214, 1911. (607)

ALLISON, A. "Nocturnal Insanity" ["Demência noturna"]. *Med. Times & Gaz.*, vol. 947, p. 210, 1868. (110)

ALMOLI, S. Ver Salomon Almoli.

AMRAM, N. *Sepher pithrôn chalômôth* [*A sabedoria da interpretação dos sonhos*]. Jerusalém, 1901. (18)

ARISTÓTELES. *De somniis* [*Dos sonhos*] e *De divinatione per somnum* [*Da adivinhação por meio do sonho*]. (16, 50, 118, 343, 578)

ARTEMIDORO DE DALDIS. *Oneirocritica* [Onirocrítica]. (17, 119, 120, 351, 378, 634)

ARTIGUES, R. *Essai sur la valeur séméiologique du rêve* [*Ensaio sobre o valor semiológico do sonho*]. (Dissertação.) Paris, 1884. (50)

BENINI, V. "La memoria e la durata dei sogni" ["A memória e a duração dos sonhos"]. *Riv. ital. filos.*, vol. 13a, p. 149, 1898. (62, 90)

---

151. As abreviaturas de títulos de periódicos correspondem a *World List of Scientific Periodicals* (Londres, 1963-1965). Os números entre parênteses no final de cada entrada da primeira parte indicam a(s) página(s) em que a referida obra é mencionada neste livro. No caso de autores com várias obras, estas se encontram ordenadas cronologicamente. (N.T.)

BERNARD-LEROY, E. e TOBOWOLSKA, J. "Mécanisme intellectuel du rêve" ["Mecanismo intelectual do sonho"]. *Rev. phil.*, vol. 51, p. 570, 1901. (528-529)

BERNSTEIN, I. e SEGEL, B. W. *Jüdische Sprichwörter und Redensarten* [*Provérbios e locuções judaicos*]. Varsóvia, 1908. (153)

BETLHEIM, S. e HARTMANN, H. "Über Fehlreaktionen des Gedächtnisses bei der Korsakoffschen Psychose" ["Sobre reações incorretas da memória na psicose de Korsakoff"]. *Arch. Psychiat. Nervenkr.*, vol. 72, p. 278, 1924. (409-410)

BIANCHIERI, F. "I sogni dei bambini di cinque anni" ["Os sonhos das crianças de cinco anos"]. *Riv. psicol.*, vol. 8, p. 325, 1912. (152)

BINZ, C. *Über den Traum* [*Sobre o sonho*]. Bonn, 1878. (34, 74, 96-97, 108)

BLEULER, E. "Die Psychoanalyse Freuds" ["A psicanálise de Freud"]. *Jb. psychoanalyt. psychopath. Forsch.*, vol. 2, p. 623, 1910. (375)

BONATELLI, F. "Del sogno" ["Do sonho"]. *La filosofia delle scuole italiane* [*A filosofia das escolas italianas*]. 1880. (62)

BÖRNER, J. *Das Alpdrücken, seine Begründung und Verhütung* [*O pesadelo, suas causas e sua prevenção*]. Würzburg, 1855. (51)

BÖTTINGER. *In:* C. P. J. SPRENGEL. *Beiträge zur Geschichte der Medizin* [*Contribuições à história da medicina*]. Vol. 2. 1795. (50)

BOUCHÉ-LECLERCQ, A. *Historie de la divination dans l'antiquité* [*História da adivinhação na Antiguidade*]. Paris, 1879-1882. (50)

BREUER, J. e FREUD, S. Ver Freud, S.

BÜCHSENSCHÜTZ, B. *Traum und Traumdeutung im Altertum* [*O sonho e a interpretação dos sonhos na Antiguidade*]. Berlim, 1868. (16,118,153)

BURDACH, K. F. *Die Physiologie als Erfahrungswissenschaft* [*A fisiologia como ciência empírica*]. Vol. 3. 1838. (21, 67, 70, 98, 102, 245)

BUSEMANN, A. "Traumleben der Schulkinder" ["A vida onírica das crianças em idade escolar"]. *Z. päd. Psychol.*, vol. 10, p. 294, 1909. (152)

_____. "Psychologie der kindliche Traumerlebnisse" ["Psicologia das experiências oníricas infantis"]. *Z. päd. Psychol.*, vol. 10, p. 320, 1910. (152)

CABANIS, P. J. G. *Rapports du physique et du moral de l'homme* [*Relações entre o físico e o moral do homem*]. Paris, 1802. (111)

CALKINS, M. W. "Statistics of Dreams" ["Estatística dos sonhos"] *Am. J. Psychol.*, vol. 5, p. 311, 1893. (34, 36, 61, 242)

CAREÑA, C. *Tractatus de Officio sanctissimae Inquisitionis* [*Tratado do oficio da Santíssima Inquisição*]. Cremona, 1631. (89)

CHABANEIX, P. *Physiologie cérébrale: le subconscient chez les artistes, les savants et les écrivains* [*Fisiologia cerebral: o subconsciente nos artistas, cientistas e escritores*]. Paris, 1897. (61, 83)

CÍCERO. *De divinatione* [*Da adivinhação*]. (23, 73)

CLAPARÈDE, E. "Esquisse d'une théorie biologique du sommeil" ["Esboço de uma teoria biológica do sono"]. *Arch. psychol.*, vol. 4, p. 245, 1905. (70)

CLERK-MAXWELL, J. *Matter and Motion* [*Matéria e movimento*]. Londres, 1876. (481, 547)

CORIAT, I.H. "Zwei sexual-symbolische Beispiele von Zahnarzt-Träumen" ["Dois exemplos simbólico-sexuais de sonhos com dentista"]. *Zentbl. Psychoanal.*, vol. 3, p. 440, 1913. (412)

DATTNER, B. "Gold und Kot" ["Ouro e excremento"]. *Int. Z. ärztl. Psychoanal.*, vol. 1, p. 495, 1913. (429)

DAVIDSON, W. *Versuch über den Schlaf* [*Ensaio sobre o sono*]. 2. ed. Berlim, 1799. (80)

DEBACKER, F. *Des hallucinations et terreurs nocturnes chez les enfants* [*Alucinações e terrores noturnos em crianças*]. Dissertação. Paris, 1881. (156, 614-615)

DELACROIX, H. "Sur la structure logique du rêve" ["Sobre a estrutura lógica do sonho"]. *Rev. métaphys.*, vol. 12, p. 921, 1904. (527)

DELAGE, Y. "Essai sur la théorie du rêve" ["Ensaio sobre a teoria do sonho"]. *Rev. industr.*, vol. 2, p. 40, 1891. (32, 100-102, 200, 619)

DELBOEUF, J.R.L. *Le sommeil et les rêves* [*O sono e os sonhos*]. Paris, 1885. (25-27, 35-36, 68-69, 76, 78-79, 94-95, 126, 200, 204)

DIEPGEN, P. *Traum und Traumdeutung als medizinisch--naturwissenschaftliches Problem im Mittelalter* [*O sonho e a interpretação dos sonhos como problema médico e das ciências da natureza na Idade Média*]. Berlim, 1912. (18, 570)

DOGLIA, S. e BIANCHIERI, F. "I sogni dei bambini di tre anni" ["Os sonhos das crianças de três anos"]. *Contrib. psicol.*, vol. 1, p. 9, 1910-1911. (152)

DÖLLINGER, J. *Heidenthum und Judenthum* [*Paganismo e judaísmo*]. Regensburg, 1857. (50)

DREXL, F. X. *Achmets Traumbuch: Einleitung und Probe eines kritischen Textes* [*O livro de sonhos de Achmet: introdução e amostra de um texto crítico*]. (Dissertação.) Munique, 1909. (18)

DUGAS, L. "Le sommeil et la cérébration inconsciente durant le sommeil" ["O sono e a cerebração inconsciente durante o sono"]. *Rev. phil.*, vol. 43, p. 410, 1897. (73, 78)

―――. "Le souvenir du rêve" ["A lembrança do sonho"]. *Rev. phil.*, vol. 44, p. 220, 1897. (603)

DU PREL, C. *Die Philosophie der Mystik* [*A filosofia do misticismo*]. Leipzig, 1885. (82, 153, 155, 302, 556, 639)

EDER, M.D. "Augenträume" ["Sonhos oculares"]. *Int. Z. ärztl. Psychoanal.*, vol. 1, p. 157, 1913. (424)

EGGER, V. "La durée apparente des rêves" ["A duração aparente dos sonhos"]. *Rev. phil.*, vol. 40, p. 41, 1895. (42, 83, 522)

―――. "Le souvenir dans le rêve" ["A lembrança no sonho"]. *Rev. phil.*, vol. 46, p. 154, 1898. (63)

ELLIS, H. "The Stuff that Dreams are made of" ["A matéria de que os sonhos são feitos"]. *Popular Science Monthly*, vol. 54, p. 721, 1899. (33, 78, 619)

_____. *The World of Dreams* [*O mundo dos sonhos*]. Londres, 1911. (83, 189, 203, 377, 398, 428, 527, 570)

ERDMANN, J. E. *Psychologische Briefe* (Brief VI) [*Cartas psicológicas* (Carta VI)]. Leipzig, 1852. (89)

FECHNER, G. T. *Elemente der Psychophysik* [*Elementos de psicofísica*]. 2. vols. Leipzig, 1860. (65-66, 73, 564)

FEDERN, P. "Über zwei typische Traumsensationen" ["Sobre duas sensações oníricas típicas"]. *Jb. Psychoanalyse*, vol. 6, p. 89, 1914. (420)

FÉRÉ, C. "Note sur un cas de paralysie hystérique consécutive à un rêve" ["Nota sobre um caso de paralisia histérica consecutivo a um sonho"]. *Soc. biolog.*, vol. 41, 1886. (110)

_____. "A Contribution to the Pathology of Dreams and of Hysterical Paralysis" ["Uma contribuição à patologia dos sonhos e da paralisia histérica"]. *Brain*, vol. 9, p. 488, 1887. (109)

FERENCZI, S. "Die psychoanalyse der Träume" ["A psicanálise dos sonhos"]. *Psychiat.-neurol. Wschr.*, vol. 12, p. 102, 114 e 125, 1910. (120, 153, 267, 348)

_____. "Über lenkbare Träume" ["Sobre sonhos dirigíveis"]. *Zentbl. Psychoanal.*, vol. 2, p. 31, 1911. (600)

_____. "Symbolische Darstellung des Lust- und Realitätsprinzips im Ödipus-Mythos" ["A figuração simbólica do princípio do prazer e do princípio da realidade no mito de Édipo"]. *Imago*, vol.1, p. 276, 1912. (286)

_____. "Zur Augensymbolik" ["Sobre o simbolismo ocular"]. *Int. Z. ärztl. Psychoanal.*, vol. 1, p. 161, 1913. (424)

_____. "Affektvertauschung im Traume" ["Permutação de afetos no sonho"]. *Int. Z. ärztl. Psychoanal.*, vol. 4, p. 112, 1916. (498)

_____. "Träume der Ahnungslosen" ["Os sonhos de pessoas ingênuas"]. *Int. Z. ärztl. Psychoanal.*, vol. 4, p. 208, 1917. (402)

FICHTE, I.H. *Psychologie: die Lehre vom bewussten Geiste des Menschen* [*Psicologia: a teoria do espírito consciente do homem*]. 2. vols. Leipzig, 1864. (21, 82, 90)

FISCHER, K.P. *Grundzüge des Systems der Anthropologie* (Teil I, Bd. 2, in *Grundzüge des Systems der Philosophie*) [*Elementos do sistema da antropologia* (parte 1, vol. 2, *in*: *Elementos do sistema da filosofia*]. Erlangen, 1850. (85)

FLIESS, W. *Der Ablauf des Lebens* [O transcurso da vida]. Viena, 1906. (115, 187)

FÖRSTER, M. "Das lateinisch-altenglische pseudo-Danielsche Traumbuch in Tiberius A. III" ["O livro de sonhos anglo--latino de pseudo-Daniel em Tibério A. III"]. *Archiv Stud. neueren Sprachen und Literaturen*, vol. 125, p. 39, 1910. (18)

_____. "Ein mittelenglisches Vers-Traumbuch des 13. Jahrhunderts" ["Um livro versificado de sonhos do século XIII em inglês médio"]. *Archiv Stud. neueren Sprachen und Literaturen*, vol. 127, p. 31, 1911. (18)

FOUCAULT, M. *Le rêve: études et observations* [*O sonho: estudos e observações*]. Paris, 1906. (529, 539)

FREUD, S. "Die Abwehr-Neuropsychosen" ["As neuropsicoses de defesa"]. 1894 *a*. (*Gesammelte Werke*, vol. 1, p. 59) (252)

_____. "Über die Berechtigung, von der Neurasthenie einen bestimmten Symptomenkomplex als 'Angstneurose' abzutrennen" ["Sobre a justificação de distinguir da neurastenia determinado complexo de sintomas como 'neurose de angústia'"]. 1895 *b*. (*GW*, vol. 1, p. 315; *Studienausgabe*, vol. 6, p. 25) (178, 183)

_____. e BREUER, J. *Studien über Hysterie* [*Estudos sobre a histeria*]. 1895 *d*. (*GW*, vol. 1, p. 75; *SA*, vol. suplementar, p. 217) (121, 549, 574)

_____. "Weitere Bemerkungen über die Abwehr-Neuropsychosen" ["Novas observações sobre as neuropsicoses de defesa"]. 1896 *b*. (*GW*, vol. 1, p. 379) (252, 573)

_____. "Zum psychischen Mechanismus der Vergesslichkeit" ["Sobre o mecanismo psíquico do esquecimento"]. 1898 *b*. (*GW*, vol. 1, p. 519) (545, 636)

_____. "Über Deckerinnerungen" ["Sobre as lembranças encobridoras"]. 1899 *a*. (*GW*, vol. 1, p. 531) (193, 636)

_____. *Die Traumdeutung* [*A interpretação dos sonhos*]. 1900 *a*. (*GW*, vol. 2-3; *SA*, vol. 2) (115, 116, 120, 203, 286, 415-418, 423, 436)

_____. *Zur Psychopathologie des Alltagslebens* [*Psicopatologia da vida cotidiana*]. 1901 *b*. (*GW*, vol. 4) (218, 481, 542, 545, 636)

_____. *Der Witz und seine Beziehung zum Unbewussten* [*O chiste e sua relação com o inconsciente*]. 1905 *c*. (*GW*, vol. 6; *SA*, vol. 4, p. 9) (321, 365, 506)

_____. *Drei Abhandlungen zur Sexualtheorie* [*Três ensaios de teoria sexual*]. 1905 *d*. (*GW*, vol. 5, p. 29; *SA*, vol. 5, p. 37) (7, 151, 422)

_____. "Bruchstück einer Hysterie-Analyse" ["Fragmento de uma análise de histeria"]. 1905 *e*. (*GW*, vol. 5, p. 163; *SA*, vol. 6, p. 83) (334, 378, 421, 520, 607)

_____. *Der Wahn und die Träume in W. Jensens "Gradiva"* [*A loucura e os sonhos em "Gradiva", de W. Jensen*]. 1907 *a*. (*GW*, vol. 7, p. 31; *SA*, vol. 10, p. 9) (118)

_____. "Hysterische Phantasien und ihre Beziehung zur Bisexualität" ["As fantasias histéricas e sua relação com a bissexualidade"]. 1908 *a*. (*GW*, vol. 7, p. 191; *SA*, vol. 6, p. 187) (597)

_____. "Charakter und Analerotik" ["Caráter e erotismo anal"]. 1908 *b*. (*GW*, vol. 7, p. 203; *SA*, vol. 7, p. 23) (429)

_____. "Über infantile Sexualtheorien" ["Sobre as teorias sexuais infantis"]. 1908 *c*. (*GW*, vol. 7, p. 171; *SA*, vol. 5, p. 169) (272)

_____. "Analyse der Phobie eines fünfjährigen Knaben" ["Análise da fobia de um menino de cinco anos"]. 1909 *b*. (*GW*, vol. 7, p. 243; *SA*, vol. 8, p. 9) (152, 272, 273, 275)

_____. "Bemerkungen über einen Fall von Zwangsneurose" ["Observações sobre um caso de neurose obsessiva"]. 1909 *d*. (*GW*, vol. 7, p. 381; *SA*, vol. 7, p. 31) (327)

_____. "Die zukünftigen Chancen der psychoanalytischen Therapie" ["As chances futuras da terapia psicanalítica"]. 1910 *d*. (*GW*, vol. 8, p. 104) (379, 395, 430)

_____. "'Über den Gegensinn der Urworte'" ["'Sobre o sentido antitético das palavras primitivas'"]. 1910 *e*. (*GW*, vol. 8, p. 214; *SA*, vol. 4, p. 227) (341)

_____. "Über einen besonderen Typus der Objektwahl beim Manne" ["Sobre um tipo especial de escolha de objeto feita pelo homem"]. 1910 *h*. (*GW*, vol. 8, p. 66; *SA*, vol. 5, p. 185) (430)

_____. "Typisches Beispiel eines verkappten Ödipustraumes" ["Exemplo típico de um sonho edipiano disfarçado"]. *Zentbl. Psychoanal.*, vol. 1, p. 45, 1910 *l*. (166, 424)

_____. "Formulierungen über die zwei Prinzipien des psychischen Geschehens" ["Formulações acerca dos dois princípios do processo psíquico"]. 1911 *b*. (*GW*, vol. 8, p. 230; *SA*, vol. 3, p. 13) (455, 595)

_____. "Einige Bemerkungen über den Begriff des Unbewussten in der Psychoanalyse" ["Algumas observações sobre o conceito de inconsciente na psicanálise"]. 1912 *g*. (*GW*, vol. 8, p. 340; *SA*, vol. 3, p. 25) (642)

_____. *Totem und Tabu* [*Totem e tabu*]. 1912-1913. (*GW*, vol. 9; *SA*, vol. 9, p. 287) (286)

_____. "Zur Einführung des Narzissmus" ["Uma introdução ao narcisismo"]. 1914 *c*. (*GW*, vol. 10, p. 138; *SA*, vol. 3, p. 37) (532)

_____. "Die Verdrängung" ["O recalcamento"]. 1915 *d*. (*GW*, vol. 10, p. 248; *SA*, vol. 3, p. 103) (576)

_____. "Das Unbewusste" ["O inconsciente"]. 1915 *e*. (*GW*, vol. 10, p. 264; *SA*, vol. 3, p. 119) (638)

_____. "Einige Charaktertypen aus der psychoanalytischen Arbeit" ["Alguns tipos de caráter extraídos do trabalho psicanalítico"]. 1916 *d*. (*GW*, vol. 10, p. 364; *SA*, vol. 10, p. 229) (289)

_____. *Vorlesungen zur Einführung in die Psychoanalyse* [*Conferências de introdução à psicanálise*]. 1916-1917. (*GW*, vol. 11; *SA*, vol. 1, p. 33) (10, 384, 545, 609)

_____. "Metapsychologische Ergänzung zur Traumlehre" ["Suplemento metapsicológico à teoria dos sonhos"]. 1917 *d*. (*GW*, vol. 10, p. 412; *SA*, vol. 3, p. 175) (583)

_____. *Massenpsychologie und Ich-Analyse* [*Psicologia das massas e análise do eu*]. 1921 *c*. (*GW*, vol. 13, p. 73; *SA*, vol. 9, p. 61) (502)

_____. "Josef Popper-Lynkeus und die Theorie des Traumes" ["Josef Popper-Lynkeus e a teoria do sonho"]. 1923 *f*. (*GW*, vol. 13, p. 357) (115)

_____. "Notiz über den 'Wunderblock'" ["Nota sobre o 'bloco mágico'"]. 1925 *a*. (*GW*, vol. 14, p. 3; *SA*, vol. 3, p. 363) (568)

Fuchs, E. *Illustrierte Sittengeschichte* (Ergänzungsbände) [*História ilustrada dos costumes* (Volumes complementares)]. Munique, 1909-1912. (370)

Galton, F. *Inquiries into Human Faculty and its Development* [*Investigações sobre a faculdade humana e seu desenvolvimento*]. 2. ed. Londres, 1907. (160, 316, 520)

Garnier, A. *Traité des facultes de l'âme, contenant l'histoire des principales théories psychologiques* [*Tratado das faculdades da alma, contendo a história das principais teorias psicológicas*]. 3. vols. Paris, 1872. (41, 255)

Giessler, C. M. *Beiträge zur Phänomenologie des Traumlebens* [*Contribuições à fenomenologia da vida onírica*]. Halle, 1888. (109)

_____. *Aus den Tiefen des Traumlebens* [*Das profundezas da vida onírica*]. Halle, 1890. (109)

_____. *Die physiologischen Beziehungen der Traumvorgänge* [*As relações fisiológicas dos processos oníricos*]. Halle, 1896. (109)

Girou de Bouzareinges, C. e Girou de Bouzareinges, L. *Physiologie: essai sur le mécanisme des sensations, des idées et des sentiments* [*Fisiologia: ensaio sobre o mecanismo das sensações, das ideias e dos sentimentos*]. Paris, 1848. (40)

Goblot, E. "Sur le souvenir des rêves" ["Sobre a lembrança dos sonhos"]. *Rev. Phil.*, vol. 42, p. 288, 1896. (529, 603)

Gomperz, T. *Traumdeutung und Zauberei* [*Interpretação de sonhos e feitiçaria*]. Viena, 1866. (119)

GOTTHARDT, O. *Die Traumbücher des Mittelalters* [*Os livros de sonhos da Idade Média*]. Eisleben, 1912. (18)

GRIESINGER, W. *Pathologie und Therapie der psychischen Krankheiten* [*Patologia e terapia das doenças psíquicas*]. Stuttgart, 1845. (155)

_____. *Idem*. (2. ed. citada por Radestock.) Stuttgart, 1861. (112, 252)

GRUPPE, P. O. *Griechische Mythologie und Religionsgeschichte* [*Mitologia grega e história da religião*]. In: I.E.P. von Müller, *Handbuch der klassischen Altertums-Wissenschaft* [*Manual de arqueologia clássica*], vol. 5, p. 2. Munique, 1906. (17)

GUISLAIN, J. *Leçons orales sur les phrénopathies* [*Lições orais sobre as frenopatias*]. Bruxelas, 1833. (110)

HAFFNER, P. "Schlafen und Träumen" ["O sono e os sonhos"]. *Sammlung zeitgemässer Broschüren* [*Coleção de brochuras contemporâneas*], p. 226. Frankfurt, 1887. (18, 21, 69, 82, 85)

HAGEN, F.W. "Psychologie und Psychiatrie" ["Psicologia e psiquiatria"]. *Wagners Handwörterbuch der Physiologie* [*Wagner: pequeno dicionário de fisiologia*], vol. 2, p. 692. Braunschweig, 1846. (111)

HALLAM, F. e WEED, S. "A Study of Dream Consciousness" ["Um estudo sobre a consciência onírica"]. *Am. J. Psychol.*, vol. 7, p. 405, 1896. (32, 155, 184)

HARTMANN, E. VON. *Philosophie des Unbewussten* [*Filosofia do inconsciente*]. 10. ed. Leipzig, 1890. (155, 556)

HARTMANN, H. Ver BETLHEIM, S. e HARTMANN, H.

HENNINGS, J.C. *Von den Träumen und Nachtwandlern* [*Sobre o sonhar e o sonambular*]. Weimar, 1784. (27, 39)

HENZEN, W. *Über die Träume in der altnordischen Sagaliteratur* [*Sobre os sonhos nas antigas sagas nórdicas*]. (Dissertação.) Leipzig, 1890. (433)

HERBART, J.F. *Psychologie als Wissenschaft neu gegründet auf Erfahrung, Metaphysik und Mathematik. (Zweiter, analytischer Teil)* [*A psicologia como ciência fundada em novas bases empíricas, metafísicas e matemáticas.*

(Segunda parte, analítica)]. *Herbarts Sämtliche Werke* (hrsg. von K. Kehrbach) [*Obra completa de Herbart* (organizada por K. Kehrbach)]. Langensalza, 1892. (96)

HERMANN, K.F. *Lehrbuch der gottesdienstlichen Alterthümer der Griechen* [*Compêndio de antiguidades cultuais dos gregos*]. (Teil II in *Lehrbuch der griechischen Antiquitäten.*) [Parte II do *Compêndio de antiguidades gregas*] 2. ed. Heidelberg, 1858. (50)

_____. *Lehrbuch der griechischen Privatalterthümer* [*Compêndio de antiguidades privadas gregas*]. (Teil IV in *Lehrbuch der griechischen Antiquitäten.*) [Parte IV do *Compêndio de antiguidades gregas*] 3. ed. Freiburg, 1882. (50)

HERÓDOTO. *História*. (424)

HERVEY DE SAINT-DENYS, MARQUIS D'. *Les rêves et les moyens de les diriger* [*Os sonhos e os meios de controlá-los*]. Paris, 1867. (27-28, 41, 79, 600)

HILDEBRANDT, F. W. *Der Traum und seine Verwerthung für's Leben* [*O sonho e sua utilidade para a vida*]. Leipzig, 1875. (23-24, 30, 33-34, 41-44, 73-74, 80-83, 85-91, 184)

HIPÓCRATES. Περί ἀρχαίας ἰατριχῆς [*A antiga arte de curar*]. (17)

_____. Περί διαίτης [*A dieta*]. (17, 50, 428)

HITSCHMANN, E. "Goethe als Vatersymbol" ["Goethe como símbolo paterno"]. *Int. Z. ärztl. Psychoanal.*, vol. 1, p. 569, 1913. (378)

HOBBES, T. *Leviathan* [*O leviatã*]. Londres, 1651. (570)

HOFFBAUER, J.C. *Naturlehre der Seele* [*Doutrina natural da alma*]. Halle, 1796. (39)

HOHNBAUM, C. In: C.F. Nasse. *Jb. Anthrop.*, vol. 1, 1830. (109)

HUG-HELLMUTH, H. VON. "Analyse eines Traumes eines 5½jährigen Knaben" ["Análise de um sonho de um menino de 5 anos e seis meses"]. *Zentbl. Psychoanal.*, vol. 2, p. 122, 1911. (152)

_____. "Kinderträume" ["Sonhos infantis"]. *Int. Z. ärztl. Psychoanal.*, vol. 1, p. 470, 1913. (152)

_____. "Ein Traum, der sich selbst deutet" ["Um sonho que interpreta a si mesmo"]. *Int. Z. ärztl. Psychoanal.*, vol. 3, p. 33, 1915. (164)

IDELER, K.W. "Über die Entstehung des Wahnsinns aus Träumen" ["Sobre a origem dos sonhos a partir da loucura"]. *Annalen des Charité-Krankenhauses*, vol. 3, p. 284. Berlim, 1853. (109)

IWAYA, S. "Traumdeutung in Japan" ["A interpretação de sonhos no Japão"]. *Ost-Asien*, vol. 5, p. 312, 1902. (18)

JEKELS, L. "Shakespeares Macbeth" ["O Macbeth de Shakespeare"]. *Imago,* vol. 5, p. 170, 1917. (289)

JESSEN, P. *Versuch einer wissenschaftlichen Begründung der Psychologie* [*Ensaio de uma fundamentação científica da psicologia*]. Berlim, 1855. (22, 27, 39-40, 63, 84, 91)

JODL, F. *Lehrbuch der Psychologie* [*Compêndio de psicologia*]. Stuttgart, 1896. (75)

JONES, E. "The Oedipus Complex as an Explanation of Hamlet's Mystery" ["O complexo de Édipo como uma explanação do mistério de Hamlet"]. *Am. J. Psychol.*, vol. 21, p. 72, 1910. (289)

_____. "Freud's Theory of Dreams" ["A teoria freudiana dos sonhos"]. *Am. J. Psychol.*, vol. 21, p. 283, 1910. (426-427)

_____. "Unbewusste Zahlenbehandlung" ["Manejo inconsciente dos números"]. *Zentbl. Psychoanal.*, vol. 2, p. 241, 1912. (443)

_____. "A Forgotten Dream" ["Um sonho esquecido"]. *J. abnorm. Psychol.*, vol. 7, p. 5, 1912. (547)

_____. "Frau und Zimmer" ["Mulher e quarto"]. *Int. Z. ärztl. Psychoanal.*, vol. 2, p. 380, 1914. (378)

_____. "Zahnziehen und Geburt" ["Extração de dentes e nascimento"]. *Int. Z. ärztl. Psychoanal.*, vol. 2, p. 380, 1914. (413)

_____. "The Theory of Symbolism" ["A teoria do simbolismo"]. *Brit. J. Psychol.*, vol. 9, p. 181, 1916. (375)

JOSEPHUS, F. *Antiquitates Judaicae* [*Antiguidades judaicas*]. (357)

JUNG, C.G. (hrsg. von [organizado por]) *Diagnostische Assoziationsstudien* [*Estudos diagnósticos associativos*]. 2. vols. Leipzig, 1906. (559)

_____. *Über die Psychologie der Dementia praecox* [*Sobre a psicologia da* dementia praecox]. Halle, 1907. (557)

_____. "Über konflikte der kindlichen Seele" ["Sobre conflitos da psique infantil"]. *Jb. psychoanalyt. psychopath. Forsch.*, vol. 2, p. 33, 1910. (152)

_____. "Ein Beitrag zur Psychologie des Gerüchtes" ["Uma contribuição à psicologia do boato"]. *Zentbl. Psychoanal.*, vol. 1, p. 81, 1910. (357)

_____. "Ein Beitrag zur Kenntnis des Zahlentraumes" ["Uma contribuição ao conhecimento do sonho com números"]. *Zentbl. Psychoanal.*, vol. 1, p. 567, 1911. (443)

KANT, I. *Versuch über die Krankheiten des Kopfes* [*Ensaio sobre as doenças psíquicas*]. Königsberg, 1764. (111)

_____. *Anthropologie in pragmatischer Hinsicht abgefasst* [*Antropologia redigida numa perspectiva pragmática*]. Königsberg, 1798. (89)

KARPINSKA, L. VON. "Ein Beitrag zur Analyse 'sinnloser' Worte im Traume" ["Uma contribuição à análise das palavras 'absurdas' no sonho"]. *Int. Z. ärztl. Psychoanal.*, vol. 2, p. 164, 1914. (326)

KAZOWSKY, A. D. "Zur Frage nach dem Zusammenhange von Träumen und Wahnvorstellungen" ["Sobre a questão do nexo entre os sonhos e as ideias delirantes"]. *Neurol. Zentbl.*, vol. 20, p. 440 e 508, 1901. (109)

KIRCHGRABER, F. "Der Hut als Symbol des Genitales" ["O chapéu como símbolo dos genitais"]. *Zentbl. Psychoanal.*, vol. 3, p. 95, 1912. (386)

KLEINPAUL, R. *Die Lebendigen und die Toten in Volksglauben, Religion und Sage* [*Os vivos e os mortos nas crendices, nas religiões e nas lendas*]. Leipzig, 1898. (375)

KRAUSS, A. "Der Sinn im Wahnsinn" ["A razão na desrazão"]. *Allg. Z. Psychiat.*, vol. 15, p. 617 e vol. 16, p. 10 e 222, 1858-1859. (53, 109, 110-111, 113)

LADD, G.T. "Contribution to the Psychology of Visual Dreams" ["Contribuição à psicologia dos sonhos visuais"]. *Mind* (New Series), vol. 1, p. 299, 1892. (48-49, 617)

LANDAUER, K. "Handlungen des Schlafenden" ["As ações de quem dorme"]. *Z. ges. Neurol. Psychiat.*, vol. 39, p. 329, 1918. (246)

LASÈGUE, G. "Le délire alcoolique n'est pas un délire, mais un rêve" ["O delírio alcoólico não é um delírio, mas um sonho"]. *Archs. gén. Méd.*, vol. 2, p. 513, 1881. (109)

LAUER, C. "Das Wesen des Traumes in der Beurteilung der talmudischen und rabbinischen Literatur" ["A natureza do sonho na avaliação da literatura talmúdica e rabínica"]. *Int. Z. ärztl. Psychoanal.*, vol. 1, p. 459, 1913. (18)

LEHMANN, A. *Aberglaube und Zauberei von den ältesten Zeiten bis in die Gegenwart* [*Superstição e feitiçaria das épocas mais remotas até a atualidade*]. Trad. alemã de Petersen. Stuttgart, 1908. (50)

LE LORRAIN, J. "La durée du temps dans les rêves" ["A duração do tempo nos sonhos"]. *Rev. phil.*, vol. 38, p. 275, 1894. (42, 83, 522)

_____. "Le rêve" ["O sonho"]. *Rev. phil.*, vol. 40, p. 59, 1895. (522, 595)

LÉLUT, L.-F. "Mémoire sur le sommeil, les songes et le somnambulisme" ["Memória sobre o sono, os sonhos e o sonambulismo"]. *Ann. méd.-psychol.*, vol. 4, p. 331, 1852. (111)

LEMOINE, A. *Du sommeil au point de vue physiologique et psychologique* [*O sono do ponto de vista fisiológico e psicológico*]. Paris, 1855. (72)

LEURET, F. *Fragments psychologiques sur la folie* [*Fragmentos psicológicos sobre a loucura*]. Paris, 1834. (557)

LIÉBEAULT, A.A. *Le sommeil provoqué et les états analogues* [*O sono provocado e os estados análogos*]. Paris, 1889. (598)

LIPPS, T. *Grundtatsachen des Seelenlebens* [*Fatos fundamentais da vida psíquica*]. Bonn, 1883. (244)

_____. "Der Begriff des Unbewussten in der Psychologie" ["O conceito de inconsciente na psicologia"]. *Records of the Third Int. Congr. Psychol.* Munique, 1897. (638-640, 641-642)

Lloyd, W. *Magnetism and Mesmerism in Antiquity* [*Magnetismo e mesmerismo na Antiguidade*]. Londres, 1877. (50)

Löwinger. "Der Traum in der jüdischen Literatur" ["O sonho na literatura judaica"]. *Mitt. jüd. Volksk.*, vol. 10, 1908. (18)

Lucrécio. *De rerum natura* [*Da natureza*]. (23)

Maass, J.G.E. *Versuch über die Leidenschaften* [*Ensaio sobre as paixões*]. Halle, 1805. (22)

Macario, M.M.A. "Des rêves considerés sous le rapport physiologique et pathologique" ["Os sonhos considerados sob os aspectos fisiológico e patológico"]. *Ann. méd.-psychol.*, vol. 9, p. 27, 1847. (110)

_____. *Du sommeil, des rêves et du somnambulisme dans l'état de santé et de maladie* [*O sono, os sonhos e o sonambulismo no estado de saúde e no estado de doença*]. Paris/Lyon, 1857. (524)

Macnish, R. *Philosophy of Sleep* [*Filosofia do sono*]. Glasgow, 1830. (40)

Maeder, A. "Die Symbolik in den Legenden, Märchen, Gebräuchen und Träumen" ["O simbolismo nas lendas, nos contos de fada, nos costumes e nos sonhos"]. *Psychiat.-neurol. Wschr.*, vol. 10, p. 55, 1908. (375)

_____. "Über die Funktion des Traumes" ["Sobre a função do sonho"]. *Jb. psychoanalyt. psychopath. Forsch.*, vol. 4, p. 692, 1912. (607)

Maine de Biran, M.F.P. *Nouvelles considérations sur les rapports du physique et du moral de l'homme* [*Novas considerações acerca das relações entre o físico e o moral do homem*]. Org. V. Cousin. Paris, 1834. (111)

Marcinowski, J. "Eine kleine Mitteilung" ["Uma breve comunicação"]. *Zentbl. Psychoanal.*, vol. 1, p. 575, 1911. (325-326)

_____. "Gezeichnete Träume" ["Sonhos desenhados"]. *Zentbl. Psychoanal.*, vol. 2, p. 490, 1912. (381)

_____. "Drei Romane in Zahlen" ["Três romances em números"]. *Zentbl. Psychoanal.* vol. 2, p. 619, 1912. (443)

MAURY, L.F.A. "Nouvelles observations sur les analogies des phénomènes du rêve et de l'aliénation mentale", Teil II ["Novas observações sobre as analogias entre os fenômenos do sonho e da alienação mental", Parte II]. *Ann. méd.-psychol.*, vol. 5, p. 404, 1853. (43, 111)

_____. *Le sommeil et les rêves* [*O sono e os sonhos*]. Paris, 1878. (22, 23, 27, 31, 40-43, 47-48, 50-51, 72, 74, 77-80, 83, 91-93, 96, 109, 113, 210, 521-523, 546, 559, 603)

MEIER, G.F. *Versuch einer Erklärung des Nachtwandelns* [*Uma tentativa de explicação do sonambulismo*]. Halle, 1758. (39)

MEYNERT, T. *Sammlung von populärwissenschaftlichen Vorträgen über den Bau und die Leistungen des Gehirns* [*Coletânea de conferências de divulgação científica sobre a estrutura e as atividades do cérebro*]. Viena, 1892. (273)

MIURA, K. "Über japanische Traumdeuterei" ["Sobre a interpretação de sonhos japonesa"]. *Mitt. dt. Ges. Naturk. Ostasiens*, vol. 10, p. 291, 1906. (18)

MOREAU, J. "De l'identité de l'état de rêve et de folie" ["Sobre a identidade de estado entre o sonho e a loucura"]. *Ann. méd.-psychol.*, (3. série) vol. 1, p. 361, 1855. (111)

MÜLLER, J. *Über die phantastischen Gesichtserscheinungen* [*Sobre os fenômenos visuais fantásticos*]. Coblença, 1826. (47-48)

MYERS, F.W.H. "Hypermnesic Dreams" ["Sonhos hipermnésicos"]. *Proc. Soc. Psych. Res.*, vol. 8, p. 362, 1892. (28)

NÄCKE, P. "Über sexuelle Träume" ["Sobre os sonhos sexuais"]. *Arch. Krim-Anthropol.*, p. 307, 1903. (422)

_____. "Der Traum als feinstes Reagens f. d. Art d. sexuellen Empfindens" ["O sonho como reagente mais apurado para o tipo de sensibilidade sexual"]. *Mschr. Krim.-Psychol.*, vol. 2, p. 500, 1905. (422)

_____. "Kontrastträume und spezielle sexuelle Kontrastträume" ["Sonhos contrastivos e sonhos contrastivos sexuais especiais"]. *Arch. Krim-Anthropol.*, vol. 24, p. 1, 1907. (422)

_____. "Beiträge zu den sexuellen Träumen" ["Contribuições acerca dos sonhos sexuais"]. *Arch. Krim-Anthropol.*, vol. 29, p. 363, 1908. (422)

_____. "Die diagnostische und prognostische Brauchbarkeit der sexuellen Träume" ["A utilidade diagnóstica e prognóstica dos sonhos sexuais"]. *Ärztl. Sachv.-Ztg.*, n. 2, 1911. (422)

NEGELEIN, J. VON. "Der Traumschlüssel des Jaggadeva" ["A chave de sonhos do Iagadeva"]. *Relig. Gesch. Vers.*, vol. 11, p. 4, 1912. (18)

NELSON, J. "A Study of Dreams" ["Um estudo sobre os sonhos"]. *Am. J. Psychol.*, vol. 1, p. 367, 1888. (32)

NORDENSKJÖLD, O. ET AL. *Antarctic. Zwei Jahre in Schnee und Eis am Südpol* [*Antártida. Dois anos na neve e no gelo do Polo Sul*]. 2. vols. Berlim, 1904. (152)

PACHANTONI, D. "Der Traum als Ursprung von Wahnideen bei Alkoholdeliranten" ["O sonho como origem de ideias delirantes em pessoas com delírio alcoólico"]. *Zentbl. Nervenheilk.*, vol. 32, p. 796, 1909. (109)

PAULHAN, D. "À propos de l'activité de l'esprit dans le rêve" ["A propósito da atividade do espírito no sonho"]. *Rev. phil.*, vol. 38, p. 546, 1894. (528)

PEISSE, L. *La médecine et les médecins* [*A medicina e os médicos*]. Paris, 1857. (113)

PFAFF, E. R. *Das Traumleben und seine Deutung nach den Prinzipien der Araber, Perser, Griechen, Indier und Ägypter* [*A vida onírica e sua interpretação segundo os princípios dos árabes, persas, gregos, indianos e egípcios*]. Leipzig, 1868. (85)

PFISTER, O. "Ein Fall von psychoanalytischer Seelsorge und Seelenheilung" ["Um caso de assistência e cura espiritual psicanalítica"]. *Evangelische Freiheit*, vol. 9, p. 108, 1909. (429)

_____. "Die psychologische Enträtselung der religiösen Glossolalie und der automatischen Kryptographie" ["A explicação psicológica da glossolalia religiosa e da criptografia automática"]. *Jb. psychoanalyt. psychopath. Forsch.*, vol. 3, p. 427 e 730, 1911-1912. (381)

_____. "Kryptolalie, Kryptographie und unbewusstes Vexierbild bei Normalen" ["Criptolalia, criptografia e quadro enigmático inconsciente em pessoas normais"]. *Jb. psychoanalyt. psychopath. Forsch.*, vol. 5, p. 117, 1913. (381)

PICHON, A.E. *Contribution à l'étude des délires oniriques ou délires de rêve* [*Contribuição ao estudo dos delírios oníricos ou delírios do sonho*]. Bordeaux, 1896. (109)

PILCZ, A. "Über eine gewisse Gesetzmässigkeit in den Träumen" ["Sobre certa regularidade nos sonhos"]. Abstract (vom Autor verfasst) [*Abstract* (redigido pelo autor)]. *Mschr. Psychiat. Neurol.*, vol. 5, p. 231, 1899. (35)

PLATÃO. *A república*. (85, 647)

POHORILLES, N.E. "Eduard von Hartmanns Gesetz der von unbewussten Zielvorstellungen geleiteten Assoziationen" ["A lei de Eduard von Hartmann sobre as associações guiadas por representações de meta inconscientes"]. *Int. Z. ärztl. Psychoanal.*, vol. 1, p. 605, 1913. (556)

POPPER-LYNKEUS, J. *Phantasien eines Realisten* [*Fantasias de um realista*]. Dresden, 1899. (331, 332)

PÖTZL, O. "Experimentell erregte Traumbilder in ihren Beziehungen zum indirekten Sehen" ["Imagens oníricas geradas experimentalmente em suas relações com a visão indireta"]. *Z. ges. Neurol. Psychiat.*, vol. 37, p. 278, 1917. (202)

PRINCE, M. "The Mechanism and Interpretation of Dreams" ["O mecanismo e a interpretação dos sonhos"]. *J. abnorm. Psychol.*, vol. 5, p. 139, 1910. (548)

PURKINJE, J.E. "Wachen, Schlaf, Traum und verwandte Zustände" ["Vigília, sono, sonho e estados afins"]. *In:* R. Wagner, *Handwörterbuch der Physiologie mit Rücksicht auf physiologische Pathologie* [*Pequeno dicionário de fisiologia com consideração à patologia fisiológica*], vol. 3, p. 412. Braunschweig, 1846. (103, 155)

PUTNAM, J.J. "Ein charakteristischer Kindertraum" ["Um sonho infantil característico"]. *Zentbl. Psychoanal.*, vol. 2, p. 328, 1912. (152)

RAALTE, F. VAN. "Kinderdroomen" ["Sonhos infantis"]. *Het Kind*, jan. 1912. (152)

RADESTOCK, P. *Schlaf und Traum* [*Sono e sonho*]. Leipzig, 1879. (22, 50, 61, 63, 73, 75, 84, 89, 109-113, 155)

RANK, O. *Der Mythus von der Geburt des Helden* [*O mito do nascimento do herói*]. Leipzig/Viena, 1909. (279, 426)

_____. "Ein Traum, der sich selbst deutet" ["Um sonho que interpreta a si mesmo"]. *Jb. psychoanalyt. psychopath. Forsch.*, vol. 2, p. 465, 1910. (182, 260, 334, 358, 373, 424, 432)

_____. "Beispiel eines verkappten Ödipustraumes" ["Exemplo de um sonho edipiano disfarçado"]. *Zentbl. Psychoanal.*, vol. 1, p. 167, 1911. (424)

_____. "Belege zur Rettungsphantasie" ["Documentos sobre a fantasia de salvamento"]. *Zentbl. Psychoanal.*, vol. 1, p. 331, 1911. (430)

_____. "Zum Thema der Zahnreizträume" ["A propósito do tema dos sonhos de estímulo dental"]. *Zentbl. Psychoanal.*, vol. 1, p. 408, 1911. (413-418)

_____. "Die Symbolschichtung im Wecktraum und ihre Wiederkehr im mythischen Denken" ["A estratificação simbólica no sonho de despertar e seu retorno no pensamento mítico"]. *Jb. psychoanalyt. psychopath. Forsch.*, vol. 4, p. 51, 1912. (240, 260, 391, 428-429)

_____. "Aktuelle Sexualregungen als Traumanlässe" ["Estímulos sexuais atuais como causas do sonho"]. *Zentbl. Psychoanal.*, vol. 2, p. 596, 1912. (260)

_____. *Das Inzest-Motiv in Dichtung und Sage* [*O motivo do incesto na literatura e na lenda*]. Leipzig/Viena, 1912. (279)

_____. "Eine noch nicht beschriebene Form des Ödipus-Traumes" ["Uma forma ainda não descrita de sonho edipiano"]. *Int. Z. ärztl. Psychoanal.*, vol. 1, p. 151, 1913. (424)

_____. "Traum und Dichtung" ["Sonho e criação literária"]. *In:* Freud, *Die Traumdeutung* (4. Aufl. bis 7. Aufl.) [*A interpretação dos sonhos* (4. ed. até 7. ed)]. Leipzig/Viena, 1914. (9, 12)

_____. "Traum und Mythus" ["Sonho e mito"]. *In:* Freud, *Die Traumdeutung* (4. Aufl. bis 7. Aufl.) [*A interpretação dos sonhos* (4. ed. até 7. ed)]. Leipzig/Viena, 1914. (9, 12)

_____. "Die 'Geburts-Rettungsphantasie' in Traum und Dichtung" ["A 'fantasia de salvamento-nascimento' no sonho e na criação literária"]. *Int. Z. ärztl. Psychoanal.*, vol. 2, p. 43, 1914. (430)

_____. e SACHS, H. *Die Bedeutung der Psychoanalyse für die Geisteswissenschaften* [*A importância da psicanálise para as ciências humanas*]. Wiesbaden, 1913. (375)

RÉGIS, E. "Des hallucinations oniriques ou du sommeil des dégénérés mystiques" ["Das alucinações oníricas ou do sono dos degenerados místicos"]. *Compte rendu Congrès Méd. Alién.*, p. 260. Paris, 1894. (109)

REIK, T. "Zur Rettungssymbolik" ["Sobre o simbolismo do salvamento"]. *Zentbl. Psychoanal.*, vol. 1, p. 499, 1911. (430)

_____. "Gold und Kot" ["Ouro e excremento"]. *Int. Z. ärztl. Psychoanal.*, vol. 3, p. 183, 1915. (429)

REITLER, R. "Zur Augensymbolik" ["Sobre o simbolismo ocular"]. *Int. Z. ärztl. Psychoanal.*, vol. 1, p. 159, 1913. (424)

_____. "Zur Genital- und Sekret-Symbolik" ["Sobre o simbolismo genital e secretório"]. *Int. Z. ärztl. Psychoanal.*, vol. 1, p. 492, 1913. (384)

ROBERT, W. *Der Traum als Naturnotwendigkeit erklärt* [*O sonho compreendido como necessidade natural*]. Hamburgo, 1886. (32, 98-101, 184, 185, 198-199, 210, 607, 619)

ROBITSEK, A. "Zur Frage der Symbolik in den Träumen Gesunder" ["Sobre a questão do simbolismo nos sonhos de pessoas saudáveis"]. *Zentbl. Psychoanal.*, vol. 2, p. 340, 1912. (398-402)

ROFFENSTEIN, G. "Experimentelle Symbolträume" ["Sonhos simbólicos experimentais"]. *Z. ges. Neurol. Psychiat.*, vol. 87, p. 362, 1923. (409)

RORSCHACH, H. "Zur Symbolik der Schlange und der Krawatte" ["Sobre o simbolismo da cobra e da gravata"]. *Zentbl. Psychoanal.*, vol. 2, p. 675, 1912. (380)

SACHS, H. "Zur Darstellungs-Technik des Traumes" ["Sobre a técnica figurativa do sonho"]. *Zentbl. Psychoanal.*, vol. 1, p. 413, 1911. (436-437)

_____. "Traumdeutung und Menschenkenntnis" ["Interpretação de sonhos e conhecimento da natureza humana"]. *Jb. psychoanalyt. psychopath. Forsch.*, vol. 3, p. 568, 1912. (648)

_____. "Ein Traum Bismarcks" ["Um sonho de Bismarck"]. *Int. Z. ärztl. Psychoanal.*, vol. 1, p. 80, 1913. (403-407)

_____. "Das Zimmer als Traumdarstellung des Weibes" ["O sonho como figuração onírica da mulher"]. *Int. Z. ärztl. Psychoanal.*, vol. 2, p. 35, 1914. (379)

SALOMON ALMOLI BEN JACOB. *Pithrôn Chalômôth* [*A interpretação dos sonhos*]. Amsterdã, 1637. (18)

SANCTIS, SANTE DE. *I sogni e il sonno nell'isterismo e nella epilessia* [*Os sonhos e o sono no histerismo e na epilepsia*]. Roma, 1896. (109)

_____. "Les maladies mentales et les rêves" ["As doenças mentais e os sonhos"]. *Ann. Soc. Méd. de Gand*, vol. 76, p. 177, 1897. (109)

_____. "Sui rapporti d'identità, di somiglianza, di analogia e di equivalenza fra sogno e pazzia" ["Relações de identidade, semelhança, analogia e equivalência entre o sonho e a loucura"]. *Riv. quindicinale Psicol. Psichiat. Neuropatol.*, nov. 1897. (109)

_____. "Psychoses et rêves" ["Psicoses e sonhos"]. *Rapport au Congrès de neurol. et d'hypnologie de Bruxelles, 1897; Comptes rendus*, vol 1, p. 137. (109)

_____. "I sogni dei neuropatici e dei pazzi" ["Os sonhos dos neuropatas e dos loucos"]. *Arch. psichiat. antrop. crim.*, vol. 19, p. 342, 1898. (109)

_____. *I sogni* [*Os sonhos*]. Turim, 1899. (114-115)

SCHERNER, K.A. *Das Leben des Traumes* [*A vida do sonho*]. Berlim, 1861. (53, 103-108, 117, 153, 246-249, 357-358, 370, 377, 384, 428-429, 574-575, 619, 640)

SCHLEIERMACHER, F. *Psychologie* [*Psicologia*]. *In: Gesammelte Werke* (hrsg. von L. George) [*Obras reunidas* (org. por L. George)], vol. 6, III. Berlim, 1862. (66, 90, 123)

SCHOLZ, F. *Schlaf und Traum* [*Sono e sonho*]. Leipzig, 1887. (35, 75, 85, 155)

SCHOPENHAUER, A. "Versuch über das Geistersehen und was damit zusammenhängt" ["Ensaio sobre a vidência e assuntos correlatos"] *In: Parerga und Paralipomena* [*Parergos e paralipômenos*]. 2. ed. Vol. 1, p. 213. Berlim, 1862. (52, 85)

SCHRÖTTER, K. "Experimentelle Träume" ["Sonhos experimentais"]. *Zentbl. Psychoanal.*, vol. 2, p. 638, 1912. (409)

SCHUBERT, G. H. VON. *Die Symbolik des Traumes* [*O simbolismo do sonho*]. Bamberg, 1814. (82, 376)

SCHWARZ, F. *Traum und Traumdeutung nach "Abdalgani an-Nabulusi"* [*Sonho e interpretação de sonhos segundo "Abdalgani an-Nabulusi"*]. *Z. dt. morgenl. Ges.*, vol. 67, p. 437, 1913. (18)

SECKER, F. "Chinesische Ansichten über den Traum" ["Concepções chinesas sobre o sonho"]. *Neue metaphysische Rundschau*, vol. 17, p. 101, 1910. (18)

SIEBECK, A. *Das Traumleben der Seele* [*A vida onírica da alma*]. *Sammlung gemeinverständlicher Vorträge* [*Coletânea de conferências populares*]. Berlim, 1877. (75)

SILBERER, H. "Bericht über eine Methode, gewisse symbolische Halluzinations-Erscheinungen hervorzurufen und zu beobachten" ["Relatório sobre um método de produzir e observar certos fenômenos alucinatórios simbólicos"]. *Jb. psychoanalyt. psychopath. Forsch.*, vol. 1, p. 513, 1909. (66, 123, 368-369, 404, 529-532)

_____. "Phantasie und Mythos" ["Fantasia e mito"]. *Jb. psychoanalyt. psychopath. Forsch.*, vol. 2, p. 541, 1910. (123, 236)

_____. "Symbolik des Erwachens und Schwellensymbolik überhaupt" ["Simbolismo do despertar e simbolismo da soleira em geral"]. *Jb. psychoanalyt. psychopath. Forsch.*, vol. 3, p. 621, 1912. (123, 529-532, 588)

_____. *Probleme der Mystik und ihrer Symbolik* [*Problemas do misticismo e seu simbolismo*]. Leipzig/Viena, 1914. (551)

Simon, M. *Le monde des rêves* [*O mundo dos sonhos*]. Paris, 1888. (45, 50, 55, 155)

Sperber, H. "Über den Einfluss sexueller Momente auf Entstehung und Entwicklung der Sprache" ["Acerca da influência de fatores sexuais sobre a origem e o desenvolvimento da linguagem"]. *Imago*, vol. 1, p. 405, 1912. (376)

Spielrein, S. "Traum von 'Pater Freudenreich'" ["O sonho do 'Pater Freudenreich'"]. *Int. Z. ärztl. Psychoanal.*, vol. 1, p. 484, 1913. (152)

Spitta, W. *Die Schlaf- und Traumzustände der menschlichen Seele* [*Os estados de sono e de sonho da psique humana*]. 2. ed. Tübingen, 1882. (50, 64, 67, 72, 75-77, 82, 85, 89, 91, 109, 111, 242, 539)

Spitteler, K. *Meine frühesten Erlebnisse* [*Minhas primeiras vivências*]. Iena, 1914. (182, 274)

Stannius, H. *Das peripherische Nervensystem der Fische, anatomisch und physiologisch untersucht* [*O sistema nervoso periférico dos peixes, investigado anatômica e fisiologicamente*]. Rostock, 1849. (439, 477)

Stärcke, A. "Ein Traum, der das Gegenteil einer Wunscherfüllung zu verwirklichen schien" ["Um sonho que parece ser o contrário de uma realização de desejo"]. *Zentbl. Psychoanal.*, vol. 2, p. 86, 1911. (180)

Stärcke, J. "Neue Traumexperimente in Zusammenhang mit älteren und neueren Traumtheorien" ["Novos experimentos oníricos em relação com teorias do sonho antigas e novas"]. *Jb. psychoanalyt. psychopath. Forsch.*, vol. 5, p. 233, 1913. (80, 153)

Stekel, W. "Beiträge zur Traumdeutung" ["Contribuições à interpretação dos sonhos"]. *Jb. psychoanalyt. psychopath. Forsch.*, vol. 1, p. 458, 1909. (298, 361, 373, 381-382, 386, 405)

_____. *Die Sprache des Traumes* [*A linguagem do sonho*]. Wiesbaden, 1911. (374, 382-384, 422, 437)

Stricker. S. *Studien über das Bewusstsein* [*Estudos sobre a consciência*]. Viena, 1879. (75, 93, 485)

STRÜMPELL, A. VON. *Lehrbuch der speciellen Pathologie und Therapie der inneren Krankheiten* [*Compêndio de patologia especial e terapia das doenças internas*]. Leipzig, 1883-1884. (38)

STRÜMPELL, L. *Die Natur und Entstehung der Träume* [*A natureza e a origem dos sonhos*]. Leipzig, 1877. (21, 30, 33, 35, 44-45, 49, 54, 60-63, 68, 71, 74-76, 98, 184, 203, 243-244, 248, 256, 485)

STUMPF, E.J.G. *Der Traum und seine Deutung* [*O sonho e sua interpretação*]. Leipzig, 1899. (121)

SULLY, J. "The Dream as a Revelation" ["O sonho como uma revelação"]. *Fortnightly Rev.*, vol. 53, p. 354, 1893. (78, 156, 528, 619)

SWOBODA, H. *Die Perioden des menschlichen Organismus in ihrer psychologischen und biologischen Bedeutung* [*Os períodos do organismo humano em seu significado psicológico e biológico*]. Leipzig e Viena, 1904. (187, 409)

TANNERY, M.P. "Sur la mémoire dans le rêve" ["Sobre a memória no sonho"]. *Rev. phil.*, vol. 45, p. 637, 1898. (539)

TAUSK, V. "Zur Psychologie der Kindersexualität" ["Sobre a psicologia da sexualidade infantil"]. *Int. Z. ärztl. Psychoanal.*, vol. 1, p. 444, 1913. (152, 327)

_____. "Kleider und Farben im Dienste der Traumdarstellung" ["Roupas e cores a serviço da figuração onírica"]. *Int. Z. ärztl. Psychoanal.*, vol. 2, p. 464, 1914. (437)

TFINKDJI, J. "Essai sur les songes et l'art de les interpréter (onirocritie) en Mésopotamie" ["Ensaio sobre os sonhos e a arte de interpretá-los (onirocrítica) na Mesopotâmia"]. *Anthropos*, vol. 8, p. 505, 1913. (18)

THOMAYER, J. "La signification de quelques rêves" ["O significado de alguns sonhos"]. *Rev. neurol.*, vol. 5, p. 98, 1897. (110)

TISSIÉ, P. *Les revês, physiologie et pathologie* [*Os sonhos: fisiologia e patologia*]. Paris, 1898. (50, 52, 58, 63, 155)

Tobowolska, J. *Étude sur les illusions de temps dans les rêves du sommeil normal* [*Estudo sobre as ilusões de tempo nos sonhos do sono normal*]. Paris, 1900. (83, 524, 528)

Vaschide, N. *Le sommeil et les rêves* [*O sono e os sonhos*]. Paris, 1911. (25, 27-28, 80, 600)

Vespa, B. "Il sonno e i sogni nei neuro- e psicopatici" ["O sono e os sonhos nos neuropatas e nos psicopatas"]. *Boll. Soc. Lancisiana Osp.*, vol. 17, p. 193, 1897. (109)

Vold, J.M. "Expériences sur les rêves et en particulier sur ceux d'origine musculaire et optique" ["Experiências sobre os sonhos e em particular sobre aqueles de origem muscular e óptica"]. *Rev. Phil.*, vol. 42, p. 542, 1896. (55-56)

_____. *Über den Traum* [*Sobre o sonho*]. 2. vols. Leipzig, 1910-1912. (56, 244, 420)

Volkelt, J. *Die Traum-Phantasie* [*A fantasia do sonho*]. Stuttgart, 1875. (30, 41, 53, 57-58, 73, 77, 84, 90, 104-107, 155, 246-248, 370)

Weygandt, W. *Entstehung der Träume* [*Origem dos sonhos*]. Leipzig, 1893. (22, 41, 51, 58, 76, 145)

Wiggam, A. "A Contribution to the Data of Dream Psychology" ["Uma contribuição aos dados sobre a psicologia do sonho"]. *Ped. Sem. J. Genet. Psychol.*, vol. 16, p. 250, 1909. (152)

Winterstein, A. von. "Zwei Belege für die Wunscherfüllung im Traume" ["Duas provas a favor da realização de desejo no sonho"]. *Zentbl. Psychoanal.*, vol. 2, p. 292, 1912. (22)

Wittels, F. *Sigmund Freud: der Mann, die Lehre, die Schule* [*Sigmund Freud: o homem, a teoria, a escola*]. Viena, 1924. (235, 448)

Wundt, W. *Grundzüge der physiologischen Psychologie* [*Fundamentos de psicologia fisiológica*]. Leipzig, 1874. (44, 46, 57, 58, 75, 76, 111, 243, 244, 256)

Zeller, A. "Irre" ["O louco"]. *In:* J.S. Ersch e J.G. Gruber. *Allgemeine Encyclopedie der Wissenschaften und Künste* [*Enciclopédia universal das ciências e das artes*], vol. 24, p. 120, 1818. (89)

B. Obras sobre o sonho publicadas antes de 1900

Ahmad Ibn Sīrīn. *Achmetis f. Seirim Oneirocriticae*. Paris, 1603.
Alberti, M. *Diss. de insomniorum influxi in sanitatem et morbos*. Resp. Titius Halae M., 1744.
Alix. "Les rêves". *Rev. Sci. Industr.* (3. série), vol. 6, p. 554, 1883.
Anon. "Rêves et l'hypnotisme". *Le Monde*, Aug. 25, 1890.
_____. "Science of Dreams". *The Lyceum*, p. 28. Dublin, 1890.
_____. "The Utility of Dreams". *J. Comp. Neurol.*, vol. 3, p. 17, 1893.
Bacci, D. *Sui sogni e sul sonnambulismo, pensiero fisiologico-metafisici*. Veneza, 1857.
Ball, B. *La morphinomanie, les rêves prolongés*. Paris, 1885.
Benezé, E. "Das Traummotiv in der mittelhochdeutschen Dichtung bis 1250 und in alten deutschen Volksliedern". *In:* Benezé, E., *Sageng. und lit.-hist. Unters.*, 1, *Das Traummotiv*. Halle, 1897.
Benini, V. "Nel moneto dei sogni". *Il Pensiero nuovo*, Abr. 1898.
Birkmaier, H. *Licht im Finsterniss der nächtlichen Gesichte und Träume*. Nürnberg, 1715.
Bisland, E. "Dreams and their Mysteries". *N. Am. Rev.*, vol. 162, p. 716, 1896.
Bradley, F. H. "On the Failure of Movement in Dream". *Mind* (new series), vol. 3, p. 373, 1894.
Brander, R. *Der Schlaf und das Traumleben*. Leipzig, 1884.
Bremer, L. "Traum und Krankheit". *New York med. Mschr.*, vol. 5, p. 281, 1893.
Bussola, S. *De somniis*. (Dissertação.) Ticini Reg., 1834.
Caetani-Lovatelli, E. "I sogni e l'ipnotismo nel mondo antico". *Nuova Antologia*, vol. 24, série III, dez. 1889.
Cane, F.E. "The Physiology of Dreams". *The Lancet*, vol. 67, (II), p. 1330, 1889.

CARDANO, G. *Somniorum synesiorum, omnis generis insomnia explicantes libri IV*. Basileia, 1562. (2. ed. em *Opera Omnia Cardani*, vol. 5, p. 593, Lyon, 1663.)

CARIERO, A. *De somniis deque divinatione per somnia*. Pádua, 1575.

CARPENTER. "Dreaming". *Cyclop. of Anat. and Physiol.*, vol. 4, p. 687, 1849-1852.

CLAVIÈRE. "La rapidité de la pensée dans le rêve". *Rev. phil.*, vol. 43, p. 507, 1897.

COUTTS, G.A. "Night-terrors". *Amer. J. med. Sc.*, 1896.

D.L. "À propos de l'appréciation du temps dans le rêve". *Rev. phil.*, vol. 40, p. 69, 1895.

DAGONET, H. "Du rêve et du délire alcoolique". *Ann. méd.--psychol.*, (7. série), vol. 10, p. 193.

DANDOLO, G. *La conscienza nel sogno*. Pádua, 1889.

DECHAMBRE, A. "Cauchemar". *Dict. encycl. sc. méd.*, vol. 2, p. 48, 1880.

DIETRICH, J. D. *An ea, quae hominibus in somno et somnio accidunt iisdem possint imputari?*. Resp. Gava, Wittemberg, 1726.

DOCHMASA, A.M. *Dreams and their Significance as Forebodings of Disease*. Kazan, 1890.

DREHER, E. "Sinneswahrnehmung und Traumbild". *Reichs--med. Anzeiger*, vol. 15, n. 20-24; vol. 16, n. 3 e 8. Leipzig, 1890.

DUCOSTÉ, M. "Les songes d'attaques des épileptiques". *Journ. Méd. Bordeaux*, 26 nov. e 3 dez, 1899.

DU PREL, C. "Oneirokritikon: der Traum vom Standpunkte des transcend. Idealismus". *Deutsche Vierteljahrschrift*, vol. 2, Stuttgart, 1869.

_____. *Psychologie der Lyrik*. Leipzig. 1880.

_____. "Künstliche Träume". *Sphinx*, jul. 1889.

EGGER, V. "Le sommeil et la certitude, le sommeil et la mémoire". *Critique philos.*, vol. 1, p. 341, 1888.

ELLIS, H. "On Dreaming of the Dead". *Psychol. Rev.*, vol. 2, p. 458, 1895.

_____. "A Note on hypnagogic Paramnesia". *Mind*, vol. 6, p. 283, 1897.

ERDMANN, J.E. "Das Träumen". *In: Ernste Spiele*, cap. 12. Berlim, 1855.

ERK, V. VON. *Über den Unterschied von Traum und Wachen*. Praga, 1874.

ESCANDE DE MESSIÈRES. *Les rêves chez les hystériques*. (Dissertação.) Bordeaux, 1895.

FAURE. "Études sur les rêves morbides. Rêves persistants". *Arch. génér. Méd.*, (6. série), vol. 27, p. 550, 1876.

FENIZIA. "L'azione suggestiva delle cause esterne nei sogni". *Arch. per l'Antrop.*, vol. 26, 1896.

FÉRÉ, C. "Les rêves d'accès chez les épileptiques". *Méd. mod.*, 8. dez., 1897.

FISCHER, J. *Ad artis veterum onirocriticae historiam symbola*. (Dissertação.) Iena, 1899.

FLORENTIN, V. "Das Traumleben: Plauderei". *Alte und neue Welt*, vol. 33, p. 725, 1899.

FORNASCHON, H. "Die Geschichte eines Traumes als Beitrag der Transcendentalpsychologie". *Psychische Studien*, vol. 24, p. 274, 1897.

FRENSBERG. "Schlaf und Traum". *Sammlung gemeinverst. wiss. Vortr.*, Virchow-Holtzendorff, série 20, vol. 466, 1885.

FRERICHS, J. H. *Der Mensch: Traum, Herz, Verstand*. Norden, 1878.

GALENO. *De praecognitione, ad Epigenem*. Lyon, 1540

GIRGENSOHN, L. *Der Traum: psychol.-physiol. Versuch*. 1845.

GLEICHEN-RUSSWURM, A. VON. "Traum in der Dichtung". *Nat. Z.*, n. 553-559, 1899.

GLEY, E. "Appréciation du temps pendant le sommeil". *L'intermédiaire des Biologistes*, vol. 10, p. 228, 1898.

GORDON, D.A. "Psychology of the Unconscious". *Amer. med. Times*, vol. 24, p. 33 e 37, 1896.

GOULD, G.M. "Dreams, Sleep, and Consciousness". *The Open Court*, 2, 1433-1436 e 1444-1447, 1899.

GRABENER, G.C. *Ex antiquitate judaica de menûdim bachalôm sive excommunicatis per insomnia exerc. resp. Klebius*. Wittemberg, 1710.

GRAFFUNDER, P. C. "Traum und Traumdeutung". *Sammlung gemeinverständlicher wiss. Vorträge*, vol. 197, 1894.

GREENWOOD, F. *Imaginations in Dreams and their Study*. Londres, 1894.

GROT, N. *Dreams, a Subject of Scientific Analysis* (em russo). Kiev, 1878.

GUARDIA, J.M. "La personnalité dans les rêves". *Rev. phil.*, vol. 34, p. 225, 1892.

GUTFELDT, I. "Ein Traum". *Psychol. Studien*, vol. 26, p. 491, 1899.

HAMPE, T. "Über Hans Sachsens Traumgedichte". *Z. deutsch. Unterricht*, vol. 10, p. 616, 1896.

HEERWAGEN. "Statist. Untersuch. über Träume u. Schlaf". *Philos. Stud.*, vol. 5, p. 301, 1889.

HILLER, G. "Traum. Ein Kapitel zu den zwölf Nächten". *Leipz. Tagbl. und Anz.*, n. 657, supl. 1, 1899.

HITSCHMANN, F. "Über das Traumleben der Blinden". *Z. Psychol.*, vol. 7, p. 387, 1894.

JASTROW, J. "The Dreams of the Blind". *New Princeton Rev.*, vol. 5, p. 18, 1888.

JENSEN, J. "Träumen und Denken". *Samml. gemeinv. wiss. Vortr.*, Virchow-Holtzendorf, série 6, vol. 134, 1871.

KINGSFORD, A. *Dreams and Dream-Stories*. Ed. por E. Maitland. 2. ed. Londres, 1888.

KLOEPFEL, F. "Träumerei und Traum. Allerlei aus unserem Traumleben". *Universum*, vol. 15, p. 2469 e 2607.

KRAMAR, O. *O spànku a snu*. Prager Akad. Gymn., 1882.

KRASNICKI, E. VON. "Karls IV. Wahrtraum". *Psych. Stud.*, vol. 24, p. 697, 1897.

KUCERA, E. "Aus dem Traumleben". *Mähr-Weisskirchen Gymn.*, 1895.

LAISTNER, L. *Das Rätsel der Sphinx*. 2 vols. Berlim, 1889.

LANDAU, M. "Aus dem Traumleben". *Münchner Neueste Nachrichten*, 9. jan., 1892.

LAUPTS. "Le fonctionnement cérébral pendant le rêve et pendant le sommeil hypnotique". *Ann. méd.-psychol.*, 8. série, vol. 2, p. 354, 1895.

LEIDESDORF, M. "Das Traumleben". *Sammlung der "Alma Mater"*, Viena, 1880.

LERCH, M.F. "Das Traumleben und seine Bedeutung". *Gymn. Progr.*, Komotau, 1883-1884.

LIBERALI, F. *Dei Sogni*. (Dissertação.) Pádua, 1834.

LIÉBEAULT, A. "A travers les états passifs, le sommeil et les rêves". *Rev. hypnot.*, vol. 8, p. 41, 65 e 106, 1893.

LUKSCH, L. *Wunderbare Traumerfüllung als Inhalt des wirklichen Lebens*. Leipzig, 1894.

MACARIO, M.M.A. "Des rêves, considerés sous le rapport physiologique et pathologique". Partes I, II e III. *Ann. méd.-psychol.*, vol. 8, p. 170, 180 e 184. 1846.

_____. "Des rêves morbides". *Gaz. méd. de Paris*, vol. 8, p. 1, 85, 97, 109 e 121, 1889.

MACFARLANE, A.W. "Dreaming". *Edinb. med. J.*, vol. 36, p. 499, 1890.

MAINE DE BIRAN, M.F.P. "Nouvelles considérations sur le sommeil, les songes, et le sonnambulisme". 1792. *In: Œuvres Philosophiques*, p. 209. Ed. de V. Cousin. Paris, 1841.

MAURY, L.F.A. "De certains faits observés dans les rêves". *Ann. méd.-psychol.*, 3. série, vol. 3, p. 157, 1857.

MEISEL, J. (Pseud.). *Natürlich-göttliche und teuflische Träume*. Sieghartstein, 1783.

MELINAND, M.C. "Dream and Reality". *Popular Science Monthly*, vol. 54, p. 96, 1898.

MELZENTIN, C. "Über wissenschaftliche Traumdeutung". *Gegenwart*, n. 50, 1899.

MENTZ, R. *Die Träume in den altfranzösischen Karls- und Artusepen*. Marburg, 1888.

MONROE, W.S. "A Study of Taste-Dreams". *Am. J. Psychol.*, vol. 10, p. 326, 1899.

MOREAU DE LA SARTHE, J.L. "Rêve". *Dict. sc. méd.*, vol. 48, p. 245, 1820.

Motet. "Cauchemar". *Dict. méd. chir. pratiques*, Paris, 1829-1936.

Murray, J.C. "Do we ever Dream of Tasting?". *Proc. Am. psychol. Ass.*, p. 20, 1894.

Nagele, A. "Der Traum in der epischen Dichtung". *Programm der Realschule*, Marburg, 1889.

Newbold, W.R. "Sub-conscious Reasoning". *Proc. Soc. psychic. Res.*, vol. 12, p. 11, 1896.

Passavanti, J. *Libro dei sogni*. Roma, 1891.

Paulhan, F. "À propos de l'activité de l'esprit dans le rêve". *Rev. phil.*, vol. 38, p. 546, 1894.

Pick, A. "Über pathologische Träumerei und ihre Beziehungen zur Hysterie". *Jb. Psychiat.*, vol. 14, p. 280, 1896.

Ramm, K. *Diss. pertractans somnia*. Viena, 1889.

Régis, E. "Les rêves". *La Gironde*, 31 maio, 1890.

Richard, J. *La théorie des songes*. Paris, 1766.

Richardson, B.W. "The Physiology of Dreams". *Asclep.*, vol. 9, p. 129, 1892.

Richier, E. *Onéirologie ou dissertation sur les songes, considérés dans l'état de maladie*. (Dissertação.) Paris, 1816.

Richter, J.P. "Blicke in die Traumwelt". *Museum*, vol. 2, 1813 (também em *Werke* [Obras], ed. por Hempel, vol. 44, p. 128).

_____. "Über Wahl- und Halbträume". *In: Werke*, vol. 44, p. 142.

Robinson, L. "What Dreams are made of". *N. Am. Rev.*, vol. 157, p. 687, 1893.

Rousset, C. *Contribution à l'étude du cauchemar*. (Dissertação.) Paris, 1876.

Roux, J. "Le rêve et les délires oniriques". *Province méd. Lyon*, vol. 12, p. 212, 1898.

Ryff, W.H. *Traumbüchlein*. Estrasburgo, 1554.

Santel, A. "Poskus raz kladbe nekterih pomentjivih prokazni spanja in sanj". *Progr. Gymn.*, Gorízia, 1874.

Sarlo, F. de. *I sogni. Saggio psicologico*. Nápoles, 1887.

S.F. "Etwas über Träume". *Psych. Studien*, vol. 24, p. 686, 1897.

SCHLEICH, K.L. "Schlaf und Traum". *Zukunft*, vol. 29, p. 14 e 54. 1899.

SCHWARTZKOPFF, P. *Das Leben im Traum: eine Studie*. Leipzig, 1887.

STEVENSON, R.L. "A Chapter on Dreams". *Across the Plain*. 1892.

STRYK, M. VON. "Der Traum und die Wirklichkeit" (conforme C. Mélinand). *Baltische Mschr.*, p. 189, 1899.

SULLY, J. *Illusions, a Psychological Study*. Londres, 1881.

_____. "Études sur les rêves". *Rev. scientif.*, 3. série, vol. 3, p. 385, 1882.

_____. *The Human Mind*. 2 vols. Londres, 1892.

_____. "Dreams". *Enc. Brit.*, 9. ed., 1875-1889.

SUMMERS, T.O. "The Physiology of Dreaming". *St. Louis Clin.*, vol. 8, p. 401, 1895.

SURBLED, G. "Origine des rêves". *Rev. quest. scient.,* 1895.

_____. *Le rêve*. Paris, 1898.

SYNESIUS DE SIRENE. *Liber de insomniis*.

TANNERY, M.P. "Sur l'activité de l'esprit dans le rêve". *Rev. phil.*, vol. 38, p. 630, 1894.

_____. "Sur la paramnésie dans les rêves". *Rev. phil.*, vol. 46, p. 420, 1898.

THIÉRY, A. "Aristote et la psychologie physiologique du rêve". *Rev. neo-scol.*, vol. 3, p. 260, 1896.

THOMAYER, S. "Beiträge zur Pathologie der Träume" (em tcheco). *Poliklinik der tschechischen Universität*, Praga, 1897.

TISSIÉ, P. "Les rêves; rêves pathogènes et thérapeutiques; rêves photographiés". *Journ. méd. Bordeaux*, vol. 36, p. 293, 308 e 320, 1896.

TITCHENER, E.B. "Taste Dreams". *Am. J. Psychol.*, vol. 6, p. 505, 1895.

TONNINI, S. "Suggestione e sogni". *Arch. psichiatr. antrop. crim.*, vol. 8, p. 264, 1887.

TONSOR, J.H. *Disp. de vigilia, somno et somniis, prop. Lucas*. Marburgo, 1627.

TUKE, D.H. "Dreaming". *Dict. of Psycho. Med.* Londres, 1892.

ULLRICH, M.W. *Der Schlaf und das Traumleben, Geisteskraft und Geistesschwäche.* 3. ed. Berlim, 1896.

UNGER, F. *Die Magie des Traumes als Unsterblichkeitsbeweis. Nebst e. Vorwort: Okkultismus und Sozialismus von C. du Prel.* 2. ed. Münster, 1898.

VIGNOLI, T. *Mito e scienza: saggio.* Milão, 1879.

VISCHER, F.T. "Studien über den Traum". *Beilage allg. Z.*, p. 105, 1876.

VOLD, J.M. "Einige Experimente über Gesichtsbilder im Traume". *Bericht über der 3. Psych. Kongr.*, Munique, 1897; *Z. Psychol. Physiol. Sinnesorgane*, vol. 13, p. 66.

VYKOUKAL, F.V. *Über Träume und Traumdeutungen* (em tcheco). Praga, 1898.

WEDEL, R. "Untersuchungen ausländischer Gelehrter über gew. Traumphänomene". *Beitr. zur Grenzwissenschaft*, p. 24, 1899.

WEHR, H. "Das Unbewusste im menschlichen Denken". *Programm der Oberrealschule*, Klagenfurt, 1887.

WEILL, A. *Qu'est-ce que le rêve?* Paris, 1872.

WENDT, K. *Kriemhilds Traum.* (Dissertação.) Rostock, 1858.

WILKS, S. "On the Nature of Dreams". *Med. Mag.*, vol. 2, p. 597, 1893-1894.

WILLIAMS, H.S. "The Dream State and its Psychic Correlatives". *Amer. J. Insanity*, vol. 48, 445, 1891-1892.

WOODWORTH, R.S. "Note on the Rapidity of Dreams". *Psychol. Rev.*, vol. 4, p. 524, 1897.

_____. "Ce qu'on peut rêver en cinq secondes". *Rev. sc.*, 3. série, vol. 11, p. 572, 1886.

ZUCCARELLI. "Polluzioni notturne ed epilepsia". *L'anomalo*, vol. 1-3, 1894-1895.

ÍNDICE DE SONHOS

A
SONHOS DO PRÓPRIO FREUD

Amigo R. é meu tio, 158-163, 166, 186, 201, 212-214, 316, 329, 345, 497, 510, 598
Assinatura de um periódico por vinte florins, 186
Ataque de Goethe ao sr. M., 349-350, 360, 463-465, 473-474
Auf Geseres/Ungeseres, 466-469
Autodidasker, 321-323, 519, 563, 570, 625

Banheiro ao ar livre com montes de excremento, 494-496
Bebendo água em grandes goles, 144, 254

Carta do conselho municipal (1851 e 1856), 460-463, 474-476, 540
Castelo fortificado à beira-mar – Navio do café da manhã, 488-492, 575
Cavalgando, 251-254
Comitê social-democrata, 187
Conde Thun (sonho revolucionário), 229-239, 255, 456-459, 496

De pé junto ao lavatório, 146
Deixar uma mulher esperando, 186
Discurso fúnebre de um jovem médico, 199, 201

Entrada de uma cervejaria em Pádua, 29
Escadas, subir correndo pelas (com pouca roupa), 260-261, 269-270
Estilo norekdaliano, 319
Exames escolares, 297

Fechar os olhos/um olho, 340-341

Hearsing, 321
Hollthurn, 480-484, 546-547

Injeção de Irma, 128-142, 144, 157, 161, 184, 186, 194, 201, 228, 315-318, 329, 333, 337, 339, 345, 365, 540, 562, 623

Mãe e filha na rua, 186
Meu filho, o míope, 291, 466
1851 e 1856 (carta do conselho municipal), 460-463, 474-476, 540
Monografia botânica, 186, 190-197, 201, 212, 303-307, 328, 493
Monumento a Arquimedes em Siracusa, 189-189
Morte heroica do filho, 587-588

Non vixit, 446-450, 506-512, 540

Oradores famosos (dr. Lecher), 291
Otto não parece bem, 292-294, 583, 589

Pai no leito de morte como Garibaldi, o, 453-454, 472, 503-504
Papa havia morrido, o, 254
Pediatra cego de um olho como o professor ginasial, 31, 298
Pessoas com bicos de pássaro, 611-612
Preparação do próprio corpo, 438, 477-480, 503
Prof. Oser faz o cardápio pessoalmente, 189

Reconciliação com um amigo, 166, 502
Rochedo no mar, à maneira de Böcklin, 187
Roma, esquina com cartazes alemães, 216-217, 346
Roma, perguntar ao sr. Zucker pelo caminho, 214-215, 217
Roma, vendo o Tibre do trem, 214, 217
Roma, vista da colina em meio à neblina, 215, 217
Roubo (sala com máquinas infernais), 359-360, 365

Sala com máquinas infernais (roubo), 359-360, 365
Savonarola, máscara de perfil de, 188
Senhora Doni e os três filhos, 471-472, 503-504
Sezerno, Villa (endereço telegráfico), 340

Teoria da bissexualidade, 354
Tio com a barba amarela (amigo R. é meu tio), 158-163, 166, 186, 201, 212-214, 316, 329, 345, 497, 510, 598
Torre de igreja, 29
Trabalhos no laboratório, 501-502
Três Parcas, 225-229, 255

Urna etrusca, 145

B

SONHOS DE OUTRAS PESSOAS

As indicações entre parênteses correspondem primeiro ao sonhador e depois a quem relatou o sonho.

Acidente ferroviário do pai falecido (Um paciente – Freud), 451-452
Afecção primária sifilítica no indicador (Um médico – Stärcke), 180
Andando de carruagem com heróis da guerra de Troia (Filho – Freud), 150, 518, 580
Ano de nascimento 1882, portanto 28 anos de idade (Um homem – Freud), 442
Aparelho de resfriamento sobre a face (Uma paciente – Freud), 146, 255
Arrivista (Alfaiate – Conto dos irmãos Grimm), 502-503
Arrumando a mesa do aniversário (Uma jovem – Freud), 399-402
Autoerotismo (beijo no carro) (Um homem – Freud), 434
Avô pede explicações (Homem jovem – Freud), 455

Babá francesa (com ilustração) (Anônimo – Revista humorística *Fidibusz*/Ferenczi), 391-392
Barras de chocolate (Filha – Freud), 149-150, 580
Barulho das mandíbulas ao mastigar (pessoas gigantescas à mesa) (Simon – Simon), 45
Barulho de garfos dos comensais (Maury – Maury), 48
Beijo no carro (autoerotismo) (Um homem – Freud), 434
Beijo respeitoso (Uma jovem – Rank), 432
Besouros-de-maio (Uma paciente – Freud), 312-314, 328
Blasel deitado no divã de armadura completa (Senhora D. – Tausk), 437
Blusa com manchas de leite (Mulher de um amigo – Freud), 147

Caçador de tesouros próximo a uma latrina (Uma mulher – Rank), 429
Caindo ao visitar uma amiga (Uma paciente de mais idade – Freud), 220
Caindo de um muro alto (Hoffbauer – Jessen), 39
Cairo, na loja de Johann Maria Farina (Maury – Maury), 40

B. Sonhos de outras pessoas 685

Calor e tempestade marinha no Canal da Mancha (Maury – Maury), 41
Campo revolvido (Um jovem – Freud), 425
Canal da Mancha (Uma paciente – Freud), 545
Canal subterrâneo com criatura semelhante a foca (Mulher jovem – Abraham), 427
Casinha entre dois palácios; enfiando-se pela porta (Um homem – Freud), 423
Categoria (Menino de dez anos – Tausk), 327
Cavalo picado pela aveia (Extraído de *Henrique, o verde*, de Gottfried Keller), 433
Cerimônia religiosa ao ar livre (Girou de Buzareingues – Jessen/ Macnish), 40
Chapéu com pena torta (Anônimo – Stekel), 386
Chapéu de palha de formato estranho (Uma paciente – Freud), 385-386
Chauffeurs ("Foguistas" – pés no braseiro) (Maury – Maury), 40-41
Chegar tarde demais à feira (Uma paciente jovem – Freud), 204-205, 445
Chimpanzé e gato gorila (Uma senhora – Freud), 431
Cinco e quinze da manhã (Um homem – Freud), 435
Coisa intermediária entre cabine de banho, latrina e sótão (Uma paciente – Freud), 348
Coito com a mãe (César – Lívio/Rank e Hípias – Heródoto), 424
Colando recortes de jornal (Sachs – Sachs), 436
Comendo cerejas (Sobrinho Hermann – Freud), 151, 580
Comendo morangos (Anna Freud – Freud), 151, 291, 580
Coroas de ouro que caem (Um colega – Rank), 416-417
Cortejo de lagartixas (Delboeuf – Delboeuf), 25-27, 381
Cremação de cadáveres (Um homem – Freud), 445
Criança deformada (Uma mulher – Freud), 432
Criança em chamas (Pai desconhecido – Paciente de Freud), 535-536, 561, 570, 578, 599
Crianças num gramado saem voando (Uma paciente – Freud), 275-276

Dachstein, cabana Simony (Filho de cinco anos e três meses – Freud), 149, 580
Dama das camélias, A (floreios) (Uma paciente – Freud), 338-339, 342, 348, 372-373
Dama loira da praia de Pornic (Marquês d'Hervey de St. Denis – Vaschide), 28

Daraus, Varaus ou Zaraus (Ellis – Ellis), 189
Decapitação ao cortar o cabelo (Menino de seis anos – Freud), 391
Declaração do imposto de renda (Jovem médico – Freud), 178
Despedido (Rosegger – Rosegger), 498-501
Despedir-se e ao mesmo tempo combinar um novo encontro (Silberer – Silberer), 530
Deus com chapéu pontiagudo de papel (Uma senhora – Freud), 439
Diabo, sonhos com o (Menino de treze anos – Debacker), 614-615
Duas fileiras de gavetas (extração de um dente) (Volkelt – Volkelt), 248-249
Duas fileiras de meninos loiros (extração de um dente) (Scherner – Scherner), 248-249
Duas menininhas com diferença de idade de um ano e três meses (Uma mulher – Freud), 435

Emil pertence à família (Filha – Freud), 149, 580
Emplastro (Maury – Maury), 40
Empregada em pé sobre uma escada (Uma senhora – Freud), 431
Enforcamento (Meier – Jessen/Hennings), 39
Engano quanto ao número do quarto de hotel (Homem jovem – Freud), 355
Erzefilisch (Marcinowski – Marcinowski), 325
Escalpelado por índios (Um homem – Jessen), 39
Estaca entre os dedos do pé (Meier – Jessen), 39
Estendendo o pé sobre um riacho (Silberer – Silberer), 530
Etna, viagem ao (Gregory – Jessen), 39
Exame escolar (Um paciente – Freud), 298
Exercícios de piano negligenciados (Um paciente – Freud), 396
Exibição de um colega de escola (Um paciente – Freud), 219
Expedições, sonhos em (George Back; Mungo Park; Otto Nordenskjöld – Du Prel/ Nordenskjöld), 152-153
Explosão da máquina infernal (Napoleão I – Garnier), 41-42, 255-256, 524
Extração de dentes (viagem de trem por um túnel) (Um colega – Rank), 413-418

Favores (Viúva de um oficial – H. von Hug-Hellmuth), 164
Feira, chegar tarde demais à (Uma paciente jovem – Freud), 204-205, 445
Férias no campo com a sogra (Uma paciente – Freud), 172-173
Festa depois de terminar de cuidar do filho doente (Mulher jovem – Freud), 147

Figuras grotescas (Maury – Maury), 47-48
Filha morta na caixa (Uma paciente – Freud), 175-176, 208, 271
Filhinha é atropelada (Uma paciente – Freud), 386-387
Floreios (A dama das camélias) (Uma paciente – Freud), 338-339, 342, 348, 372-373
Flutuando sobre a rua (Uma paciente – Freud), 419-420
Formação mista de médico e de cavalo vestindo uma camisa de dormir (Uma paciente – Ferenczi), 348-349
Fratura de um osso (Um homem – Freud), 434
Freud sob a forma de elefante (Um homem – Freud), 438
Funeral (Uma paciente – Freud), 282

Galvanoterapia em Nansen (Jovem médico – Freud), 211-212
Garota de blusa envolvida por luz branca (Sr. C. – Tausk), 437
Garoto na praia (Uma senhora – Jones), 426-427
Garotos brigando e mulher terrível junto à cerca (Um homem – Freud), 222
Gen-Italien (Uma paciente – Freud), 254
Governanta num vestido preto de lustrina (Senhor A. – Tausk), 437
Grande feito (Um homem – Freud), 438
Gritos de "fogo!" (Compositor – Volkelt), 41
Guilhotina (Maury – Maury), 42, 83, 521-523, 603

Homem comum, desses que se compra às dúzias (Uma senhora – Freud), 580
Homem conhecido no quarto e risada (Um homem – Ferenczi), 498
Hussiatyn (Advogado – Freud), 255

I called for you (Maury – Maury), 546
Ingressos de teatro por um florim e cinquenta cruzados (Senhora jovem – Freud), 440-441
Inspetor com números no colarinho (Guarda municipal – Dattner), 442-443
Irmão metido no armário (Um homem – Freud), 431-433
Irmão vende empresa (Um jovem – Freud), 181

Jantar que não se realizou (salmão defumado) (Uma paciente – Freud), 168-172, 175, 195

Karl morto no caixão (Uma paciente – Freud), 173-175, 210, 270, 488
Kontuszówka (Um paciente – Freud), 28-29

Leão amarelo (Jovem médico – Freud), 211
Leito de doente no hospital (Colega Pepi H. – Freud), 146, 255
Lendo e estudando linhas impressas (Ladd – Ladd), 48
Leões no deserto, três (Uma senhora – Freud), 487-488
Letras pequenas decifradas com esforço (Maury – Maury), 48
Lince ou raposa no telhado; mãe retirada morta de casa (Uma paciente – Freud), 281
Local misto de consultório e lugar público (Um paciente – Freud), 348
Louça de porcelana se quebra tilintando (Hildebrandt – Hildebrandt), 44
Luz da lua refletida na água, lançar-se na (Uma paciente – Freud), 426

Maistollmütz (Uma paciente – Freud), 319
Mala de viagem "Apenas para senhoras" (Uma senhora – Schrötter), 409
Mala sendo enchida com livros (Uma paciente jovem – Freud), 208-209
Mandando decapitar o imperador (Um súdito romano – Scholz), 85, 647
Mandar afinar o piano (Uma jovem paciente – Freud), 206
Melodia esquecida (Um músico – Marquês d'Hervey/Vaschide), 28
Menstruação (Mulher de um amigo – Freud), 147
Montbrison, sr. T. em (Sr. F. – Maury), 31, 210
Mussidan, uma sede distrital francesa (Maury – Maury), 27

Napoleão, oferecendo vinhos do Mosela a (Hildebrandt – Hildebrandt), 24
Nome esquecido (Um homem – Freud), 434
Número do quarto em pensão (Um paciente – Freud), 378

Observação da própria peça teatral (Bonjour – Tobowolska/Macario), 524
Orquestra da ópera dirigida da torre (Uma senhora – Freud), 366-367, 459-460

Pagamento com três florins e 65 cruzados (Uma senhora – Freud), 439-440
Pai o xinga por chegar tarde (Um paciente – Freud), 351
Pai vivo e, no entanto, morto (Um homem – Freud), 455

Papai – bebê (Neto de vinte meses – Freud), 486
Papai carregou a cabeça no prato (Menino de três anos e meio – Freud), 391
Passeio à cabana Rohrer e ao monte Hameau (Menina de oito anos – Freud), 150, 210, 580
Passeio de trenó com toque de guizos (Hildebrandt – Hildebrandt), 43
Passeio no lago de Aussee (Filha – Freud), 150, 580
Passeio pelo Prater com o pai, que pega uma chapa de lata (Homem jovem – Freud), 388-390
Peras (Menino de quatro anos – Freud), 396-397
Perda de dentes (tratamento no membro) (Homem jovem – Freud), 411-412
Peregrinação a Jerusalém (Maury – Maury), 77, 559
Pérolas do caviar (Uma menina – Freud), 348
Perseguição na escadaria e coito com garotinha (Um colega – Rank), 393-397
Perseguido por um homem com um machado (Homem de 27 anos – Freud), 612-613
Pessoas gigantescas à mesa (barulho das mandíbulas ao mastigar) (Simon – Simon), 45
Pessoas grandes (Uma paciente – Freud), 434
Plataforma que se aproxima do trem parado (Um homem – Freud), 434
Policial na igreja, com paisagem (Mulher de um policial – Dattner), 390
Preceptor na cama da babá (Um aluno – Freud), 210-211
Preciso contar isso ao doutor (Uma paciente – Freud), 471
Preferência (Um homem – Freud), 434
Prisão na taberna predileta (Homem jovem – Freud), 520-521
Prisão por infanticídio (Um conhecido – Freud), 176-178
Processos perdidos (Colega de escola – Freud), 173

Quem é o pai da criança? (Uma paciente – Freud), 354-355, 471
Quilômetros (Maury – Maury), 77, 227, 559
Químico, o sonho de um (Químico – Freud), 407-409

Refeição de carne (Menino que ainda não completara quatro anos – Freud), 290-291
Refeição, convidada para (Mãe – Freud), 151
Refeições fartas (Trenck/George Back – Du Prel), 153
Repicar de sinos e sinos de alarme da revolução de junho de 1848 (Maury – Maury), 40
Revista (Um homem – Freud), 433

Riacho, estendendo o pé sobre um (Silberer – Silberer), 530
Rio, arrastada por um (Uma pessoa – Jessen), 39-40

Σὰ – Τύρος (Tiro é tua) (Alexandre o Grande – Artemidoro), 120, 641
Safo (subindo e descendo – um belo sonho) (Um paciente – Freud), 308-311, 328, 349-350
Sair correndo (Uma paciente de mais idade – Freud), 223
Salão de um bordel (Um homem – Freud), 356
Salmão defumado (jantar que não se realizou) (Uma paciente – Freud), 168-172, 175, 195
Secretário rabugento (Silberer – Silberer), 530
Sentado diante do imperador (Um homem – Freud), 435
Sete vacas gordas (Faraó egípcio – *Bíblia*), 118, 357
Sino de igreja (Hildebrandt – Hildebrandt), 43
Sonata, sonho com a (Tartini – Freud), 640
Sonho borrado (Um homem – Freud), 355
Sonho de Bismarck (Bismarck – Sachs), 403-407
Sonho edipiano disfarçado (Um homem – Freud), 424-425
Subindo e descendo (*Safo* – um belo sonho) (Um paciente – Freud), 308-311, 328, 349-350
Svingnum elvi (Kapinska – Kapinska), 326

Tempo úmido (Anônimo – Freud), 432
Tortura da Inquisição (Um paciente – Jessen/Macnish), 40
Tortura da máscara de piche (Maury – Maury), 40
Trajes de luto (Uma paciente – Freud), 282
Tratamento no membro e perda de dentes (Um jovem – Freud), 412
Tratamento psicanalítico com cinco outras pessoas em instituto ortopédico (Uma paciente – Freud), 220-221
Tratamento psicanalítico gratuito; nenhuma consideração possível em assuntos de dinheiro (Uma jovem paciente – Freud), 179
Trilport, vigia da ponte em (Maury – Maury), 31
Tutelrein (Homem jovem – Freud), 320

Vara de montar alongada (Bismarck – Sachs), 402-407
Vela quebrada no castiçal (Uma jovem paciente – Freud), 207-208
Versos em homenagem a Brugnolus (Scaliger, o Velho – Jessen), 27
Vestindo o casaco de inverno (Homem jovem – Freud), 207
Viagem numa diligência (Girou de Buzareingues – Jessen/Macnish), 40

Viagem perigosa (Colega de universidade – Delboeuf), 35-36
Vinho de Orvieto (Maury – Maury), 41
Visita a uma casa em que ele já esteve duas vezes (Um paciente – Freud), 425
Voltando para casa (extraído de *Henrique, o verde*, de Gottfried Keller), 268
Voo sobre a plateia da ópera e extração de dois dentes (Um jovem – Freud), 411

ÍNDICE DE SÍMBOLOS

A
Símbolos

abrir portas fechadas, 423
afazeres da cozinha, 370-371
água/umidade, 107, 248, 370, 376, 391-392, 396, 405, 425-427, 428-429, 432, 530
alongamento, 402-407
animais, 56, 106-107, 246, 253, 371, 380, 421, 431, 435, 438, 487-488
aparelhos complicados, 380
armário, 378
armas, 378, 380, 383, 410, 421, 646
arrancar, 372, 413, 415, 416
aspargo, 205
atropelamento, 386-388
automóvel, 435

bagagem, 382
balão cativo, 388
bastão/vara, 248, 378, 405

cachimbo, 106
cair, 39, 54, 223, 294-295, 418-420
caixa, 175, 208, 237, 378, 383
caixas / caixotes / cestos 106, 247, 378, 383, 429
calvície, 381
caminhar, 421

casa (*ver também* edifício), 106, 246-247, 370, 423, 478-480
casa de madeira, 478
chapéu, 380, 385-386
chave e fechadura, 378
cigarro, 410
clarinete, 106
cobra, 371, 380, 381
coluna, 248, 370
cores, 248, 437
corte dos cabelos, 381, 391, 412
crianças, 381, 386-388, 415, 431-432, 435

decapitação, 381, 391
dente/queda de dentes, 54, 106, 246-249, 296, 381, 410-418
direita e esquerda, 382, 405
dirigível/Zepelim, 376, 382

edifício (*ver também* casa), 388
em cima e embaixo/para acima e para baixo 310, 328, 349, 435
entrar em lugares estreitos, 423
escadas de mão, 379
excremento, 106, 429, 494-495

faca, 378, 410
fachadas, 379

família, 267
fantasmas, 430
ferramentas, 380, 425
flores, 190-197, 304-305, 342, 348, 372, 399-402
fluido *ver* água
fogão, 106, 247, 378
fogo, 421
frutas, 309, 397

galho/ramo, 342, 348, 372
grande grupo, 267, 311
grandes personalidades, 378, 435
gravata, 380
guarda-chuva, 378

imperador e imperatriz/rei e rainha, 378, 435
insetos, 381
irmãos/parentes, 381-382

jardim, 371-372

ladrões, 421, 430
latas, 378, 383
lixa de unhas, 378
lua, 426
lugar subterrâneo, 427, 435
lugares, 425, 531, 587-588
lugares estreitos, 106, 423, 425

madeira, 372, 380
mala de viagem, 409
mala, 237
mapa, 381
meninos, 381, 415
mesa, 379, 399, 401

montanhas arborizadas, 381
muitas pessoas estranhas, 267, 311
multiplicado, 381
murmúrios, 164
musgo, 402

nadar, 418, 420, 425, 429
não alcançar, 382, 410
navio/barco, 376, 378, 429, 489-492
neologismos, 381
números, 55, 383

objetos longos e rígidos, 248, 378, 380, 383, 405-406
objetos ocos, 106, 247, 378, 383
objetos redondos e ocos, 106, 247
olho, 384, 424
ouro/dinheiro, 105, 429
ovo, 371

paisagens, 381, 390, 399, 425
paredes/muros lisos, 379
parentes, 382
partes da casa, 106, 246, 378-379, 397
partes do corpo, 383, 412, 416, 424
partir em viagem, 410, 417
pastel, 246
pátio, 106
peças de roupa, 106, 207, 225-227, 380, 385-386, 414, 417, 427, 437-439
peitoril, 397
peles, 106, 427
perseguidor, 107

pessoas (*ver também* irmãos; pessoas grandes; ladrões; perseguidor), 55, 390
pessoas grandes/gigantescas, 45-46, 434
pilar, 370
poço, 388-390, 425
pontes, 381
porta/portão, 370, 423
príncipe e princesa, 378

quadro, 394
quarto, 376, 378
quarto/uma sala, teto de um, 106, 247
quartos, série de, 235, 378, 421

ramo/galho, 342, 348, 372
rua, 106, 372

salvamento, 429
secreções corporais, 384
semente, 371
sobretudo, 207, 225-227, 380, 414, 417
subindo e descendo/em cima e embaixo (*ver também* subir escadas), 310, 328, 349, 389, 435

subir escadas/escadarias (*ver também* subindo e descendo) 246, 260-262, 269, 307-310, 349, 379, 389, 393-397, 410
sujeira, 221

tábuas, 379
teclado, 396
tiros, 410
tronco, 378
túnel, 417

urinar, 429, 494
urinol, 232, 238, 237

vara, 402-406
vela, 207-208
veludo, 402
viagem (*ver também* partir em viagem; viajar), 429
viajar, 429, 435
vida das plantas (*ver também* flores; frutas; ramo), 205, 369-373, 378, 381, 401-402
vinha, 371
voar, 54, 248, 261, 275, 294-296, 382, 395, 411, 418-420

B
O SIMBOLIZADO

aparelho urinário, 370

bexiga, 106, 247
bordel, 378

cama, 380
casamento/núpcias, 379-380, 425, 429
castidade, 399-402
castração, 381, 387, 391, 424, 438
coito, 379, 386-387, 389, 390, 393-396, 401-402, 410, 417, 423, 429

corpo, 246-247, 378-381, 435
crianças pequenas, 381

defloração, 399-402
diferença de idade, 382
doente, 435

enurese, 429
ereção, 378, 402-405, 420

fardo de pecados, 382, 405

genitais, 380-383, 386, 392, 401, 412, 416, 435
  da mãe, 425
  femininos, 175-176, 208, 379-381, 383, 386-390
  masculinos *ver* pênis
  próprios, 382, 387-389, 399
gravidez, 147, 176, 271, 382, 401, 429

homem/homens, 379, 385-386
homossexualidade, 409

impotência, 207-208
inconsciente, o, 435
irmãos, 382

masturbação, 372, 381, 389, 404-407, 410, 415-417
mau humor, 246
moral, 382
morte, 382, 410, 413
mulher, 235, 237, 376, 378-380, 394, 399-400, 429

necessidade de urinar, 248, 391-393
neurose, 436

ouro, 429

pai, 378, 430, 435-436
pais, 378
paixões/libido, 436
partes do corpo e órgãos, 55, 105-106, 246-248, 370, 379, 382, 388, 397, 435
parto/nascimento, 413, 416, 425-427, 429
peito materno, 397
pelos pubianos, 106, 390, 402
pênis, 106, 205-206, 248, 372, 378-390, 392, 399-405, 410, 412, 415-416, 435, 438
própria pessoa, a, 378, 404, 435

respiração, 54, 248

secreções corporais, 384, 428-429
segredo, 267, 311, 389, 406

tratamento psicanalítico, 435
túmulo/caixão, 479-480

urina, 384, 428-429, 494-495
urinar, 428-429

vagina, 106, 389, 390, 423
ventre feminino, 378, 435
ventre materno, 435
vida, 400

ÍNDICE DE NOMES

Inclui nomes próprios em geral, nomes de autores não científicos, nomes de autores científicos mencionados sem relação com uma obra específica, títulos de livros, periódicos não científicos, poemas e peças teatrais.

Abrantès, duquesa de 41
Adam Bede (Eliot) 313
Adler, Viktor 234
Adônis 427
Adriático, mar 489
"Albert" 614
Alberto Magno 570
Alexandre o Grande 120, 641
Almaviva, conde (em *As bodas de Fígaro*) 230
Ancestral, A (Grillparzer) 285
Andersen, Hans 265
Aníbal 217, 218
Anthropophyteia 380
Apolo 50, 208, 459
Aquileia 489, 490, 492
Aquiles 150
Aretusa, fonte de (em Siracusa) 188
Aristandro 120
Arquimedes 188, 189
Artabanos 22
Artemidoro de Daldis 18, 119-120, 634
Asdrúbal 218
Atenas 317, 337, 424
Átridas 444
Aussee 148, 150, 215, 229, 239, 494
Áustria 233, 404, 453, 480

Back, George 153
Baco 427
Barca, Amílcar 218
Beaumarchais, P.A.C 230
Bechterew, Wladimir von 321
Beethoven, Ludwig van 411
Bela Helena, A (Offenbach) 514
Benedikt, M. 517
Berger, Hans 214
Berlim XXIV, 191, 193, 321, 506
Bernard, Claude 550
Bernburg, ducado de 74
Bernheim, H. 169
Bíblia 357, 405, 510
Bíblia israelita (Philippson) 611
Bilbao 189
Bismarck 403, 404, 405
Blasel 437
Böcklin 187
Bodas de Fígaro, As (Mozart) 230, 523
Bonjour, Casimir 524
Bórgia, Lucrécia 239
Bourget, Paul 147
Brandes, Georg 288
Bräsig (em *Ut mine Stromtid*, de Fritz Reuter) 134

Breslau 322, 323, 324, 467
Brill, A.A. 9, 120
Brücke, Ernst von, 227, 228, 438, 446, 447, 448, 477, 479, 503, 507, 508, 510
Brugnolus 27
Brutus 424, 449, 508

Caim 483
Cairo 40
Callot, Jacques 453
Campagna 217
"Canção do sino" (Schiller) 454
Canção dos nibelungos, A 542
Canções de andarilho (Uhland) 309
Cantares de Salomão 370, 371
Carlos XII 74
Cattaro 229
César, G.J. 424, 449, 508
Chaucer 156, 157
Clementi 396
"Conde Eberstein" (Uhland) 378
Consolo de Odin, O (Dahn) 238
Consulado e o império, O (Thiers) 218
Coração do mundo, O (Haggard) 479
Crasso 598
Cristo 88
Cronos 279, 646

Dahn, Felix 238
Dama das camélias, A (Dumas) 342, 372
Dante 500
Danton 523
Dattner, B. 390, 442

Daudet, A. 147, 308, 310, 311, 313, 349, 517, 563
David, J.J. 322
Degrau em degrau, De 309
Diomedes 150
Doente imaginário, O (Molière) 547
Don Juan (Mozart) 523
Dornbach 150, 457
Dreyfus 187
Duíno 489
Dumas Filho, A. (*A dama das camélias*), 342, 372
Dupuy 526

Édipo XIX, XXII, XXIV, 283, 284, 285, 286, 287, 424
Édipo rei (Sófocles) XIX, 283-287
Egito 118, 136, 141, 467
Ekdal (em *O pato selvagem*, de Ibsen) 319
Ela (Haggard) 479
Eliot, George 313
"Emil" 149
Emmersdorf 232
Eneida 1, 636
Eros 182
Esculápio 50
Esfinge 283
Espanha 189, 490
Estados Unidos XII, 490
Etna 39
"Expectativa e cumprimento" (Schiller) 491

Farina, Johann Maria 40
Fausto (Goethe) 97, 163, 227, 305, 310, 479, 508

Ferenczi, S. 10, 391
Fernando da Espanha 235
"Festa da vitória, A" (Schiller) 444
Fidélio (Beethoven) 411
Fidibusz 391
Fiesco (Schiller) 360
Fischhof 232
Flauta mágica, A (Mozart) 313
Fleischl von Marxow, Ernst 133
Fliegende Blätter 321, 444, 487, 527
Fliess, W. XVIII, XX, XXIII, XXIV, 115, 187, 188, 253, 317, 321
"Flora" 196, 197, 305
Florença 188
Floresta natal (Rosegger) 499
Fouquier-Tinville, A.Q. 42
"Fragmento sobre a natureza" (Goethe) 463, 473
France, A. 101, 114
Franklin, J. 153
Franz Joseph I, imperador da Áustria 229
Freiberg (Morávia) IX, 31, 216
Freud, S.
  autoanálise de, 6, 126, 479, 503
  seu avô, 611
  sua babá, 269, 467
  sua esposa, 149
    em relação com outros sonhos, 145, 190, 192-194, 196, 228, 261, 292, 305, 315, 322, 324, 471-472, 490, 502
    na condição de noiva, 463
    no sonho da injeção de Irma, 129, 132, 137, 139, 141
  filhos de (ver também Mathilde)
    em relação com seus sonhos, 132-133, 135, 141, 292-293, 315, 322, 324, 466-469, 471-472, 480, 494-495, 503, 512, 587-588
    seus sonhos, 148-151, 291, 518
  sua irmã, 193
  seus irmãos, 133, 141, 232, 316, 321-323, 457-459, 489
  seu lugar de nascimento, 31, 216
  sua mãe, 269, 360
    em seus sonhos, 226, 228, 611-612
  na Holanda, 189
  na Inglaterra, 545
  na Itália, 188-189, 214, 216, 254, 305, 457, 494-495, 575
  seu neto, 486, 588
  sua nomeação para o cargo de professor adjunto, 158, 213-214, 589
  outras indicações biográficas em análises de sonhos, 141-142, 192-194, 212-214, 216-218, 225-227, 235-237, 251-254, 260, 269-270, 291-293, 316-317, 321-325, 346, 360, 439, 447-450, 461-463, 465-467, 472, 475-476, 479, 494-496, 497, 501-504, 506-512, 519, 520, 546, 575, 588-589, 611-612, 634
  seu pai, 159, 237
    em relação com seus sonhos, 237, 316, 340-341, 453-454, 460-462

morte de, 6, 340-341, 453
padecendo de glaucoma, 191, 238
rebelião contra o pai, 238
seus parentes na Inglaterra, 187, 232, 321, 486
período de docência de, 189
período de estudante de, 193, 234, 305, 475
período ginasial de, 31, 173, 192, 217, 233, 298, 305-306
saúde de, 132-134, 141
sobrinhas de, 275, 512
seu sobrinho Hermann, 151-152, 274-275
seu sobrinho John, 219, 254, 449, 497, 508, 511-512
suas teorias/contribuições sobre as neuroses, 5, 7, 125, 404, 465, 476, 495, 591, 634
seu tio Josef, 159-161, 186, 201, 212, 316, 329, 345, 497, 510, 598
seus trabalhos sobre a cocaína, 133, 139, 191-192, 194, 304
Fulda, L. 265

Galton 160, 316, 520
Gargântua 236, 495
Garibaldi 453, 472
Garnier 495
Gärtner, prof. e sra. 192, 196, 197, 305
Gastein 404
Germinal (Zola) 234, 235
Giotto 29
Giskra 214
Gleichenberg 215

Goethe, J.W. von, XIX, 97, 163, 168, 227, 228, 229, 287, 305, 310, 342, 349, 350, 360, 378, 454, 463, 464, 465, 473, 479, 500, 508, 641
Gorízia 492
Gradiva (Jensen) 118
Grado 492
Gradus ad Parnassum (Clementi) 396
Graz 232, 236, 432
Gregory 39, 110
Grignard 407
Grillparzer, F. 236, 285
Grimm, irmãos 503
Gueto, O novo 466

Hagen (*A canção dos nibelungos*) 542
Haggard, R. 478, 479
Hal, príncipe (em *Henrique IV*, de Shakespeare), 510
Hall, G. Stanley 13
Hallstatt 148, 149
Hameau 150, 210
Hamlet (Shakespeare) XIX, XXIV, 78, 196, 287, 288, 289, 469
Hamnet 288
Hans, O pequeno 272-273, 275
Hegel 72
Heine, H. 459, 516, 540
Heinrich von Ofterdingen (Novalis) 103
Helena, A bela, (Offenbach) 514
Helmholtz 641
Henrique IV (Shakespeare) 510
Henrique, o verde (Keller) 268, 433

Henrique VIII (Shakespeare) 233, 235
Herbst 214
Hércules 494
Herder, J. G. von 228, 229
Herodes, dr. 468
Hero (em *As ondas do mar e do amor*, de Grillparzer) 236
Herófilo 153
Hesse 326
Hilferding, M. 498
Hípias 424
Holanda 189
Hollós, dr. 10
Homero 269, 500
Hug-Hellmuth, H. von 277
Hussiatyn 255

Ibsen, H. 279, 319
Ifigênia (em *Ifigênia em Tauris*, de Goethe) 229
Ilha do Diabo 187
Inglaterra 187, 232, 233, 235, 254, 321, 449, 472, 545, 546
"Irma" XX, XXIV, 127-142, 144, 157, 161, 184, 186, 194, 201, 228, 315, 316, 329, 333, 337, 339, 345, 540, 562, 623
Isabela da Espanha 235
Ischl 229, 230
Isonzo 575
Itália 41, 145, 188, 215, 216, 254, 305, 340, 457, 494, 495, 575
Itália, rei da 307, 311
Jackson, H. 597
Jean Paul 217

Jenkins, dr., (em *O nababo*, de Daudet) 314
Jensen, W. 118
Jeová 235
Jerusalém 77
Joãozinho esperto (num dos *Epigramas* de Lessing) 197
Jocasta 283-286
Jones, E. XXIV, 293
José bíblico 118
Josef, imperador 448
Joyeuse, M. (em *O nababo*, de Daudet) 563
Júlio César (Shakespeare) 449
Jung, C. G. XXIV, 413, 416

Kahlenberg 129
Kant, I. 86, 89, 111, 530, 661
Karl (em *Ut mine Stromtid*, de Fritz Reuter) 134
Karlsbad 215, 216
Käthchen von Heilbronn (Kleist) 314
Keller, G. 268, 433
Kleist, H. von 314
Knödl 227, 228
Koller, K. 191, 192
Königstein, dr. 191, 192, 194, 196, 304, 305
Körner, T. 124
Korsakoff 409
Krems 231

"L", barão 293, 294, 584
"L", conselheiro da corte 188
"L.", senhora 192, 196
Laio, rei de Tebas 283, 284, 285
Landquist, J. 12
Lasker, E. 322, 323

Lassalle, F. 322, 324
Leandro (em *As ondas do mar e do amor*, de Grillparzer) 236
Lecher, dr. 291
Lenau, N. 177
Leopold 128, 133, 134, 135, 136, 140
Lessing, G.E., 197
Liechtenstein, principado de 74
Lírio vermelho, O (France) 101
Lívio, 424
Livro das canções (Heine) 516, 540
Loewe 487
Lopez, general 77
López-Ballesteros y de Torres, Luis 12
Louise N. 477, 478, 479
Lubbock Sir J. (Lord Avebury) 16
Lübeck 215
Ludwig, rei da Baviera 459
Lyons, Miss 487

"M.", professor 291, 466, 468
"M.", dr. 128, 129, 131, 133, 135, 136, 140, 141, 145, 316, 540
"M.", sr. 349, 473
Macbeth (Shakespeare) 288, 289
Macróbio, A.T. 17
Madeira 380
Magdeburgo 153
Marat, J.P. 42
Maratona 424
Marbach 481
Marburg 481
Maria Teresa 453
Masséna 218

Matéria e movimento (Clerk-Maxwell) 481, 547
Mathilde IX, 132-133, 139
Maupassant, Guy de 313
Maury, L.F.A. 45
Meaux 31
Meca 77
Mefistófeles 97
Meissen 319
Meyer, C.F. 495
Meyer, Karl 146
Meyerson, I. 12
Meynert, T. 244, 273, 462
Milton 156, 157
Miramare 489
Moisés 405, 406, 427
Molière 547
Montbrison 31
Morávia IX, 216,
Moscheles 396
Mozart, W.A. 523
Müller, sr. 520
Munique 317, 318, 321

"N.", colega 160, 161
"N." professor 321, 322, 323, 324, 519, 563, 625
Nababo, O (Daudet) 313, 314, 517
Nansen, F. 211
Napoleão I 41
Nápoles 217
Nausícaa 268, 269
Nietzsche, F. 577
Nora (Ibsen) 319
Nos arredores de Viena 309
Notre-Dame 495
Novalis 102, 103
Novo gueto, O 466

Obra, A (Zola) 323
Odisseia (Homero) 271, 581
Ofélia (em *Hamlet*, de Shakespeare) 288
Offenbach, J. 514
Olmütz 319
Ondas do mar e do amor, As (Grillparzer) 236
Orvieto 41, 480
Oser, prof. 189
Osíris 427
Otelo (Shakespeare) 198
Otto 27-129, 133, 134, 137-142, 145, 161, 292-294, 317, 562, 583, 584

"P.", amigo Josef 446-450
"P.", colega 251, 253, 254
Pádua 29
Palas Atena 208
Panizza, Oskar 238
Pantagruel 236
Papa 254
Parcas, três 226, 255
Paris 77, 216, 228, 322, 495, 511, 563
Park, Mungo 153
Parnaso 337
Pato selvagem, O (Ibsen) 319
Pélagie 226, 227, 228
Pelletier 77, 559
Pentesileia (Kleist) 314
Philipp 611
Philippson 611
Platen, Von 444
Plotino 155
Poltava 74
Popović 228
Praga 216, 346, 347, 423
Prater 213

Pressburg 453
Prévost, M. 147, 409
Prostituição, Da (Hesse) 326
Psique 276
Ptolomeu I 153
Purkersdorf 457

"R.", amigo 159-163, 166, 212, 213, 497, 598
"R.", professor 292, 293, 294, 584
Rabelais 236, 495
Rank, O. 8-12, 124, 502
Ravena 215
Reichenhall 29
Reich, G. 255
Reno 208
"Retorno, O" (Heine) 516, 540
Reuter, F. 134
Revue philosophique 42, 471
Richter, H. 366, 367
Riqueza das nações, A (Smith) 481
Robespierre 42
Robitsek 120, 398
Roma 214, 215, 216, 217, 346, 347, 424, 466, 469, 518
Romeu e Julieta (Shakespeare) 257
Rosegger, P. 499
"Roupa nova do imperador, A" 265

Safo (Daudet) 308, 310, 311, 349, 350
Salzburgo 29
Sandoz (em *A obra*, de Zola) 323
San Sebastian 189
Savonarola 188
Scaliger o Velho, 27

Schelling, F. 18,
Scherner 57
Schiller, F. 124, 360, 444, 449, 454, 481, 491, 546
Schopenhauer, A. 52, 85, 111, 286, 530
Shakespeare
  Hamlet XIX, XXIV, 78, 196, 287, 288, 289, 469
  Henrique VIII 233, 235
  Júlio César 449
  Macbeth 288, 289
  Otelo 198
  Romeu e Julieta 257
  Sonho de uma noite de verão 488
  Tímon de Atenas 288
Siegfried (*A canção dos nibelungos*) 542
Siena 254, 466
Siracusa 188, 189
Smith, A. 481
Snug, o marceneiro (em *Sonho de uma noite de verão*, de Shakespeare 488
Sófocles XIX, 283-284, 286
"Sofrimentos de um menino, Os" (C.F. Meyer) 495
Sólon 289
Sonho de uma noite de verão (Shakespeare) 488
Spalato 228, 229
Spencer, H. 16
Stekel, W. 7, 344, 377, 412
Stettenheim 228
Stratford-on-Avon 289
Susanne (em *As bodas de Fígaro*) 230
Széll, Koloman 453

Taaffe 231
Tagliamento 42
Talismã (Fulda) 265
Tannhäuser (Wagner) 314
Tartini 640
Tebas 283-284
Tennyson 232
Tepl, vale de 215
Terra, A (Zola) 235, 238
Thiers, A. 218
Thun, conde 229-232, 255, 456, 457, 458, 496
Tibre 214, 217
Tímon de Atenas (Shakespeare) 288
Tiro 120, 641
Tirol 254, 480
Titãs 581
"Traição da moleira, A" (Goethe) 342
Trasimeno, lago 216
Trenck, barão 153, 155
Trilport 31
Troia 229, 518
Tylor, E. B. 16

Uhland, J. L. 309, 378
Ulisses 268
Unger 214
Urano 279

Veneza 489, 490
Verona 27, 254
Viagens de Gulliver, As (Swift) 45, 46
Viena IX, XVIII, XIX, XXIV, 8, 9, 10, 11, 12, 164, 223, 224, 233, 260, 309, 310, 321, 331, 378, 420, 440,

446, 448, 449, 498, 506, 507
Virgílio 1, 636
Vlissingen 321

Wachau 232, 233
Wagner, R. 366, 459
Wilhelm I, imperador 403
Winckelmann 217
Winckler, Hugo 120
Wittels, F. 235, 448

Wolf, H. 367
Wundt, W. XII, 105

Xerxes 22

Zaraus 189
Zeus 279, 646
Znaim 231
Zola, E, 234, 238, 323
Zucker, sr. 215, 216
Zurique 375

Livros de Freud publicados pela **L&PM** EDITORES

Além do princípio de prazer
Compêndio da psicanálise
Da história de uma neurose infantil [O Homem dos Lobos]
Fragmento de uma análise de histeria [O caso Dora]
Inibição, sintoma e medo
A interpretação dos sonhos
O futuro de uma ilusão
O homem Moisés e a religião monoteísta
O mal-estar na cultura
Psicologia das massas e análise do eu
Sobre a psicopatologia da vida cotidiana
Totem e tabu

L&**PM**CLÁSSICOS**MODERNOS**

O futuro de uma ilusão seguido de *O mal-estar na cultura*

Série Ouro:
A interpretação dos sonhos

Livros relacionados
Freud – Chantal Talagrand e René Major
    (**L&PM** POCKET Biografias)
A interpretação dos sonhos (MANGÁ)
Sigmund Freud – Paulo Endo e Edson Sousa
    (**L&PM** POCKET **ENCYCLOPÆDIA**)

Coleção L&PM POCKET

1275. **O homem Moisés e a religião monoteísta** – Freud
1276. **Inibição, sintoma e medo** – Freud
1277. **Além do princípio de prazer** – Freud
1278. **O direito de dizer não!** – Walter Riso
1279. **A arte de ser flexível** – Walter Riso
1280. **Casados e descasados** – August Strindberg
1281. **Da Terra à Lua** – Júlio Verne
1282. **Minhas galerias e meus pintores** – Kahnweiler
1283. **A arte do romance** – Virginia Woolf
1284. **Teatro completo v. 1: As aves da noite** seguido de **O visitante** – Hilda Hilst
1285. **Teatro completo v. 2: O verdugo** seguido de **A morte do patriarca** – Hilda Hilst
1286. **Teatro completo v. 3: O rato no muro** seguido de **Auto da barca de Camiri** – Hilda Hilst
1287. **Teatro completo v. 4: A empresa** seguido de **O novo sistema** – Hilda Hilst
1289. **Fora de mim** – Martha Medeiros
1290. **Divã** – Martha Medeiros
1291. **Sobre a genealogia da moral: um escrito polêmico** – Nietzsche
1292. **A consciência de Zeno** – Italo Svevo
1293. **Células-tronco** – Jonathan Slack
1294. **O fim do ciúme e outros contos** – Proust
1295. **A jangada** – Júlio Verne
1296. **A ilha do dr. Moreau** – H.G. Wells
1297. **Ninho de fidalgos** – Ivan Turguêniev
1298. **Jane Eyre** – Charlotte Brontë
1299. **Sobre gatos** – Bukowski
1300. **Sobre o amor** – Bukowski
1301. **Escrever para não enlouquecer** – Bukowski
1302. **222 receitas** – J. A. Pinheiro Machado
1303. **Reinações de Narizinho** – Monteiro Lobato
1304. **O Saci** – Monteiro Lobato
1305. **Memórias da Emília** – Monteiro Lobato
1306. **O Picapau Amarelo** – Monteiro Lobato
1307. **A reforma da Natureza** – Monteiro Lobato
1308. **Fábulas** seguido de **Histórias diversas** – Monteiro Lobato
1309. **Aventuras de Hans Staden** – Monteiro Lobato
1310. **Peter Pan** – Monteiro Lobato
1311. **Dom Quixote das crianças** – Monteiro Lobato
1312. **O Minotauro** – Monteiro Lobato
1313. **Um quarto só seu** – Virginia Woolf
1314. **Sonetos** – Shakespeare
1315(35). **Thoreau** – Marie Berthoumieu e Laura El Makki
1316. **Teoria da arte** – Cynthia Freeland
1317. **A arte da prudência** – Baltasar Gracián
1318. **O louco** seguido de **Areia e espuma** – Khalil Gibran
1319. **O profeta** seguido de **O jardim do profeta** – Khalil Gibran
1320. **Jesus, o Filho do Homem** – Khalil Gibran
1321. **A luta** – Norman Mailer
1322. **Sobre o sofrimento do mundo e outros ensaios** – Schopenhauer
1323. **Epidemiologia** – Rodolfo Sacacci
1324. **Japão moderno** – Christopher Goto-Jones
1325. **A arte da meditação** – Matthieu Ricard
1326. **O adversário secreto** – Agatha Christie
1327. **Pollyanna** – Eleanor H. Porter
1328. **Espelhos** – Eduardo Galeano
1329. **A Vênus das peles** – Sacher-Masoch
1330. **O 18 de brumário de Luís Bonaparte** – Karl Marx
1331. **Um jogo para os vivos** – Patricia Highsmith
1332. **A tristeza pode esperar** – J.J. Camargo
1333. **Vinte poemas de amor e uma canção desesperada** – Pablo Neruda
1334. **Judaísmo** – Norman Solomon
1335. **Esquizofrenia** – Christopher Frith & Eve Johnstone
1336. **Seis personagens em busca de um autor** – Luigi Pirandello
1337. **A Fazenda dos Animais** – George Orwell
1338. **1984** – George Orwell
1339. **Ubu Rei** – Alfred Jarry
1340. **Sobre bêbados e bebidas** – Bukowski
1341. **Tempestade para os vivos e para os mortos** – Bukowski
1342. **Complicado** – Natsume Ono
1343. **Sobre o livre-arbítrio** – Schopenhauer
1344. **Uma breve história da literatura** – John Sutherland
1345. **Você fica tão sozinho às vezes que até faz sentido** – Bukowski
1346. **Um apartamento em Paris** – Guillaume Musso
1347. **Receitas fáceis e saborosas** – José Antonio Pinheiro Machado
1348. **Por que engordamos** – Gary Taubes
1349. **A fabulosa história do hospital** – Jean-Noël Fabiani
1350. **Voo noturno** seguido de **Terra dos homens** – Antoine de Saint-Exupéry
1351. **Doutor Sax** – Jack Kerouac
1352. **O livro do Tao e da virtude** – Lao-Tsé
1353. **Pista negra** – Antonio Manzini
1354. **A chave de vidro** – Dashiell Hammett
1355. **Martin Eden** – Jack London
1356. **Já te disse adeus, e agora, como te esqueço?** – Walter Riso
1357. **A viagem do descobrimento** – Eduardo Bueno
1358. **Náufragos, traficantes e degredados** – Eduardo Bueno
1359. **Retrato do Brasil** – Paulo Prado
1360. **Maravilhosamente imperfeito, escandalosamente feliz** – Walter Riso
1361. **É...** – Millôr Fernandes
1362. **Duas tábuas e uma paixão** – Millôr Fernandes
1363. **Selma e Sinatra** – Martha Medeiros
1364. **Tudo que eu queria te dizer** – Martha Medeiros
1365. **Várias histórias** – Machado de Assis

lepmeditores
www.lpm.com.br
o site que conta tudo

IMPRESSÃO:

PALLOTTI
GRÁFICA

Santa Maria - RS | Fone: (55) 3220.4500
www.graficapallotti.com.br